语言学系列教材

普通高等教育『十一五』国家级规划教材

# 语言学概论（第三版）

主编：邢福义　吴振国

编委：（按音序排列）

白　丁　陈淑梅　冯学锋
李晋霞　李向农　刘　云
潘　田　屈哨兵　唐善生
王　立
王求是　张绍麒

华中师范大学出版社

新出图证(鄂)字 10 号

**图书在版编目(CIP)数据**

语言学概论/邢福义,吴振国主编.—3 版(修订本).—武汉:华中师范大学出版社,2022.7(2024.8 重印)

ISBN 978-7-5622-9497-9

Ⅰ.①语… Ⅱ.①邢… ②吴… Ⅲ.①语言学—高等学校—教材 Ⅳ.①H0

中国版本图书馆 CIP 数据核字(2021)第 194145 号

## 语 言 学 概 论
### (第三版)

ⓒ 邢福义　吴振国　主编

| | | | | |
|---|---|---|---|---|
| 编 辑 室:高等教育分社 | | | | |
| 责任编辑:宋文静 | | 责任校对:童　雯 | | 封面设计:罗明波 |
| 出版发行:华中师范大学出版社 | | 社　　址:湖北省武汉市珞喻路 152 号 | | |
| 邮　编:430079 | | 销售电话:027-67861549 | | |
| 邮购电话:027-67861321 | | 传　真:027-67863291 | | |
| 网　址:http://press.ccnu.edu.cn | | 电子信箱:press@mail.ccnu.edu.cn | | |
| 印　刷:武汉中科兴业印务有限公司 | | 督　印:刘　敏 | | |
| 开　本:710mm×1000mm　1/16 | | 印　张:20.75 | | 字　数:390 千字 |
| 版　次:2022 年 7 月第 3 版 | | 印　次:2024 年 8 月第 3 次印刷 | | |
| 印　数:10001—15000 | | 定　价:45.00 元 | | |

欢迎上网查询、购书

敬告读者:欢迎举报盗版,请打举报电话 027-67867353

# 目 录

**第一章　语言和语言学** (1)
　第一节　语言的性质和范围 (1)
　第二节　语言的结构 (13)
　第三节　语言的功能 (23)
　第四节　语言学及其发展 (34)

**第二章　语音学** (63)
　第一节　语音和语音学 (63)
　第二节　音素和音位 (69)
　第三节　语音组合 (77)

**第三章　语义学** (85)
　第一节　语义和语义学 (85)
　第二节　义素分析 (97)
　第三节　语义的聚合 (101)
　第四节　语义的组合 (110)

**第四章　语法学** (117)
　第一节　语法和语法学 (117)
　第二节　词法 (125)
　第三节　句法 (131)
　第四节　超句法 (139)

**第五章　文字学** (149)
　第一节　文字和文字学 (149)
　第二节　文字的起源和发展 (157)
　第三节　文字信息处理 (169)

**第六章　语用学** (178)
　第一节　语用和语用学 (178)
　第二节　语言环境 (182)
　第三节　语用原则 (185)

第四节　言语行为·················································(193)
　　第五节　话语分析·················································(199)
　　第六节　信息结构·················································(209)
第七章　历史语言学······················································(218)
　　第一节　语言的起源·················································(218)
　　第二节　语言的发展·················································(224)
　　第三节　语言的分化·················································(237)
　　第四节　语言接触·················································(246)
第八章　综合性语言学····················································(256)
　　第一节　心理语言学·················································(256)
　　第二节　认知语言学·················································(267)
　　第三节　社会语言学和文化语言学······································(279)
　　第四节　应用语言学·················································(292)
附录一　世界语言谱系分类···············································(309)
附录二　术语索引·······················································(315)
附录三　外国人名索引···················································(321)
后记······································································(323)
第二版后记································································(325)
第三版后记································································(326)

# 第一章 语言和语言学

**【学习提示】** 本章是全书的总论部分,介绍语言的性质和范围、语言的结构和功能、语言学的任务和发展。本章需要重点掌握的内容有:第一节,语言的符号性、系统性和社会性,语言与言语;第二节,语言的层级、语言的基本关系、语言的结构类型;第三节,语言的交际功能、文化功能、心理功能;第四节,语言学的任务与分科、现代语言学、当代语言学。对于这些重点内容,要求有比较深入的理解,而且要求熟记重要概念、理论要点等。

本章内容理论性特别强,不仅要求掌握基本概念和分类,而且要求掌握各种理论的要点,能够结合实例说明各种理论问题。对现代语言学和当代语言学的主要流派,要求掌握其代表人物及其主要理论观点。

## 第一节 语言的性质和范围

### 一、语言的性质

(一)语言是什么

每一个正常的人都离不开语言,都必须学习和使用语言。但是,语言是什么呢?这个问题并不容易回答。不同的人会从不同的角度来理解语言,有人把语言理解为认知的工具,有人把语言理解为文化的镜子,还有人把语言理解为艺术的媒介,等等。语言学界对语言也有许多不同的理解。人们对语言的理解之所以多种多样,是因为语言本身的性质十分复杂,而且语言不仅是语言学研究的对象,也是许多其他学科的研究对象,如哲学、逻辑学、心理学、社会学、人类学、文学、历史学、传播学、系统科学、信息科学、计算机科学等等。不同的学科从不同的角度看语言,对语言的理解自然会有差异。即使是同一学科,语言本身的复杂性,以及个人观察角度的不同等,也会导致认识上的差异。

虽然语言的性质十分复杂,人们对语言的认识有许多差异,但是我们可以从语言的复杂性质中找出其本质属性。而对语言本质属性的把握,可以主要从结构和功能两个方面着眼。从结构和功能两个方面来把握事物现象的本质属性,实际上是我们认识事物现象的一般规律。如对化学元素、植物、动物、电器、机械、房屋、家具、车、船等的认识,人们一般主要是从结构和功能两方面着眼的。

从结构上看,语言是一个复杂的符号系统。语言中的词语就是一种符号,而且语言符号之间存在着复杂的系统联系,语言就是由词语这种符号构成的复杂系统。因此,从结构上把握语言的本质特征,就要重点把握语言的符号性和系统性。

从功能上看,语言有多种多样的功能,但语言最重要的功能是社会交际功能和思维认知功能。语言之所以产生和存在,人们之所以要用语言,主要是因为语言具有这些重要功能,人们需要而且可以用语言来进行社会交际,用语言来认识世界、思考问题。

因此,如果要给语言下一个比较简单的定义,可以主要从结构和功能两个方面来定义:语言是一种复杂的符号系统,是人类进行社会交际和思维认知的最重要的工具。但是,要全面和深入地认识语言,还要了解语言的其他重要性质和功能。不仅要从内涵上把握语言的特征,而且需要从外延上把握语言的范围;不仅要了解语言的现状,还要了解语言的历史;不仅了解语言本身,而且要了解语言与其他事物现象的关系。

有关语言的结构、功能、历史等,本书都有专门的章节作详细的分析。本节先对语言的性质和范围加以说明。

(二)语言的符号性

用甲事物代表乙事物,而甲、乙两事物之间没有必然的联系,甲事物就是代表乙事物的符号。其中甲事物就是符号的能指(形式),乙事物就是符号的所指(内容)。符号的能指与所指之间的关系是人为约定的。例如,作为交通信号的红绿灯,红灯代表禁止通行,绿灯代表允许通行,但红灯、绿灯与它们所代表的事物"禁止通行""允许通行"之间没有必然的因果关系,它们之间的关系是人为约定的。如果甲事物与乙事物之间有必然的因果关系,甲事物就不是乙事物的符号,而是征兆①。如中医给人看病时往往要摸病人的脉搏,观察病人的舌苔,根据病人的脉象等可以判断病人身体的某个部位有病。而脉象等与身体的疾病之间有必然的因果关系,因此脉象等是某种疾病的征兆,而不是疾病的符号。

语言中的词语就是一种符号,具有符号的特征。语言是用声音形式即语音来代表意义内容即语义的,语音和语义之间没有必然的联系,并不是某个声音必然要表示某种意义,或某种意义必然要用某种声音来表示。语音和语义之间的关系是人为约定的,是由使用这种语言的社会成员共同约定俗成的。

语言符号具有多方面的特征,主要有以下几种相互关联的特征:

1. 语言符号的任意性和理据性

语言符号的任意性是指语言符号的能指和所指之间没有必然的联系,用什

---

① 符号和征兆可以统称为"信号"。

么语音形式代表什么语义内容是任意的,即可以自由选择的。正因为语言符号具有任意性,所以,同样的语音形式可以代表不同的语义内容,如多义词、同音词;不同的语音形式又可以代表相同的语义内容,如同义词。不同的语言也可以用不同的语音形式代表相同的语义内容,如汉语的"马"[ma$^{214}$]、英语的 horse[hɔːs]都可以指马。

但是另一方面,语言符号又具有理据性。所谓理据,就是命名的依据、缘由。语言符号的理据性,就是指人们用什么语音形式表示某种语义内容是有某种依据、缘由的。

一般来说,语言中的合成词都是有明显的理据的。如"雨衣"是由"雨"和"衣"组合而成,其命名的依据就是雨衣的特征——"防雨的衣服";"学者"是由"学"和"者"组合而成,其命名的依据就是学者的特征——"做学问的人"。

单纯词中也有一些词的理据是比较清楚的。如用拟声造词法造出的词,其语音形式是对所指事物现象的声音的模拟,如"扑通""叮当""滴答""乒乓""鸡""鸭""猫""蛙""布谷""知了"等。不过这种拟声词是很少的。此外,有些不同的单纯词语音相同或相近,语义相关,这类词一般是运用分化造词法造出的词,如"桌"与"卓","椅"与"倚","亭"与"停","事"与"史","价"与"贾","天"与"颠","房"与"旁","纳"与"内",等等。这种分化词的音义关系也是一种造词的理据,中国传统训诂学中的"声训法",就是利用这种音义关系解释语义,探寻语源的。如"桌"的名称与桌子的某种特征"卓"(高)相关;"椅"的名称与椅子的某种特征"倚"(靠)相关;亭子之所以叫"亭",是因为它是供行人停歇的处所。不过,探寻单纯词的理据是十分困难的事,因为探寻某个词的造词理据需要了解这个词产生时的原始语音和语义,而很多单纯词的原始语音和语义是无从查考的。因为人类的语言有几万年的历史,人类的文字只有几千年的历史,在文字产生之前,人类语言已经经过几万年的发展演变,词语的语音形式和语义内容必然会发生很大的变化,没有文字记录,比较原始的单纯词的语源、理据往往就无从查考。

但是某些词的理据不明并不等于这些词没有理据。就好比有些人(如弃婴)不清楚父母是谁,不等于这些人没有父母。很多一般人看来理据不明的词,经过语源学的研究可以探明其语源、理据。试想现在我们给人或事物、现象命名,都是有理据的,那么可以推测古人给事物、现象命名应该也都是有理据的。从哲学的角度来思考,任何事物、现象的出现,都是有原因的,只不过有的原因很明显,有的原因不明显。例如疾病,任何疾病都是有病因的,但是至今仍有许多疾病的病因不明。那么任何语言符号的产生不可能没有原因即理据。就像不能把病因不明说成没有病因一样,不能把理据不明说成没有理据。

语言符号的任意性和理据性表面看来似乎是对立的。例如古希腊时期的学者曾经围绕词语的语音形式和语义内容的关系发生过激烈的争论,形成对立的两派:"自然派"(naturalist)认为词的形式和意义之间有一种自然的联系;"约定派"(conventionalist)认为词的形式和意义之间的联系是任意的、约定俗成的,不存在自然的联系。前者肯定理据性,否定任意性;后者肯定任意性,否定理据性。

实际上任意性和理据性并不是对立的。任意性是指在一定范围内可以自由选择,而理据性是指做出的选择都是有原因的。就好比婚姻自由,在一定范围内,某人与某人结婚可以自由选择,但是某人做出的任何选择,都是有原因的。

任意性和理据性是所有符号的共同特征。没有任意性就不成为符号,而没有理据性的符号也是不可能存在的。如用红灯表示禁止通行,用绿灯表示允许通行是人为约定的、任意的。但是人们这样约定是有心理和文化方面的原因的:红色是火、鲜血的颜色,象征危险;绿色是植物茂盛时的颜色,象征安全。只不过由于某些方面的原因,某些符号的理据性不太明确罢了①。

2. 语言符号的稳固性和渐变性

虽然语言符号具有任意性,但语音和语义一旦约定俗成以后就具有稳固性,不可随意改变。因为语言是社会交际的工具,如果语音和语义之间的关系可以随意改变,人们的社会交际就无法正常进行,语言也就起不到交际工具的作用。凡是具有广泛社会性的符号都具有稳固性,而一些在较小的特定范围内使用的符号,如军事口令、暗号、密码等,则可以根据需要随时改变。

语言符号具有稳固性,并不是说语言符号完全不能发生变化。因为语言是社会交际的工具,而社会在不断发展变化,如果语言符号完全不变,就不能适应社会交际的需要。为了适应社会的发展变化和社会交际的需要,语言符号也会发生变化,只不过这种变化一般比较缓慢,要经历一个较长的时间。例如,古代汉语中很多词语的音和义发展到现代汉语都发生了明显的变化。如古代汉语的实义动词"了"逐渐虚化为现代汉语的助词"了",经历了上千年的历史;再如现代汉语中有大量的量词,这些量词并不是一下子就产生的,而是经历了一个长期积累的过程,从产生到发展再到完备丰富,经历了一个相当长的历史时期。

作为语言系统元素的、正式的语言符号,一般只能采取渐变的方式,而不能采取突变的方式,一般要由临时的变化逐步固定下来。在特定的语言环境里,语言符号的语音或语义都可以发生一些临时性的变化。由于有具体语言环境的制约,这种临时性变化不会影响交际。如果某些临时性变化得到社会群体的肯定,大家纷纷仿效,就可能逐步摆脱对特定语言环境的依赖,成为固定的语言符号,进入语言系统。

例如因特网上流行着的特殊的网络语言符号,如"域名""东东""黑客""晒

---

① 可参阅王艾录:《关于语言符号的任意性和理据性》,《解放军外国语学院学报》2003年第6期。

客""博客""博主""博文""IP""BBS""GG"等等,或者是给原有的符号形式赋予新意,如"斑竹"(版主)、"大虾"("大侠",电脑或网络高手)、"青蛙"(丑男)、"恐龙"(丑女)、"冲浪"(上网)、"灌水"(发表空洞无聊的言论)等等。这些特殊的网络语言符号一般限于在网络聊天室、电子公告板(BBS)等特殊语言环境中或网络通信软件上使用,经常上网聊天、使用网络通信软件的人一般都能相互沟通。而离开了这种特殊语言环境,其他人就难以理解其含义。这些特殊网络语言符号一般还不能算正式的语言符号,还没有进入语言系统。但随着计算机、手机网络的快速发展和广泛普及,网络媒体已经成为人们交际的重要平台,用计算机或手机上网已经成为许多人日常生活中的重要内容。其中有些网络语言符号的使用范围已经逐步扩展到其他媒体领域,如报刊、书籍、影视等,甚至一些中小学生的作文、日记、口头交谈中也经常使用这类网络语言符号。可以预见,有些网络语言符号会逐步固定下来,成为正式语言符号,进入语言系统,而多数网络语言符号会被历史逐步淘汰,不能进入语言系统。

3. 语言符号的线条性和层次性

语言符号的线条性,或称线性,是指个人说话时语言符号在时间上依次出现,像一根线条一样,呈现为一种线性序列。因为人的发音器官只能依次发出一串音素、音节或词语。而其他一些符号有的可以同时出现几个符号,例如各种图形符号、体态语等。

然而,线条性只是语言符号序列的表面形式,语言符号序列的内部结构是有层次性的。线性符号序列中的各个符号及符号的组合,都构成各种大小不一的语言单位,这些语言单位是有层次的,一个较大的语言单位可以分解为几个较小的语言单位,一个较小的语言单位又可以分解为几个更小的语言单位。也就是说,线性符号序列中的各个语言符号并不是在同一个层次上的,而是构成不同的层次。如 A、B、C、D、E 几个语言符号组成的线性符号序列,构成一个语言片段,如果借用数学表达式来说明,它们的关系不能简单理解为是"A+B+C+D+E"的单层关系,而应该理解为是"{[(A+B)+C]+D}+E"之类的多层关系。如"线性符号序列是有层次的"这句话,其内部结构层次可以分析如下:

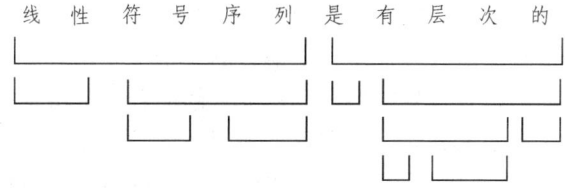

(三)语言的系统性

所谓系统,是指由若干互相联系的元素构成的有组织的整体。系统的基本特征是元素的联系性和功能的整体性。系统的元素与元素之间必须有一定的联系,形成某种结构方式,而且系统的整体功能大于元素功能之和。所谓系统性,就是指系统元素之间的有机联系性。语言是由符号这种元素构成的系统。语言的符号和符号之间,都有各种各样的联系:语音方面的联系、语义方面的联系、结构方面的联系、功能方面的联系等等。

由于一种语言系统中的语言符号是相互联系的,一个语言符号的价值和作用,取决于该符号在语言系统中的地位,取决于该符号与其他相关符号的关系。如现代汉语普通话中表示脂肪多少的词有三个——"肥""胖""瘦",其中"肥"一般表示动物脂肪多,"胖"一般表示人脂肪多,"瘦"表示人或动物脂肪少。而粤方言中只有"肥"和"瘦"两个词,没有"胖"这个词,粤方言中的"肥"既可指动物脂肪多,也可以指人脂肪多,与普通话中的"肥"具有不同的价值和作用。又如英语的 mutton 一词来源于法语的 mouton,但是法语的 mouton 既指羊肉,也指羊,而英语的 mutton 只指羊肉,不指羊,因为英语有 sheep 一词指羊。法语没有 sheep 这种专指羊的词,所以法语的 mouton 一词与英语的 mutton 具有不同的价值和作用。

由于语言具有系统性,一个语言符号发生了变化,就会引起相关语言符号的变化。例如,在古汉语中,"行"是走的意思,"走"是跑的意思。但后来汉语中出现了"跑"这个词,取代了古汉语"走"的意思,而"走"便取得了古汉语"行"的意义,而古汉语中表示行走的"行"在现代汉语普通话中就不再独立成词了。

语言系统是一个很复杂的系统。一个复杂系统可以分成若干个子系统,可以分为若干个层级单位。语言系统可以分为语音系统、语义系统、语汇系统、语法系统等子系统。语言单位也可划分为若干个层级。关于语言系统各个子系统、各个层级单位以及语言符号之间的复杂联系等等,将在后面的有关章节里作详细说明。

(四)语言的社会性

语言依存于社会,是社会交际的工具,社会性是自然语言的本质属性。自然语言从形成到发展变化,甚至直到消亡,都取决于社会意志和社会需要。离开了社会,语言就不可能生存和发展。

自然语言系统是由特定的社会群体共同约定俗成的,而不是由个别人或少数人创造的。这是自然语言区别于人工语言的一个重要特点。语言符号是由社会群体共同创造的。语言符号的形式和意义之间的关系是由一定的社会群体共同约定的。某个人最初或者临时用某种语音代表某种语义,如果得到了社会群体的共同认可,并且加以仿效,那么这种语音和语义的匹配关系就能进入语言系统,成为语言系统的符号;如果得不到社会的认可,就不能成为语言系统的符号。语言符号的组合规则也是由社会群体共同约定的,哪些符号能够与哪些符号组合,不能与哪些符号组合,能够以什么方式组合,不能以什么方式组合,都取决于社会群体使用语言的惯例。如果得不到社会的共同认可,任何个人或少数人都无法制定或者改变语言的组合规则。

语言的发展变化也离不开社会。无论是新词语的产生,还是旧词语的消亡,都取决于社会交际的需要。无论是语音的变化,还是语义、语法的变化,都是为了更好地满足社会交际的需要。而且语言的任何发展变化都取决于社会的集体意志,任何个人意志都不能决定语言的发展变化。

一种语言如果不再为社会交际所需要,不再作为社会交际的工具而被使用,就会消亡。如西方古代拉丁语的消亡、中国古代鲜卑语的消亡、现代满语的趋近消亡,就是典型的例子。

由于自然语言从生到长到死的整个生命过程都取决于社会,取决于社会交际的需要,而且从语言的功能来看,虽然语言有很多功能,但语言的本质功能是社会交际功能,其他功能都是派生功能(详见后面"语言的功能"部分),所以说社会性是自然语言的本质属性。

(五)语言的其他属性

1. 语言的民族性

不同民族的语言有不同的特点,这就是语言的民族性。比如,汉语普通话的语音系统中塞音和塞擦音有送气和不送气的对立,而英语没有,但英语语音系统中有清音和浊音的对立,而汉语普通话没有;汉语中的"哥哥"和"弟弟"、"姐姐"和"妹妹"以及"伯伯""叔叔""舅舅""姑父""姨父"等,英语都分别只用相应的一个词来表示(brother、sister、uncle);汉语在语法上较少严格意义上的形态变化,而俄语、德语等语言却有丰富的形态变化。

语言的民族性是由语言的社会性决定的。因为语言是由社会群体约定俗成的,所以不同的民族可以有不同的约定。语言是社会交际的工具,必须适应社会交际的需要,而不同民族有不同的交际需要,因此会形成适应不同民族交际需要的语言系统。

语言与民族的关系是错综复杂的,同一个民族可以用几种不同的语言,不同的民族也可以用同一种语言。如中国有 56 个民族,却有 80 多种语言,除了汉族、回族、满族等现在都会使用汉语。不过即使是不同民族使用同一种语言,也仍然存在着语言的民族差异,如汉族、回族、满族使用的汉语就有民族差异。但在大多数情况下,一个民族使用同一种语言,如汉族使用汉语,蒙古族使用蒙古语,俄罗斯族使用俄语,等等,所以语言往往成为一个民族的重要标志。

语言还能够反映一个民族的文化,成为民族文化的载体。如汉语有一类并列结构的词语的语序是不能颠倒的,如"父母""夫妻""父子""姐妹""男女""师生""官兵""干警"等等,从这些词语的语序中我们可以看出中国传统文化中尊卑有别、长幼有序等伦理观念和等级观念。再如中国是茶的故乡,中国茶流传到国外有两条途径:一条是从陆路流传出去的,如俄罗斯、阿拉伯、波斯、罗马尼亚、土耳其等国家和地区,这些国家和地区的语言中"茶"的读音和中国北方话"茶"的读音相近;另一条是从海上流传出去的,如荷兰、英国、法国、德国等国家,这些国家的语言中"茶"的读音与中国南方方言闽南话的"茶"读音相近。可见,从"茶"的读音可以看出古代中国对外文化交流的历史。

2. 语言的生成性

所谓语言的生成性是指人们可以根据有限的语言符号和组合规则生成无限的句子。语言符号的这种生成性是人类语言的一个重要特征。动物的语言就没有这种生成性。

语言的生成性主要表现在两个方面,一是类推性,二是递归性。

所谓类推性,就是指根据一定的结构规则,同类成分可以互相替换,相关的不同结构形式也可以互相转换。例如一个小孩在学会了"我吃苹果"这句话后,就可以类推出"他吃苹果""妈妈吃苹果""我拿苹果""我抓苹果""我吃梨子""我吃香蕉"等一系列句子。又如汉语的有些句式可以互相转换:"他打破了杯子"—"杯子被他打破了"—"他把杯子打破了"。据此类推,"他喝光了酒"也可以转换为相应的被动句和"把"字句。

所谓递归性是指相同的规则可以反复使用,可以由简单结构扩展成层层嵌套的复杂结构。例如:

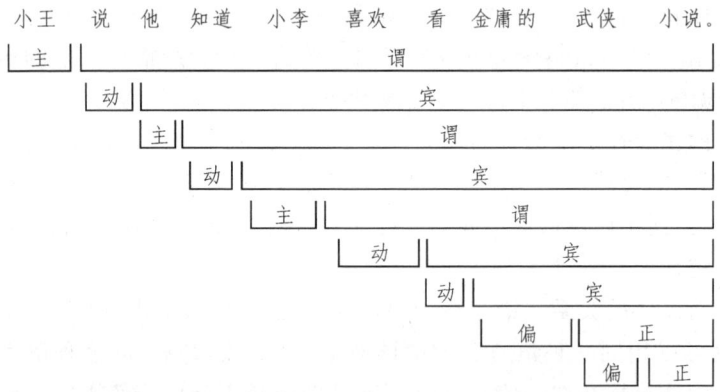

这句话中主谓结构规则使用了三次,动宾结构规则使用了四次,偏正结构规则使用了两次。

正是因为语言具有类推性和递归性,才能用有限的语言符号和结构规则生成无限多的话语。

3. 语言的模糊性

与科技界使用的人工语言(如计算机程序语言)相比,日常使用的自然语言的一个特点就是模糊性。所谓模糊性,是指类与类之间没有明确的界限,是逐渐过渡的。如"少年""青年""中年""老年"之间没有明确的界限,从少年到青年、从青年到中年、从中年到老年,都是逐渐过渡的。日常语言中的语音、语义和语法,都普遍存在着模糊性。正因为日常语言充满了模糊性,所以有不少学者都设计了人工语言,试图避免日常语言的模糊性、含混性。如哲学家莱布尼茨(G. W. von Leibnitz)、罗素(B. A. W. Russell)等,都设计过人工语言。

但是模糊性并不都是缺点,也有优点,其优点就在于使语言具有灵活性。假如不用"青年""上午""水果""高""胖""远"这类模糊词语,都用明确的词语,语言交际肯定难以顺利进行。现在人们认识到,与电脑相比,人脑的长处就在于善于运用自然语言进行模糊思维。而要想让计算机提高灵活性,就要让计算机模拟人脑的模糊思维机制,具备模糊思维能力。由于人脑的思维主要是通过语言来进行的,所以,计算机人工智能研究的主要任务,就是要让计算机模拟人脑,自动理解和生成具有模糊性的自然语言。

## 二、语言的范围

"语言"一词所指的范围十分复杂,除了指人们日常交际使用的语言,如汉语、英语等等,人们还常常说舞蹈语言、音乐语言、数学语言、计算机语言、莎士比亚的语言、动物的语言等等。这里所说的各种"语言"性质很不一样,可是又都有一定的联系。下面对语言的范围作一些具体分析。

### (一)语言与言语

语言有广义和狭义之分,广义的语言包括语言系统、言语活动和言语作品,狭义的语言只指语言系统,而言语则包括言语活动和言语作品。当语言与言语对举时,语言一般是指语言系统,而在其他情况下,语言一般用于广义。

语言系统由语汇材料和语法规则构成,而语汇材料和语法规则又都有语音和语义两个方面,语音、语义和语汇、语法都自成系统。所以语言系统包括上述四个子系统。言语活动就是运用语汇材料和语法规则交流思想的活动,简言之就是说话。而言语作品则是言语活动的结果,也就是说出来的话。言语活动和言语作品都包括口头的和书面的两种形式。

语言与言语既有一系列区别,又有密切联系。主要区别在于:

1. 语言是抽象的,言语是具体的

语言系统中的语汇材料和语法规则都是抽象的,它们潜存于人们的头脑中或者记录在词典和语法书里。言语则是对语言的具体运用。人们说话就是根据具体的交际需要,将抽象的语汇材料按照抽象的语法规则组织起来,形成具体的话语。

2. 语言是社会的,言语是个人的

语言系统属于全社会,这一点在"语言的社会性"部分已经详细说明。言语则是属于个人的。因为言语是个人根据特定的交际需要和个人意志对语言材料和语法规则进行的选择。虽然这种个人选择要受到语言系统的制约,但是,语言系统只是对个人选择的可能性有制约,具体的选择结果完全取决于个人。因此个人要对自己的言语负责,但不需要也不可能对语言负责。

3. 语言是现成的,言语是临时的

语汇材料和语法规则在人们进行言语交际之前,就已经存在于人们的头脑中。人们头脑中如果没有某种现成的语言系统,就不可能进行言语交际。言语则是根据特定的交际需要临时构成的。这种区别正是区分语言单位和言语单位的主要标准。如语素、词和固定短语都属于语言单位,自由短语和具体的句子都属于言语单位。

4. 语言是有限的,言语是无限的

一种语言的语汇材料虽然很多,但毕竟是有限的,语法规则更是有限的,而言语则是无限的。这正是语言生成性的体现,也是语言单位与言语单位的主要区别。如自由短语和具体的句子都是无限多的,所以都不属于语言单位,而属于言语单位。

5. 语言是稳定的,言语是多变的

语言系统的元素都是相对稳定的,其中语音系统和语法系统都非常稳定,几十年都看不出明显的变化,语汇、语义系统不如语音和语法那么稳定,但与言语相比,仍然具有相对的稳定性。言语的形式和意义都是随时变化的,如不同的人说话时的具体发音是千变万化的,有很多复杂的音变现象。具体话语中词语和句子的具体意义也是千变万化的。但这些变化一般都属于言语的变化,不属于语言的变化,语言的变化需要经过长期的历史积淀才能实现。

语言与言语又有密切联系,二者互相依存。

一方面,语言来自言语,依存于言语。语言系统是从具体的言语活动和言语作品中抽象概括出来的。个人头脑中所掌握的语言系统,一般词典、语法书中所描写的语言系统,都是一种抽象的理性认识或理论知识。这种理论知识也是来自对具体的言语活动和言语作品的观察和概括。因此,没有言语,就没有语言,就像没有具体的苹果、梨、香蕉等等,就没有抽象的水果一样。

另一方面,语言又制约着言语,指导人们进行言语实践。语言系统一旦形成,就成为人们进行言语交际的依据。因为语言系统是一套社会惯例,个人用语言进行交际,必须符合这种社会惯例。违反了这种社会惯例,说出来的就可能不成话,如"我看电影""我吃苹果"都成话,而"电影看我""我吃梦想"就都不成话。不成话,就是不成为言语。又如,一个人头脑中如果没有掌握德语的语言系统,他就不能讲德语。他听德国人说话时,他只能听到一串声音,这些声音对于他来说,是没有意义的,也就不成话。从这个意义上看,也可以说没有语言就没有言语。

### (二) 口语与书面语

语言包括口语和书面语两种不同的形式。口语是以语音为载体的语言形式,书面语是以文字为载体的语言形式。因为这两种语言形式的载体不同,所以形成了口语体和书面语体两种不同的表达风格。一般来说,口语体用词通俗,句子简短,结构松散;书面语体用词文雅,句子较长,结构严谨。

口语体和书面语体有时也称为口语和书面语。这样,口语和书面语就有两种不同的含义:一是指两种不同的语言形式,二是指两种不同的语体风格。作为语体风格的口语和书面语,与作为语言形式的口语和书面语大体上是对应的,但不是完全对应的。口语形式大多采用口语体,书面语形式大多采用书面语体。但是有时口语形式采用书面语体,有时书面语形式采用口语体。

书面语是在口语的基础上产生的,即口语是第一性的,书面语是第二性的。人类口语的历史比书面语的历史长得多。世界上有很多语言只有口语,没有书面语。但是另一方面,书面语又是口语的发展和提高。与口语相比,书面语语汇更丰富,语法更严密。书面语突破了时间和空间的限制,大大扩展了语言的交际功能。

书面语与口语总是有一定差异的,而且有时差异还较大。口语比较灵活易变,而书面语比较稳固保守,因此在语言发展的历史上经常会出现"言文不一"的情况,汉语历史上长期存在的文言和白话的对立就是这种情况。但是如果书面语与口语差别太大,完全脱离了口语,就会产生变革。汉语书面语在五四运动期间就发生了这种变革,废除了文言文,改用白话文。

### (三) 语言与副语言

语言不是人类唯一的交际工具,除了语言以外,人类还有其他辅助性交际工具,例如体态、美术、音乐等等。这类辅助性交际工具有时也被称为"语言",为了跟真正的语言相区别,可以把它们称为副语言或准语言。副语言可以分为两种类型,一类是依附性副语言,一类是独立性副语言。

依附性副语言是在语言的基础上形成的,依附于语言,是语言的代码,一般可以准确地转换成语言,如文字、电报代码、交通信号、旗语、灯语以及商品包装和公共场所的一些示意符号、标志等等。

独立性副语言不是在语言的基础上产生的,可以独立于语言使用,一般不能准确地转换成语言,如自然体态语(包括表情、姿态、手势、动作等,不包括为聋哑人人工设计的手势语)、美术语言、音乐语言等等。

语言是人类最重要的交际工具和思维工具,这些副语言都只是辅助性工具。因为语言是一种独立的交际工具和思维工具,是第一性的;而文字等依附性副语言是建立在语言的基础之上的,是第二性的。与体态语等独立性副语言相比,语言的表达功能最强,体态语、美术语言、音乐语言等表达功能都有很大的局限性,表意也不如语言明确。语言的使用范围最广,而副语言一般使用范围有限。电报代码等使用范围非常有限,即使是文字、体态语等使用范围较广的副语言,也不如语言使用范围那么广泛。例如,世界上很多语言没有文字,有很多人不会使用文字,可是除了婴儿和少数残疾人之外,一般人都会使用语言。

当然,各种副语言都有特定的使用价值,都可以在某些方面弥补语言的不足,这也正是它们能够产生和存在的原因。如文字就突破了有声语言在时间和空间上的限制,使语言能够留于异地,传于异时。再如体态语,可以帮助有声语言表达更加丰富的思想感情,有时还可以代替语言,如在不便出声的情况下,就可以用体态语。两个人语言不通时,也可以用体态语进行简单的交际。

(四)自然语言与人工语言

自然语言是由社会群体共同创造的、在日常交际活动中逐步自然形成和发展的语言,如汉语、英语等等。人工语言是个别人或少数人人工设计出来的语言(严格地说是副语言),如电报代码、科学符号公式、计算机程序语言、交通信号、旗语、灯语、为聋哑人人工设计的手势语、盲人的手指语以及国际辅助语等等。一般所说的语言就是指自然语言,但有时也包括人工语言。

自然语言与人工语言除了社会性与个人性、自然性与人工性的区别之外,还有一系列其他区别。自然语言具有民族性,人工语言具有国际性;自然语言充满了模糊性、歧义性,人工语言一般比较明确,没有歧义;自然语言由全体社会成员日常使用,人工语言一般限于在特定的范围和场合里使用;自然语言可以作为母语自然学会,人工语言不可能作为母语自然学会;自然语言有丰富的变体,如社会变体、地域变体、语域变体等,而人工语言一般没有变体。

世界语(Esperanto)是一种比较典型的人工语言,是国际辅助语的一种。从17世纪开始就不断有人设计出国际通用的人工语言,据统计各种设计方案已超过500种。但影响最大最成功的方案是19世纪末由波兰医生柴门霍夫(L. L. Zamenhof)提出的,他在自己的作品上的署名是Doktoro Esperanto,后来人们把他设计的这个方案简称为Esperanto,汉语译为"世界语"。这个方案以印欧语系的语言为基础并加以简化而成,便于学习掌握。它一共有28个字母,一个字母只表示一个音,重音位置固定。词根从德语、拉丁语和斯拉夫语中选出,并参考这些语言的语法拟订16条基本语法规则,各个词类都有特定的词尾。世界语问世以后受到广泛欢迎,现在还成立了世界语的国际性组织和各地的世界语协会,世界语的爱好者不断增多,还出版了世界语相关的杂志、读物和其他作品,定期召开代表大会。但是世界语和所有人工语言一样,只是一种辅助性交际工具,没有任何人将世界语作为自己的母语。

人工语言与副语言这两个概念有密切关系。它们都是与狭义的语言(自然语言)相对的,它们所指的对象(外延)在很大程度上是重合的。但是二者内涵有所不同，人工语言的特征是具有人工性，副语言的特征是具有辅助性。所有人工语言都属于副语言，但有些副语言不属于人工语言。如自然形成的体态语、美术语言、音乐语言等独立性副语言都不属于人工语言，而为聋哑人人工设计的手势语属于人工语言。文字则有两种情况，既有自然形成的文字，如汉字、古埃及文字等，也有人工设计的文字，如许多少数民族文字就是学者们人工设计的。

**思考与练习**

一、为什么说社会性是自然语言的本质属性？为什么说语言是人类最重要的交际工具？

二、什么是符号？语言符号有什么特点？

三、语言和言语有什么区别和联系？

四、口语和书面语有什么区别？为什么会有区别？

五、什么是副语言和人工语言？二者有什么关系？

## 第二节 语言的结构

语言系统是一个结构非常复杂的符号系统。语言系统内部包含着大大小小的语言单位，构成语言的层级结构。一个复杂系统可以划分为若干个子系统，语言系统可以划分为语音、语义、语汇、语法四个子系统。语言系统的符号与符号之间存在非常复杂的关系，但可以将这些复杂的关系高度概括为两种基本关系：组合关系和聚合关系。不同民族语言之间既有不同的结构特点，又有共性。根据结构方面的异同，可以将人类语言归纳为若干结构类型。

本节先对语言的结构系统进行概括性的总体描述，在后面的章节将对语音、语义、语法三个子系统作详细描述。为了避免与现代汉语课程过多重复，语汇系统将不作详细描述。

**一、语言的层级**

语言系统是多层级系统，包含着不同性质的大大小小的语言单位。根据语言单位性质的不同，语言系统首先可以分成两个大的层次——下层和上层。下层和上层内部又可分为若干不同级别的语言单位。

（一）语言的下层

语言层级系统的下层是语言符号的形式层，即语音层。语音层包括两级基本语音单位：音位和音节。音位是一种语言中能够区别意义的最小语音单位。音位的上一级语音单位是音节，一个音节由一个或几个音位构成。音节是人们能自然感知的最小语音单位。在一连串语音中，音节与音节之间有明显的语音界限。

例如"语言单位"这个语言片段，一个没有经过语音训练的人也能够听出四个语音单位,即/y²¹⁴ ian³⁵ tan⁵⁵ uei⁵¹/,每一个语音单位就是一个音节。其中"语"/y²¹⁴/这个音节只包含一个音位,其余三个音节都由三个音位构成。

除了音位和音节这两个基本语音单位是人类所有语言都有的之外,有的语言还可以分出介于音位和音节之间的语音单位。如有些语言有复元音、复辅音,汉语的音节还可以分为声母、韵母,等等。

(二)语言的上层

语言层级系统的上层是语音和语义结合的符号和符号组合层。一般认为上层包括三级基本语言单位:语素、词、句子。语素是最小的语音语义结合体。语素的上一级语言单位是词,词是最小的能够独立运用的语言单位。词由语素构成,一个或几个语素构成一个词。词的上一级语言单位是句子,句子是最小的语言交际单位,表达一个相对完整的意思,最少要用一个句子。句子是由词构成的,一个或多个词构成一个句子。

此外,介于词和句子之间的语言单位还有短语。短语是词和词的组合,但又跟词一样,是构成句子的材料。

严格地说,具体的句子和一般短语不是语言单位,而是言语单位(具体请参看"语言与言语"部分)。不过因为语言有广义与狭义之分,广义的语言包括狭义的语言和言语。语言单位也可以作广义理解,包括狭义的语言单位和言语单位。

(三)语言层级的特点

语言的层级系统有以下几个特点:

第一,从语言的下层到语言的上层是质的变化。下层语言单位都是只有形式没有意义的,都只是语言符号的形式而不是语言符号。上层语言单位都是既有形式又有意义的,都是语言符号和符号的组合。因为符号是形式和内容的结合体,光有形式没有内容不能成为符号。

第二,从下一级语言单位到上一级语言单位,都是量的扩充。人类语言的音位数目都是很少的,例如汉语普通话只有32个音位,英语只有44个音位。但这些有限的音位却可以构成几百上千个音节,再构成几千上万个语素,再构成几万甚至几十万个词,到句子这一级,数量就是无限的了。

第三,上一级语言单位都是由一个或者若干个下一级语言单位按一定的规则构成的,下一级语言单位都是上一级语言单位的构成成分。如音位是音节的构成成分,音节是语素(形式)的构成成分,语素是词的构成成分,词又是句子的构成成分。这种构成关系类似于家庭与家庭成员的关系。一个家庭大多由多个成员构成,成员与成员之间都有一定的关系,但一个家庭也可能只有一个成员。与此类似,一个音节大多包含几个音位,也可以只包含一个音位;一个语素可以包含几个音节,也可以只包含一个音节。语素与词、词与句子的关系也与此类似。例如,"啊!"是一个句子,它只包含一个词、一个语素、一个音节、一个音位。

## 二、语言的子系统

语言系统的内部结构是十分复杂的,根据语言系统内部的不同结构要素,可以分为几个子系统。语言系统是符号系统,符号是语音语义结合体,所以语音和语义都是语言系统的结构要素,分别构成语音系统和语义系统。从另一方面看,语言系统又是由语言符号(语汇)及其组合规则(语法)构成的,语汇和语法也都是语言系统的构成要素,分别构成语汇系统和语法系统。

语音、语义、语汇、语法四个子系统,是从两个角度划分出来的,语汇和语法都有语音和语义两个方面,因此语音、语义与语汇、语法有交叉现象。特别是语义和语汇,交叉的部分很多。所以很多人只把语言系统分为三个子系统。传统的三分法只分语音、语汇和语法,不包括语义,把语义的内容分别放在语汇和语法中处理。现在的三分法,一般只分语音、语义和语法,不包括语汇,把语汇的内容分别放在语义和语法中处理。

### (一)语音系统

每一种语言的语音要素都是自成系统的。语音系统由音位和音节两级基本语音单位构成。语音的系统性主要体现在音位之间的对立和音节内部的组合两个方面。

一种语言的音位之间往往构成系统对立。例如:汉语普通话辅音系统中有送气和不送气的系统对立,/p/—/pʻ/、/t/—/tʻ/、/k/—/kʻ/、/tɕ/—/tɕʻ/、/ts/—/tsʻ/,但没有清音和浊音的对立;英语辅音系统中有清音和浊音的系统对立,/p/—/b/、/t/—/d/、/k/—/g/、/f/—/v/、/ts/—/dz/、/tʃ/—/dʒ/,但没有送气和不送气的对立;汉语普通话有调位的系统对立,但没有时位的对立,英语则刚好相反。

语音的系统性还体现在音节组合规则上。不同语言的音节构成规则是不同的。如汉语普通话的 21 个辅音音位中,19 个只能出现在音节开头,1 个/ŋ/只能出现在音节末尾,1 个/n/可以出现在音节开头和结尾。汉语有丰富的复元音,但没有复辅音。再如汉语普通话的/k/、/kʻ/、/x/后面不能跟[i]和[y],而/tɕ/、/tɕʻ/、/ɕ/后面只能跟[i]和[y]。英语的多数辅音既可出现在音节开头,又可出现在音节末尾。英语既有复元音,也有复辅音。

### (二)语义系统

每一种语言的语义要素也是自成系统的。一种语言的语义系统也可以分成几个不同层级的语义单位。其中最基本的语义单位是义项,义项是语言符号的意义。义项的构成成分是义素。义项与义项组合成义丛,义项和义丛又是构成句义的语义成分。语义的系统性主要表现在义项的聚合关系和句义的组合规则两方面。

一种语言系统中语言符号(词语)的意义是十分复杂的,但不是杂乱无章的,而是存在着系统的联系。词语的义项之间相互对立,又相互联系,聚合成纵横交错的语义网络。这种语义网络就是语义场。处于语义网络中的词语的义项之间存在着纵横两种聚合关系。纵向聚合关系有上下义关系和总分关系,横向聚合关系有同义关系、反义关系和类义关系。如"丈夫"和"妻子"就构成一个语义场,二者构成横向类义关系,它们和"配偶"又构成纵向上下义关系。

义项和义项按一定规则组合起来,就构成句子的意义。作为句义构成成分的义项与义项之间,都有一定的语义关系。如"小王骂小李"这个句子的语义结构就是"施事—行为—受事","小王"是行为"骂"的施事,"小李"是"骂"的受事。

(三)语汇系统

一种语言的全部语言符号,就构成语言的语汇(词汇)系统。语汇系统包括三级语汇单位:语素、词、固定短语。其中语素是最基本的语言符号,又是构词的材料。词和固定短语一般是复合符号。词是语汇系统的主体。固定短语包括熟语和专名(包括专有名称和专门术语)两大类。熟语如"守株待兔""走后门""做一天和尚撞一天钟",专名如"北京大学"、"政治协商会议"、"disk operating system"(磁盘操作系统)。固定短语虽然由多个词构成,但结构一般比较固定,意义具有不可分割的整体性,一般把它们作为一个整体符号来使用。其中专名往往还有缩略形式,如"北大""政协""DOS"。

一种语言的语汇系统中的词语也不是杂乱无章的,而是有系统联系的。语汇系统中的词语有各种聚合关系,除了在语义系统部分讲过的语义聚合关系之外,还有各种语形上的聚合关系,如同音词(读音相同)、同形词(字形相同)、同素词(语素相同)、同构词(结构相同)等等。

语汇系统中的词语,有不同的地位和作用。根据词语在语汇系统中的地位和作用,可以从不同的角度划分出不同的类别,如基本语汇和非基本语汇、通用语汇和专用语汇、传承语汇和非传承语汇等。

基本语汇是语汇系统中具备全民性、常用性和稳固性的词语,缺乏全民性或常用性或稳固性的词语都属于非基本语汇。通用语汇是不受使用者和使用场合限制的语汇。通用语汇是全民通用的,而不是特定的区域、社群中的人们所使用的语汇;通用语汇适用于各种使用场合,既可用于口头语,也可用于书面语。专用语汇是某些特定的区域、社群中的人们所使用的词语,或在特定的使用场合使用的词语,主要包括方言语汇、社群语汇(社会方言)、口语语汇和书面语语汇几类。传承语汇是从古至今一直沿用下来的词语。传承词语之外的词语都属非传承语汇,包括古旧语汇、新造语汇、外来语汇三类。

正因为语汇系统中包含了各种不同地位、不同作用的词语,才构成了语汇的丰富性,使语汇系统能适应各种不同的交际需要。

(四)语法系统

语法是语言的结构规则,即怎样由较小的语言片段组合成较大的语言片段。

具体地说,就是怎样由语素构成词,怎样由词构成短语,怎样由词和短语构成句子,怎样由句子构成语段。语法系统就是语言符号的组合规则系统。

语言符号的组合规则主要体现在结构和功能两个方面。两个较小的语言片段组合成较大的语言片段以后,较小的语言片段之间就发生了结构关系。例如"买"和"西瓜"是两个词,组合成短语"买西瓜","买"和"西瓜"之间就构成动宾结构关系。词语构成某种结构关系是有规则的,这种规则就是结构规则。哪些词语能够跟哪些词语组合,不能跟哪些词语组合,组合起来能够构成什么结构关系,不能构成什么结构关系,词语组合时词形是否发生变化、如何变化,这些都是结构规则。可是两个词语能否构成某种结构关系,是由词语的功能决定的。例如"大"和"西瓜"组成"大西瓜",就不能构成动宾关系,只能构成偏正关系。这是因为,"大"和"买"的功能不同。因此,语法规则包括词语的结构和功能两个方面。具体来说,语法规则主要包括语素的功能、词的结构和功能、短语的结构和功能、句子的结构和功能、语段的结构等内容。

另外,词语的结构和功能,又包括语法形式和语法意义两个方面。如"大西瓜"是偏正关系,"西瓜大"则是主谓关系,就是因为语序不同;"买西瓜"是动宾关系,"买的西瓜"则是偏正关系,就是有无虚词"的"的区别。语序、虚词等就是语法形式,而主谓关系、动宾关系、偏正关系等,都属于语法意义。语法形式和语法意义的对应关系,也是语法系统的重要内容。

### 三、语言的基本关系

语言系统中的符号与符号之间,存在着各种复杂的联系,但这些复杂的联系可以概括为两种基本关系:组合关系和聚合关系。

(一)组合关系

若干较小的语言单位组合成较大的语言单位,其构成成分之间的关系就是组合关系,又称线性序列关系或句段关系。如"小莉喜欢看电视"这个句子由四个较小的语言单位——词组成,其中每个词都是这个句子的构成成分,各个词之间的关系就是组合关系。

组合关系也就是结构关系,有相同组合关系的语言单位构成的类,就是结构类。例如通常所说的主谓结构、动宾结构等,就是组合关系,也是结构类型。

组合关系在语言的各个子系统中普遍存在。例如,由音位组成音节,音节的构成成分——音位之间的关系就是组合关系,如汉语的声母和韵母之间就是组合关系。由语素组成词,由词组成短语,组成词的语素之间和组成短语的词组之间,也都是这样的组合关系。语义系统中,施事、动作、受事等,就是语义上的组合关系。

词语之间的组合是有规则的。较小语言单位只有按一定规则组合,才能构成较大语言单位,才能构成组合关系。如"他""不""来"三个词组合成句子:"他不来。"词与词之间有组合关系,但如组合成"来不他"就不成话了,词与词之间就没有组合关系。

语言单位之间的组合是有层次性的。词语组合的结果从表面上看是线性的,但是成分与成分之间的组合关系通常却并不是单层的链条式关系,而是立体的层次关系。如"他不来"中,并不是"他""不""来"三者平列组合,而是首先由"不"和"来"组合成"不来",然后"他"跟"不来"一起组合。"不"和"来"有直接组合关系,"他"和"不来"也有直接组合关系,而"他"和"不","他"和"来"在这里都没有直接组合关系。

(二)聚合关系

具有相同组合功能的语言单位之间的关系,就是聚合关系,又称联想关系。例如:

(1)老刘　买　菜。
(2)小王　穿　鞋。
(3)陈兵　喝　酒。

上述三个句子中,"老刘""小王""陈兵"三个语言单位有相同的组合功能,都充当主语;"买""穿""喝"也有相同的组合功能,都充当述语;"菜""鞋""酒"也有相同的组合功能,都充当宾语。那么,"老刘""小王""陈兵"之间,"买""穿""喝"之间,"菜""鞋""酒"之间,都有聚合关系。

具有聚合关系的语言单位之间,一般能互相替换。如上述例子中的"老刘""小王""陈兵",都可互相替换。不过,说能互相替换,并不意味着在任何时候都能互相替换,而只是说在某种场合能互相替换。例如"老刘买菜"中,"菜"可用"鞋""酒"替换,但"小王穿鞋"中,"鞋"不能用"菜""酒"替换。有时两个语言单位在任何情况下都不能互相替换,但是它们有相同的组合功能,仍有聚合关系。如英语 many 和 much 分别用于可数名词和不可数名词,构成互补关系,一般不能相互替换,但是它们都能修饰名词作定语,具有相同的组合功能,因此它们仍有聚合关系。

具有相同聚合关系的语言单位,就构成某种聚合类,即功能类。但聚合类有不同的层次,较大的聚合类又可分成若干较小的聚合类,不同的较小聚合类之间,聚合关系有同有异。如所有的动词构成一个较大聚合类,而动词又可分及物动词和不及物动词两个较小聚合类,及物动词和不及物动词既有相同的聚合关系,也有不同的聚合关系。

聚合关系也普遍存在于语言的各个子系统。如汉语音节中的声母之间,都有聚合关系;语义系统中词语的同义关系、反义关系等等,也是聚合关系。

四、语言的结构类型

世界上的语言很多,其结构既有个性也有共性,因此可根据不同语言的结构异同,把人类语言划分为若干不同的结构类型。语言结构类型可根据不同标准,从不同角度划分,如根据语音、语汇或语法方面的特征,都可将语言划分为若干不同类型。不过,一般多根据语法特征,从词法和句法两个不同的角度,划分出若干词法类型和句法类型。

(一)词法类型

从词法的角度给语言划分出的类型叫语言的词法类型,又叫形态类型。人类语言的词法类型一般分为四种:词根语、屈折语、黏着语、编插语。

1. 词根语

词根语又称孤立语,其特点是缺乏形态变化,语法意义主要靠词序和虚词来表示。汉语就是一种比较典型的词根语,例如,"我喜欢他"中的"我"是主语,"他"是宾语,主要取决于词序。又如,"买菜"是述宾结构,"买的菜"是偏正结构,主要取决于虚词。汉语缺乏严格意义上的形态变化,一个名词性词语无论是作句子的主语还是作宾语,词形都不发生变化;一个动词性词语无论是作句子的谓语还是作其他成分,词形也不发生变化。

除汉语外,属词根语的还有京语(越南语)、彝语、苗语等。

2. 屈折语

屈折语的特点是通过各种屈折方式来表示语法意义。屈折可以分为内部屈折和外部屈折两种。

内部屈折是通过词的语音交替(改变部分语音)来构成不同的语法形式,表示不同的语法意义。例如阿拉伯语以固定的辅音框架表示语汇意义,以元音交替表示不同的语法意义。阿拉伯语中,表示"写"的词根,其基本音位是三个辅音 k-t-b,填进不同的元音就可以表示不同的语法意义。如 kati:b(作者、文书、写的人),kita:b(书、写成的作品),ma-ktab(书房、图书馆、办公室、书桌、写字的地方,单数),ma-ka:tib(书房、图书馆、办公室、书桌,复数),kataba(他写,过去时),je-ktubu(他在写,现在进行时)。又如英语的 foot(脚,单数),feet(脚,复数),sing(唱,原形),sang(唱,过去式)。

外部屈折是通过附加词缀的方式表示不同的语法意义。例如英语的 book(书,单数)在后面加上词缀-s,就表示复数意义 books(书,复数)。

屈折语的一个构形词缀可以同时表示几种语法意义。例如英语的-s 在动词后面表示第三人称、单数、现在时、主动语态,如 works(工作,第三人称、单数、现在时、主动语态)。同样的语法意义,在不同的词里也可以用不同的词缀来表示,如俄语中性名词单数主格的词尾有-o(如 перо 钢笔),-е(如 поле 田地),-мя(如 знамя 旗子)。屈折语的词根和构形词缀结合得很紧,如果去掉构形词缀,词根往往就不能成词,如俄语 перо 去掉词尾-o,пер-就不能独立使用。

印欧语系各语言以及阿拉伯语等,一般都属于屈折语,其中俄语和德语是最典型的屈折语。

3. 黏着语

黏着语又称胶着语,其特点是通过附加多种词缀来表示各种语法意义。黏着语虽然和屈折语一样有丰富的形态变化,但两者又有不同:一是黏着语没有内部屈折;二是黏着语的一个词缀只表示一种语法意义,一种语法意义也只用一个词缀表示,要表示多个不同的语法意义就附加上多个不同的词缀;三是黏着语的词缀一般自成音节,而且词根和词缀以及词缀和词缀之间结合不紧密,有相当大的独立性。

例如,土耳其语 odalarimdan(从我的一些房间里)这个词中的 oda(房间)是词根,-lar、-im、-dan 都是词缀,分别表示复数、第一人称、离格。再如 sevmišdirler(他们从前爱)这个词中 sev(爱)为动词词根,-miš-、-dir、-ler 都是词缀,分别表示过去时、第三人称、复数。

黏着语的词缀与词根语的虚词是不一样的,黏着语的词缀附着在词根上,而词根语如汉语的虚词却是附着在词或短语上的。如汉语"讨论并通过了"中的虚词"了"是附着在并列短语上的。

属于黏着语的除了土耳其语外,还有日本语、朝鲜语、蒙古语、维吾尔语、哈萨克语、芬兰语、匈牙利语等。

4. 编插语

编插语又叫多式综合语或复综语。其特点是以动词词根为中心,在词根的前后可以附加上各种词缀,来表示各种语法意义或语汇意义。动词词根和各种词缀组合成一个很复杂的动词,相当于其他语言中的一个句子。如南美洲的阿尔金语中的一个动词 akuo-pi-n-am(他从水中拿起它),其中 akuo(拿)是动词词根,-(e)pi(水)、-(e)n(用手)、-am(它)是词缀。再如北美洲的契努克语中的一个动词 i-n-i-a-l-u-d-am(我来是为了把这个交给她),其中-d-(给)是动词词根,它的前后附着有 7 个词缀,其中第一个-i-表示过去时,-n-表示第一人称单数,第二个-i-相当于代词宾语"这个",-a-相当于另一代词宾语"她",-l-表示它前面的代词宾语是间接的,-u-表示动作离开说话人(是交出去而不是别人交来),-am-表示动作("来")是有目的的。

编插语的词根和词缀都不能独立,而词根语的词根很多都可以独立成词。编插语的词缀既可以表示语法意义也可以表示语汇意义,而黏着语的词缀只能表示语法意义。属于编插语的主要是美洲的各种印第安语、因纽特人的一些语言以及属于古亚细亚语系的楚克奇语等。

上述语言类型的四分法是有用的,因为它能指出语言的一些基本特征。但这只是大体的划分,并不是十分严密和准确的。同一类型的语言,其间也还有许多差异。有的语言还兼有几种类型的特征,例如英语的有些动词一个词形表示多种语法意义("he goes"表示现在时、主动语态、第三人称、单数),类似屈折型。英语词序比较固定,类似孤立型;但它的有些词根前后可能有几个表示语法意义的词缀,每个词缀只表示一个语法意义,词缀同词缀在语音上不融合在一起,界线分明,又类似黏着型,如英语的 un-affect-edly(不矫揉造作地)中的 un-表示否定,-ed 表示形容词后缀,-ly 表示副词后缀,用黏着方式串联在一起。所以有人说,英语是由屈折型走向孤立型的语言。

语言的词法分类也可以根据形态变化是否丰富把世界上的语言分为三类:综合语、分析语、综合—分析语。综合语的主要特点是词有丰富的形态变化,如德语、俄语等;分析语的主要特点是缺乏形态变化,词序和虚词是主要的语法手段,如汉语、越南语等;综合—分析语是介于综合语和分析语之间的一种语言,既有综合语的特点,有一定的形态变化,又有分析语的特点,词序和虚词的作用也比较大,如英语等。

(二)句法类型

从句法的角度给语言分类叫语言的句法分类。语言的句法分类最常见的是根据句子的基本成分主语(S)、动词(V)、宾语(O)在简单陈述句中的位置来分类。一般分为三种基本类型:

1. SVO 型语言

SVO 型语言句子的基本格局是按照"主语—动词—宾语"的顺序排列的。例如汉语的句子"我们(S)学习(V)语言学(O)",英语的句子"This(S) is (V) a book(O)"(这是一本书)。除汉语、英语外,属于 SVO 型的语言还有法语、俄语、傣语、苗语等。

2. SOV 型语言

SOV 型语言句子的基本格局是按照"主语—宾语—动词"的顺序排列的。例如日语的句子"私が本を読む(我看书)"("私"主语,が是主格助词,"本"是宾语,"を"是宾格助词,"読む"是动词充当谓语)。属于 SOV 型的语言主要有日语、拉丁语、土耳其语、蒙古语、藏语、彝语、傈僳语等。

3. VSO 型语言

VSO 型语言句子的基本格局是按照"动词—主语—宾语"的顺序排列的。如阿拉伯语的句子"Yaktubu(V,正在写)al-talib(S,这个学生)maktüban(O,信)",威尔斯语的句子"Lladdodd(V,杀死)y ddraig(S,那条龙)y dyn(O,那个人)"。属于 VSO 型的语言主要有阿拉伯语、威尔斯语、古诺尔都语等。

(三)其他分类

除了上述两种基本分类之外,还有许多别的分类。例如,修饰语与中心语的语序、前置词与后置词的使用、主语优先与话题优先、话题结构化与焦点结构化等等,都可以作为分类标准。不仅可以按语法结构特征分类,还可以按语音或语汇、语义特征分类。

按语音特征分类的方法很多,其中比较重要的一种是按有无声调分类。此外,还可以看音位系统有哪些成分,元音和辅音在音位系统中各占多大比重,一个音节由什么音位以什么方式构成,等等,对语言进行分类。

按语汇语义特征,也有许多分类法,其中之一是看词义理据性的强弱。理据性强的语言中有很多复合词和派生词,其意义可由其组成成分的意义推求,如汉语"顶"+"针"成为"顶针",德语 fingerhut(顶针)也可由 finger(手指)和 hut(帽子)大致推测出其意义。理据性弱的语言单纯词很多,如法语 dé,虽然也指顶针,但是个单纯词,本身不能再加分析,不能从其组成部分求得其意义。

(四)语言类型学

上面谈到的语言结构类型属于语言类型学的研究内容。语言类型学(也称为类型语言学)是研究人类各种语言的特征并进行分类的学科。它主要从跨语言(或方言)的角度观察研究人类语言,通过跨语言比较寻求或验证语言共性,再以语言共性为背景揭示具体语言的特点,并将人类的语言归纳为若干类型。

语言类型学诞生于 19 世纪的欧洲,早期的语言类型学主要是根据词法形态来给语言分类,即将世界语言分为四大类型:孤立型、黏着型、屈折型和编插型。所以早期的语言类型学又称为形态类型学。其主要代表人物是德国的施勒格尔兄弟(F. von Schlegel 和 A. von Schlegel)、洪堡特(W. von Humboldt)和美国的萨丕尔(E. Sapir)等语言学家。

当代语言类型学研究的范围扩大到了句法范围,尤其是语序现象得到了更多的关注和深入的研究,所以当代语言类型学也有人称为语序类型学。当代语言类型学的开创者是美国语言学家格林伯格(J. H. Greenberg),他于 1963 年发表论文《某些主要跟语序有关的语法普遍现象》,开创了当代语言类型学。当代语言类型学的研究重点是揭示跨语言的语法特征之间的相关性。如 SVO 型语言的形态变化比较简单,SOV 型语言的形态变化比较复杂,SOV 型语言和后置词之间、VSO 型语言与前置词之间具有相关性。

近几十年来,学者们重点探讨形成各种语言结构特征的原因和机制,更注重探讨各语言之间的共性,研究手段更加精密,研究领域更加广泛深入。许多学者从各种角度探讨语言共性的成因,从功能语言学、认知语言学、心理语言学、历史语言学等不同角度解释某些语言结构特征和语言共性形成的原因。

目前在西方,语言类型学已成为一门显学,它被看作当代语言学的一个重要分支学科,同时也被看作一个相对独立的重要学派,是一个与形式学派和功能学派都有交叉、都能沟通的学派。在我国,虽然语言类型学的研究起步较晚,但近年来也得到了较快的发展,研究队伍逐渐壮大,研究成果逐渐增多,已成为比较热门的研究领域①。

**思考与练习**

一、一般人名(如"王大牛")、一般具体句子(如"小王走了")应该算语言单位还是言语单位?为什么?

二、语言的层级与语言的子系统有什么区别和联系?

三、举例说明语音、语义和语法的组合关系、聚合关系。

四、举例说明汉语语音、语义、语汇、语法四个子系统的特点。

五、语言类型的词法分类和句法分类各有哪几种?各种词法类型分别有什么特点?

## 第三节 语言的功能

语言的功能是多种多样的,归纳起来主要有三个方面的功能:社会功能、文化功能和心理功能。

### 一、语言的社会功能

语言与社会有着十分密切的联系。一方面,人类社会特别是复杂社会不能没有语言,因为语言是人类社会最重要的交际工具,是社会联系最主要的纽带;另一方面,语言也离不开社会,离开了社会交际,语言既不可能产生,也不可能发展。关于语言与社会的关系,前面"语言的社会性"部分已经有所论述,后面"社会语言学"部分还要进一步论述,这里仅从语言的社会功能的角度加以论述。语言的社会功能主要体现在语言的交际功能和标志功能两个方面。

(一)语言的交际功能

社会中的人们是互相联系、互相依存的,人与人之间需要交流思想,传递信息,表达感情,沟通关系。社会能够生存和发展的基本条件之一,就是需要各种交际工具来使社会成员相互沟通、彼此协调,否则人类的社会联系无法维持。

人类社会相互沟通的工具很多,除了语言以外,其他交际工具都可以归入副语言。在各种交际工具中,语言是最重要的交际工具,副语言只是辅助性的交际工具。这一点在前面"语言与副语言"部分已经充分说明。如果没有语言,那些依附于语言的副语言也就不可能存在。而仅靠独立于语言的副语言,如体态语、美术语言、音乐语言等,是无法满足社会交际的需要的。

语言虽然有很多功能,但社会交际功能是语言的本质功能,是其他功能的基

---

① 参见刘丹青:《语言类型学与汉语研究》,《世界汉语教学》2003年第4期;罗天华:《语言类型学和我国语言学研究》,《北京教育学院学报》2006年第4期;金立鑫:《语言类型学——当代语言学中的一门显学》,《外国语》2006年第5期。

础,其他功能都是由社会功能派生出来的。因为语言就是为了适应社会交际的需要而产生和发展的,离开了社会交际的需要,语言的生命就不可能存在。语言如果没有社会交际的功能,就不可能有其他的功能。例如,思维功能也是语言非常重要的功能,从某种角度来看,似乎比交际功能更重要。比如一般人可以整天不说话,可是只要他是清醒的,就不可能不用语言来思维。然而事实上思维功能仍然是交际功能的派生物。因为语言是在社会交际活动中产生的,而不是在个人的思维活动中产生的。例如,一个天生聋哑的人不能用语言进行社会交际,虽然他可以用其他的方式(如体态语之类的副语言)来交际和思维,但绝不可能用语言来思维。即使他治好了聋哑的生理缺陷,如果他不在社会交际中学会和使用语言,也不可能用语言来思维。语言的文化功能也是交际功能的派生物,语言如果没有交际功能,也不可能有文化功能。详情请参阅后文"语言的文化功能"部分。

　　语言的交际功能是逐步发展的。人类语言先于文字几万年,在文字产生之前,人类只有口头语言。文字产生以后,语言增加了书面形式,从而突破了口头语言的时间和空间的限制,大大增强了语言的交际功能。书面语言的产生使人类脱离了史前时期而进入有史时期,从此人类才有了历史记录。人类进入电子化时代以后,语言又增加了电子化交际方式。电子化交际是利用电子设备进行快速、高效、远程交际的一种新的交际方式,是随着电脑、网络、手机等电子设备的快速发展和广泛普及而兴起的,如电子化办公、电子化管理、电子化交易、电子化教育、电子化出版等。在电子化交际中,语言信息(包括语音形式和文字信息)等是以电子信息和数字信息的形式传播和储存的。电子信息和数字信息传播速度很快,储存空间很小,处理非常方便。例如一个图书馆的上百万册图书,如果转换成电子图书形式,就可以储存在一个小小的硬盘里或几十张光盘里,可以随身携带。而且语言信息的分类、检索、复制、编辑等处理非常方便。毫无疑问,电子化交际使语言的交际功能又产生了一次质的飞跃,极大地扩展了人们的交际空间,极大地提高了交际效率。

　　随着信息科学技术的发展,语言交际还从人际交际扩展到人机交际。人机交际就是人机对话,就是人与机器用自然语言进行交流。人机对话实现了语言对物体的控制,古代神话中"芝麻开门"之类的幻想如今已经变成了现实:人们可以通过语音控制电器,从而实现自动开关门窗等机械运动。详情请参看第八章"机器应用语言学"部分。

　　(二)语言的标志功能

　　在一般情况下,每个民族都有自己的语言,一个民族的不同地区有地域方言,一个民族的不同社会群体有社会方言。每一个人使用语言时都会在一定程度上显示出他的社会身份,仿佛随身佩戴着一枚语言徽章,标明他属于某个民族,属于某个地区或某个社会阶层。这就是语言的标志功能。例如,不同的方言区的人有不同的语言标志。上海人把"怀疑"说成"外义",广东人把"巧妙"说成"考妙",福州人把"筷子"说成"箸",梅州人把"一朵花"说成"一头花",四川人把"精彩""美观"说成"安逸"等。我们可以从一个人的口头或书面表达的某些特征来判定他的籍贯。

语言是一个民族、一个地区、一个社群的标志,也是民族、地区和社群认同的标志和情感维系的纽带。同一民族、同一地区、同一社群的人交往时,要求使用本民族、本地区或本社群的话语,否则,就可能产生误解甚至引起反感,从而妨碍交际的顺利进行。一个外族人、外地人或其他社群的人,说话时如果使用听话人的语言或方言,一般会获得听话人的好感。当一个民族遭受异族入侵和统治时,如果不讲本族语而讲入侵者、统治者的语言,就会遭到本族人的鄙视和唾弃。一个人回到家乡不说家乡话,也会引起乡亲们的反感。钱钟书的名作《围城》中有一个人物叫张吉民,在美国人的洋行里做买办,喜欢在中国话里夹无谓的英文字,因而成为讽刺的对象:"说话里嵌的英文字,还比不得嘴里嵌的金牙,因为金牙不仅可以妆点,尚可使用,只好比牙缝里嵌的肉屑表示饭吃得好,此外全无用处。"

语言也是一个人的社会身份和文化素养的标志。一个人是男性还是女性,是城里人还是乡下人,是教师还是医生,社会地位如何,文化修养如何,都会在言语表达方式上有所反映。工农群众称知识分子说的为"字儿话",称自己说的为"大白话"。因为他们说话俚言俗语比较多,用词比较生动活泼,知识分子的话书面词语比较多。例如孔乙己为了显示自己是一个读书人,说话时满口的"之乎者也"。

语言还是作家个人风格的标志。例如赵树理长期生活在北方农村,熟悉农民的文化风尚和艺术爱好,主张文艺要大众化,因此他用北方农民的口语进行写作,语言上就具有质朴平易、生动活泼的"晋味"特征。又如老舍生于北京,长于北京,他的作品中方言成分较多,所以他的作品中表现出浓厚的"京味"特征。正因为语言是作家个人语言风格的标志,所以名作家的作品即使不署名,读者往往也能看出是谁写的。

语言的标志功能还体现在产品标志上,如品牌标志、厂家标志、产地标志等,例如"春兰空调""海尔冰箱""创维彩电""恒源祥毛线""五粮液酒""青岛啤酒""北京烤鸭"等等。一个设计独特、易读易记,并富有艺术和形象性的品牌名称或企业名称,对树立产品和企业的良好形象有着重大影响,一个著名的企业标志是一份十分重要的无形资产。

语言的标志功能是交际功能的派生物,因为标志功能是建立在交际功能之上的,语言只有用于交际时才有标志功能。如果不进行语言交际,就不可能有标志功能。

### 二、语言的文化功能

在介绍语言的文化功能之前,有必要先介绍一下文化的性质和类型、语言的文化特征。

（一）文化的性质和类型

文化作为科学术语,有其特定的内涵与外延。但是不同的学者对文化有不同的理解。关于文化的定义很多,关于文化的外延也有各种不同的看法。归纳各种观点,对文化作广义的理解,我们把文化看作社会成员共同创造并享有的所有事物现象。具体地说,文化具有两个最基本的特征:超自然性和超个人性。

所谓超自然性,就是说文化不是自然形成的,而是人为创造的。人的自然遗传现象不是文化现象。古人所谓"食、色,性也",就是说人的食欲、性欲是人的自然本性,是作为动物的自然人的遗传现象。这些现象本身不是文化现象。但是,人们满足食欲、性欲的方式,却要受到社会环境的制约与影响,是社会教化和社会创造的产物。因此,这种基本的生活方式就是文化现象。野生的动物植物、天然的山川河湖等等,都不是文化现象。但是经过人们养殖、栽种的动物植物,经过人们改造的山川河湖,就都属于文化现象。

所谓超个人性,就是说文化不是个人现象,而是社会现象。超自然现象不一定都是文化现象。有些超自然现象可能是纯粹的个人现象,与社会环境没有什么关系。比如某人的一些行为方式,不是遗传得来的,也不是向别人学来的,而且也不对别人产生影响,这种行为就是纯粹的个人现象。如某人对某些食物特别喜爱或特别厌恶,走路时两足呈内"八"字形或外"八"字形,就可能是纯粹的个人好恶与习惯,与其他人无关。这类现象就不是文化现象。但如果这类好恶习惯成为一定社群的一种普遍现象,个人的好恶习惯是受他人影响而形成的,或者对别人产生影响,社会对这种现象不是漠不关心,而是加以赞扬鼓励或贬抑制止,那么,这种现象就不是个人现象,而是一种文化现象。作为人类文化的个人创造,都不是纯粹的个人现象。无论是印刷术的发明,还是蒸汽机的诞生,无论是莎士比亚的戏剧,还是爱因斯坦的相对论,创造者所赖以创造的知识能力,都是从社会获得的。更重要的是,个人的发明创造要对社会产生影响,才能实现其文化价值,成为人类文化的组成部分。如果个人的发明创造不为人知,湮没无闻,那么也不能成为一种文化。

从外延上看,文化可以分为物质文化、智能文化、制度文化和精神文化四种类型。物质文化是人类创造的各种物质产品。诸如各种生产和交通工具、武器、日用器具、房屋、食物和其他人类所需要的物品等。智能文化是人们拥有的各种科学技术知识,包括各门学科的理论知识和生产技术等等。制度文化是制约人们的社会行为的各种制度规范、风俗习惯等。诸如饮食卫生习惯,娱乐交往方式、婚姻形式、亲属关系、家庭财产分配等家庭制度，劳动管理、艺术生产、教育、道德、风俗、宗教、礼仪、法律、政治、警察、军队等社会制度等等。精神文化包括思维方式、思想意识、审美情趣、宗教信仰、道德观念、价值观念等等。物质文化是一种最表层的显性文化，智能文化与物质文化密切相关，智能文化往往体现在物质文化之中，但又具有相对的独立性。一个社会可能拥有某种物质文化，例如飞机、汽车、计算机等，但不拥有相应的生产技术，即智能文化。而且有些智能文化，很难确定具体体现在什么物质产品里面，例如某些数学、逻辑学知识。制度文化和精神文化关系非常密切。制度文化是可以直接观察到的，而精神文化不能直接观察到，是最深层的文化，往往体现在制度文化之中，并且制约着制度文化。例如道德观念、审美情趣、价值观念等，往往通过人们的服饰、礼仪、风俗习惯等反映出来。精神文化最稳固，不容易变化，往往落后于制度文化。例如我国的封建制度早就消亡了，可是很多人头脑中还有不少封建思想。如男尊女卑的思想属于封建社会的伦理道德观念，但在社会主义社会，这种思想观念在很多人头脑深处依然存在，仍然制约着人们的家庭生活、社会交往方式等制度文化。

（二）语言的文化特征

从文化的内涵上看，语言是一种文化现象，因为语言具备文化的两个基本特征。

首先，语言具有超自然性。语言是人类创造的，个人的语言能力也不是天生的，而是通过后天学习获得的。虽然人的语言能力需要一定的先天的遗传机制，例如人的大脑神经和发音器官、听觉器官等，但这些遗传机制只是语言产生的必要条件而不是充分条件，如果不经过后天的学习，个人是无法掌握一种语言的。例如，世界上好些地方都发现过一些狼孩，这些狼孩是在他们尚未掌握语言时就被狼叼走，跟狼崽一起生活，长大的狼孩后来被人们发现，才重新回归人类社会。被发现时这些狼孩都不会说话，经过长期训练，才慢慢学会说话。

其次，语言具有超个人性。语言不是个人现象，而是社会现象。这一点在语言的性质部分已经充分说明。

从文化的外延上看，语言属于制度文化。语言不是物质文化，它不能直接满足人们的物质生活需要，这一点显而易见。语言也不是智能文化，因为智能文化是跟物质文化相联系的，语言跟物质文化没有直接联系。语言也不是纯粹的精神现象，而是可以观察到的，因此也不是精神文化。语言系统本身就是一种世代相传的社会惯例，言语行为也是人们的一种社会行为。而且语言对人们的言语行为具有制约性，人们的言语交际行为必须符合社会惯例，否则就会受到社会的指责和干预。这正是制度文化的主要特征。此外，语言也是精神文化的一种具体反映，受到精神文化的制约。语言系统和言语行为都受到人们的思想观念、思维方式、审美情趣、价值观念甚至伦理道德观念的制约。仅以语序为例,我们只说"男女、老少、父子、师生"等等,不说"女男、少老、子父、生师"等等,这种语序规则显然是受伦理观念的制约的。可见,语言具有制度文化的各种特征,属于典型的制度文化。

语言又是一种特殊的文化现象,其特殊性就在于语言具有文化镜像功能和文化传承功能。语言本身是一种文化,但同时,语言又是反映其他文化面貌的镜子,是文化传播和继承的工具。

(三)语言的文化镜像功能

文化作为一种社会现象,必须在社会成员中间交流,而语言是人们社会交际的最重要的工具,因此,人类创造的各种文化就会通过语言记录下来,语言就成为反映文化面貌的一面镜子。而且由于语言本身具有稳定性和历史承继性,语言所记录的有些文化现象虽然本身已经消亡,但仍然会作为镜像长期保存在语言当中,就像人的照片可以长期保存一样。因此,语言可以反映历史文化的面貌,是历史文化的"活化石"。

语言对文化的反映首先表现在言语作品的内容上。例如中国的古代文化是一个十分丰富的宝库,而这些文化宝藏在很大程度上是通过历史文献保存下来的。如中国的神话传说,各个时期的经史子集等。这些历史文献记录着史前文化和人类文明的发展,对后代的政治、经济、文化的发展起着非常重要的作用。

其次,语言系统本身也记录和反映着人类文化的面貌。其中语汇最充分地反映了文化的历史面貌。如词源、字源往往可以反映特定的历史文化。比如,西方的笔过去是用羽毛削制而成,因此西方语言表示笔的词都同表示羽毛的词相同或相近,英语的 pen 和俄语 nepo 都来自拉丁语的 penna,原义是"羽毛"。欧洲古代曾以牲畜作为商品交换的手段,因此英语的 fee(费用、酬金)和法语的 fief(借债)等与金钱有关系的词,在词源上都与牲畜有关。我国古代曾以贝壳作为货币来使用,所以诸如"货""赠""财""资""贮""贫""贵""贩""贪""贱""费""贷""购""贸""赃""贿""赂""贾""赁""赊""赋""赎""赚"等与财货有关的字皆从"贝"。

通过语言系统还可以揭示没有被言语作品记录下来的文化。例如,关于壮族居住区域的变迁历史,典籍中没有明确记载。但是从广东、云南的某些地名可以看到,这些地名同现代壮族地名同属一系,比如多以"那""都""思""古""六""罗""云""黎"等冠首,而且有的地名完全重合。这类地名在四川、贵州、湖南三省的南部以及越南、老挝、泰国和缅甸的北部都有。这说明古代壮族分布的地域相当广,后来才移到现在的广西中部和西部。

正因为语言具有文化镜像功能,所以研究人类文化的发展历史在很大程度上要依靠语言。

（四）语言的文化传承功能

语言还是文化传承的重要工具，对于人类文化的发展起了巨大的作用。从人类发展的历史来看，人类文化发展历史上曾经有过几次飞跃，这几次飞跃都与语言密切相关。

一般认为人类有 200 万至 300 万年左右的文化发展历史（从能制造工具的能人算起），第一次飞跃发生在距今 5 万年左右的时期（进入晚期智人时期）。在此之前，人类文化的发展十分缓慢，从这个时期开始，人类文化发展的速度突然加快，出现了建筑、纺织服饰、大型狩猎、雕刻和绘画艺术、葬礼、航海等。这种突然的加速与人类有声语言的产生密切相关。人类的有声语言正是在这个时期产生的。因为人类有了有声语言，人们可以通过语言迅速地获得别人的经验和知识，通过语言巩固人们认识世界的成果，而且语言还能促进思维的发展，因此人类创造文化的能力大大增强，使人类文化发展的速度大大加快。

第二次飞跃发生在人类进入文明社会的时期，距今 5 000 年左右。进入文明社会以后，人类文化的发展速度又产生了一次飞跃。而这一次飞跃与文字和书面语的产生密切相关。有了文字，就有了书面语。文字和书面语的产生突破了有声语言时间空间的局限，使人们可以更容易、更方便地获得人类的历史经验，包括其他地区、民族的文化财富。由此，文化创造能力也就大大提高。所以人们把文字称为"文明社会的界碑"，有文字的社会就是文明社会。

在人类社会进入电子化、信息化、全球化的今天，语言在文化传播交流中的作用显得更为突出。由于电子通信技术、计算机网络技术的飞速发展和广泛普及，人类获取知识信息的手段又发生了一次飞跃。利用电子通信技术和计算机网络技术，人们可以在全球范围内迅速即时地获取大量信息。而这一时期的人类文化发展又一次产生了飞跃。如以人类登月为标志的航天技术和生物基因技术、纳米材料技术等，都是人类文化发展的飞跃。而这些飞跃都是建立在信息技术飞速发展的基础上的。正是由于信息技术发展对当今人类文化发展的重要性，所以人们常常称当今社会为"信息社会""信息时代"。

综上所述，人类文化的飞跃发展与人类信息交流方式的飞跃发展密切相关。而语言是人类信息交流的主要工具，是人类科学文化信息的主要载体，因此，语言对人类文化的继承、传播和发展有着非常重要的作用。所以要学好科学文化知识，首先就要学好语言。

由于科学文化信息主要是语言信息，语言不同就会造成信息传递的障碍。克服语言障碍的主要办法有两种，一是普及和发展外语教育，二是提高语言信息处理包括自动翻译的能力。所以现在世界各国都对外语教育和语言信息处理非常重视，外语教学（包括对外语言教学）和语言信息处理也成为应用语言学中两个最重要的应用领域。这正说明了语言在当今文化传播交流中的重要性。

有关语言与文化的关系,后面的"文化语言学"部分将有更详细的论述,可以与此处互为参考。

**三、语言的心理功能**

人类语言与人类心理活动有非常密切的关系。有很多学者甚至认为应该把语言学看成心理学的分支学科。关于语言与心理的关系,在后面"心理语言学"和"认知语言学"部分将会详细论述,这里仅从语言的心理功能的角度,重点论述语言的思维功能和认知功能。而在论述语言的心理功能之前,有必要先介绍一下语言的心理机制。

(一)语言的心理机制

语言交际实质上是一种信息处理过程,也是一种心理活动过程。一个完整的言语交际过程包括编码、发送、传递、接收、解码五个基本阶段。编码是说话人将要表达的思想内容用相应的语言形式组织起来。发送是将组织好的语言形式通过发音器官或书写工具表现出来,变成可以直接感知的物质形式——语音形式或文字形式。传递是将语音形式或文字形式通过声波或光波的物理运动传达到听话人的耳里或眼里。接收是听话人通过听觉器官或视觉器官感知从说话人那里传来的语音形式或文字形式。解码是将语音形式或文字形式转换成相应的思想内容。在这五个阶段中,除了传递是一个物理过程之外,其他四个阶段都是心理活动过程。其中编码和发送是言语生成过程,接收和解码是言语理解过程。

言语的生成和理解是人脑神经的一种机能。人脑由大脑左右半球、脑干、小脑和间脑四部分组成。与语言关系较为密切的是大脑和脑干。负责处理语言信息的大脑特定部位,称为大脑语言中枢。大脑语言中枢在大脑的左半球,有两个区域:一个是布洛卡区,以首次发现它的法国外科医生布洛卡的名字命名。该区处于左脑颞下回,主要管语法信息的处理和言语生成。一个是韦尼克区,以首先发现它的脑科学家韦尼克的名字命名。该区处于左脑颞上回后部,主要管语义处理和言语理解。两个区域的功能是相互配合、有所交叉的。对各种失语症的研究表明,大脑的语言处理并不仅仅与语言中枢有关,也与大脑的其他部位,如脑干和皮层等有密切的关系。

人脑处理语言信息的细节,仍存在一些待解之谜:语言信息在人脑中是怎么储存的?储存在什么部位?语音信息、语义信息、语汇信息、语法信息又是以什么方式储存的?语言形式和语言意义是怎样检索匹配的?要解开这些谜,需要多门学科相互协作,共同努力。

(二)语言的思维功能

语言的心理功能就是语言在人的心理活动中的作用。语言的心理功能是多种多样的,其中最主要的是思维功能和认知功能。

思维是人脑对信息进行处理的心理活动,人脑对信息的处理主要包括分析、综合、比较、抽象、概括等过程。分析是把一个事物现象的整体分解为各个组成部分和各种属性的认识活动。综合是分析的逆过程,是把事物现象的各个部分和各种属性结合起来,形成对事物现象的整体认识。比较就是找出相关事物现象之间的异同。抽象是在比较的基础上把事物现象的本质属性(区别于其他事物现象的特征)抽取出来,舍弃非本质属性。概括是在比较和抽象的基础上,将具有相同本质属性的事物现象归入同一类别。

思维一般可分为三种基本类型:动作思维(又称运动思维、技术思维)、形象思维(又称具象思维、表象思维)和抽象思维(又称逻辑思维、理性思维)。

动作思维是指从事某种活动(如驾驶车辆、修理机器、打球、跳高、射击等)时,通过对现场情景的直观感知,来控制和调整动作的思维。这种思维所凭借的思维工具是现场情景。如打乒乓球时,运动员根据对手击球的动作、球运动的方向、角度、速度等现场情景,来控制和调整自己的击球动作。这些现场情景就是他打球时的思维工具。

形象思维是通过对事物形象的认识,在头脑中形成意象,并对这种意象进行想象等加工处理的思维。形象思维所凭借的思维工具是客观事物在大脑中所呈现的形象(意象)。如文学家创作时,头脑中会呈现出他在长期生活体验中所积累的各种形象,这些形象便是他创作时的思维工具。又如看到某个熟人的相片,或者听到某个熟人的声音,就能断定这个人是谁,就是在运用形象思维。

抽象思维是运用某些抽象的符号对事物的性质、特征、关系等进行理性认识,形成概念、判断、推理等形式的思维。抽象思维的工具是抽象符号。抽象思维的特点是间接性和抽象性,抽象思维可以脱离现场情景和思维对象进行,也不需要在头脑中呈现事物的具体形象,而是借助抽象符号,反映事物现象的本质特征和逻辑联系。

当然,以上关于思维的分类只是理论上的分类,在人们实际的思维过程中,往往是几种类型混用。其中抽象思维是最重要的思维类型,以至于人们说到思维时,往往就是指抽象思维。

抽象思维最主要的工具就是语言。有人甚至认为语言是抽象思维的唯一工具,因此认为抽象思维离不开语言。现代思维科学的研究表明,抽象思维的工具是抽象符号,但语言并非唯一的抽象符号,例如算盘珠子、棋子、牌具等,以及前面讲到的许多副语言都是抽象的符号,都是抽象思维的工具。但是,语言是抽象思维最主要的工具,则是显而易见的。这一点在前面所讲的语言与副语言部分已经有充分说明。

语言不仅是思维活动的工具,而且可以帮助人们固定和保存思维的成果。抽象思维的成果是形成概念、判断和推理等。这些理性认识的成果主要靠语言固定和储存。即使是形象思维的成果的储存往往也依赖于语言。心理学实验证明,语言在人们对事物形状、颜色的记忆中,特别是长期记忆中,起着非常重要的作用。见到某物体的颜色、形状,人们往往会用相应的词语在心中进行描述,如枣红色、银灰色、咖啡色、三角形、梯形、"八"字形、波浪形、像眼镜、像哑铃、像水桶等等。有了这些词语的帮助,就容易形成长期记忆;没有相应词语的帮助,就很容易遗忘。例如人们对规则图形比不规则图形的记忆更准确、更持久,就是因为规则图形有相应的词语准确描述,容易形成长期记忆;不规则图形难以用相应的词语准确描述,容易遗忘。又如文学家进行形象思维时,头脑中储存的人物形象,其中理性认识的成分(抽象思维的成果)比感性认识的成分要大得多。这个人物形象的具体长相、外貌等并不十分重要,更重要的是这个人物形象所代表的思想、性格、社会身份等理性特征。而这些理性特征显然是需要语言储存的。

此外,语言也是思维成果(思想)传承的主要工具。人们对世界的认识,可以分为直接知识和间接知识两类,或者分为实践知识和理论知识两类。间接知识和理论知识主要是靠语言传承的,如历史知识、科学文化知识等。即使是实践知识的获得往往也需要语言的帮助,如在动物园第一次看到河马,如果不通过语言获取相关的理论知识,就可能不知道它是什么动物;又如学打乒乓球当然需要实践,但同样也需要通过语言了解相关的理论知识——竞赛规则、动作要领、技战术运用等,用相关理论知识指导实践。

(三)语言的认知功能

认知是指人们感知、认识世界,获取知识,解决问题等一系列认识过程中的心理活动。语言的认知功能就是指语言在人们的认知过程中的作用。

认知活动的过程是认知心理学的研究对象。现代认知心理学把人们的认知活动过程看成信息处理过程,通过分析人的思维过程,得出人的信息处理模型,交给计算机模拟,以检验信息处理模型是否正确。认知心理学认为人脑认知活动的过程跟电脑信息处理的过程是类似的:首先是输入信息,然后对输入的信息进行特征分析,将分析的结果与预先储存在人脑或电脑中的知识系统进行匹配,将输入的信息归入原有知识系统的某一类别之中。这就是同化过程。如果输入的信息与原有知识系统的所有类别都无法匹配,或者根据某种理由证明原来的匹配是错误的,就会建立一个新的类别,修改原有的知识系统。这就是顺应过程。认知心理学认为,同化与顺应是人类认知的基本机制。这既是人脑获取知识的过程,也是电脑处理信息的过程。

从上面对认知过程的分析中可以看出,语言在认知过程中起着非常重要的作用。

首先,语言在信息输入的环节中起主要作用。因为人们获取知识的主要渠道就是语言,在一般人的知识结构中,通过语言获得的知识比通过其他渠道获得的知识多得多,几乎所有的历史知识和其他非亲历的知识,主要是通过语言获得的。即使是通过其他渠道获取知识,比如看电影、电视获取的图像信息和声音信息,没有相应的语言信息的帮助,也很难得到准确的完整的理解。例如,一个不懂外语的人不可能看懂没有翻译的原版外语片。

其次,语言在信息匹配环节中也起主要作用。因为信息匹配需要将预先储存的知识与新输入的信息及其特征分析结果相互比较,而预先储存的知识系统主要是通过语言分类储存的。例如人们对事物形状、颜色的认识,对时间、空间的认识,对人的亲属关系、社会身份的认识等等,都是通过语言分类储存的。对事物之间的逻辑联系的认识,更是靠语言储存的。正因为如此,使用不同语言的民族对世界事物的分类就很不一样,如使用不同语言的民族对颜色、星空、生物、亲属等的分类就很不相同。人们接受了一种语言,也就接受了对世界的一种分类系统。有的人甚至因此认为语言决定人们的世界观,例如著名的"萨丕尔—沃尔夫假说"就是这种观点。这种观点过分夸大了语言对认知的作用,但是他们提出的证据说明了语言在人们认知世界的过程中起着非常重要的作用。

最后,语言在对输入信息进行特征分析的环节中也起着重要作用。如果输入的信息是语言信息,对语言信息进行特征分析(包括语音、语义、语法特征分析)要以现有语言知识为分析的依据,这是显而易见的。即使输入的信息是非语言信息,对非语言信息进行特征分析时,一般也需要语言的帮助。例如见到一个多年不见的老朋友,他的外貌穿着等都发生了很大变化,你还是可以认出他来,这需要复杂的逻辑思维,从变化中找出不变的因素。有时见到一个人觉得非常面熟,可是一时想不起来这个人是谁,在哪儿见过等等,就是遗忘了对这个人的理性认识。而逻辑思维、理性认识主要依靠语言进行,这一点在前面已经作了充分说明。

除了思维功能和认知功能之外,语言还有一些其他心理功能,如心理调节功能、情感宣泄功能、智力开发功能、审美愉悦功能等等。不过这些功能都是一些次要的派生功能,限于篇幅,这里不展开论述。

**思考与练习**

一、为什么说语言的交际功能是其他功能的基础?语言的文化功能是由交际功能派生出来的吗?为什么?

二、为什么很多国产商品的包装、说明书等既有中文也有外文,既有简体字也有繁体字?这与语言的什么功能有关?

三、汉语中表示亲属关系的词语很多,分类很细,而英语等西方语言分类较粗。如汉语"伯父""叔父""姨父""姑父""舅父"等,英语一律称为 uncle。请从文化的角度说明这种区别反映了什么问题。

四、有人认为思维离不开语言,你认为对吗?为什么?

五、什么是语言的认知功能?认知功能表现在哪些方面?

## 第四节　语言学及其发展

### 一、语言学的任务与分科

语言学是研究人类语言的科学。一般说来，语言学的主要任务是研究语言的性质、结构和功能，研究语言发展演变的历史，研究语言的学习和应用，研究语言与其他相关现象的关系。

语言是一种非常复杂的现象，由于研究目的、研究角度和研究方法等因素的影响，语言学形成了形形色色的分科。从研究范围看，语言学大体可分为两大类：内部语言学和外部语言学。

（一）内部语言学

内部语言学又称本体语言学或微观语言学，主要研究语言系统的内部结构。

对于语言系统内部结构要素及其在系统中的地位，语言学界有不同看法。传统上一般将语言看作是由语音、语汇（词汇）和语法构成的。语音是语言的形式，语汇是语言的建筑材料，语法是词的构成和变化以及组词成句的规则。转换生成语言学兴起以后，很多学者认为语言系统的内部结构是"语义←语法→语音"。语言符号是由声音和意义两部分构成，并且通过语法（syntax）组织起来的。不过，乔姆斯基后来提出新的理论模式（"最简方案"），包括词汇（lexicon）、语法（syntax）、语音、语义四部分。他认为语言生成的程序是：从词库中选择词项，经过语法规则的处理，生成音系式（语音）和逻辑式（语义）。那么内部语言学可以相应地分为语音学、语义学、语汇学（词汇学）、语法学四个分支。

（二）外部语言学

外部语言学又称综合性语言学、宏观语言学或边缘语言学，它主要研究语言的功能、语言的学习和应用、语言与其他相关现象的关系。

语言是一种十分复杂的现象，与许多事物有着程度不同的联系。因此语言学与许多相关的学科发生交叉，产生许多综合性、交叉性的新学科，如社会语言学、文化语言学（人类语言学）、心理语言学、神经语言学、认知语言学、应用语言学、数理语言学、计算语言学等等。这些交叉学科的研究不但加深了人们对语言本体的认识，同时也促进了对与语言相关的领域的研究。

内部语言学和外部语言学是语言学的两大基本研究领域，但是二者之间并没有明确的界限，有些学科可能介于二者之间。如语用学既涉及语言的内部结构，也涉及语言的外部因素。又如系统功能语言学、认知语言学，既研究语言内部的结构系统，也研究语言的功能，研究语言外部因素对语言结构的制约和影响。

此外，语言学还从其他角度进行分类，形成了复杂的学科体系。如根据研究对象的数量,语言学可以分为个别语言学和普通语言学。个别语言学又叫具体语言学,它研究某种具体的语言,如汉语语言学、英语语言学等;普通语言学又叫一般语言学,它研究人类语言的共同规律,以及不同语言之间的异同和关系,如普通语音学、语言类型学等。根据研究对象的时间,语言学可以分为共时语言学和历时语言学。共时语言学研究某一时期的语言状况,如现代汉语语法学;历时语言学也称历史语言学,研究语言的发展演变,如词源学、汉语史等。从研究方法的角度,可以分出对比语言学、历史比较语言学、实验语音学、数理语言学等等。这些从其他角度分出的学科,有的可以归入内部语言学,有的可以归入外部语言学,有的可能介于内部语言学和外部语言学之间。

**二、古代语言学**

人类对语言的研究可以追溯到上古。在对语言研究的历史进行分期时,一般将19世纪历史比较语言学兴起以前的历史时期称为古代语言学或传统语言学,不少学者也将其称为古典语文学(classical philology)。一般认为古代语言学有三大传统:古代西方传统、古代印度传统和古代中国传统。

(一)西方古代语言学

1. 古希腊时期

西方古代语言研究是伴随着古希腊文明发展起来的,在当时无所不包的哲学研究中,语言问题受到学者们的高度重视。古希腊早期的学者们的注意力大都集中在语言与自然、语言与思维、语言形式与逻辑形式之间的关系等与语言相关的哲学、逻辑学问题上。

语言的形式和意义的关系是古希腊的学者们关心的重要问题之一。他们对这个问题的看法分成两派:一派是以苏格拉底(Socrates)为代表的"自然派"(Naturalist),认为词的形式和意义之间有一种自然的联系;另一派是以亚里士多德(Aristotle)为代表的"约定派"(Conventionalist),认为词的形式和意义之间的联系是任意的、约定俗成的,不存在自然的联系。

在语言结构分析上,古希腊学者主要从逻辑的角度研究语法。柏拉图(Plato)首先提出了区分词类的思想,将词划分为主词(名词)和述词(动词)两类。亚里士多德增加了连接词一类,包括现在的连词、系动词、代词和冠词等。古希腊学者还划分了请求、提问、回答和命令四种句子类型,指出名词有阳性、阴性和中性三种性范畴。亚里士多德提出了"格"的概念,指动词和名词在语法形式上的变化,表示关系、数、语气等语法意义的变化。后来,斯多葛学派(Stoics)把代词和冠词从连接词中分出来,并且把名词分成普通名词和专有名词两类。他们还进一步讨论了"格"的概念,确定了名词的五种格——主格、宾格、与格、所有格和呼格,还区分了现在时和过去时、完成体和未完成体。

在希腊化时期(前334—前31),古希腊的语言研究得到了很大发展,语言研究由对哲学逻辑问题的探讨转为对古代经典文献(尤其是荷马史诗)的考证和解释,形成了亚历山大里亚语文学派。公元前 1 世纪,狄俄尼修斯·特拉克斯(Dionysus Thrax)写了第一部系统的希腊语法书《语法术》(*Techne Grammatike*),汇集了几个世纪以来有关希腊语法的零星知识,并将它们总结成规则。特拉克斯讨论了八个词类——名词、动词、分词(participle)、代词、介词、冠词、副词和连词,在划分词类时,他既使用形式标准,也使用意义标准,这种兼顾形式和意义的双重标准一直影响到今天。书中对语法范畴也有比较全面的描写,对名词的性、数、格,动词的时、人称、数、语态都作了描写。《语法术》构建了一个比较完整的词法体系,对后来的语法学有很大影响。但这部书缺乏对句法的分析。

公元前 2 世纪阿波洛尼·狄斯科勒斯(Apollonins Dyscolus)撰写了《论句法》,这是西方第一部句法研究著作。这本书提出的句法体系对后世的影响持续了两千多年。

2. 古罗马时期

罗马人几乎全盘继承了希腊人的文化,在语言研究方面大多照搬希腊语法体系,将它套在拉丁语上。早期最著名的学者是瓦罗(M. T. Varro,约公元前 1 世纪),《论拉丁语》是他语言学方面的代表作,也是第一部系统的拉丁语语法专著。他仅以形式为标准,划分了四大词类,同时,瓦罗在区别屈折和派生方面作出了贡献。瓦罗的语法体系理论建树不大,但他的分析比较细致,论证比较充分,因此在当时影响很大,同辈学者广泛引用他的著作。

古罗马后期最有影响的是多纳图斯(Donatus,约公元 4 世纪)和普里西安(Priscian,约公元 5 世纪)。多纳图斯的《语法学》(*Ars Grammatica*)是西方第一部专为教学目的编写的语法书。普里西安的《语法学》(*Institutions Grammaticae*)全面系统地总结了前人的语法研究成果,尽管没有创见,但作为一个集大成者,这部语法著作可以说是传统语法成熟的标志。多纳图斯和普里西安被看作是传统语法的直接奠基人。

3. 中世纪时期

中世纪欧洲的语言研究主要分为两类:教学语法和经院哲学语法。这一时期的教学语法没有什么创新,不过是将多纳图斯和普里西安的著作加以简缩,以适合初学者的需要。这种语法并不反映拉丁语的实际应用情况,具有强烈的规范性和指令性。中世纪欧洲语言研究的主要成就体现在经院哲学语法上。经院哲学语法学家的兴趣在为语法规则提供哲学和逻辑解释,其中影响最大的是活跃在 13 世纪至 14 世纪的"摩迪斯泰"(Modistae)学派,又称"思辨语法"(Speculative Grammar)学派。他们试图将语法逻辑化,以证明语法结构反映现实结构和人类理性。他们认为,人脑一方面与世界的物质结构相对应,另一方面与语言的结构相对应,因此在人类语言背后应当有一种"普遍语法"。虽然思辨语法是从外部世界中寻求语言的共性,理论上是形而上学、不合实际的,但它对后世的影响是巨大的。它激发了人们探讨语言与思维和现实世界的关系的兴趣,17世纪的普遍唯理语法和20世纪的转换生成语法都是这种兴趣的延续。

4. 文艺复兴时期

14世纪至17世纪,西方处于文艺复兴时期。这一时期由于人文主义的影响,人们重新重视对古希腊和古罗马文献的研究,这就进一步促进了语言研究的发展。随着民族主义的高涨和拉丁语使用面的缩小,民族语言研究受到了空前的重视,到16世纪几乎所有的欧洲民族语言都有了自己的语法著作。17世纪发生了以笛卡尔(R. Decartes)为代表的唯理主义和以洛克(J. Lock)为代表的经验主义之间的哲学论战,这场论战导致了语言研究中普遍唯理语法的产生,其代表作是产生于法国波尔-罗瓦雅尔修道院的《普遍唯理语法》,作者是阿尔诺(A. Arnauld)和兰斯洛(C. Lancelot)。普遍唯理语法学家认为不同的语言背后存在着基本的、普遍的规则,语法学家的任务就是找出这种反映在人类所有语言中普遍法则。普遍唯理语法与中世纪的思辨语法有所不同,思辨语法力图在逻辑范畴和拉丁语中寻找普遍法则,而普遍唯理语法则在更广泛的语言素材中寻找这种法则。普遍唯理语法对当代语言学有巨大的影响,它是转换生成语法的主要理论来源。

(二)印度古代语言学

印度语言研究的历史比西方更为悠久。据推测,大约在公元前1500年,印度就有了梵语的宗教经典《吠陀》(Veda)。《吠陀》一直在口头上传诵,到公元前8世纪,才用梵文记载下来。到公元前5世纪,梵语已不再是日常交际工具,但它仍然是宗教和精神生活的工具。人们认为,传颂和理解这些从古代传承下来的神圣的经典应力求准确,因此就需要对梵语进行深入研究。古代印度的语言研究涉及语义学、语音学和语法学三个主要部分。

古印度学者对语义问题十分关注,他们探讨了涉及词和句子意义的本质的许多问题,例如词义在多大程度上可以看作是词的自然属性,拟声在多大程度上可以作为描写词语和事物之间关系的模式,以及使语言以有限手段满足无限需要的词义变化等问题,还讨论了句子同充当句子成分的词之间的语义关系问题。

古印度学者对语音的研究取得了非凡的成绩。他们把语音看作位于语法和实际话语之间的环节,把语音描述分为三大部分——发音、音段和音段的组合。他们根据生理原则,不仅细致地描写了各个音的发音动作,而且创造了正确的语音分类原则,区分出元音和辅音、塞音和擦音、半元音、长音和短音,还阐述了音节、连读音变等。

古印度语言研究最显著的成就表现在对梵语的语法分析上。在古印度语法学家中,最著名的是巴尼尼(Panini),他的梵语语法著作《八章书》(*Astadhyayi*),

又称《巴尼尼语法》或《梵语语法》,大约产生于公元前4世纪,是保存至今的最早的有关印欧语言的语法描写。全书分为八个主要部分,由3 996条简练的口诀式短句组成,主要是对梵语词法规则的详尽论述。这部书分析描写透彻,行文简练易记,采用的是连环式的内容编排方式,受到历代语言学家的赞赏。巴尼尼把词分成名词、动词、前置词和小品词四类,另外还分出代词和副词,分别附属于名词和动词。他把词分解成词根、后缀和词尾,并把词根分成原始词根和派生词根。另外,他还分析了动词的人称、态、式等形态变化,名词的八种格的形态变化,从第一格到第八格,分别相当于现在所说的主格、宾格、工具格、与格、离格、属格、方位格和呼格。

古印度语言学对欧洲语言学、阿拉伯语言学以及中国语言学都有较大的影响。如欧洲的历史比较语言学的兴起与古印度梵语的研究有密切关系。布龙菲尔德在《语言论》中说:"使欧洲语言观点全部革新的,却是在印度产生的语言知识。"古代阿拉伯人建立的阿拉伯语语法体系,就借鉴了古印度和古希腊的语言学成果。古代中国的音韵学就是在古印度语音分析方法的影响下形成的。

(三) 中国古代语言学

中国古代语言研究可以追溯到上古时期,从研究目的和领域上看,可以粗略地分为两类:一类是关于语言哲学、语言理论方面的研究,另一类是语文学研究。

春秋战国时期(前770—前221)是中国古代哲学百家争鸣的一个黄金时代,学者们在研究哲学、逻辑学问题的同时,对一些重要语言理论问题进行了比较深入的研究,取得了卓越的成果,这突出地表现在荀子和墨子的有关思想中。

在《荀子·正名篇》中,荀子深刻地阐述了语言的社会性质,正确指出了名实之间的约定俗成关系。他认为:"名无固宜,约之以命,约定俗成谓之宜,异于约则谓之不宜;名无固实,约之以命实,约定俗成谓之实名。名有固善,径易而不拂,谓之善名。"在语言与思维的关系上,他认为概念可以分为简单概念和复杂概念,简单概念由单词表示,复杂概念由词组表示,把概念分为"大共名"(范畴)、"大别名"(种)和"别则有别"(属)等三类。这与西方的形式逻辑不谋而合。

先秦时期的墨辩学派在概念分类上与荀子基本一致。但他们进一步把概念分为"以形貌命者"和"不可以形貌命者"两类,即具体概念和抽象概念。他们还研究了判断与推理,《墨子·小取》中的"以名举实,以辞抒意,以说出故"论述的就是概念、判断、推理的形成和表达。

早在秦汉之际,我国就开始了系统的语文学研究,这种研究被称为"小学",包括训诂学、文字学和音韵学。

在训诂学方面,公元前3世纪,我国学者就编出了《尔雅》,把古书里的同义词分别归类,每类作为一个条目,每个条目用一个比较通用的词解释。《尔雅》是我国最早的解释词义的专著,是第一部百科辞典。以《尔雅》为首,形成了源远流长的"雅学",成为我国训诂学研究的主体。

另一部重要的训诂学专著是西汉时期扬雄的《方言》(全称《輶轩使者绝代语释别国方言》)。它汇集了不同地区的同义词语,并注明通行范围。该书从社会交际上说明"言"(口头语)的功能,从历史记载上考察"书"(书面语)的作用,取材由书面语进入口语,体现了一种新的语言观。

东汉时期刘熙的《释名》是我国第一部通过语音形式解释语义,寻求语源的著作。《释名》不是把重点放在古代典籍上,而是放在汉代的名物,特别是文物典章、风俗习惯等专名的解释上,具有很高的社会语言学和文化语言学的价值。

在文字学方面,东汉时期许慎编出了我国第一本文字学专著《说文解字》。该书广征博引,成为集周秦两汉文字训诂之大成者。《说文解字》用"六书"说明汉字的构造方式,开创了我国以"六书"为理论中心的文字学。许慎还创造了以部首为纲的汉字归类方法,该书将所收的 9 353 个字分别归入 540 部,这种方法对后世辞书编纂有很大影响。《说文解字》最重要的历史贡献是"就形以说音义",即以篆籀形体作为探求汉字本义的阶梯,将字形、字音、字义的研究统一起来,这种方法形成了中国古代语言学研究的主旋律,带动了小学研究的繁荣。

在音韵学方面,汉代末年,随着佛学的传入,在梵文拼音的影响下出现了反切注音法。为了适应诗赋的需要,从三国时起,逐渐出现了不少韵书,对反切进行汇集整理,标志着音韵学的兴起。其中影响最大的是隋朝陆法言的《切韵》,该书按平、上、去、入四声排列,共分 193 韵。唐末沙门守温把声母分为 36 个字母,学者们开始按 36 个字母次序排列制成各种韵图,形成了等韵学。最早的韵图是唐代的《韵镜》。

古代语言学经历了两千多年的历史,积累了语言研究的丰富经验,为后来的语言研究提供了坚实的基础。但是,由于历史的局限,古代语言学一直处于从属地位,没有形成独立的、系统的语言学科,人们研究语言的目的是解决其他领域的问题,语言研究是为哲学、政治、宗教、历史、文学等服务的。语言研究主要以历史文献和书面语为研究对象,忽视了口语的研究。所以人们往往把古代语言学称为"语文学"(philology),区别于后来兴起的"语言学"(linguistics)。

### 三、近代语言学

西方近代语言学一般是指从 19 世纪初历史比较语言学兴起,到 20 世纪初结构主义语言学兴起之前约一个世纪的历史时期。西方近代资本主义的兴起和发展,大大拓宽了人们的语言视野,推动了语言研究的深入发展,这时历史比较语言学在欧洲兴起,用历史比较的方法对不同语言进行比较分析,确定语言之间的亲缘关系,取得了丰硕的成果。与此同时,探讨人类语言的普遍特征,比较人类语言结构异同的普通语言学也开始形成。不过这一时期占主导地位的是历史比较语言学,所以学者们往往将这一时期称为历史比较语言学时期。

## (一) 历史比较语言学的兴起

进入文艺复兴时期以后,特别是发现美洲新大陆以后,欧洲兴起科学旅行探险热潮,加上宗教的广泛传播,欧洲人大大开阔了语言视野,不仅注意到欧洲的各种语言,还接触到美洲、亚洲、非洲的许多语言。一些学者和传教士开始有意识地对世界各地的语言进行调查,积累了大量的语言材料,从而可以更广泛地对语言进行比较研究。例如,1800年西班牙传教士赫尔伐士(L. Hervas)出版的《各民族语言目录》汇集了300多种语言的材料,德国语言学家阿德隆(J. G. Adelung)等于1806年—1817年间出版的《米特里达脱斯》(*Mithridates*)引用过500多种语言的材料。这些材料为历史比较语言学的兴起打下了良好的基础。

历史比较语言学的先驱是英国学者威廉·琼斯(William Jones),1786年他在亚洲学会年会上宣读的论文中,认为梵语和许多欧洲古代的语言可能具有共同的来源,他指出了希腊语、拉丁语和梵语某些语词之间的对应关系。琼斯的论文引起学者们的极大兴趣,许多学者开始使用历史比较的方法研究语言的亲属关系。不过,琼斯等人只是指出梵语和希腊语、拉丁语等有历史亲缘关系,而没有对这些语言的亲属关系作系统的研究,更没有确立具体的研究方法。

为历史比较语言学确立理论方法基础,并进行系统比较研究的是丹麦的拉斯克、德国的葆朴和格里木。他们被公认为历史比较语言学的创始人。

拉斯克(R. C. Rask,1787—1832)最先对亲属语言进行系统的比较研究,1814年写出《古代北方语或冰岛语起源的研究》(1818年出版)一书,该书初稿是拉斯克提交给丹麦科学院组织的一项论文竞赛的参赛论文,这篇获奖的论文为历史比较语言学奠定了理论方法的基础。拉斯克指出日耳曼诸语言的词和其他印欧语的词在语音上存在着有规律的对应关系,并认为确定语言的亲属关系必须考察语言的整个结构,特别是语音结构和语法结构,而不能只对一些零星词语作比较。这些都成为历史比较语言学的基本理论方法。不过,拉斯克只比较了北欧语,没有涉及其他语言,尤其是没有涉及梵语,加上这部书是用丹麦语写的,因此拉斯克的影响远远不如德国的葆朴和格里木。

葆朴(F. Bopp,1791—1867)是第一个将梵语与欧洲语言进行系统比较的语言学家,其代表作《论梵语与希腊语、拉丁语、波斯语和日耳曼语动词变位系统的比较》(1816),揭示了这几种语言的动词变位系统的对应关系,并指出这几种语言应该具有共同来源。葆朴致力于找出印欧语的原始语法结构。通过对梵语与希腊语等动词变位系统的比较,发现用梵语的语法形式往往可以解释其他许多语言的语法形式,从而创立了比较语法的原理。葆朴的研究特别是他创立的比较语法原理对后来的历史比较语言学有很大的影响。

格里木(J. Grimm,1785—1863)对历史比较语言学的建立也作出了重要贡献。在1819年出版的《德语语法》中,格里木受拉斯克相关观点的启示,提出了著名的格里木定律，系统地揭示了日耳曼语与其他印欧语之间的语音对应关系。例如：

| 哥特语 | f | p | b | θ | t | d | h | k | g |
| --- | --- | --- | --- | --- | --- | --- | --- | --- | --- |
| 拉丁语 | p | b | f | t | d | t | c | g | h |
| 希腊语 | p | b | ph | t | d | th | k | g | kh |
| 梵语 | p | b | bh | t | d | dh | s | j | h |

这种语音演变规律的发现有重大意义和影响，它使人们认识到语言的发展演变是有规律的，后来学者研究印欧语言的亲属关系时，都是以这一规律为研究基础的。

（二）历史比较语言学的发展

到19世纪中叶，历史比较语言学已发展得相当成熟，取得了丰硕的研究成果。在总结前人成果的基础上，德国语言学家施莱歇尔（A. Schleicher）于1861年—1862年出版了《印度日耳曼语比较语法纲要》。受进化论影响，施莱歇尔形成了自然主义语言观，认为语言是一种自然有机体，语言的生命同动植物的生命一样，都有成长期和衰老期。在成长期，较简单的结构变成较复杂的形式；在衰老期，结构形式逐渐衰退。他认为，语言发展的上升阶段是在人类的史前时期，有史以来，语言的历史就是一部衰落史。他认为语言同其他自然现象一样受到相同的功能规律和发展规律的支配，因此可以把自然科学的精确方法应用于语言发展过程和分类的研究。在此基础上，他根据已发现的对应规律来重建原始印欧语，画出了印欧语系语言发展的谱系树，提出了语言的"谱系分类法"，并创造出构拟方法，构拟出原始印欧语的语音系统和语法系统。他的语言谱系理论和构拟方法对后来历史比较语言学的发展影响很大，但他的自然主义语言观往往成为人们批判的对象。

19世纪70年代是历史比较语言学的转折时期，以德国莱比锡大学为中心聚集的一批语言学家形成了这一时期占主导地位的"青年语法学派"，主要成员有勃鲁格曼（K. Brugmann, 1849—1919）、奥斯特霍夫（H. Osthoff, 1847—1909）、雷斯琴（A. Leskien, 1840—1916）、保罗（H. Paul, 1846—1921）、维纳（K. Verner, 1846—1896）、德尔布吕克（B. Delbrück, 1842—1922）等人。他们批评老派语言学家只关注语言而漠视使用语言的人，只注意语言的物理、生理性质而忽视语言的心理机制，只注意书面语言、古代语言而忽视活的现代口语和方言。他们明确反对自然主义语言观，反对超出实证范围的原始语言构拟。青年语法学派提出以下原则：

第一，语言存在于使用它的人们的不间断的使用之中，因而语言研究应重视活的现代口语和方言。

第二,语音变化规律没有例外。所谓例外只是没有找到正确的规则,或者是没有找到正确的源头,或者是没有找出变化的条件,等等。

第三,类推作用在新的语言形式产生过程中具有十分重要的作用。很多例外都是受类推作用的影响而形成的。

青年语法学派提出语音变化规律没有例外,可是实际上处处都可以发现例外。后来学者们为寻找例外现象出现的原因,付出了长期的不懈努力,取得了可喜的成果。其中最重要的是丹麦学者维纳有关非音质因素的研究成果,如重音对语音演变的影响,这项研究成果被称为"维纳定律"。

青年语法学派在理论、方法和实践上取得了举世公认的成就,把历史比较语言学推向了高峰。这个学派令人信服地总结出一些非常有价值的语音演变规律,揭示了语言发展的历史面貌,基本上确定了印欧语系的谱系。

青年语法学派的研究也存在着明显的局限性,由于他们把语音演变规律和类推作用看作语言研究中的万能钥匙,因此缩小了语言研究的范围,忽视了对语言的本质和语言的社会功能等理论问题的研究。青年语法学派和前期的历史比较语言学家一样,都把语言看成是一种物理现象、生物现象或心理现象,而不是社会现象,忽视了社会因素对语言发展演变的影响。

和青年语法学派同时代的一批注重方言调查的学者发现,语言的变化除了内在的自然演变之外,还受到社会因素的很大影响。这些学者的研究形成了"方言地理学派"或称"语言地理学派"。

施莱歇尔提出谱系树理论之后,他的两个学生舒哈特和施密特根据方言调查发现,分别提出了"地理变异论"和"波浪论"。

舒哈特(H. Schuchardt)1866年—1868年研究罗马方言后发现,方言之间互相渗透,并没有一个明显的界线,方言的分布区域无法确定,每一个词都有自己的分布界限。他还认为语言成分的混合是常态,没有混合过的语言是不存在的,变异是语言的本质。这种理论被称为"地理变异论"。

施密特(J. Schmidt)1872年发表论文认为,在印欧祖语时期实际上已经存在着方言,后来进一步分化出来的语种之间也一直互相影响。不同语言或方言的语言特征会互相渗透,特征传播的方式是像波浪的同心圆一样向外传播,这种观点被称为"波浪论"(wave theory)。

德国语言学家温克(G. Wenker)1876年开始调查莱茵河流域的方言,结果证明方言之间真的没有明显的界线,每一个词都有自己的方言界线。瑞士语言学家日叶隆(J. Gillieron)在法国选取了639个点进行调查,画出1 920张方言地图出版,即著名的《法兰西语言地图》(1902—1910)。他得出一个结论:"一切词都有它固有的历史。"

方言地理学派是现代社会语言学的先驱,这个学派和青年语法学派相对立,前者重视实际的语言变异,后者追求理想的语言规律,就像后来功能主义学派和形式主义学派的对立一样。而实际上这两大学派的理论方法应该是互补的,而不是对立的。

历史比较语言学在语言学发展历史上占有非常重要的地位。从历史比较语言学开始,语言学才形成独立的学科,走上独立发展的道路。历史比较语言学所取得的最大成就就是运用历史比较法确定语言之间的亲属关系,同时,还揭示了一系列语言演变的规律。今天,历史比较法在语言的历史发展研究、方言和民族语言的调查研究等领域仍然发挥着非常重要的作用。

但是,历史比较语言学也有一定的局限性。首先,历史比较语言学家在探求不同语言的对应关系时,往往只是孤立地比较个别的词语,而没有把语言看作一个系统进行整体研究,这种做法被后人斥为原子主义。其次,历史比较语言学过分偏重语言的纵向历时研究,而忽视了横向共时研究;偏重于语言的前后相继,忽视了语言之间的相互影响。此外,用历史比较法构拟出来的原始母语,是一个内部无年代差别和方言差别的语言系统,不可能符合历史事实。

(三)普通语言学的诞生

古代传统语言学和近代历史比较语言学一般主要研究某一种或某一类语言,很少有人对人类不同类型的各种语言进行共时的比较研究。对人类语言的普遍特征,语言的起源和发展,语言的本质和功能,语言与人、思维及世界的关系等语言理论问题,也缺乏系统、深入的研究。而这些正是普通语言学的主要任务。

德国学者威廉·洪堡特(Wilhelm von Humboldt,1767—1835)最先开始对上述语言理论问题进行比较系统、深入的研究,他的《论人类语言结构的差异及其对人类精神发展的影响》(1836)一书是"第一部阐述普通语言学的巨作"[①],所以他被公认为普通语言学的奠基人。

虽然有关普通语言学的一些理论问题,从古希腊时期开始就一直有人进行零星的探讨,17世纪还出现过普遍唯理语法,但这种"普遍语法"只是纯粹理性思辨的产物,而不是建立在对人类语言进行广泛调查研究的基础上的。洪堡特认为,要建立真正的普通语言学,必须对人类语言进行广泛的调查研究,从中发现和验证人类语言的普遍性。洪堡特比较、研究过的语言空前之多,包括印欧语系、闪—含语系、马来—波利尼西亚语系、乌拉尔—阿尔泰语系、汉藏语系,以及美洲印第安语和其他语系不明的语言,一些非洲语言和高加索语言,共计70多种语言。他非常重视活的语言,重视从共时角度比较人类各种语言结构的异同,并探讨了一系列重要的语言理论问题,从而创立了普通语言学。

---

① 参见布龙菲尔德《语言论》(1933)的第一章。

洪堡特是一位博学多才的政治活动家和学者，更是一位杰出的语言理论家，先后发表了很多语言学论著，其主要代表作是《论人类语言结构的差异及其对人类精神发展的影响》，这部书是他的三卷巨著《论爪哇岛上的卡维语》的引论部分。在这部著作中，洪堡特完整阐述和总结了他的语言学思想。洪堡特的语言理论涉及面很广，其中的主要理论可以概括为以下几个方面：

第一，关于语言的本质。洪堡特语言学思想的中心问题在于他企图说明人的心灵中具有创造性的语言能力。他认为"语言绝不是产品，而是一种创造能力"。语言能力是人类心智的一个主要部分，语言实际上是精神不断重复的活动，它使分节音得以成为思想的表达。任何一种语言都必须根据说话人产生和理解话语的活的能力，而不是根据观察到的说和写的行为的产物来识别。在解释语言能力时，洪堡特提出了内部语言形式和外部语言形式的区分。内部语言形式是指具体语言中起整理、划分经验内容作用的结构要素，即词汇语义系统和语法结构系统，属于精神智力范畴；外部语言形式是指语言的物质形式，即语音形式或文字形式。他认为人类的语言既有普遍性，又有个别性。洪堡特的这些思想后来被乔姆斯基继承和发扬，并创立了转换生成语言学。

第二，关于语言的功能。洪堡特特别强调语言的思维认知功能，把语言看作思想的构造器官。他认为，观念经过语言的加工才成为概念，思想通过语言才得以明确化、现实化，思想和语言是不可分割的。不同的语言表达和记录了不同的思维范畴和意义内容，因此每一种语言都可能形成独特的语法结构和语义结构。语言是处于认识主体和客体之间的一个中间环节，是人与现实世界之间的特殊世界。这一特殊世界反映出人的有意识的活动，从而把现实世界"改造"成"精神财富"。人必须通过语言并使用语言来认识世界，因此，每个民族都不可避免地会把某种自己独有的主观意识带入自己的语言，从而形成一种特殊的"世界观"，而这种语言"世界观"反过来又制约着人们的非语言行为。因此洪堡特认为，民族的语言就是本民族的精神，民族的精神就是本民族的语言。语言是民族的最大特征，民族差异主要表现在语言上。这些理论对后来的许多语言学理论流派都产生了重要影响，如人类语言学、功能语言学、认知语言学及语言相关性理论等。

第三，关于人类语言的结构类型。洪堡特从共时的角度将人类的语言分成四种结构类型——孤立语、黏着语、屈折语和编插语，这种分类至今仍被人们所沿用，他因此也被认为是语言类型学的创始人。洪堡特还认为这几种结构类型有一种发展顺序：由孤立语发展为黏着语，再由黏着语发展为屈折语。但是他又反对"汉语是最古老的语言，梵语是最晚期的语言"的说法。他一再说明，他所说的语言的连续阶梯只是语言结构类型的阶梯，而不是具体语言历史发展的阶梯。他认为人类的语言是一起诞生的，不同类型的语言是由不同类型的思维创造力造成的。然而,洪堡特又认为语言结构类型有高级与低级之分,像汉语这样的语言(孤立语)是比较低级的语言,像梵语这样的语言(屈折语)是最高级的语言。这种观点后来受到许多学者的批评。

洪堡特的语言学说在当时并没有受到学者们的广泛关注,因为当时历史比较语言学已经兴起,成为语言学界的主流。但是后来不少语言学家对洪堡特及其语言学说大加赞赏。如丹麦著名语言学家叶斯泊森曾赞扬洪堡特是"语言学领域里最伟大的思想家之一"。美国著名语言学家萨丕尔说"洪堡特的著作开辟了语言学思想新的前景",其语言理论也深受洪堡特的影响。美国描写主义语言学的主要代表人物布龙菲尔德对洪堡特也有很高的评价,特别是转换生成语言学的创始人乔姆斯基,公开声称自己在理论上主要得益于笛卡尔和洪堡特。洪堡特去世以后还形成了一个继承洪堡特学说的"新洪堡特学派"。有的语言学家认为19世纪的语言学理论是在洪堡特的思想的影响下发展起来的,其中有些方面的影响一直延续到现在。但是洪堡特的语言理论中有许多观点后来常常引起学者们的批评和争论。

**四、现代语言学**

西方现代语言学一般是指从20世纪初结构主义语言学兴起,到20世纪50年代末转换生成语言学兴起之前的大约半个世纪的历史时期。这个时期占统治地位的是结构主义语言学,因此,一般把这个时期称为结构主义语言学时期。结构主义语言学在20世纪初开始兴起,30年代到50年代中为其鼎盛时期,50年代末受到兴起的转换生成语言学的有力挑战,经过几年论战之后,60年代逐步衰落,其主导地位被转换生成语言学所取代。但是结构主义语言学至今对世界各国的语言学仍有重要影响。

(一)结构主义语言学的兴起

结构主义语言学的创始人是瑞士语言学家费尔迪南·德·索绪尔(Ferdinand de Saussure,1857—1913)。索绪尔从小就得到良好的文化教养,受到科学思维的熏陶,少年时期就对语言产生了浓厚的兴趣,上大学之前就学会了法语、德语、英语、拉丁语、希腊语和梵语等多种语言。1875年中学毕业后,他按照父母的意愿进入日内瓦大学学习物理学和化学,但一年之后他转入德国莱比锡大学学习历史语言学。在那里他结识了青年语法学派的重要人物勃鲁格曼、奥斯特霍夫、雷斯琴等人,在他们的指导下从事印欧系语言的历史比较研究工作。1878年,年仅21岁的他发表了《论印欧系语言元音的原始系统》,在理论上解决了印欧系语言元音原始系统中的一个疑难问题,充分显露出他的语言学才华,引起了欧洲语言学界的注意。1880年他在莱比锡大学获博士学位后前往法国巴黎定居,被巴黎高等研究学院聘为讲师,同时还兼任巴黎语言学会秘书,对法国年青一代语言学者产生了重要影响,并培养了梅耶(A. Meillet)等众多语言学家。索绪尔于1891年冬回到瑞士,担任日内瓦大学教授。在此期间,他把印欧语系的二十几种主要语言都教了一遍或几遍。这时,索绪尔对历史比较语言学有了很深的造诣和透彻的了解,深知历史比较语言学的缺陷,决心摆脱历史比较语言学的路子,开创一条新的研究道路。

从1906年至1911年,他三度讲授普通语言学课程,提出了结构主义语言学的基本理论。但是索绪尔是一个治学十分严谨的学者,他对自己的语言理论还很不满意,直到逝世前,一直没有将讲授内容写成书或完整的讲义。他的学生巴利、薛施蔼根据听课笔记整理成《普通语言学教程》一书,于1916年出版,后来又多次修订再版,并被翻译成好多种语言。这部书对现代乃至当代语言学的发展产生了极为广泛、深远的影响,被称为语言学的"圣经"。索绪尔被称为"现代语言学之父"。

索绪尔语言学理论主要包括以下内容:

第一,区分语言与言语。索绪尔把潜存于语言集团头脑中的语言系统同实际的语言现象区别开来,分别称为语言(langue)和言语(parole)。言语是可以直接观察到的具体话语,语言是语言使用者在社会中通过学习获得的、成为运用和理解某种语言的基础的抽象规约系统。语言是社会的,言语是个人的;语言是主要的,言语是从属的。同时他也认为语言和言语是紧密联系而且互为前提的。要使言语被人理解,必须有语言;要使语言能够建立,也必须有言语。但是从历史上看,言语是在语言之前的。

第二,指出语言是一个符号系统。索绪尔认为语言是一种由符号构成的系统。他论证了语言符号的任意性和系统性,说明了语言符号的价值取决于符号之间的系统联系。他以象棋为例说明语言是形式而不是实体,语言中的每个要素都因同其他各项要素对立而有价值。他还把语言要素之间的关系概括为两种基本关系:句段关系和联想关系(组合关系和聚合关系)。这种从结构上研究语言的方法,构成了几乎整个现代语言学的基础。

第三,区分共时研究与历时研究。索绪尔认为共时研究和历时研究是语言研究的两个基本方面。共时研究是把语言作为在特定时期的交际系统进行研究,历时研究则是对语言在不同时期的发展变化进行研究。两个方面有各自的研究方法和原则,但他更强调共时研究的重要性。将语言的共时研究与历时研究区别开来,是索绪尔的一大贡献。它纠正了历史比较语言学重视历时研究、忽视共时研究的偏向,促进了共时语言学在20世纪的发展。

第四,区分内部语言学与外部语言学。索绪尔认为必须区分语言的内部因素和外部因素。语言的内部因素是指构成语言系统的结构要素,外部因素是指语言与相关事物现象的关系。研究语言内部因素的学科是内部语言学,研究语言外部因素的学科是外部语言学。索绪尔认为,语言系统及其发展与外在条件密切相关。语言与民族之间、语言史与种族文化史之间、语言与政治之间、语言与社会的各种机构和组织之间都有一定联系。这种联系是语言的外部因素，也是语言学研究的内容。但是这种研究与对语言系统本身的研究不同，不能把二者混淆起来。

索绪尔的上述语言理论构成了结构主义语言学的理论基础，同时也开辟了语言研究的新时代。

(二)结构主义语言学的发展

索绪尔的学说导致了结构主义语言学的崛起和迅速发展，并在西方各国形成了若干分支流派，其中最主要的有三大分支：捷克的布拉格学派、丹麦的哥本哈根学派和美国描写语言学派。

1. 布拉格学派

布拉格学派是以布拉格语言学会为中心形成的。布拉格语言学会成立于1926年10月，代表人物主要有特鲁别茨柯依(H. C. Trubetzkoy)、马德修斯(V. Mathesius)、雅可布逊(R. Jakobson)等。在1929年的国际斯拉夫学者代表大会上，他们提出了布拉格学派的论纲，强调要把语言看作一种功能体系，主张评价任何语言现象时，都要从它的功能和目的着眼。他们最先把索绪尔的结构主义思想应用于语音研究，将语音学和音位学(音系学)区别开来。布拉格学派还受到波兰著名语言学家博杜恩·德·库尔特内(Baudouin de Courtenay, 1845—1929)的重要影响。库尔特内很早就提出了音素与音位的区别，提出要区分人类语音学和心理语音学。他还很重视语言与社会的关系，把语言的共时研究和历时研究结合起来。这些都对布拉格学派产生了重要影响。

布拉格学派认为，语言的基本功能是交际功能，语言是一个由多种表达手段构成的、为特定目的服务的功能系统，研究语言应该以功能观为指导。为了强调自己的特点，布拉格学派曾明确表示应该把自己称为功能语言学派。布拉格学派认为，语言既然是在一定社会中产生和发展的，那么研究这个系统时就不能不考虑它同社会现实(文化、文学、艺术等)的联系，因此，他们反对哥本哈根学派那种将语言视为封闭性符号系统，脱离符号的实体去研究纯粹的关系等做法。布拉格学派赞成区分共时研究和历时研究，但是反对把两者割裂开来。

布拉格学派主要以音系研究著称，代表作是特鲁别茨柯依的《音系学原理》(1939)。他认为音系学是一门独立的学科，并以对立关系为原则来研究语音单位的各种功能，主要是辨义功能。《音系学原理》在对立关系的基础上提出了标记理论，从各个不同的角度把对立关系分为许多类型，其中最重要、后来用得最广的是正负对立。在对立的双方中，一方有某一区别特征，另一方没有，二者形成有无对立，如浊音对非浊音、鼻化音对非鼻化音、唇化音对非唇化音等等。具有特征的一方称为有标记项，而对方则称为无标记项。一般规律是无标记项的使用频率高于有标记项的。后来,这些音系学概念和方法被推广到语法和语义领域中。

在句子的功能分析方面,马德修斯于1939年提出了关于句子的实际切分的理论,提出要区别句子的形式切分与实际切分。形式切分的基本成分是语法主语和语法谓语,反映句子的语法结构。实际切分的基本成分是表述出发点(主位)和表述核心(述位),反映句子的信息结构。

布拉格学派的主要贡献是首次系统地阐明了音系学的任务、原理和研究方法,不仅对语音研究产生了重大影响,而且对语法学、词汇学、语义学也产生了深远的影响。此外,他们的实际切分的理论为后来的话语语言学的建立奠定了基础,他们的比较分析法对语言类型学和语言普遍现象的研究起了一定的推动作用,他们的定量分析法和对语言结构的研究对数理语言学和机器翻译具有重要影响,他们的功能学说对后来功能主义学派的兴起产生了重要影响。

2. 哥本哈根学派

哥本哈根学派的形成以1931年哥本哈根语言学会成立为标志,代表人物有乌尔达尔(H. J. Uldall)、叶尔姆斯列夫(L. Hjelmslev)和布龙达尔(V. Brøndal)等,其中成就和影响最大的是叶尔姆斯列夫。该学派发展了索绪尔的"语言是形式,不是实体""语言是价值系统"的论断,主张把语言从物理方面的声音和心理方面的语义中抽象出来,并且排除社会因素和历史因素的影响,以便集中研究语言的内在结构。他们把自己的理论称为"语符学"(glossematics)。

该学派把语言看作由关系和模式构成的自足系统。他们认为,语言是由形式构成的,而不是由实体构成的,形式是指语言单位之间的关系,实体是表现语言形式的物质形态(如声音)。同一个语言形式可以表现为各种不同的实体,语言形式构成了语言的稳定的、共同的部分。语言学的任务就是研究形式,而不是研究实体。

叶尔姆斯列夫在《语言理论导论》中指出,语言有两种区别:一种是形式与实体的区别,另一种是内容与表达的区别。这两种区别的不同组合就产生出四个层次,即内容实体、内容形式和表达实体、表达形式。内容实体指思想、事物(语义),内容形式指某一语言中特有的调整与组合思想的方式(语法),表达实体指发音器官发出的具体的音(语音),表达形式指某一语言中使用语音材料的方式(音系)。语言符号是由内容形式和表达形式构成的单位,只有内容形式和表达形式才是语言学研究的对象。而内容实体和表达实体都是语言的外部现实,不应包含在语言之内,因此研究内容实体的语义学和研究表达实体的语音学,都不属于语言学,只是语言学的辅助学科。

在研究方法上,他们以逻辑实证主义为哲学基础,使用演绎法研究语言,并试图用语符学统一精密科学和人文科学。他们极力摒弃以往语言研究中采用的归纳法,认为采用归纳法不科学。

哥本哈根学派的语符学理论对当代两大语言学派（形式学派和功能学派）都有重要影响。如转换生成语言学采用的演绎法中的形式化、数学化的分析方法，就受到语符学的影响。功能主义的主要代表人物韩礼德很欣赏语符学理论，多次引用叶尔姆斯列夫的观点。但是语符学理论是高度抽象的理论，没有对具体语言进行具体分析，而且包含许多极端的观点，所以相对于布拉格学派和美国描写语言学派来说，哥本哈根学派对语言学发展的影响较小，叶尔姆斯列夫去世之后，该学派就衰落了。

3. 美国描写语言学派

美国描写语言学派又称美国结构主义学派，是 20 世纪上半叶美国的一些学者在对美洲印第安语进行调查研究的基础上逐步形成和发展起来的。20 世纪 20 年代至 30 年代，哲学中的逻辑实证主义和心理学中的行为主义在美国盛行，这种哲学、心理学背景和印第安语的研究相结合，使美国的结构语言学呈现出鲜明的特点。美国描写语言学继承和发展了索绪尔的结构主义理论，是结构主义各分支中影响最大的分支，人们谈到结构主义语言学时，往往以美国描写语言学为代表。这个学派的发展大体可分为三个阶段。

第一阶段是美国描写语言学派的孕育时期，或称"前布龙菲尔德时期"。鲍阿斯和萨丕尔是这一时期的两位先驱人物。1911 年，现代人类学的创始人、美国人类学家鲍阿斯（F. Boas，1858—1942）在《美洲印第安语手册》序言中提出，语言研究不应硬套传统语法的原则和范畴，而应从语言实际出发，对语言事实进行描写，号召人们创立新的概念和方法以满足描写不同语言的需要。1921 年，人类学家、语言学家萨丕尔出版了《语言论》，这部篇幅不大的书广泛讨论了语言的性质和功能、语音模式、语言形式、语言结构类型、语言的历史演变、语言与种族文化、语言与文学等问题。萨丕尔主张把语言同人类心理、社会、文化联系起来，进行语言的实地调查，把口语记录下来作为语言研究的素材，然后对它的结构作客观的描写和归纳。萨丕尔和他的学生沃尔夫（B. L. Whorf）提出了著名的"萨丕尔—沃尔夫假说"，认为语言决定着语言使用者对世界的看法；语言怎样描写世界，我们就怎样观察世界；世界上的语言不同，所以各民族对世界的分析也不同。这种观点引发了热烈的争论。鲍阿斯和萨丕尔的语言理论为美国描写语言学派的兴起奠定了基础。

第二阶段是美国描写语言学派的兴起时期，或称"布龙菲尔德时期"。1933 年，布龙菲尔德（L. Bloomfield，1887—1949）出版了《语言论》，这部著作标志着美国描写语言学派的正式诞生。《语言论》一书厚达 600 多页，内容十分丰富，不仅深入讨论了语言学史，语言的本质、功能、类型，语言的演变和分化，文字，应用（教学）等宏观问题，对语言结构系统内部的结构要素，特别是语音和语法问题，更是作了非常深入细致的分析和讨论，提出了一整套结构主义的理论原则和研究方法。

布龙菲尔德从美国行为主义心理学家华生(J. B. Watson)那里接受了"刺激—反应"学说,把语言看成由刺激和反应构成的行为,并详细描写了言语行为中的"刺激—反应"过程。他认为语言学的研究对象是可以直接观察到的言语行为,即语言形式,明确提出语言研究必须从形式入手,而不是从意义入手。他主张通过形式特征来描写语言结构,反对使用非语言学(特别是心理因素)的标准分析语言。布龙菲尔德认为语言存在"音位—语素"双层结构,这一结构可以用一套操作程序来发现,即"发现程序"。先分析音位,然后分析语素,再归并形式类(词类),对于词语的语法结构,则采用直接成分分析法进行分析。这些理论方法成为美国描写语言学的纲领,后来美国结构语言学家在进行语言研究时都遵循布龙菲尔德在《语言论》中确立的理论方法。

第三阶段是美国描写语言学的发展时期,或称"后布龙菲尔德时期"。布龙菲尔德去世以后,一大批美国语言学家沿着布龙菲尔德的道路进行语言研究,充实和发展了结构主义的理论方法,主要有哈里斯(Z. S. Harris)、派克(K. L. Pike)、奈达(E. Nida)、威尔斯(J. C. Wells)、布洛克(B. Bloch)、特拉格(G. L. Trager)、霍凯特(C. F. Hockett)、格里森(H. A. Gleason)、弗里斯(C. C. Fries)等,其中影响最大的是哈里斯。

1951年,哈里斯出版了《结构语言学的方法》一书,在美国语言学界引起了强烈的反响,标志着该学派进入了一个新时期。哈里斯把语言结构中的单位看成逻辑符号,主张排除意义,用数理逻辑的方法进行分析,提出了一套完整的语言结构分析的形式化理论和方法。哈里斯认为语言结构分析的任务是寻找话语单位并说明这些单位之间的关系,把分布和替换看作结构分析的主要原则和方法。他还运用转换分析法分析了相关句式之间的转换。他的这些理论方法对后来转换生成语言学的产生有重要影响。这一时期的另一位重要人物霍凯特忠实地继承了布龙菲尔德的学术思想,他的《现代语言学教程》(1958)被认为是美国结构主义语言学集大成的著作,该著作全面总结了三十多年来美国结构主义语言学的理论方法,对传播结构主义语言学起到了重要的作用。

美国描写语言学派是逐步形成和发展的,这个学派的理论和方法在不同时期都有所变化和发展,主要成员的观点也不尽一致。总体看来,这个学派的主要特点是:

第一,主张行为主义,反对心灵主义。他们认为语言就是可以观察到的言语行为和话语,语言研究应该客观描写人们的言语行为和话语,反对用内省的方法研究语言。

第二,重视形式分析,忽视意义问题。他们在结构分析中主要依据可以观察到的语言形式,尽量回避意义问题,也不考虑语言以外的事实,如心理、社会和文化因素等。

第三，研究方法采用归纳法和结构分析法。他们运用分布和替代的理论方法从话语中切分出音位、语素和词，然后归纳出若干形式类，并用直接成分分析法分析语言的结构。

第四，注重口语和共时描写。由于美洲印第安语大多没有文字和历史文献，因此这一学派一开始就从口语着手进行共时的形式分析，这与欧洲的传统语言学注重书面语，以及历史比较语言学注重历时研究有明显的区别。

除了以上三大分支以外，法国的结构主义和英国的伦敦学派也是结构主义语言学的重要流派。法国结构主义的主要代表人物马丁内和特斯尼耶尔发展了结构主义的理论方法，分别提出了功能语言学和从属关系语法（配价语法）理论，英国的伦敦学派后来发展出系统功能语言学，成为当代语言学中影响很大的流派。这些流派将在当代语言学部分加以介绍。

结构主义语言学在西方风行了约半个世纪，其结构分析方法广泛应用于各种语言。其巨大影响还扩展到许多其他学科，许多人文科学都纷纷引入了结构主义。但由于结构分析方法本身的局限性，20世纪50年代以后，随着生成语法学派的兴起，结构主义语言学逐渐失去了主导地位。不过直到现在，结构主义的基本理论方法仍然在语言研究和语言教学中得到广泛运用，而且当代语言学，无论是形式学派、功能学派，还是综合性语言学科，都是在结构主义语言学的基础上发展起来的。

**五、当代语言学**

当代语言学一般是指从20世纪50年代末转换生成语言学兴起至今这一时期。20世纪中叶以后，语言学得到了迅猛的发展，出现了流派纷呈、一浪推一浪的景象。在新出现的众多流派中，主要有生成语言学（又称形式语言学）、功能语言学两大流派和一批综合性语言学。

（一）生成语言学

1. 转换生成语言学的兴起

生成语言学以美国语言学家乔姆斯基（N. Chomsky，1928—　）的转换生成语言学为主要代表。转换生成语言学又称转换生成语法（Transformational Generative Grammar，简称TG），是当代语言学中影响最大的一种理论。乔姆斯基1957年出版《句法结构》，标志着转换生成语言学诞生，被称为针对结构主义语言学的一次革命——"乔姆斯基革命"。

乔姆斯基的转换生成语言学理论是在批判结构主义尤其是美国描写主义的基础上提出来的，并且在同结构主义语言学及其他学派的长期论战中不断修改和发展完善。转换生成语言学与描写语言学主要有以下区别：

从研究对象来看，转换生成语言学以人的语言能力为研究对象，反对行为主义的语言观。乔姆斯基区分语言能力和语言运用。语言能力表现为语言知识，语言知识包括两部分：一部分是人类共有的普遍语法知识（原则），是以人脑物质结构为基础的某种属性，是先天的人类遗传机制；另一部分是个别的语言知识（参数），是通过后天经验获得的。语言运用或言语行为只是语言能力的外在表现。转换生成语言学的研究对象是内在的语言能力，而不是外在的言语行为或语言运用。

从研究目的来看，乔姆斯基针对"描写性原则"提出"解释性原则"，试图解释人们生成和理解话语的心理机制和心理过程，并建立一种人类语言共同的普遍原则——普遍语法。乔姆斯基认为，语言学本质上应该是认知心理学的一个分支，语言研究实际上就是对人类认知机制和认知过程的研究，因为人类在很大程度上是通过语言来认知世界的。研究人类语言的普遍语法，是探讨人类认知机制的普遍特性的最好途径。

从研究方法来看，转换生成语言学使用演绎法研究语言，并且用形式化的方法来分析语言结构规则，提出了转换生成法。乔姆斯基认为，具体的语言现象是无限的，语言规则不仅要解释观察到的语言现象，还要能预见和解释可能出现的语言现象。因此无法用基于归纳法的"发现程序"去发现语言规则，而要用基于演绎法的"评价程序"去探寻语言规则，即先根据对部分语言现象的初步观察提出某种假设（规则），根据假设进行推论（推出语句），然后用语言事实验证推论的结果（判断语句是否成立），如果发现问题，就对原来的假设进行修改，提出新的假设，再进行验证……在验证假设时，乔姆斯基主张采用内省法，即说话人凭自己的语感判断句子是否成立。

乔姆斯基认为，衡量一种理论优劣的主要标准是解释力和简明性。转换生成语言学比结构主义语言学解释力更强，也更简明。例如，结构主义语言学无法解释的一些歧义句和同义句，转换生成语言学可以作出合理的简明的解释。

2. 转换生成语言学的发展

为了追求语言理论的解释力和简明性，乔姆斯基对自己的理论不断加以修改，大体经历了以下几个发展阶段：

第一阶段为初期理论时期（1957—1964），又称"经典理论"（classical theory）时期，以1957年出版的《句法结构》一书为代表。这一时期的主要特点是：其一，将句子分为核心句和非核心句两类。核心句是简单句、主动句、陈述句和肯定句，不符合这四种句型中任何一种的都是非核心句。其二，提出了生成法和转换法。运用生成法（短语结构规则）和强制性转换生成核心句，在核心句基础上执行可选性转换生成非核心句。其三，完全不考虑意义，认为合乎语法的句子不一定都有意义。比如："Colorless green ideas sleep furiously."（无色的绿色的思想愤怒地睡觉。）这句话是没有意义的，但乔姆斯基却认为是合乎英语语法的。

第二阶段为标准理论时期（1965—1971），以1965年出版的《句法理论的若干问题》一书为代表。乔姆斯基提出转换生成语言学的初期理论以后,受到许多人的批评,他本人也发现初期理论确实存在一些问题,于是对初期理论进行了修改,提出了"标准理论"。主要特点是:其一,提出深层结构和表层结构,取代核心句和非核心句。其二,增加了语义部分,处理语义搭配问题,防止生成无意义的句子。其三,句子的语义由深层结构决定,语音由表层结构决定,转换不能改变句子的意义。其四,句法具有生成性,语义和语音不具有生成性,只具有解释性。所谓解释,是指给抽象的句法、语义范畴赋值,得出具体的词语及其语音形式。

第三阶段为扩充式标准理论时期(1972—1991),以《深层结构、表层结构和语义解释》(1972)、《关于形式和解释的论文集》(1977)、《管辖与约束讲义》(1981)等为代表。标准理论解决了初期理论存在的问题,但又发现了一些新问题。于是乔姆斯基再次修改自己的理论,提出扩充式标准理论,后来又多次修改补充。主要特点是:其一,提出解释力更强、更简明的 X 阶标理论,取代短语结构规则。其二,提出语迹理论,增加介于深层结构和表层结构之间的浅层结构,对移位转换加以限制。其三,简化转换规则,将早期的五种转换规则简化为移位和删除两种。其四,将语义解释放在表层结构部分处理,用逻辑式解释句子的语义。其五,提出了"管辖约束理论"和控制理论,处理代词和"空代词"(PRO)的语义问题;用题元理论和格理论说明语义格和句法格。

第四阶段为最简方案时期(1992—  ),以 1992 年发表的《语言学理论最简方案》为代表。最简方案引入"经济原则",用来解释许多不合法的现象。乔姆斯基认为经济原则是语言的根本性原则。按该原则,语言必须以最适宜的方式满足语言使用的要求。作为对经济原则的反映,一个"最简"的语言理论方案应该只由概念上必不可少的因素组成,因此他取消了深层结构、浅层结构、表层结构这些概念。跟扩充式标准理论相比,最简方案主要简化了规则部分,取消了一些不必要的概念。同时,对原则部分的一些理论作了修改,用语障理论取代了管辖理论,并增加了核查理论。这些都是为了进一步提高理论的解释力。

乔姆斯基的转换生成语言学在语言学领域和许多其他科学领域都造成了重大影响。转换生成理论不仅对语言学和哲学、心理学都产生了重大影响,而且对计算机科学、逻辑学、通信学、翻译学、社会学、教育学等也产生了重要影响。乔姆斯基的语言理论是当代影响最大的语言学理论,其他语言学理论流派往往都要以他的理论为参照的坐标。他基于语言学提出的语言哲学思想,使他成为当代哲学的重要代表人物之一。他对心理学家斯金纳(B. F. Skinner)行为主义理论的批判,以及他提出的"先天语言能力"观点,被认为掀起了心理学的"认知革命",使他成为现代认知心理学的重要代表人物之一。他还运用转换生成原理主持开发了人机对译系统,成功实现了印欧语系中不同语言之间的人机对译,被联合国用于国际会议的同声传译。

### 3. 生成语义学和格语法

转换生成语言学诞生以来，不仅其具体理论体系和转换生成规则经过多次变化，而且其内部还分化出一些分支流派，主要有生成语义学、格语法等。

乔姆斯基提出标准理论以后，转换生成语法内部曾围绕语义问题展开过一场激烈的辩论，促成了生成语义学和格语法的产生。

生成语义学（Generative Semantics）以雷可夫（George Lakoff）、麦考莱（James D. McCawely）、波斯塔（Paul Postal）、罗斯（John R. Ross）等人为代表。他们总体上赞成乔姆斯基的转换生成理论，但在一些具体问题上，特别是在对待语义问题的看法上有较大分歧。主要分歧有以下几个方面：

第一，标准理论认为语法由句法、音系、语义三个部分组成，深层结构是句法结构，音系和语义都以句法为基础。生成语义学则认为深层结构（生成语义学称其为"底层结构"）是语义结构，句法以语义为基础，音系以句法为基础，而且语法还应包括语用问题。

第二，标准理论认为深层结构的成分是词项，而生成语义学认为深层结构的成分是语义特征。例如："张三买了李四的一辆车。""李四卖给张三一辆车。"两句话逻辑意义相同，但用了不同的词项"买"和"卖"。按标准理论解释，两句话深层结构不同；按生成语义学解释，两句话深层结构相同。

第三，标准理论认为深层结构的核心是动词，生成语义学把形容词、助动词、介词、否定成分等与动词都归入同一类，统称为谓词。这样处理一方面便于说明由各种不同单词构成的同义句具有相同的深层结构，便于说明转换规则，同时也使深层结构中的语法类别和转换规则都大大简化。例如："张三没李四高。""张三比李四矮。"按生成语义学解释，这两句话深层结构相同。

第四，标准理论认为句法具有生成性，语义只有解释性，所以被称为"解释语义学"；而生成语义学认为语义具有生成性，所以被称为"生成语义学"。由于生成语义学的深层结构是语义结构，结构成分是语义特征，同样的语义结构可以生成很多甚至无限多不同的表层结构，所以说语义具有生成性。

生成语义学在 20 世纪 70 年代初期和中期曾显赫一时，获得不少人的赞赏，但随着研究的深入，生成语义学遇到的困难越来越大。到 70 年代后期，几个主要人物兴趣转移，生成语义学也由盛转衰。但是生成语义学还是有不少合理的内容，对后来的一些语言学理论方法产生了重要影响。乔姆斯基后来提出的新的理论模式，就吸收了生成语义学的一些合理的观点。

格语法是乔姆斯基的学生菲尔墨（C. J. Fillmore）创立的，代表作是《格辨》（*The Case for Case*，1968）。格语法是从转换生成语法中发展出来的一个分支流派，被当时的语言学界称为"一种新的 面向语义的语法理论"，它着重探讨句子的句法语义关系（格关系）。格语法一问世，便得到语言学界，特别是计算语言学界的青睐,风靡一时。

格语法由三部分组成:基本规则、词汇部分和转换部分。

基本规则包含三条规则:

A. S→M+P

B. P→V+$C_1$+$C_2$+……+$C_n$

C. C→K+NP

菲尔墨认为一个简单句(S)由情态(M)和命题(P)两部分构成,即S→M+P。情态是指句子的时态、语态、语气等,命题是指句子的逻辑意义,由一个谓词(V)和若干语义格(C)组成。语义格是指名词短语(NP)和谓词之间的及物性语义关系,如施事、受事等。语义格又是由一个名词短语和一个格标记(K)构成的。不过格标记在表层结构中可能出现,也可能不出现。

菲尔墨把语义格分为两种:一种是必须出现在表层结构的必选格,一种是可能出现也可能不出现在表层结构的可选格。例如:"John jumped from one side of the ditch to the other side."(约翰从沟的这边跳到了沟的那边。)动词jump与一个施事格A(John)、一个源点格S(from one side of the ditch)以及一个目标格G(to the other side)并用。可以用深层格框架的形式表述为:[+__ A(S)(G)]。在方括号内的语义格A、S、G都是可以和动词jump并用的语义格,格框架内的"+"表示所列举的语义格都可以在同一个句子中出现,"__"表示格框架内有一个动词。A是必选格,而S和G是可选格,把S和G放在圆括号内,表示这两个语义格在句子的表层结构中可以不出现。

各类动词的格框架是不同的,因此可以按格框架给动词归类,反映各类动词在语义上的共性。如"飞""跑""走""爬"等动词的格框架都可以写成[+__ A(S)(G)],因此这些动词可以归为一类。

菲尔墨最初提出六种格——施事(Agent)、工具(Instrument)、与事(Dative)、使役/使成(Factitive)、处所(Locative, Place)、客体/受事(Object, Patient),之后又提出源点(Source)、终点(Goal)、范围(Range)、时间(Time)、路径(Path)、伴随(Comitative)、永存(Essive)、转变(Translative)等几种格。

词汇部分包括词库和词汇插入两部分。词库是语言中词汇的集合。词库中除了要标明每一个词条的句法、语义和语音方面的特征外,还要标明动词的格框架。词汇插入主要是名词和动词的选择问题,即把词库中名词的特征与动词的格框架进行匹配。

转换部分操作与转换生成语法大同小异,大致采用移位、删除、插入、复写等方法。

菲尔墨本人后来放弃了对格语法的继续研究,但格语法理论中的一些主要原理后来被乔姆斯基的新理论模式所吸收。直到现在,分析句法语义关系时,格语法仍然是被广泛采用的分析方法。

(二)功能语言学

1. 功能语言学的兴起

功能(主义)语言学是当代语言学中与形式(主义)语言学(生成语言学)相对的一个大的流派,包括多个分支。其中影响最大的是英国语言学家韩礼德(M. A. K. Halliday,1925—2018)的系统功能语言学,其代表作是《语法理论的范畴》(1961)、《深层语法札记》(1966)、《英语中的及物性和主位札记》(1967—1968)和《功能语法导论》(1985)等。系统功能语言学是在结构主义语言学分支之一的伦敦学派(或称弗斯学派)的基础上发展起来的,同时也受到布拉格学派和哥本哈根学派的重要影响。韩礼德继承和发展了弗斯(J. R. Firth,1890—1960)的"情景上下文"等语言理论,创立了系统功能主义学派(又称新弗斯学派)。

功能语言学在研究对象、研究任务和研究方法等三个主要方面与生成语言学有明显的分歧。

从研究对象上看,生成语言学认为语言是一种心理现象,语言学的研究对象是人类先天具有的内在的语言能力——普遍语法,而语法是自足的、自主的,语法研究可以不考虑语境因素,在语言内部就可以找到对语法规则的解释,因此语言学的研究对象就是语言系统本身。功能语言学认为语言不仅仅是一种心理现象,更是一种社会现象,语言离不开社会环境和文化传统等外部因素的影响。语言能力是在社会文化环境中后天发展而成的。所以语言不是自足的、自主的,解释语言必须依赖于社会文化环境。而且语言学不仅要研究人们的语言能力,还要研究人们的交际能力,即得体地运用语言的能力,这就要求联系语言环境研究语言。

从研究任务上看,生成语言学认为语言学的主要任务就是要找出句子生成和转换的规则,而只有理想的说话人所使用的语言,才是完全符合语法规则的语言,才是语言学家应该研究的。所以他们不考虑语言的各种变异形式。功能语言学认为语言学应该既研究语言,也研究言语;应该研究人类实际使用的语言,研究语言的各种变体,而不是凭空想象的所谓理想的语言。他们认为语句合法与不合法之间往往没有明确的界限,所谓语言规则,往往只是表现为一种概率的倾向性,语言学的任务就是要找出语言使用的倾向或原则,要联系语言的功能和语言环境解释语言为什么会有这样的结构和变异形式。

从研究方法上看,生成语言学主要研究句子的结构规则。他们把语言看成一种逻辑演绎系统,采用数学和逻辑学的形式化手段描写语言的生成和转换规则。而在分析语言规则时,往往自己编造句子,自己判断某种说法是否合法。功能语言学认为,句子的结构和意义在很大程度上取决于整个语篇的结构和功能,取决于语言环境,所以他们不仅进行句法分析,还联系语言环境进行语篇分析。

而这些往往难以形式化,因此他们并不特别追求语言分析的形式化。他们重视的是人们实际使用的语言,而不是经过筛选、编辑的语言素材,更不是随意编造的句子。所以他们非常重视实际语料的观察和搜集,往往建立各种语料库,根据语料库来发现语言规则,统计各种语言现象的出现频率,发现语言的倾向性。

2. 韩礼德的语言理论

韩礼德的系统功能语言学内容非常丰富,其主要理论可以概括为以下几个方面:

(1)系统理论

韩礼德的系统理论是对弗斯关于系统的观点的继承和发展。弗斯把聚合关系叫"系统",把组合关系叫"结构"。韩礼德的系统理论包括四个范畴:单位、结构、类别和系统。单位即各级语言单位,包括句子、分句、词组、词和语素等。结构是由下级语言单位组合成上级语言单位的组合关系模式。类别是指语言单位的功能类别,体现语言单位的聚合关系,如词类。系统是由一组特征或项目组成的可供选择的网络,这种网络存在于语言的各个层次。如人称系统:

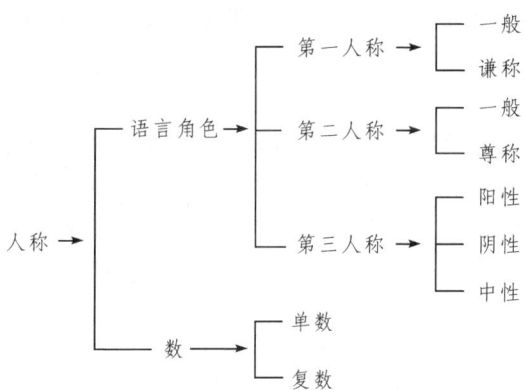

这种多层级系统构成一种系统网络,可提供人们对两个或两个以上的特征或项目进行选择。

(2)功能理论

韩礼德认为语言的状况取决于人们对语言的要求,即语言的功能。语言的功能是千变万化的,但可以把它们归纳为若干个有限的、抽象的"元功能"或"纯理功能"。元功能包括概念功能、人际功能和语篇功能三种。

概念功能(ideational function)实际上就是指句子的逻辑意义。体现概念功能的是及物性(transitivity)系统,包括参与者、过程、目标、环境等,类似于菲尔默的语义格。及物性系统包括六种不同的过程:物质过程、心理过程、关系过程、行为过程、言语过程和存在过程。决定不同过程的主要是谓语动词。如"修建""打破""离开"等表示物质过程,各种心理活动动词如"看见""知道""注意""喜欢""害怕"等表示心理过程,各种关系动词如"是""属于""有""在"等表示关系过程(包括归属、环境、所有),人的各种生理活动如"呼吸""咳嗽""叹息""做梦""哭""笑"等表示行为过程,"说""谈""赞扬""批评""讨论"等表示言语过程,"存在""有""是"等表示存在过程。不同类型的过程对参与者、目标、环境等有不同的要求。

人际功能表示交际者之间的角色关系,交际者的口气、态度,对事物出现的可能性和出现频率的判断和预估等。体现人际功能的有语气(mood)系统和情态(modality)系统等。

语篇功能就是把语言符号组织成语篇(text),形成一个语义整体,并与语境联系起来。韩礼德认为,实际使用中的语言的基本单位不是词或句这样的语法单位,而是表达相对完整的语篇。语篇功能使语言与语境发生联系,使说话人只能生成与情景相称的语篇。体现语篇功能的主要是句子的信息结构。句子的信息结构可以从两个不同方面来分析:从信息的内容方面看,句子的信息一般包含已知信息和新信息两部分;从句子传递信息的形式来看,句子一般包含话题(主位)和述题(述位)两部分。此外语篇功能还包括衔接系统,即词语之间的照应关系和各种关联手段。

(3)层次理论

韩礼德认为语言系统包括语义层、词汇语法层和语音层三个层次。各个层次之间存在着"体现"关系,即对"意义"的选择(语义层)体现于对"形式"(词汇语法层)的选择,对"形式"的选择又体现于对"实体"(语音层)的选择。其中语义层是语言系统的最上层,同时它又对词汇语法与语言环境起着连接作用。

(4)语域理论

韩礼德继承和发展了弗斯的"情景上下文"理论,提出了语域理论。他认为语言的情景可以由场景、方式和交际者三部分组成。语域是语言使用中由于语言环境的改变而引起的语言变异形式。场景、方式和交际者的不同,会产生不同的语域;场景的不同可以产生科技语域、非科技语域等,方式的不同可以产生书面语域和口头语域等,交际者的不同可以产生正式语域和非正式语域等。

3. 其他功能学派

除了韩礼德的系统功能语言学以外,以马丁内(A. Martinet,1908—1999)为代表的法国功能主义学派也是功能语言学的一个重要分支。马丁内提出,语言结构是语言功能的一个方面,语言研究要以语言功能为基本依据。一种语言现象能否被看作语言事实,要看它能否在语言交际中实现一定的功能。他还针对索绪尔提出的"语言学的唯一的、真正的对象是就语言和为语言而研究的语言",而提出语言学是"就人类言语活动、为人类言语活动而研究言语活动",强调语言研究要以言语活动为研究对象。他还认为,语言运转的基本原理是语言经济原则,语言经济原则能对语言结构演变的特点和原因作出合理的解释。

此外,属于功能语言学阵营的还有美国派克(K. Pike)的法位学和切夫(W. Chafe)的切夫语法等。他们都主张除了研究语言系统本身以外,还要研究语言的运用、语言的背景、语篇。

近些年来,属于功能主义阵营的认知语言学影响越来越大。认知语言学认为语言是世界的图像,自然语言本质上是人类认识世界,通过心智活动将现实世界概念化,并将其编码的结果。语法结构不是自足的、自主的,而是有语言外部的动因的,是受到认知、功能、语用乃至社会文化等外部因素制约的。认知语言学主要研究这些外部因素对语言结构的制约性。我们把认知语言学与心理语言学同等看待,都作为一门综合性语言学科,将在第八章设专节进行比较详细的介绍。

总的说来,功能主义语言学的各个学派都是在结构主义语言学和形式主义语言学的基础上发展而来的,都是对结构主义和形式主义的批判或修正。功能主义和形式主义有时候似乎形成尖锐的对立,但实际上二者应该是互补的。语言系统的内部结构和语言系统的外部功能都是语言学要研究的内容,但不同的学派和分支学科可以而且应该有不同的侧重和分工。近些年来,功能主义和形式主义往往互相影响、互相渗透,逐步走向融合,这使得二者的界限不太分明。

除了形式主义和功能主义两大学派之外,当代语言学中还有些学派、理论很难归入形式主义或功能主义,如当代语言学中近些年来比较盛行的配价语法。

配价语法也称从属关系语法(或译为依存语法),是由法国语言学家特斯尼耶尔(L. Tesnière,1893—1954)提出的,其主要思想反映在他的《结构句法基础》(1959)一书中。特斯尼耶尔认为,句子以动词为中心,其他成分从属于动词,受动词支配,这种支配关系就是配价(valency)。动词表示情节过程,动词的从属成分包括人物语和情景语两类。人物语是参与情节的人或事物,一般由名词性词语充当。情景语表示情节过程发生的时间、地点、方式等,一般由副词性词语充当。根据动词支配人物语的能力,动词可以分为一价动词、二价动词、三价动词等。不及物动词一般是一价动词,普通及物动词一般是二价动词,能够带双宾语的动词一般是三价动词。

后来德国语言学家大力地发展了配价语法的理论和方法。他们进一步区分了配价的不同性质:逻辑配价、句法配价和语义配价,对确定动词配价的标准、补足语(人物语)和说明语(情景语)的分类、各种配价成分的句法表现等问题都进行了深入细致的探讨,并且将配价语法用于语言教学,编辑了各种配价语法词典。

我国学者对配价语法也很重视,1978年朱德熙首先把配价语法的思想引进汉语语法研究,用动词配价的观点研究动词性成分加"的"构成的"的"字结构的歧义指数等问题，引发了许多语言学者对配价语法的兴趣。20世纪80年代中期以后，配价语法逐渐成为汉语语法研究的一个热点，许多学者发表了不少相关文章，还多次召开了配价语法的学术会议，出版了会议论文集，有的学者还出版了配价语法的专著，研究配价语法的硕博论文也多了起来。研究的内容涉及汉语配价语法的各个方面，包括配价的价数、价质（语义角色）和价形（配价的句法形式）等，而且从动词的配价延伸到形容词、名词的配价。

(三) 综合性语言学

人类社会的发展、科学技术的进步对语言研究不断提出新的要求，单纯的本体研究不但不能满足语言学发展的需要，而且无法跟上正在迅猛发展的现代科学技术的步伐。在立足本体研究的基础上，拓展自己的视野和研究领域，对语言进行多学科的综合研究已成为当代语言学的重要发展趋势，这促成了一大批综合性学科或交叉性学科的建立。

综合性语言学大体上可以分为三大类：

第一类是研究语言与社会文化的关系的学科，如研究语言与社会的关系的社会语言学、研究语言与文化的关系的文化语言学等。

第二类是研究语言与思维认知的关系的学科，如研究人们掌握语言和使用语言的心理过程的心理语言学、语言学与神经病理学交叉形成的神经语言学、研究语言与认知的关系的认知语言学等。

第三类是研究语言在各个领域的实际应用的学科，如运用数学思想和数学方法研究语言的数理语言学、与计算机科学结合研究自然语言处理的计算语言学等。同时语言学在许多具体领域中的应用也得到了空前的发展，在语文教学、机器翻译、人机对话、情报检索、人工智能、失语症及聋哑人的语言矫治等许多领域中发挥了重要作用，取得了丰硕成果。

上述分类只是大体上的分类，因为综合性学科的特点就是多学科的交叉和综合，往往是"你中有我，我中有你"，很难截然分开。

新兴综合性语言学的大量产生，一方面是语言学自身发展的必然结果，另一方面也是受20世纪科学发展总趋势的影响，受其他学科发展影响的结果，同时也是适应社会发展实际需要的结果。

从语言学自身发展的过程来看，传统语言学和历史比较语言学重视历时研究、书面语研究、言语研究、语言的个性研究、规范性研究。现代语言学看到了它们的局限性，纠正了它们的偏向，重视共时、口语、语言系统、语言共性的研究，重视客观描写。到当代语言学时期，人们又发现了现代语言学的局限性。转换生成语言学用语言能力取代语言行为，用动态解释取代静态描写，用演绎法取代归纳法。后来，人们又发现了转换生成语言学的局限性，提出交际能力比语言能力更重要。而交际能力就绝不只是语言问题，还必然涉及社会、文化、心理等其他学科。所以说,新兴交叉学科的产生是语言学不断克服自身局限性的必然结果。

另一方面,20世纪科学发展的主要趋势是各门科学不断从分析走向综合。各门学科在各自的研究中都发现大量边缘现象,需要与其他学科结合起来研究,才能解决问题,所以出现了科学研究的综合性、交叉性趋势。就语言而论,语言不仅是语言学研究的对象,其他许多学科从自身研究发展的需要出发,也要研究语言问题,如哲学、逻辑学、心理学、人类学、民族学、历史学、社会学、信息科学、计算机科学等。这些学科对语言的研究,一方面必然受语言学的影响,另一方面也必然影响语言学。所以说,新兴交叉性语言学科的大量产生,也是科学发展的综合性趋势影响的结果。

此外,社会发展的实际需要,也是促使这些新兴学科产生的重要原因。当代社会发展不断提出一些具体的实际问题,这些问题一般难以靠一门学科解决,而必须靠多种学科的结合与合作才能解决。如一些社会民族矛盾问题、文化教育问题、心理健康问题、国际交流问题、信息产业的发展问题等等,都需要语言学和其他学科结合起来。

**思考与练习**

一、什么是内部语言学?什么是外部语言学?各包括哪些分支学科?

二、索绪尔的语言理论主要包括哪些内容?

三、现代语言学与古代、近代语言学的主要区别是什么?

四、转换生成语言学与结构主义语言学有什么异同?

五、功能语言学与生成语言学有什么异同?

六、综合性语言学大批产生的主要原因有哪些?

**参考资料**

1.[瑞士]费尔迪南·德·索绪尔著,高名凯译:《普通语言学教程》,商务印书馆1980年版。

2.[英]R.H.罗宾斯著,许德宝译:《简明语言学史》,中国社会科学出版社1997年版。

3.[苏]H.A.康德拉绍夫著,杨余森译:《语言学说史》,武汉大学出版社1985年版。

4.[美]布龙菲尔德著,袁家骅、赵世开、甘世福译:《语言论》,商务印书馆1985年版。

5.[美]霍凯特著,索振羽、叶蜚声译:《现代语言学教程》,北京大学出版社1986年版。

6.[美]诺姆·乔姆斯基著,邢公畹等译:《句法结构》,中国社会科学出版社1979年版。

7.[美]诺姆·乔姆斯基著,黄长著、林书武、沈家煊译:《句法理论的若干问题》,中国社会科学出版社1986年版。

8. 岑麒祥:《语言学史概要》,北京大学出版社1988年版。
9. 徐烈炯:《生成语法理论》,上海外语教育出版社1988年版。
10. 赵世开:《美国语言学简史》,上海外语教育出版社1989年版。
11. 徐志民:《欧美语言学简史》,学林出版社1990年版。
12. 冯志伟:《现代语言学流派》(修订本),陕西人民出版社1999年版。
13. 刘润清:《西方语言学流派》,外语教学与研究出版社2002年版。
14. 胡明扬:《语言与语言学》,湖北教育出版社1985年版。
15. 黄弗同主编:《理论语言学基础》,华中师范大学出版社1988年版。
16. 刘伶、黄智显、陈秀珠主编:《语言学概要》,北京师范大学出版社1984年版。
17. 伍铁平主编:《普通语言学概要》,高等教育出版社1993年版。
18. 李宇明主编:《语言学概论》,华中师范大学出版社2008年版。
19. 王刚:《普通语言学基础》,湖南教育出版社1988年版。
20. 桂诗春:《心理语言学》,上海外语教育出版社1985年版。
21. 陈原:《社会语言学》,学林出版社1985年版。
22. 徐大明、陶红印、谢天蔚:《当代社会语言学》,中国社会科学出版社1997年版。
23. 戴庆厦:《社会语言学教程》,中央民族大学出版社1996年版。
24. 邢福义主编:《现代汉语》,高等教育出版社1991年版。
25. 邢福义主编:《文化语言学》(增订本),湖北教育出版社2000年版。

# 第二章 语音学

**【学习提示】** 本章介绍语音学的基本内容。本章需要重点掌握的内容有：第一节，语音的声学性质、生理属性和社会性质；第二节，音素的描写、音位及其分类、音素与音位的关系、音位变体；第三节，音节的结构、语流音变。本章的概念比较多，对于各种重要概念，要求熟记定义和分类并能够举例说明。对于音素、音位、音节，还要求能作具体分析和描写。此外，还应该熟练掌握常见的国际音标，能够用国际音标标注汉语和英语的语音。

## 第一节 语音和语音学

### 一、语音的性质

语音是人类在大脑神经支配下由发音器官发出的负载一定意义的声音，是语言的物质形式。学习、分析一种语言，都要从语音开始，语汇和语法都要通过语音来表现，因此，语音是语言的基础。

作为一种物质形式，语音跟自然界的其他声音一样，具有各种物理（声学）性质。语音是由人类的发音器官发出来的，因此具有生理性质。同时，说话人发音和听话人听音又是一种心理活动，因此语音又具有心理性质。语音代表一定的意义，是由同一语言社群的成员共同约定的，因此，语音又是一种社会现象，具有社会性质。

（一）语音的物理性质

声音都是由物体的振动而产生的，语音也不例外。振动体使周围的空气粒子发生振动，形成波状运动，就产生了声波。这种声波传到人耳中，鼓膜就会发生相应的振动，刺激听觉神经，于是人们就听到了声音。

每一个声波都包含着振幅、周期和频率三个物理量：振幅指空气粒子离开平衡位置最大的偏移量，周期指空气粒子完成一个全振动（来回一次）所需要的时间，频率指空气粒子在一秒钟内完成全振动的次数。语音四要素都可以用这三个物理量来说明。

1. 音高

音高指声波振动频率的高低。振动频率高,声音就高;振动频率低,声音就低。计算频率的单位是赫兹(Hz),代表"次/秒"。声波的频率与发音体的性状有关。男子的声带长而厚,声音低;女子的声带短而薄,声音高。同一个人通过控制声带的松紧,可以发出高低不同的音。音高在语音中的主要作用是构成声调和语调。

2. 音强

音强指声音的强弱。它取决于声波振幅的大小。振幅大,声音就强;振幅小,声音就弱。计算语音强度的单位是分贝(dB)。振幅的大小跟发音体受到的外力大小有关,语音的强弱跟发音时用力的程度有关。发音时用力越大,呼出的气流越多,声音就越强。音强在语音中的主要作用是构成重音和轻音。

3. 音长

音长指声波振动持续时间的长短。振动持续时间长,声音就长;持续时间短,声音就短。计算语音时长通常以毫秒(ms)为单位。语音的长短跟发音的速度快慢有关。音长在许多语言和方言中具有区别意义的作用,如英语和汉语广东话就有长短元音的区别。

4. 音质

音质指声音的品质、特色,又叫音色,主要取决于声波的结构形式。声波分纯音和复音两大类,纯音是只含一种振动频率的声波,复音是若干不同频率的纯音复合而成的声波。语音声波一般都是复音。其中频率最低的纯音叫基音,其余的纯音叫陪音。复音又分乐音和噪音两类:乐音是基音与陪音的频率成整数倍的,波形有规则的声波;噪音是基音与陪音的频率不成整数倍的,波形不规则的声波。音质的不同取决于三方面的条件:一是发音体,二是发音方法,三是共鸣器的形状。其中每一方面的差别都会造成不同的音质。音质是语音最重要的属性,音质不同就形成不同的音素。

音长、音高和音强合称为非音质形式,又叫韵律(音律)形式。它们各自变化的绝对数值对于语音来说不太重要,重要的是它们各自变化的相对关系。例如男子发出的高调在绝对数值上常常比女子发出的低调还要低,可是人们并不会把男子的高调听成是低调。

语音中的音高、音强跟音长之间是相互关联的。一般升调都比降调要长。除了音强的变化之外,时长的变化对于轻重音的区别也起重要作用。英语重音是时长增加,汉语的轻音是时长减少。此外,音高的变化对于重音也有重要影响。

非音质特征是依附于音质特征来表现的。人们每次发音除了具有特定的音质之外,还具有一定的音高、音强和音长。没有高低、轻重、长短的音质是不存在的。

(二)语音的生理性质

语音的生理性质就是人类发音器官的构造及其运动。人类的发音器官可以分为三部分。

1. 肺、支气管和气管

呼吸的气流是语音的原动力。胸腔的扩张和收缩,使肺部的容积扩大和缩小,空气就通过气管、支气管吸入和呼出。人类一般利用呼出的气流来发音,吸气音是很少见的。

2. 喉头和声带

喉头是由软骨构成的一个小室。环状软骨是喉头的底座,跟气管相连。甲状软骨和勺状软骨都连接着环状软骨。

声带是语音的主要发音体,位于喉头中部。两片声带的前端连在一起附着在甲状软骨的内壁中间,后端分别与两块勺状软骨相连。两片声带之间的空隙叫作声门。勺状软骨可以在肌肉的作用下活动,带动声带,使声门开合。声带的振动是声门下气流的压力和声带的张力共同作用的结果。呼吸时声门是打开的,气流可以自由通过。发音时,声门是闭合的。当声门下气流的压力足够大时,声门就被冲开。一股气流冲出来,声门下气流的压力突然下降,而声带还保持着同样的张力,于是声门又关闭起来。然后声门下气流的压力又增加到足够大,声门又被冲开……如此循环往复,声带就振动起来,发出周期性的声音。这就是声带音。

3. 口腔、咽腔和鼻腔

口腔、咽腔和鼻腔统称为声腔,是语音的共鸣器。口腔和鼻腔在咽腔上端分成两个通道,成为三岔路口。鼻腔在上面,是一个固定的骨质空腔。口腔后部的软腭和小舌好像是开关的阀门。发音时软腭和小舌抬起来堵住鼻腔通路,气流从口腔出去,就发出口音;如果软腭和小舌垂下来,口腔闭塞,气流从鼻腔出去,就发出鼻音;如果气流同时从口腔和鼻腔出去,就发出鼻化音。咽腔向上通往口腔和鼻腔,向下通往喉头和气管,是一个重要的枢纽部位。

口腔包括唇、齿、齿龈、硬腭、软腭、小舌和舌头。其中上下齿和齿龈、硬腭是不能活动的。双唇、软腭、小舌、舌头和下颚是可以活动的。其中舌头是最为活跃的部分。舌头又可以分为舌尖、舌叶、舌面前、舌面中和舌面后(舌根)几部分。下颚的开合也直接关系到口腔的变化。活动部分与固定部分相配合,使声腔形成不同的形状,声带音得到不同的共鸣,从而形成不同的声音。

(三)语音的心理性质

语音与人类心理活动之间的密切联系就是语音的心理性质。人的听觉器官和大脑听觉中枢神经对声波的感知是语音心理性质的重要方面。实验证明,人的听觉虽然是由客观的声音引起的,但作为心理现象的主观听觉和语音的客观声学效果之间并不总是一一对应的,语音声学要素的变化并非都能在听觉上得到对等的感知。一个音在听觉上的高低是由声波的频率决定的,但主观听觉上对音高的感知与客观的声波频率并不一致。对于一个400赫兹的声音,只需要提高1赫兹,人们就可以感觉到音高的变化,而对于一个3 000赫兹的声音,只有当提高到9赫兹以上时,人们才能分辨出声音的高低变化。对音强、音长的感知也是如此。听觉感知具有很强的选择和概括性。人的声道的形状(包括声带的长短、厚薄等)同人的相貌一样,各不相同,每个人都有自己特有的音色,但是,不管这种个人特点之间的差异有多大,声学的效果有多不同,都不会影响人们对语音的正确感知。不同的人发出的[a]这个音,声学要素的数值会有很大的差异,但听上去都是[a]。即使同一个人连续发同一个音,这些音的声波也不可能完全相同,但人们的听觉中枢在进行语音识别时,对听觉器官传送过来的声波进行了一定的过滤与筛选,只选择并提取与识别语音有关的特征。

(四)语音的社会性质

语音不仅具有物理、生理等自然性质,而且还具有社会性质。语音是能传达一定意义的声音,作为语言的物质表达形式,语音是一种社会现象。在交际过程中语音怎样与意义结合成词语、句子,会发生哪些变化,等等,这些都是由社会因素决定的。社会性质是语音区别于其他声音的本质性质。语音的社会性质表现在许多方面。

首先,语音传递意义的功能是社会赋予的。语音是语言符号的形式,它本身没有意义,但有传递意义的功能。这种功能只有当语音与一定的意义结合成为语素、词语时才能体现出来。而用什么声音表示什么意义,是由社会群体共同约定的。如普通话用[u$^{214}$]来表示"五"的意思,苏州话则用[ŋ$^{31}$]来表示,而英语用five[faiv]来表示。

其次,不同民族的人对同一个音的发音能力和听辨能力也有很大差异。人们对母语中没有的音就常常发不准或分辨不清。比如俄语的舌尖颤音[r]、法语的小舌颤音[R],中国人学起来就比较困难。同样外国人学汉语语音也会遇到种种困难。又如汉语普通话中"南"[nan$^{35}$]和"蓝"[lan$^{35}$]声母不同,可是有些方言区的人却听不出这种区别,认为它们读音相同。其实人类发音器官和听觉器官的构造和功能基本上是相同的,不同的人对同一个音的发音能力和听辨能力会有差异,只是因为不同民族、地域的人们的语言习惯和社会环境不同。

最后,不同民族的语言或方言都有各自不同的语音系统。不同的语音系统所包含的音位及其数目是各不相同的。汉语普通话里有舌尖元音[ɿ]、[ʅ],舌面音[tɕ]、[tɕʻ]、[ɕ],英语、俄语里就没有。英语、俄语里有与清音相对的浊辅音,英语和汉语广州话里有舌叶音[tʃ]、[ʃ],汉语普通话里则没有。有些音在几种语言里都有,但是它们在各自的语音系统里的作用和地位却不一样。例如汉语普通话里送气与不送气有区别词形和词义的作用,而英语和俄语里送气与不送气却不起区别词形和词义的作用。可见音素在不同语音系统里的不同地位和作用,也是由社会因素决定的。

## 二、语音学

研究语音的学科就是语音学。语音学的任务是研究语音在"发音→传递→感知"过程中的物理、生理和心理特性,分析语音的社会功能、语音系统的构成和发展演变规律等。语音学可以从不同的角度划分出若干分支。

从研究对象的性质来看,语音学可以分为声学语音学、发音语音学、感知语音学和音系学。声学语音学研究语音的物理性质;发音语音学研究语音的生理性质;感知语音学研究语音的心理性质;音系学研究语音的社会性质,即根据语音的社会功能来研究某种语言的语音系统。

此外,跟整个语言学的分科一样,从研究对象的范围来看,语音学可以分为普通语音学和具体语音学。从研究对象的时间来看,语音学可以分为共时语音学和历时语音学。

语音学还有一个特殊的分科——实验语音学,它凭借实验仪器和实验手段,通过观察、测量等科学方法获取实验数据,进行语音的生理、物理和心理等多方面的研究。

上述语音学的分支是从不同的角度划分的,因而各个分支之间有交叉现象。即使是从同一个角度划分出来的分支,也存在着相互渗透的现象,如声学语音学、发音语音学、感知语音学、音系学、实验语音学之间就是相互渗透的,因为语音的各种性质本来就是相互联系的。

### (一)声学语音学

声学语音学研究说话人的声音传到听话人那里时语音的物理性质,如音调、频率和振幅等。声学语音学借助电子仪器等设备,使传统语音学中所涉及的许多语音现象得到了客观、科学的验证,同时还揭示了一些凭口说耳听无法发现的极为重要的语音现象。例如,声谱仪分析出决定元音音色的本质特征不是波形的曲折形式,而是它的共振峰频率。声学实验还证明,发音器官下腭和咽腔的动程跟元音音色是有关系的。此外,由于有了各种测量仪器,人们不仅可以对语音四要素分别加以研究,而且还可以对其进行定量分析。这使我们对语音四要素之间的内在联系有了具体的了解。声学实验的成果越来越多地应用于语音识别、语音合成等研究领域,为语言信息处理、人机对话、文语转换等现代科技的发展提供了可靠的前提条件。

### (二)发音语音学

发音语音学主要根据发音器官及其活动来研究发音过程中的生理特征,又称生理语音学。发音器官发音和语音的声学特性有因果联系,因此发音语音学的研究往往要参照声学语音学的研究成果,并借助声学研究的仪器设备进行研究,主要研究言语活动的神经肌肉、生物机械和空气动力的过程,提取一切有关发音的物理参量,并阐明它们与语音特性的关系。例如,研究声带的发声作用及其与语音的关系,既要研究声带振动的生理、物理性质,还要测量声带震动的各种参数及其与语音的关系,以及在不同的元音条件下,声门下气流的压力变化与语音音强的关系,还使用光电仪器,对发音器官活动时的声腔进行客观的测量,求出客观的参数,为人工合成语音提供依据。

(三)感知语音学

感知语音学,又称心理语音学,主要研究语音感知的生理和心理特征,即人耳是怎样听到声音的,大脑又是怎样理解这些声音的。感知语音学的产生和心理语言学以及人工智能的研究密切相关,因为心理语言学要研究语言习得和语言使用的心理过程,就必须从语音入手。而在人工智能的研究中,为了让计算机理解自然语言,也必须弄清楚人类是如何通过语音理解意义的。

感知语音学是最近几十年才发展起来的边缘学科,其研究常常采用心理实验的方法,也经常通过实验仪器对语音的发生和感知过程进行观测。例如,用肌电仪可以发现,在声音未发之前,发音器官有关部分的肌肉已经受到中枢神经的"指令"而呈现出紧张状态了,也就是开始做发音准备了。另外,在一连串的语音中,前一个音素虽然已经消失,但在感知系统中却仍然在起作用,对后面的音素有一定的影响。这就为语流音变中的同化作用提供了生理、心理方面的依据。

(四)音系学

音系学研究语言的语音系统,又称音位学。主要研究各种语言系统中有多少相互区别的基本语音单位——音位,每个音位有哪些音位变体,音位之间有哪些区别特征,音位和音位怎样组合成音节,以及语音组合时发生怎样的变化(包括韵律变化和语流音变)。除了上述共时性研究以外,音系学还包括语音系统的历史演变的研究。

每种语言都有自己的音位和音位变体的配列,即音位结构。根据音系学的区别特征理论,语音分析的最小单位是区别特征而不是音位。用区别特征可对语音间的关系进行概括,从而建立一套有限的区别特征系统来分析世界上所有语言的音系构造。

(五)实验语音学

实验语音学使用实验仪器或电子计算机对语音的各种特性进行实验研究,如用磁带录音机、频谱仪或示波仪来记录、分析和测定语音的特点,对话语的语音特性进行详细的描述。实验语音学的研究对象涉及语音的各个方面,它的研究手段和方法也涉及生理学、物理学、心理学、电子学、医学等许多学科,是一门综合性的边缘学科。

实验语音学是在借用一些生理、物理和医学仪器来辅助口耳、审定语音的基础上发展起来的。计算机及人工智能自身的发展又要求语音实验研究为其提供客观的实验参数。由于语音合成和语音识别、文—语转换等自然语言处理方面的研究涉及语音现象的物理、生理、心理等各个方面,因此计算机与语音实验的关系便更加紧密。

近几十年来,语音研究呈现出两种横向结合的趋势:一是语音学内部各个分支学科的关系日益密切,二是语音学同自然科学、工程技术的关系日益密切。

**思考与练习**

一、语音具有哪些声学性质?各种声学性质在语音中的作用是什么?

二、语音的音质形式与非音质形式有何区别与联系?

三、为什么说社会性质是语音区别于其他声音的本质性质?

四、语音学的任务是什么?

五、语音学的分支学科有哪些?各分支学科的研究对象是什么?它们之间的关系怎样?

## 第二节　音素和音位

### 一、音素

(一)音素的性质

音素是人类语言从音质角度划分出来的最小语音单位。从音质角度对音节连续进行切分,直到不能再切分为止,所得到的最小的语音单位就是音素。比如 rénmín(人民)可以切分为 r/e/n 和 m/i/n,这里的 r、e、n、m、i、n 已不能再往小里切分,它们就是语音的最小的单位——音素。

音素一般用国际音标(IPA)标记。国际音标是国际上通行的一种记音符号,由国际语音协会于 1888 年制定并公布,后经多次修改。用国际音标记音,一般用方括号"[ ]"标明。

根据音素的生理性质和声学性质,人类语言中的全部音素可以分为元音和辅音两个基本类别。

从生理性质来看,发音时声带振动,气流通过声腔时不受阻碍而发出的音就是元音,气流通过声腔时受到阻碍而发出的音就是辅音。辅音再根据声带是否振动分为浊辅音和清辅音两类。发浊辅音时声带振动,发清辅音时声带不振动。发音时气流受阻与否和发音器官肌肉的紧张状态有关。发元音时,发音器官除声带以外的各个部分保持均衡的紧张状态;发辅音时,只有形成阻碍的那一部分器官特别紧张。气流受阻与否还会使得发音时呼出口腔的气流强度不同。发元音时,声带振动减低了气流的速度,声腔中又没有阻碍,所以呼出的气流较弱;发辅音时,气流必须克服某种障碍才能发出声音,因而呼出的气流较强。

从声学性质来看,元音都是乐音,清辅音都是噪音,浊辅音则是乐音和噪音的混合音。

此外,从听感上看,声带振动发出来的音比较响亮,容易听清;声带不振动发出来的音不大响亮,不容易听清。因此,元音和浊辅音比较响亮,清辅音不大响亮。单独发一个元音或浊辅音都容易听清,而单独发一个清辅音则不容易听清。

(二)元音的分类

各种元音的发音体和发音方法都是相同的,不同的是共鸣器的形状,因此元音的声学分析主要是看它的共振峰结构。

说话时,声带振动产生的基音的频率叫基频,用 $F_0$ 来表示,同时也产生范围很宽的许多附带的频率成分。这些频率成分大部分被共鸣器所抑制或吸收,有一些则得到共鸣而强化。语音复合波中因共鸣作用而强化的频率成分叫共振峰,它的频率叫共振峰频率。元音音色是由头两三个共振峰的频率值及其相对关系决定的,通常把决定元音音色的头三个共振峰,由低频到高频分别称为第一共振峰、第二共振峰、第三共振峰,并用 $F_1$、$F_2$、$F_3$ 来表示。第一共振峰 $F_1$ 同舌位高低有关,舌位越高,$F_1$ 的频率值就越低;舌位越低,$F_1$ 的频率值越高。第二共振峰 $F_2$ 同舌位的前后有关,舌位靠前,$F_2$ 的频率值就高;舌位靠后,$F_2$ 的频率值就低。第二共振峰与唇形的圆展也有关系,双唇突出拢圆,实际上是使声腔延长了,$F_2$ 的频率就下降了。基频决定整个音的音高,取决于声带的振动;共振峰决定整个音的音质,取决于共鸣器的形状。而共振峰的形状又是随舌位的高低、前后以及唇形的圆展变化的,这样我们就可以以舌位的高低、舌位的前后、嘴唇的圆展作为元音分类的标准。

其一,舌位的高低。一般划分为4级:高元音、半高元音、半低元音、低元音。

其二,舌位的前后。一般划分为3类:前元音、央元音、后元音。

其三,唇形的圆展。一般划分为2种:圆唇元音、不圆唇元音。

定义或描述一个元音时,习惯的顺序是:舌位的前后、舌位的高低、唇形的圆展。如8个基本元音可以定义如下:

[i]:舌面前高不圆唇元音;    [e]:舌面前半高不圆唇元音;
[ɛ]:舌面前半低不圆唇元音;    [a]:舌面前低不圆唇元音;
[ɑ]:舌面后低不圆唇元音;    [ɔ]:舌面后半低圆唇元音;
[o]:舌面后半高圆唇元音;    [u]:舌面后高圆唇元音。

下面是常见舌面元音的舌位图:(圆点左边的为不圆唇,右边的为圆唇。)

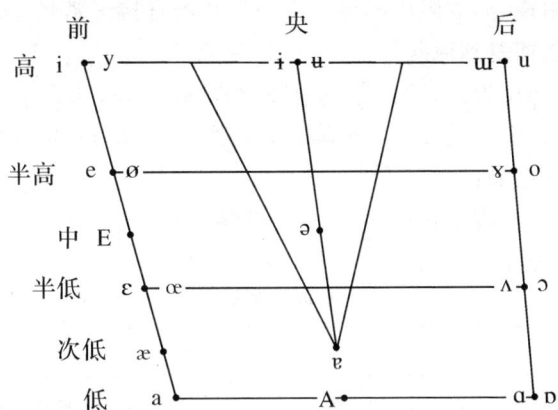

以上介绍的是舌面元音。舌面元音是发音时由舌面起作用（舌面紧张）的元音。舌面元音的音质主要决定于舌位和唇形的变化。舌位指发音时舌面离上腭最近点的位置，也叫近腭点。舌面可上升下降，也可前伸后缩。唇形指发音时双唇前伸拢圆或向两边展开的形状。

在汉藏语系语言中还有一种发音时由舌尖起作用（舌尖紧张）的元音，叫作舌尖元音。如汉语普通话中的"资"和"知"的韵母就分别是[ɿ]和[ʅ]两个舌尖元音。汉语中的卷舌元音[ɚ]实际上是一个舌面元音加上卷舌动作。如果在发元音时，让软腭的小舌下垂，打开鼻腔通路，发音气流就会同时从口腔和鼻腔通过，使鼻腔也参加共鸣，这样就发出鼻化元音。鼻化的符号是~，加在元音上面，如[ã]、[ə̃]、[ɔ̃]。

（三）辅音的分类

辅音发音时声腔的某个部位必须形成阻碍。阻碍是辅音的声源，阻碍的部位不同，形成和克服阻碍的方法不同，就形成了不同音色的辅音。因此辅音可以从发音部位和发音方法两个方面进行分类和描写。

发音部位指发音器官形成阻碍的部位。一般有双唇音、唇齿音、齿间音、舌尖前音、舌尖中音、舌尖后音、舌叶音、舌面前音、舌面中音、舌面后（舌根）音、小舌音、咽壁音、喉音13种。发音方法指发音时形成阻碍以及克服阻碍的方式。一般分为塞音、擦音、塞擦音、鼻音、颤音、闪音、边音和半元音8种。半元音是介于元音和辅音之间的一种辅音，又称为无擦通音。

辅音的清浊和送气也属于发音方法。发音时声带振动就是浊辅音，声带不振动就是清辅音。发音时呼出气流较强就是送气音，反之就是不送气音。送气和不送气一般是对于塞音和塞擦音而言的。送气的符号是在音标右上方加上"'"或"h"，即[ˈ]或[ʰ]。

辅音发音方法的不同，如塞和擦、清和浊、送气和不送气等等，归根结底都是声源性质的不同。辅音的发音一般有三个阶段：成阻期，发音器官在某一部位形成某种阻碍;持阻期,形成阻碍的那一部分发音器官持续紧张;除阻期,发音器官解除阻碍,由紧张回复到原状。

如果以发音部位为经,发音方法为纬,画出辅音表,那么每个辅音在表中都有确定的位置。在定义或描述一个辅音时,常用的顺序是:发音部位、送气与否、清浊、除阻方式。例如:

[p]:双唇不送气清塞音;　　　[p']:双唇送气清塞音;
[m]:双唇浊鼻音;　　　　　　[f]:唇齿清擦音。

**常见辅音表**

| 发音部位 | | 发音方法 | | | | | | | | | | |
|---|---|---|---|---|---|---|---|---|---|---|---|---|
| | | 双唇 | 唇齿 | 齿间 | 舌尖前 | 舌尖中 | 舌尖后 | 舌叶 | 舌面前 | 舌面后 | 小舌 | 喉 |
| 塞音 | 清 | p | | | | t | ṭ | | ƭ | k | q | ʔ |
| | 浊 | b | | | | d | ḍ | | ɖ | g | ɢ | |
| 鼻音 | | m | | | | n | | | ɲ | ŋ | N | |
| 边音 | | | | | | l | | | | | | |
| 擦音 | 清 | | f | θ | s | | ʂ | ʃ | ɕ | x | χ | h |
| | 浊 | | v | ð | z | | ʐ | ʒ | ʑ | ɣ | ʁ | ɦ |
| 塞擦音 | 清 | | | | ts | | tʂ | tʃ | tɕ | | | |
| | 浊 | | | | dz | | dʐ | dʒ | dʑ | | | |
| 颤音 | | | | | | r | | | | | R | |
| 闪音 | | | | | | ɾ | | | | | | |
| 半元音 | | w,ɥ | ʋ | | | | | | j(ɥ) | (w) | | |

## 二、音位

### (一)音位的性质

音位是某种语言或方言中能区别语素或词的语音形式的最小语音单位,是依据语音的社会性质划分出来的语音类别。音位前后一般用斜线"//"标记,如/a/。

从音质的角度看,人类的发音器官能够发出很多不同的音,而每一种语言只用到其中的一部分。例如,汉语普通话只有 32 个音位,英语共有 44 个音位。同样的一个音素,就其自然属性来说,各种语言都是一样的,但在不同的语言中所起的作用却可以很不一样。人们对于自己的母语有着自发的音位观念——音位直觉,现代音位理论的产生是由于人们研究了不同的语言,发现同样的音素在不同的语言中的作用不一样,并且在同一语言中不同的音素之间也有不同的关系。例如[p]和[p']是汉语和英语里都有的两个音素,但它们的作用大不一样。

[p]和[p']在汉语里有区别词的语音形式的作用,比方"标"[piau⁵⁵]和"飘"[p'iau⁵⁵]在语音上的不同仅仅在于前者的辅音是不送气的[p],后者是送气的[p']。这两个音素因为有区别词的语音形式的作用,在汉语里是对立的,人们对它们的区别十分敏感,认为它们是完全不同的两个语音单位。在英语里,[p]只出现在[s]的后面,[p']只出现在其他位置。如sport的p发成[p],port的p发成[p']。它们的出现环境是互补关系,而不是对立关系,也就是说,它们没有区别语素或词的语音形式的作用。又如[a]和[ɑ]两个音素在汉语和法语里的作用也不一样。在法语里moi[mwa](我)、mois[mwɑ](月份)中的[a]和[ɑ]这两个元音有区分词的音形的作用,分别为/a/、/ɑ/两个不同的音位。而汉语里[a]和[ɑ]没有区分词的音形的作用,属于同一音位。

音位本身并不含有任何意义。音位只有在和别的音位组合成高一层级的单位后才能负载意义,例如单个的/k/、/æ/、/t/是没有什么意义的,但是它们组合成[kæt](cat)后就有了"猫"的意义。因此,音位只有通过区别音形进而区别意义的作用,而没有表达意义的作用。

音位和音素两个概念很容易发生混淆,需要注意分辨。音素是从生理和物理角度分析出来的语音单位,音位是从社会性质即语言的交际功能角度分析出来的语音单位。从理论上说,人类发音器官的构造都是相同的,使用各种语言或方言的人能够发出同样多的各种声音。人类能够发出的音素是难以计算的,但是,特定的语言或方言所选择使用的音素却是有限的,音位便是根据这些有限的音素在各自语言或方言中的地位和作用归并出来的音类。因此,音素是人类语言共通的,音位是属于具体语言的。音位和音素是集体和成员的关系,一个音位是由几个音素构成的一个集体,这个集体中的音素是集体的成员。因此音位和音素的数量也不同,音位的数量少,音素的数量多。如汉语的音位/a/就包括[a]、[ʌ]、[ɑ]、[ɛ]四个不同的音素,如"班"[pan⁵⁵]、"疤"[pʌ⁵⁵]、"帮"[pɑŋ⁵⁵]、"边"[piɛn⁵⁵]。

(二) 音位的归纳

音位分析的目的是要把语言里数目繁多的语音归纳为数目有限的一套音位系统,分析音位一般应遵循三条基本原则:对立、互补、语音相似。对立和互补是语言里音与音之间的两种重要关系,是我们考察一个音素在具体语言中的作用的重要根据,除此之外,还应考虑语音相似。

1. 对立

两个语音形式(包括音质形式和非音质形式)可以在相同的语言环境里出现,如果替换后产生意义差别,那么它们就是对立的。彼此对立的语音形式属于不同音位,要用不同符号加以区别。例如,把汉语北京话里的辅音/p/和/p'/分别放在[_an⁵⁵]这样一个语境里就会产生不同的意义,因此,它们是两个独立的音位。又如英语里的/p/和/b/,法语里的/a/和/ɑ/都起区别语素或词的语音形式的作用,它们是被言语社团当成不同的语音单位来使用的,都属于不同音位。

鉴别音位一定要在相同的语音环境中进行,如果被比较的两个音素所处的语音环境不同,其对比就没有什么意义。例如:

(1)[san⁵⁵](三)——[ʂu⁵⁵](书)

(2)[san⁵⁵](三)——[ʂan⁵⁵](山)

例(1)中对比的两个词,其出现环境不同,因此,[san⁵⁵](三)和[ʂu⁵⁵](书)的意义不同不能简单地归结为只是由/s/和/ʂ/来区别的,但是根据例(2)可以确定/s/和/ʂ/是起辨义作用的。因为这两个代表不同意义的词别无其他语音差别,即出现的语音环境相同。这种只涉及一种语音差别的对立体叫"最小对立体"或"最小音差辨义词对"。确定一种语言里的全部音位实际上就是不断寻找最小对立体的过程。

2. 互补

两个语音形式如果不能出现在相同的语音环境里,那么它们就是互补的。互补的语音形式不能起音位辨义作用,因为它们在相同的语境中互相排斥,不会构成最小对立体。如汉语的/a/、/A/、/ɑ/、/ɛ/就是互补的,被汉语社团归并为一个音位来使用。英语的/p/、/pʻ/也是这样被英语社团归并为一个音位使用的。

3. 语音相似

互补的语音形式并非都属于同一个音位,属于同一音位的语音形式,其语音还必须相似。两个语音形式即使处于互补关系,但如果其语音相差太大,人们也不会认为它们属于同一个音位。例如,汉语普通话中/ɕ/与/x/、/f/都是互补的,/ɕ/与/ʂ/、/s/也是互补的,但是它们语音相差太大,也不能归并为一个音位。又如英语中/h/只出现在音节开首,/ŋ/只出现在音节末尾,也是互补的,但由于读音相差太大,也不能归入同一个音位。

(三)音位的分类

音位可以分为音质音位和非音质音位两大类。一般把从音素的音质角度分析归并出来的音位叫作音质音位,因为它占有一个时段,所以也叫音段音位。除了音质以外,音高、音强、音长这些非音质形式也能区别词的语音形式,由这些韵律(音律)形式构成的音位叫作非音质音位。这些非音质音位总是附着在语流中的某一音段(包括音节、音素等)上面,在语音线性序列中不占一个时段,所以也称作超音段音位。非音质音位包括调位、重位和时位。

1. 调位

主要由音高特征构成的音位叫调位,又叫声调。调位是汉藏语系诸语言中区别词的语音形式的重要手段之一。有声调的语言里调位是词的语音结构的一个重要组成部分。同一个音节,只要声调不同,语音形式和意义也就不同。在不同的语言或方言里,调位的多少不一样。汉语普通话里有阴平、阳平、上声和去声4个调位,其他方言里则有3至9个不等。我国西南少数民族语言中声调多到10个以上,如侗语就有15个声调。

2. 重位

主要由音强特征构成的音位叫重位。重音在汉藏语里不很重要,但在英语、俄语等语言里却是一种区别词的语音形式和词义的重要手段。如英语 instinct [inˈstiŋkt](活跃的)、[ˈinstiŋkt](本能),commune[kəmˈjuːn](交谈)、[ˈkɔmjuːn](公社)。构成重位的非音质特征常常不是单一的,而是综合的,以某一特征为主,兼有其他特征,而且不同语言里的情况也不一样。如俄语里构成重位的因素是以音强和音高为主。并且重音位置不同还影响非重读元音的弱化。

3. 时位

由音长特征构成的音位叫时位。长短音的区别主要表现在元音上,在我国广东话和许多少数民族语言里,时位都有区别词的语音形式和意义的作用。例如汉语广东话,[kaːi$^{55}$]街、[kai$^{55}$]鸡、[saːm$^{55}$]三、[sam$^{55}$]心、[maːŋ$^{21}$]盲、[maŋ$^{21}$]盟。英语、德语里也有长短音的区别,不过这种区别常常兼有元音音质的不同。如英语 beat[biːt](打)、bit[bɪt](一些)、feel[fiːl](感觉)、fill[fɪl](装满);又如德语 Ruhm[ruːm](名声)、Rum[rʊm](朗姆酒)。

(四)音位变体

属于同一个音位的不同语音形式,就是这个音位的音位变体。对于音质音位来说,属于同一个音位的不同音质形式(音素),就是这个音质音位的音位变体。对于非音质音位如调位来说,属于同一个调位的不同音高形式就是这个调位的音位变体。如汉语的上声一般音高形式是214,但两个上声音节连读时,前一个上声音节的音高形式就变为35,在非上声前连读时,就变为21。这三种音高形式就是上声的三个音位变体。音位变体一般分为条件变体和自由变体两大类。

1. 条件变体

音位的条件变体是指那些出现条件受环境限制的音位变体,即一个音位的各个变体从不在相同的语音环境中出现,只出现在不同的语音环境下,处于互补分布的状态。例如英语的/p/、/t/、/k/三个辅音音位,出现在/s/后是不送气的,如 spool[spuːl](线轴)、stop[stɔp](停止)、skill[skil](技巧);出现在其他位置时是送气的,如 top[tʻɔp](顶部)、pool[pʻuːl](水池)、kill[kʻil](杀死)。在英语里,送气的/pʻ/、/tʻ/、/kʻ/和不送气的/p/、/t/、/k/没有区别意义的作用,所以这三个辅音音位各有送气和不送气两个音位变体。

北京话/a/音位的四个变体/a/、/ʌ/、/ɑ/、/ɛ/也是条件变体,它们的出现条件各不相同:

| 音位变体 | 出现条件 | 例字 |
|---|---|---|
| /a/ | [_i]、[_n] | 来[lai³⁵]、贪[tʻan⁵⁵] |
| /ʌ/ | 音节末尾 | 他[tʻʌ⁵⁵]、下[ɕiʌ⁵¹] |
| /ɑ/ | [_ʊ]、[_ŋ] | 高[kɑʊ⁵⁵]、汤[tʻɑŋ⁵⁵] |
| /ɛ/ | [i_n]、[y_n] | 天[tʻiɛn⁵⁵]、捐[tɕyɛn⁵⁵] |

非音质音位一般是条件变体，北京话上声调位/214/的三个变体也是条件变体：

| 调位变体 | 出现条件 | 例字 |
|---|---|---|
| [214] | 后面没有其他音节 | 优雅 |
| [35] | 在上声音节前 | 土改 |
| [21] | 在阴平、阳平、去声音节前 | 土堆、土豪、土地 |

2. 自由变体

音位的自由变体是指那些在相同的语音环境中可以无条件地变读的音位变体，即一个音位的各个变体可以自由替换而不会造成意义的改变。北京话的/w/在完全相同的语音环境[ən³⁵]中可以自由变读为双唇半元音[w]和唇齿半元音[ʋ]，例如"文"读成[wən³⁵]或[ʋən³⁵]都不会造成意义的改变，[w]、[ʋ]是/w/的两个自由变体。德语中舌尖颤音/r/和小舌颤音/ʀ/可以自由混读而不改变意义。例如：mir(我，第三格)可以读成[miːr]或[miːʀ]而意义不变。

### 三、语音特征

语音特征是指不同的音素或音位之间相互区别的发音特征。如[t]就是由舌尖前、不送气、塞、清、辅音等发音特征组成的。无论替换其中的哪一个要素，都会得到另一个音素。如果把[t]的舌尖前换为舌根，就得到[k]；把不送气换为送气，就得到[tʻ]；把塞换为擦，就得到[s]。

语音特征可以指音素的发音特征，也可以指音位的区别特征。

(一)音素的发音特征

人类语言中一个音素区别于其他音素的语音特征就是音素的发音特征。人类语言所有音素的具体音值都可以通过对发音器官的活动方式或声学特征的描写加以说明。描写汉语、英语里一些音素的音值常常要用到送气特征、部位特征、闭塞音、鼻音、边音、高位特征、后位特征、圆唇等等，例如[m]的音值可以用"双唇、浊、鼻、辅音"这样一组特征来描写，[u]可用"舌面、后、高、圆唇、元音"来描写。

(二)音位的区别特征

某种具体语言(或方言)中某个音位区别于其他音位的语音特征叫作音位的区别特征。音位之间的对立，总是表现为若干发音特征的对立。例如北京话的/pʻ/音位，以双唇特征区别于/tʻ/、/kʻ/，以闭塞特征区别于/m/，以送气特征区别于/p/,以双唇和送气特征区别于/t/、/k/,以双唇和闭塞特征区别于/ɕ/,等等。这种能区别不同音位的语音特征即为音位的区别特征。

对一种语言来说,有些语音特征能区别不同音位,有些则不能区别不同音位。例如,对英语、俄语、日语来说,浊/清无疑是一对区别特征,因为在这些语言里,浊/清的不同可以构成音位对立。但对有些语言如汉语普通话来说,这种语音的差别不构成音位对立,不是区别特征。送气/不送气这一对特征对汉语普通话来说是区别特征,但在英语里则不是区别特征。

一种语言的非区别特征又叫羡余特征。羡余,是说它仍然是存在的,发音时还是要用到的,只是对于音位系统描写来说不是必需的。找出一种语言的区别特征之后,描写一种语言的语音单位就可以只用区别特征,从而使描写简化。

根据语音的区别特征,一种语言中的音位可以构成各种不同的聚合群,一个聚合群就是具有某一共同特征的类别。各种聚合群可以分属不同的层次,也可以叠合交错。如辅音的聚合和塞音的聚合,就属不同的层次;唇音的聚合和塞音的聚合,就是交错的关系。因此同一个音位可以分属于不同的聚合群。在同一层次的聚合群之间常常存在着相互对应的关系,如汉语普通话中不送气塞音/p/、/t/、/k/以及鼻音/m/、/n/、/ŋ/,在发音部位上都是对应的。这种聚合群之间的层次关系、交错关系和对应关系等等,都表现了语音的系统性。

**思考与练习**

一、如何区别元音和辅音?请分别说明元音和辅音各自分类的情况。

二、什么是音位?举例说明音位的各种类型。

三、音位和音素有什么关系?

四、举例说明什么是音位变体?条件变体和自由变体有什么区别?

五、什么是区别特征?音位的区别特征与音素的发音特征有什么区别和联系?

# 第三节 语音组合

## 一、音节

一种语言中的音位和音位组合在一起成为一种最基本的自然单位,这就是音节。人们可以凭借听觉很容易地把一段语流的发音划分成若干音节。在一个音节内部,哪一种音位在前,哪一种音位在后,在不同的语言里相差是很大的,这就决定了音节结构的音位配列规则。

(一)音节的特征

从发音的角度看,发音器官肌肉紧张一次形成的语音片段即为一个音节,语流中有几次这样的紧张过程就有几个音节。例如,汉语的"中流砥柱"发音时肌肉紧张4次,是4个音节;英语的 indivisibility(不可分性)发音时肌肉紧张7次,为7个音节。

从声学的角度看,一个音强增减过程就是一个音节。发一个音节时,声音的音强都有由弱到强再转弱的过程,发几个音节就有几个这样的过程。

从听感的角度看,音节是人们能够自然感知的最小语音片段。在一连串语音中,相邻音节之间一般都有明显间隔。

(二)音节的结构

一个音节中的音位(音素)可以分成四种构成成分:领音、起首音、收尾音、过渡音。每个音节必有而且只有一个领音,其他三种音节成分则不是每个音节都有的。

领音是音节中最响(开口最大)的音。领音一般由元音充当,没有元音时,也可由浊辅音充当,如[l]、[r]、[m]、[n]、[ŋ]等。如汉语[tai]中的[a],英语 it[it]中的[i],都是领音。

起首音是音节开头的非领音,一般多是辅音或半元音。如汉语[tai]、[iau]中第一个音都是起首音,但[au]这个音节中,[a]不是起首音,而是领音。

收尾音是音节末尾的非领音。如汉语[kan]、[tei]中最后一个音都是收尾音,但[kua]中[a]不是收尾音,而是领音。

过渡音是领音与起首音或收尾音之间的音。如汉语[tian]中的[i]、[tuan]中的[u]就是过渡音,英语 our[aur]中的[u]、price[prais]中的[r]和[i]也都是过渡音。

根据音节构成成分的情况,音节可以分为以下四种类型:

开首开尾音节:无起首音和收尾音。如汉语[a]、[e]、[i]、[o]、[u]、[y]等音节。

开首闭尾音节:无起首音而有收尾音。如汉语[ei]、[au]、[in],英语 is[is]、all[ɔːl]、our[aur]等音节。

闭首开尾音节:有起首音而无收尾音。如汉语[pa]、[ti]、[tie],英语 star[staː]、me[mi]等音节。

闭首闭尾音节:有起首音和收尾音。如汉语[pai]、[tuei],英语 kill[kiːl]、speak[spiːk]等音节。

音节结构也可以从元音和辅音的角度来分析。以元音开头的音节叫开首音节,以辅音开头的音节叫闭首音节;以元音收尾的音节叫开尾音节,以辅音收尾的音节叫闭尾音节。这样,音节也可以分成以下四种类型:

开首开尾音节:音节的开头和收尾都是元音。如[i]、[ia]、[ai]、[ie]、[ei]、[iau]、[uai]等等。

开首闭尾音节:以元音开头,以辅音收尾。如[is]、[an]、[in]、[iːst]、[ian]、

[uen]等等。

闭首开尾音节:以辅音开头,以元音收尾。如[ti]、[la]、[fei]、[tie]、[sta:]、[gri:]、[auə]等等。

闭首闭尾音节:以辅音开头,以辅音收尾。如[tin]、[fan]、[tuan]、[sti:l]、[prais]、[gri:n]等等。

**二、复元音和复辅音**

(一)复元音

同一个音节中相连的几个元音复合而成的一组元音就是复元音。如果在一组语音中,相连的几个元音属于不同的音节,则不是一个复元音。如汉语的音节[tai]、[p'iau]中的韵母都是复元音;[p'i'au](皮袄)中的[i]和[au]分属两个不同的音节,不属一个复元音,只有后一音节的[au]是复元音。一组复元音中,一般只有响度最高的元音(音节中的领音)的发音动作是比较完整的,其他元音的发音动作一般都不大完整,而且几个元音的发音动作是平滑过渡的,而不是跳跃突变的。

复元音一般分二合元音和三合元音两大类,二合元音又分前响二合元音和后响二合元音两小类,三合元音都是中响的。前响二合元音的前一个元音的响度较高,后一个元音的响度较低。如汉语的[ai]、[au]、[ei]、[əu],英语的[ɛə]、[ɔi]、[əu]。后响二合元音的前一个元音的响度较低,后一个元音的响度较高。如汉语的[ia]、[iɛ]、[ua]、[uo]、[yɛ]。中响三合元音的中间一个元音的响度较高,其他元音的响度较低。如汉语的[iau]、[uai]、[uei]。

(二)复辅音

同一个音节中相连的几个辅音复合而成的一组辅音就是复辅音。一个复辅音必须属于同一个音节,如果几个辅音分属不同音节,则不是一个复辅音。如英语 school[sku:l](学校)中的[sk],spring[spriŋ](春天)中的[spr],都是复辅音,但汉语[pantəŋ](板凳)中的[n]和[t]分属两个不同音节,不属复辅音。一般认为,汉语普通话中没有复辅音,塞擦音[ts]、[tɕ]等被看成一个音素。塞擦音发音时,成阻阶段为塞音动作,除阻阶段为擦音动作,只有一个成阻除阻过程,而复辅音则有两个以上的成阻除阻过程。

复辅音也是一个音节内部的音位组合,但复辅音也有不同于复元音的特点,复元音里的几个元音组合成一个有机的整体,是一个统一的发音过程。复元音的音质变化是逐渐过渡的,几个元音由一连串的过渡音串联结在一起,中间没有明确的界限。复辅音则不同,复辅音里的几个辅音并没有像复元音那样一体化,它们各有自己的发音过程。复辅音的音质变化是突变式的,彼此之间没有过渡音来联结,中间有明确的界限,正是因为复辅音与复元音在性质上有所不同,一些学者主张不用"复辅音"这个名称,而改称为"辅音丛"或"辅音群"。

### 三、语音的韵律

语音的韵律是指语音中除音质之外的音高、音长和音强方面的变化,也称音律。韵律形式有两个特点:一是它们永远只能和音质成分同时出现,自身不能单独占据一个时间段;二是它们是一个相对的概念,对韵律特征而言,重要的不是音高、音长和音强方面的绝对值,而是这些方面的相对值,也就是通过与同类特征的对比而存在的音高、音长和音强的变化形式和幅度。

韵律特征在不同语音层次上有不同表现:从音位层次上看,音长的变化可以构成有区别意义作用的"长短音";从音节层次上看,音高的变化可以构成"声调";从音节组合层次上看,音强等因素的变化可以构成轻重音;从语句层次上看,音高、音长、音强等因素的变化可以构成语调。

#### (一)重音和轻音

重音和轻音都是相对于普通读音(中音)来说的,比普通读音读得重的是重音,比普通读音读得轻的是轻音。

重音指音节组合中某个或某些音节中音高、音长、音强等比较突出的现象。重音通常都是由音高、音长、音强等多方面的因素综合在一起来表现的,而不是仅仅同音强的增加有关。一般把主要表现为音强增加的重音称为力重音,把主要表现为音高变化的重音称为乐重音,把主要表现为音长增加的重音称为量重音。实验证明,英语、法语、俄语和其他一些语言的重音都不是以音强的增加为主要特征的。比如英语,总的来说音高和音长对表现重音所起的作用都要比音强大。英语中音高较高的音节比音高较低的音节更容易听成重音,有音高上升或下降变化的音节比没有音高变化的音节更容易听成重音。此外,两个音节的音长相差越大,人们越容易把较长的音节听成重音音节。音强对表现英语的重音虽然也能起一定的作用,但不及音高和音长重要。重音的改变往往会使音质发生一些变化,这种变化对表现重音也起一定的作用。比如,英语中 conduct [ˈkɔndʌkt;kənˈdʌkt],当重音移到第二个音节时,重音的改变使前后两个音节里的元音音质也有所变化。

重音又分为词重音和句重音两种:

词重音是指单词内部某个或某几个音节重读。词重音可以分为固定重音和自由重音两种类型。有的语言中词重音是在词的音节中固定的位置上,这种重音类型是固定重音。如捷克语、拉脱维亚语的重音都是在词的第一个音节上,波兰语都是在词的倒数第二个音节上。法语和我国的维吾尔语都是在词的最后一个音节上。有的语言中词重音所处的位置在不同的词里是不一样的,有的词重音在开头,有的在最后,有的在中间,这种重音类型是自由重音。如俄语、英语和汉语等。

不是所有的词都有词重音,虚词和一些意义比较虚的代词、方位词等一般都没有词重音。例如"在首长的指挥下",其中虚词"在""的"和方位词"下"都是轻读的。这些轻读的词一般附着在重读词语的前面或后面,形成节奏组。节奏组中的重音也称为节奏重音。

句重音是指句子或短语中某个或某些成分比其他成分读得重一些,或称语段重音。句重音一般是在词重音或节奏重音的基础上进一步加强的重音。句重音的作用主要是表现语句的信息焦点,又分语法重音和逻辑重音两种。

语法重音是指根据一般语法规则,某些语法成分一般比其他语法成分读得重一些,又称自然重音。例如,谓语一般比主语读得重一些,宾语或补语(不包括某些代词宾语和趋向、动量补语等)一般比述语读得重一些,定语和状语一般比中心语读得重一些。由于信息焦点一般在句末,因此语法重音一般在句末。例如:"老王明天去上海。"其中"上海"就是语法重音。

逻辑重音是指说话人特意强调某些成分而特别重读,又称强调重音或对比重音。如上例也可以把"老王"或"明天"或"去"作为有意强调的信息焦点特别重读,例如重读"老王",就是强调明天去上海的人是老王而不是别人。

轻音指音节组合中某个音节听上去比较微弱的现象。轻音的特征同音强、音高、音长、音质等方面的变化都有关系,而并非只与音强的减弱有关。实验证明,汉语普通话的轻音主要表现为与重音音节相比,音长大大缩短。同时它还会失去原有的声调,成为一个短降调,音强减弱,音质往往出现弱化和脱落现象。汉语普通话中,两音节组合在一起,大体上分重重型和重轻型两种。如果是重重型,一般是后音节比前音节长;如果是重轻型,一般是后音节比前音节短。轻音音节之所以轻,主要是因为发音时间短、响度低,听起来就轻。

轻音的音高随前面音节的声调而定。如果前面是阴平、阳平、去声这样的高调,它就低一些,例如"妈·妈""月·亮""来·了""去·吧";如果前面是上声这样的低调,它就高一些,如"奶·奶""本·事""走·了""好·吧"。

(二)语调

语调的含义有广义和狭义两种。广义的语调指语句的抑扬顿挫,包括语句的重音、节奏、停顿和句调。狭义的语调指语句中语音高低升降的变化,又称句调。

广义的语调有其本身的结构。语调结构可以分为四个组成部分:调冠(prehead)、调头(head)、调核(nuclea)、调尾(tail)。例如:

He usually reads in the 'eve ning.
调冠　　　调头　　　调核　调尾

调核是指语句中音高、音强或音长最突出的语音成分,位于语句中作为信息焦点的那个词的重读音节上。调核是语调中必不可少的组成部分。调尾是调核后面的音节。调头包括从语调中第一个重读的高调音节开始到调核前的所有音节。调冠包括调头前的所有音节,在无调头的情况下,包括调核前的所有音节。

狭义的语调(句调)主要表示句子的语气。句调贯穿全句,但在句末表现最为明显。一般可分四种类型:平调、升调、降调、曲调。平调是指音高没有明显的高低变化,或句末略有下降,常用来表示平淡、严肃、冷静等陈述语气。升调是指音高由平升高,句尾明显上扬,常用来表示疑问、惊讶、号召等语气。降调是指音高由平下降,句尾明显下抑,常用来表示感叹、请求等语气。曲调是指音高先升后降,或先降后升,常用来表示含蓄、讽刺、怀疑等语气。

### 四、语音的变化

语音的变化一般可以分为两种:共时变化和历时变化。共时变化是指在连续发音时音位受语音环境的影响,发生不同的变化。这种变化又称为语流音变。历时变化是指不同时期语音的变化。共时变化和历时变化不是截然分开的。历时变化常常是共时变化的结果,共时变化常常反映出历时变化的痕迹。本节简要介绍语流音变。

语流音变就是指在连续的语流中某些语音成分受前后语音环境的影响而发生变化的现象。有时说话人由于种种原因调整语音的快慢、高低、强弱,也会造成语音的某种变化。常见的语流音变现象有同化、异化、弱化、脱落、增音等几种类型。

1. 同化

同化是指一个音影响邻近的一个不同的音,使它变成跟自己相同或相近的音。如汉语普通话中"难"[nan$^{35}$]在"免"[mian$^{214}$]前面时,韵尾[n]变为[m],成为"难免"[nam$^{35}$ mian$^{214}$],就是被后面的声母[m]同化为相同的音。再如英语中后缀-s,在清音后面读清音[s],在浊音后面读浊音[z],如 books[buːks]、bows[bauz],就是被前面的音部分同化。

2. 异化

异化是指相同或相近的音组合在一起,其中一个音变成为不相同或不相近的音。如普通话的两个上声相连时,前一个上声(214)要变成 35;两个去声相连时,前一个去声(51)要变成 53。又如中国京族的京语的重叠形式,第一个音节的塞音韵尾一般异化为鼻音,如[vak$^{22}$](明亮),重叠后读为[vaŋ$^{22}$ vak$^{22}$]。

3. 弱化

弱化是指在连续发音时,有些音位的发音变弱的现象。在弱化音节中,元音、辅音都可发生弱化。英语中的非重读音节一般都是弱化音节。元音的弱化常常表现为元音变成央元音或向央元音靠拢,或复元音变为单元音,长元音变为短元音。辅音的弱化一般表现为清辅音变为相应的浊辅音。如汉语"好吧"[xau pa]常常弱读为[xau bə]。英语 desert,意为"沙漠"时读[ˈdezət],意为"遗弃"时读[diˈzəːt];英语中不定冠词 a,重读时读复元音[ei],轻读时读单元音[ə]。汉语中的轻声就是一种弱化音节,其中元音的弱化最为明显。例如:棉花[hua]→[huə],打扮[pan]→[pən],坐下[ɕia]→[ɕiə]。当然汉语的轻声音节本身又是一种声调的弱化,轻声音节失去本来的调型而成为轻且短的音节。

4.脱落

脱落就是指在连续发音时音位减少的现象。元音和辅音甚至整个音节都可以发生脱落。如汉语"我们"[uo mən]→[uom],"豆腐"[təufu]→[təuf],"三个"[sankə]→[sɑ](仨),"两个"[liaŋkə]→[liɑ](俩);英语 what is[wɔt iz]→[wɔts],let us[let əs]→[lets],kindness[kaindnis]→[kainnis]。

5.增音

为了发音方便,在语流中增加原本没有的语音成分,就是增音。如普通话的语气词"啊"[a]一般随着前面音节的不同而读成[na](哪)、[ia](呀)、[ua](哇)、[ŋa](啊)。英语中不定冠词 a 在以元音开头的音节前面要读成 an,增加一个辅音[n];表示复数、所有格或动词单数第三人称的后缀-s,当它前面的音是[s]、[z]、[ʃ]、[ʒ]、[tʃ]、[dʒ]时,就要读成[iz],增加一个元音[i]。

以上介绍的几种语流音变的类型中,同化、异化和增音是由于音位之间的相互作用而形成的。从生理发音机制来讲,同化是为了发音时顺口,增音实际上也是为了顺口,顺口就是省力,异化是避免拗口,同样也是为了省力。弱化和脱落是音位自身的变化,都是为了节省发音用力而形成的。说话时只要能说清楚,就尽量追求省力,省力原则是发生音变的生理因素。

**思考与练习**

一、什么是音节?举例说明音节的构成成分和结构类型。

二、复辅音不同于复元音的特点是什么?

三、塞擦音[ts]等与复辅音的区别是什么?

四、简述韵律特征的特点及其在不同语音层次上的表现。

五、举例说明各种语流音变现象。

**参考资料**

1.[美]J.艾奇逊著,方文惠、郭谷兮译:《现代语言学导论》,福建人民出版社1986年版。

2.[英]R.L.特拉斯克:《语音学和音系学词典》,语文出版社2000年版。

3.[英]R.R.K.哈特曼,F.C.斯托克著,黄长著、林书武、卫志强等译:《语言与语言学词典》,上海辞书出版社1981年版。

4.[英]罗·亨·罗宾斯著,李振麟、胡伟民译:《普通语言学概论》,上海译文出版社1986年版。

5.高名凯、石安石:《语言学概论》,中华书局1963年版。

6.李宇明主编:《理论语言学教程》,华中师范大学出版社1997年版。

7. 刘伶、黄智显、陈秀珠主编:《语言学概要》,北京师范大学出版社1984年版。

8. 马学良主编:《语言学概论》,华中理工大学出版社1985年版。

9. 倪立民、施建基、黄顺刚等编著:《语言学概论》,浙江大学出版社1988年版。

10. 王洪君:《汉语非线性音系学》,北京大学出版社1999年版。

11. 王理嘉:《音系学基础》,语文出版社1991年版。

12. 伍铁平主编:《普通语言学概要》,高等教育出版社1993年版。

13. 邢公畹主编:《语言学概论》,语文出版社1992年版。

14. 叶蜚声、徐通锵:《语言学纲要》,北京大学出版社1981年版。

15. 余志鸿、黄国营主编:《语言学概论》,山西高校联合出版社1994年版。

# 第三章 语义学

**【学习提示】** 本章介绍了语义学的主要内容和语义分析方法。本章需要重点掌握的内容有：第一节，语言的意义理论、语义的性质和类型；第二节，义素分析的方法和模式；第三节，语义场的性质和类型、语义的纵聚合关系和横聚合关系；第四节，述谓结构的分析、述谓结构的类型、语义指向分析。对于这些重点内容，要求有比较细致的了解。除了要求掌握各种重要概念及其分类，掌握各种理论的要点并能够结合实例说明各种理论问题，还要求熟练地掌握语义分析的方法，主要包括语义类型的分析、义素分析、语义场的分析和述谓结构、语义指向的分析。

## 第一节 语义和语义学

### 一、语义是什么

语义就是语言的意义，是语言形式所表达的内容。语义反映人们对客观事物现象的认识，这种认识用语言形式表现出来就是语义。因此，语义与客观世界、主观世界、语言世界都有密切的联系。所谓"语言世界"，是由语言系统、言语活动和言语作品构筑起来的世界。如一种语言的语汇系统就构筑了人们对世界的分类体系；各种媒体对西方或东方各国的报道，也构筑了各种不同的语言世界——西方世界和东方世界；《三国演义》《西游记》等文学作品就分别构筑了一个历史世界和一个神话世界。语义本身是语言世界的构成部分，具体话语的语义是直接由话语形式表现出来的，人们头脑中储存的语义或者词典中记录的语义，都是从言语活动和言语作品中分析概括出来的。但它反映人们的主观世界（对世界的认识），而主观世界又是对客观世界的反映，所以语义通过主观世界间接地反映客观世界。反映者与被反映者总是既有一致的一面，又有不一致的一面。

语义是语言系统中最复杂的要素，不同的人对语义的认识很不相同，围绕着语言的意义是什么的问题，许多学者提出了不同的意义理论，这里只介绍几种影响最大、最有代表性的意义理论。

### (一) 指称论

指称论把词语的意义与词语指称的对象等同起来(朴素指称论),或者认为词语的意义就是词语与其所指事物的关系(精致指称论)。这是源于柏拉图的古代哲学的传统看法。指称论有许多缺陷:第一,词语的意义不具备词语所指对象的性质。如"苹果"这种事物具有可以食用的性质,我们可以吃"苹果"一词所指对象,但不能吃"苹果"一词的意义。第二,并非所有的词语都有所指对象,许多表示虚概念的词语在客观世界里并不存在指称的对象,如"孙悟空""金山""飞马"等等,但这些词语都有意义。可见意义不等于所指对象。第三,同一个词语在不同场合可以指不同的对象,但词语的意义并不因此而不同。如"他""老师""儿子"都可在不同的场合指不同的人。第四,不同的词语可以指相同的对象,但意义显然不同。如"鲁迅"和"《阿Q正传》的作者","启明星"和"长庚星"所指对象相同,但意义显然不同。所以现在没有人坚持指称论的观点。但是在很多论著中,还是常常可以看到有人将词语的意义和指称对象混为一谈。

### (二) 观念论

关于语言意义的另一种具有代表性的理论就是观念论。观念论认为词语的意义就是词语所表示的观念。观念论的经典表述是17世纪的哲学家约翰·洛克(John Locke)提出的。他在《人类理解论》第3卷第2章第1节中说:"词语的功用就在于能明晰地标记出各种观念(ideas);并且,它们所代表的那些观念便是它们所固有的和直接的意义。"观念论不把意义看成一种客观实体,克服了指称论的一些弊端。但观念论本身又有不少问题。

"观念"本身是很抽象的,需要进一步说明,但是难以说明。洛克本人意识到观念的含义比较空泛,试图作出比较明确的解释,把观念说成是在意识中通过内省而可区别的东西,即"感觉和精神意象"(mental image)。但是,只要将观念的含义解释得具体一点、明确一点,就会与语言事实对不上号。原因如下:第一,许多意义比较抽象的词语无法在说话人或听话人心中产生什么意象。如介词"当""处于""为了""因为",名词"过程""性质""矛盾",动词"是""变得""担任",形容词"好""重""容易""深刻",等等,都无法和某种意象相对应。第二,即使是那些能够引起意象的词语,不同的人在心中引起的意象是很不相同的,如张三说"动物"时,头脑中出现的意象是一条狗,而李四头脑中出现的意象却是一头牛。第三,意义很不相同的词语,在人们头脑中可能引起相同的意象。如"猎狗""狗""哺乳动物""动物"等词,都可能引起同一个意象:一条猎狗。第四,观念是属于主观精神世界的东西,是看不见摸不着的,如果不通过某种形式表现出来,别人是无法了解的。

观念论的根本问题在于:观念本身属于主观精神世界,而语义本身属于语言世界,语义反映观念,但不等于观念,就像人的照片反映人的相貌,但照片不等于人的相貌。

（三）用法论

用法论认为词语的意义就是词语的用法。用法论是现代语言哲学的开创者之一维特根斯坦(L. Wittgenstein)提出来的。维特根斯坦认为："一个词的意义就是它在语言中的使用。"[①]语言中的词语，就如象棋中的一个棋子，我们不会问这个棋子的意义是什么，只会问这个棋子怎么个走法。同样，不要问这个词语的意义是什么，只要问这个词语怎样使用。

维特根斯坦的用法论比较符合语言学习和语言运用的实际情况，只要观察一下儿童学习语言的情况、一般人运用语言的情况和人们研究古代语言的情况、学习外语的情况，就可以看出，人们对词语意义的了解，就是通过对词语用法的观察得来的。意义使用说比以前的指称说、观念说等具有更强的解释力，前面所说的指称论、观念论存在的问题，用法论都可以解决。不是任何词语都有指称对象或表示某种观念，但任何词语都有它的用法。所以用法说能解释任何词语的意义，其他说法都不能做到这一点。正因为如此，用法论成为当代影响最大的意义理论。

但是用法论也不是没有问题。首先，用法是什么，也需要对其作进一步说明。根据维特根斯坦所举的象棋的例子来看，所谓词语的用法，就是指词语的使用规则。但是他在其他地方又把词语的使用规则说成是语法。他还说："语言和实在之间的联系是由词的定义造成的，这些定义属于语法，因此语言是自足和自立的。"[②]这显然把词语的意义与语法混为一谈了。此外，他认为语言的意义不需要通过实在（客观世界）或思维（主观世界）来解释，只需要在语言世界内部解释，即所谓语言是自足的。这种观点具有片面性。其次，用法或使用规则能否跟意义画等号，这很值得怀疑。词语的用法或使用规则受很多因素的影响，如音节的多少会影响词语的用法。例如"父亲"和"父"，"母亲"和"母"用法就有所不同。"父亲（和）母亲""母亲（和）父亲"都可以说，但只能说"父母"，不能说"母父"。同时又很难说"父亲"和"父"，"母亲"和"母"的意义不同。又如能说"进行调查"，不能说"进行查"，"调查"和"查"这种用法上的区别是否跟意义有关？此外，思维规律、社会文化因素等都会对词语的用法有所制约，例如只能说"大小""金银""酒菜"，不能说"小大""银金""菜酒"。这些用法差异是否都跟词语本身的意义有关，这是值得怀疑的。哪些用法跟意义有关，哪些用法跟意义无关，需要作进一步探讨。

总之，语义是什么这个问题十分复杂，要搞清这个问题，必须对语义的性质

---

[①] 维特根斯坦著，李步楼译：《哲学研究》，商务印书馆2005年版，第31页。
[②] 转引自穆尼茨：《当代分析哲学》，复旦大学出版社1986年版，第353页。

和类型作深入细致的探讨。

### 二、语义的性质

语义具有多方面的性质,而且各种性质相互关联,往往形成某种对立统一关系。这里只讨论几种最基本的性质。

#### (一)语义的客观性和主观性

语义既有一定的客观性,又有一定的主观性。语义作为人们对客观事物的认识的反映,最终来源于客观事物现象,因此,语义具有一定的客观性。表示实有事物现象的词语,如"树""猫""小""胖""喝""笑"等,其语义直接反映了客观事物现象的特征;即使是那些表示虚构事物现象的词语,如"金山""飞马""地狱""凤凰""猪八戒"等,其语义也间接地、曲折地反映了客观世界。这些词语所表示的对象在客观世界虽然并不存在,但仍然是客观世界在人们头脑中的移花接木式的反映。

但是,人们对客观事物的认识,并不等于客观事物本身,而属于主观世界。由于人们的认识能力、认识角度等各方面的影响,人们对客观事物的认识,不可能与客观事物完全同一,总会有或多或少的差异。所以,语义具有一定的主观性,它只能在一定程度上反映客观事物的特征。表示虚构事物的词语,如"天堂""地狱"等,表示抽象观念的词语,如"民主""幸福""恨""美"等,其语义的主观性显而易见。即使是表示具体事物的词语,也具有一定的主观性。如"人"的语义反映了人们对自己的认识,但人们对自己的认识还是远远不够的,甚至目前难以给"人"下一个完善的定义。又如,随着科学技术的发展,人们对"鲸鱼""男""女""死亡"等词语的意义都有新的认识,但也很难说这种认识就不可能再改变了。推而广之,人们对其他事物的认识,自然也不可能达到认识的终点。

从语言交际的角度来看,语义也具有客观性和主观性。人们对词语意义的理解,不能随心所欲,而要受制于社会惯例。这种惯例是通过人们的言语交际活动和言语作品表现的,而这些言语交际活动和言语作品是具体可感的客观存在物。这是语义客观性的表现。可是人们从客观存在的言语活动和言语作品中抽象出词语的意义时,又不可避免地会打上主观的烙印。不同的人对同一词语的理解,往往会有所不同,这是语义主观性的表现。总之,语义存在于言语活动和言语作品中时,是客观存在物;语义贮存在人们头脑中时,是主观存在物,言语交际活动就是语义由主观变成客观(表达)和由客观变成主观(理解)的循环过程。

#### (二)语义的概括性和具体性

语义既有概括性,又有具体性。语义所反映的人们对事物的认识,是一种概括的认识,词语的意义概括了它所指的各个具体对象的共同特征。不仅表示普通概念的词语,如"人""水""跑""哭""胖""短"等,其语义具有概括性,即使是专有名词,如"陈景润""武汉""长江"等,也具有概括性,它们概括了所指对象不同时期、各个方面的共同特征。如"人"概括了各种各样的人的共同特征,既包括男人和女人,也包括中国人和外国人;"陈景润"既包括3岁的陈景润、40岁的陈景润,也包括作为数学家的陈景润,还包括作为丈夫、父亲的陈景润。

但是,语义作为人们言语交际的内容,在具体话语中,又是比较具体的。在具体话语中,"人"一般总是指特定的人,"车"一般总是指特定的车。"她都30多岁了,还没找到合适的人。"这里的"人"就是指结婚对象,而不是指一般的人。"这张桌子要两个人抬。"其中的"人"显然不包括3岁的小孩,也不包括瘫痪病人。"这个人简直不是人。"这里前后两个"人"的意思显然不同。

人们在运用词语时,往往也要经历从具体到概括,又从概括到具体的转化过程。人们最初理解一个词语的语义时,一般是先理解具体话语中的具体意义,然后从大量的具体意义中抽象出概括意义,并贮存在头脑中。说话人在运用词语表达思想时,又要将头脑中的概括意义转化为具体意义。听话人在理解具体话语中的语义时,也要将具体话语中的具体意义与头脑中贮存的概括意义进行互参,然后将具体意义纳入相应的概括意义中,或者建立新的语义单位,并在头脑中贮存起来。

(三)语义的稳固性和变异性

语义要有一定的稳固性,也要有一定的变异性。为了保证交际顺利进行,语义必须具有一定的稳固性。如果语义可以任意改变,那么必然会妨碍交际。因此个人在使用词语时不能随意改变其意义。秦朝赵高虽然倚仗权势指鹿为马,但是几千年过去了,鹿还是叫鹿,马还是叫马。

同时,语义又必然具有一定的变异性。因为语义是反映人们对客观事物的认识的,而客观事物总是在不断地变化,所以人们的认识也在不断地变化。为了适应交际的需要,语义必然要随着客观事物的变化和人的认识的变化而发生相应的变化。旧的事物现象的消失,新的事物现象的产生,人的认识的改变,都会造成语义的变化。对于新事物、新概念,自然可以创造新词来表示,但这并非唯一的或最好的办法。新词不断增加,会加重人们记忆的负担。为了解决这个矛盾,可以用旧的形式表示新的意义,这就造成了语义的改变。由于词语的新义一般与原有意义有某种联系,因此比创造新词容易理解和记忆。如"钱",本是指古代的一种类似铁铲的农具,后来又指一种金属货币,因为当时的这种货币形状像"钱"这种农具。

此外,人们为了提高交际效果,往往会运用比喻、借代等修辞手法,有意临时改变词语的意义。有些修辞用法表达效果很好,大家经常使用,就会使这种临时的修辞意义逐步固定下来,成为固定的语汇意义,这也造成了语义的改变。如"包袱"本指包东西的布和用布包起来的包儿,后来人们常用来比喻生活负担或精神负担,并逐步固定为语汇意义了。又如"朋友"最初用来指恋爱对象只是一种临时采用的委婉说法,后来大家经常采用这种说法,就逐步固定为语汇意义了。

语义的历史变化,一般都经历了由临时意义到固定意义的逐步演化过程。由于这种临时的语义变化遵循一定的语用规律,并且有特定的语境帮助,因此不仅不会妨碍交际,反而会提高交际效果。这种临时的语义变化如果经常为人们所采用,就会逐步固定下来,形成语义的历史变化。

**三、语义的类型**

语义包括词语的意义和句子的意义。句子的意义以后再专门论述,这里主要讲词语的意义。

词语的意义首先可分成语言意义和言语意义两大类。语言意义是词语在语言系统中的概括的、一般的、固有的意义。它们贮存在人们头脑中,或记录在词典里。言语意义是词语在言语交际中的具体的、特殊的、临时的意义。言语意义一般是语用学研究的对象,这里暂不多说。

语言意义又可分成语汇意义和语法意义两大类。语汇意义是词语在语汇系统中的独立的意义,语法意义是词语在语法系统中的关系意义或功能意义等。语法意义一般是语法学研究的对象,这里也不多说。下面只谈语汇意义。

语汇意义一般分为概念意义和附加意义两大类。

(一)概念意义

概念意义,又称理性意义、指称意义等,反映人们对所指对象的区别性特征的概括认识。如"单身汉"的概念意义就是"没有妻子或者没有跟妻子一起生活的男人","卖"的概念意义就是"用东西换钱"。概念意义的作用是区别不同的事物现象,它反映所指对象的共同特征以及与其他事物现象的区别。人们正是通过词语的概念意义来区别不同的事物现象的。由于词语的主要作用就是区别不同的事物现象,因此,概念意义是词语的主要意义。一般实词都有概念意义,只有少数叹词、象声词、语气词等虚词没有概念意义。概念意义可以从不同的角度进一步分成若干小类。

1.通俗意义和专门意义

人们对事物的认识有深有浅,因此概念意义也有深浅不同的两种类型。一种类型可称为通俗意义,一种类型可称为专门意义。

通俗意义反映一般人对所指对象的一般性特征的认识,往往只反映事物外部的非本质特征,比较肤浅、模糊。例如一般人对"男性"和"女性"的认识,主要体现在外貌、声音甚至只是穿着打扮这些外部特征上。又如"糖""盐",一般人只理解为产生甜味、咸味的调味品;"红""蓝",一般人只知道像某某东西的颜色。

专门意义反映具备某种专门知识的人对所指对象的特殊认识,往往反映事物内部的本质特征,比较深刻、明确。如具备生理学知识的人知道"男性"和"女性"的本质区别是性染色体不同,具备化学知识的人知道"糖"和"盐"的化学性质,具备光学知识的人知道"红""蓝"的光学特征。

通俗意义在人们的日常生活中被广泛使用,专门意义一般只用于特定的学科领域。很多词语都有通俗意义和专门意义的区别。一般来说,如果一个词语既是某个学科专业的术语,又是日常语言中的词语,就会有通俗意义与专门意义的区别,如"文化""电""直线"等等。有些词语的通俗意义与专门意义的所指对象基本一致,如"男""女""金""银""红""绿"等等,这时通俗意义和专门意义属于同一个义项。有些词语的通俗意义与专门意义所指对象有较大区别,如"物质"作为哲学术语的所指对象比作为通俗词语的所指对象范围要广得多。其他如"盐""文化""电"等也与此类似。这类词语的通俗意义和专门意义,在词典中一般作为不同的义项处理。还有一些词语在专门意义的基础上派生出新的通俗意义,如"亮相""感染""跑龙套""走过场"等等。

当然,并不是所有的词语都有通俗意义与专门意义的区别,有些词语没有专门意义,如"桌子""椅子""哭""高";有些词语没有通俗意义,如"方程""函数""通分""约分"。

区别通俗意义和专门意义很有必要。例如一个没什么文化的老太太,很可能只知道"盐"(食盐)的通俗意义——做菜时使菜有咸味的调味品,而不知道"盐"的专门意义——氯化钠。如果认为只有了解了"盐"的意义是氯化钠才算了解了"盐"的意义,那就意味着老太太不了解"盐"的意义。这显然说不通。即使是有文化的人,知道"盐"的本质特征是氯化钠,在日常生活中一般也不可能根据这种本质属性去区别"盐",而是跟老太太一样,根据非本质特征(通俗意义)来区别"盐"。一般人在日常交际中只能根据通俗意义而不是专门意义来区别事物现象,如日常生活中一般人不可能根据染色体区别男女。如果说只有反映词语所指事物本质特征的专门意义才算词语的概念意义,不反映本质特征的通俗意义不能算概念意义,那就意味着一般人都不知道这些词语的概念意义,在日常交际中也不会使用这些词语的概念意义。这显然说不通。

2. 认知意义和指称意义

概念有内涵和外延两个方面,因此概念意义又可分认知意义和指称意义两个方面。认知意义反映概念的内涵,表示概念所指对象的区别性特征;指称意义反映概念的外延,表示所指对象的范围和类型。如"人"的内涵是"能制造并使用工具进行劳动的高等动物",外延是男女老少、古今中外所有的人。"笔"的内涵是"写字画图的工具",外延是"毛笔""钢笔""铅笔""粉笔"等等。一般来说,概念的内涵是根据概念的外延概括出来的;反过来,概念的内涵又是人们判断某对象是否属于概念所指范围的依据。一般概念既有内涵又有外延,但是有些虚概念只有内涵没有外延,如"金山""飞马""最大的自然数"等词语表示的概念都有内涵,但在客观世界中没有所指对象。有些词语指称的对象相同,但反映不同的内涵,如"周树人""鲁迅""《阿Q正传》的作者""周海婴的父亲"都是指同一个人,但分别反映了同一对象不同方面的特征。正因为概念意义有认知意义和指称意义的区别,所以,"等边三角形都是等角三角形"是很有意义的语句,因为这句话反映了同一对象的不同方面的特征;而"等边三角形都是等边三角形"则是没有意义的废话。

(二)附加意义

附加意义是词语所体现的各种联想意义或色彩意味。主要包括以下几种类型:

1. 评价意义

评价意义是词语所反映出来的说话人对所指对象的肯定或否定的感情态度。评价意义又可分为两种:一种是显性评价意义,一种是隐性评价意义。

显性评价意义,又称感情意义或感情色彩,反映说话人对所指对象的明显褒贬态度,大体上分褒义和贬义两种。凡是表示说话人对所指对象的赞扬、喜爱、尊重、亲切等感情态度的,就是褒义,如"聪明""顽强""请问""好走""先生"等等;凡是表示说话人对所指对象的贬抑、厌恶、轻蔑、疏远等感情态度的,就是贬义,如"狡猾""顽固""质问""滚蛋"等等。

隐性评价意义,又称含蓄意义或内涵意义,是说话人对所指对象的委婉含蓄的评价,也反映人们对所指对象的非本质的偶有性质的主观认识。如"男人"常常意味着坚强、勇敢、有气度、有主见等,如人们常说"他哪儿像个男人!"这不是对某人性别的怀疑,而是说某人缺乏男人应有的坚强、勇敢等品质。又如"老实"有时意味着不聪明、呆板、懦弱等,说某人"太老实",往往是指太笨、太懦弱。

显性评价意义的褒贬态度十分明显,如说某人"笨",任何人都知道是贬义。隐性评价意义的褒贬态度比较委婉含蓄,常常含有多义性,往往依赖于语境。如说某人"老实",比直接说他"笨"要委婉得多,而且不一定总是指他笨,也可能是指他忠实可靠、踏实肯干等。"男人"有时又意味着粗心倔强、缺乏温柔、用情不专等,"女人"有时又意味着细心随和、温柔体贴、专情忠贞等。隐性评价意义虽然对语境有一定的依赖性,但同时与所指对象也有联系,往往反映所指对象的倾向性特征,并有一定的稳定性,所以仍属语汇意义范畴。

2. 形象意义

形象意义,又称形象色彩,是由造词理据反映的人们对事物视觉形象或听觉形象的联想。用摹状、拟声造词法造的词,一般都有明显的形象意义,如"鹅卵石""麻花""鼠标""桃红""天蓝""冷冰冰""笑嘻嘻""席卷""囊括""知了""蝈蝈儿""布谷鸟""乒乓球""克朗棋""呼啦圈""哗哗""噼啪"等等,都能引起人们对某种事物的视觉形象或听觉形象的联想。

## 3. 文化意义

文化意义，又称文化色彩，是由造词理据反映的人们对相关事物的社会文化背景和意趣情调的联想。包含文化意义的词语主要有以下三类：

第一类是人名、地名、机构名、店名、品牌等专有名称。人名如"猪八戒""闰土""鲍参军""韩昌黎""李援朝""周建国"，地名如"香港""天津""武昌""南宁""银川""徐家棚""黄鹤楼""三民路""首义路""戈甲营"，机构名如"清华大学""复旦大学""同济医院""协和医院"，店名如"秦淮人家""悦来客栈""会宾楼""同仁堂""文渊阁"，品牌名如"娃哈哈""海飞丝""万家乐""光明""美的""稻香村"。这些专有名称充分反映了命名的社会文化背景、思想意识和情趣格调。

第二类是成语典故之类的词语，如"破釜沉舟""守株待兔""指鹿为马""胸有成竹""莫须有""一字师""矛盾""推敲""琢磨""染指""杜撰""赋闲"等。这类词语负载着历史文化信息，能引起人们对有关历史文化背景的联想。

第三类是外来词语，如"巴士""镭射""沙龙""酒吧""扎啤""咖啡""汉堡包""朱古力""榻榻米""迪斯科""托拉斯""罗曼蒂克"等等。这类音译或半音译的外来词语，带有异域文化色彩。

此外，一些表示动植物名称、颜色、数字等的词，也有特定的象征意义或联想意义，这种象征意义或联想意义也属于文化意义。

## 4. 语体意义

语体意义，又称语体色彩或风格意义，是某些词语由于常常用于某种特定的语体而形成的某种风格色彩。一般分口语风格和书面语风格两大类。

口语风格一般显得通俗、活泼、亲切，如"爸爸""老婆""汉子""老天爷""合计""掂量""碰头""小气""体面""利索"等等。方言词语一般都带有口语色彩，如"婆娘""电驴""日头""闹热""埋汰""清爽（武汉方言指漂亮）""裹筋（武汉方言指麻烦，啰唆）"等等。这些方言词语在本方言中都是十分通俗活泼的，带有鲜明的口语色彩。

书面语风格一般显得庄重、文雅，如"父亲""妻子""男子""苍天""商议""思索""会晤""吝啬""美丽""敏捷"等等。这些都是通用的书面语。此外，还有一些词语是属于某种专门语体的，如"头颅""孩提""寂寥"一般用于文艺语体，"参数""方程""通分"一般用于科技语体。

## 四、语义单位

### （一）义项

义项，又称义位，是由语汇形式表示的、独立的、概括的、固定的语义单位。具体地说，义项具有以下基本性质：

第一，义项是由语汇形式表示的。语汇形式包括语素、词和固定短语。一个语汇形式表示的一种意义，就是一个义项。义项多指词的意义，但语素和固定短语的意义,一般也看作义项。一般所说的单义词、多义词,就是指有一个义项的词和有多个义项的词,多义词的每一种意义都是一个义项。但一般短语表示的意义就不是一个义项,而是若干义项的组合。如"醋坛子"有两种意义,一是装醋的坛子,二是指在男女关系上嫉妒心很强的人。第一种意义就不是一个义项,而是两个义项的组合,即"醋"的意义和"坛子"的意义的简单组合;第二种意义就是一个义项,只有一个整体意义,这个整体意义无法分析为"醋"的意义和"坛子"的意义的简单组合。

第二,义项是能独立运用的语义单位。无论是单义词还是多义词,每一个义项都能独立运用。义项不仅包括概念意义,还包括附着在概念意义上的各种附加意义。附加意义一般不能独立运用,而是和概念意义一起使用,因此附着在概念意义上的附加意义不是独立的义项,而是和概念意义一起构成义项。如"顽强"的概念意义是意志坚强、不屈服,附加意义是褒义,只是一个义项。

不过,有少数词不表示概念意义,只表示感情意义或语法意义等,如叹词"啊""哟""呸"等只表示感情意义,助词"着""了""过",语气词"呢""吗""吧"等只表示语法意义,但这些词的感情意义或语法意义都是能独立运用的,因此都是独立的义项。

第三,义项是概括的固定的语义单位。义项是从词语的各种用法中概括出来的一般的、固有的、概括的意义,不包括在特定的语言环境中的特殊的、临时的、具体的意义。如"笔"在具体的语言环境中,有时指钢笔,有时指毛笔,有时指铅笔,但这些意义都是具体意义,可以概括为一个义项,即写字画图的工具,而不能说"笔"有钢笔、铅笔等不同的义项。又如:"她丈夫死了几年了,她还没找个人。"这里的"人"是指丈夫,但这种意义只是特定语境中的临时意义,不能算一个义项。再如:"没想到他这个瘦猴子还挺有劲儿呢!"这里"猴子"指长得很瘦的人。但这种意义只是特殊的修辞意义,也不能算一个义项。再如做女婿的常叫岳父为"爸爸",有时还跟着子女叫"外公"。但这也只是特殊的修辞意义,也不能说"爸爸""外公"有岳父这个义项。

(二)义素

义素是构成义项的语义成分,是从一组相关的词语中抽象出来的区别性语义特征,又叫语义成分、语义特征、语义标示、语义原子等等。

传统语言学分析词语的意义,一般到义项为止,现代语言学则进一步把义项分析为若干义素的组合。如"男人"这个义项可以分析为[男性、成年、人]。其中[男性]、[成年]、[人]就是三个义素(方括号[ ]是义素的标记),这三个义素组合起来,就构成"男人"这个义项。

义素是通过一组相关词语的比较而分析出来的相互区别的语义特征。如"男人"的三个义素,就是通过"男人"与"女人""男孩""女孩"相互比较而分析出来的,其中[男性]这个义素是"男人""男孩"与"女人""女孩"相互区别的语义特征,[成年]是"男人""女人"与"男孩""女孩"相互区别的语义特征,[人]则是这些词共同的语义特征,又是它们与"公牛"等词语相互区别的特征。

义素是一种没有特定语音形式的抽象的意义单位。义素不与任何特定的语音形式相联系。如"男人"的义素[成年],与"男人"的语音形式无关。[男性]似乎与"男人"的语音形式"男"有关,但这只是偶然的巧合,很多词语都包含[男性]这个义素,如"丈夫""父亲""先生"等,而这些词语的语音形式都与"男"无关。所以,义素不等于语素的意义,语素的意义是与语素的语音形式相联系的。英语等拼音文字的语言,为了使义素区别于语素或词,一般用全部大写的形式拼写义素。如英语用 ADULT 表示义素[成年],区别于一般词 adult。汉语没有大小写的区别,所以一般用[ ]表示义素。

(三)义丛

义丛是指由一般短语表示的语义单位,是由若干义项组合而成的。有些短语不止一种意义,每一种意义就是一个义丛。如"烤羊肉串"有两种意思,一是指把羊肉串烤熟,二是指烤熟的羊肉串。这两种意义就是两个义丛。

义丛是由义项按一定组合关系组合起来的。所以义丛的意义等于其构成成分词的义项加上特定的语义组合关系。如"吃苹果"的意义就等于"吃"的意义、"苹果"的意义加上"动作—受事"的语义关系。固定短语的意义一般不是其成分意义的简单组合,而是一个整体意义。所以固定短语的意义是一个义项,而不是义丛。如"走后门"作为一般短语的意义是从后门走,这种意义就是一个义丛;作为固定短语的意义是通过托情、行贿等不正当手段达到某种目的,这种意义就是一个义项,而不是一个义丛。

义丛一般指不成句的短语表示的意义,成句的短语就是句子,而句子的意义一般不叫义丛,而叫表述。如"小王来了"单独成句,其意义不是义丛,而是一个表述;而"我知道小王来了"其中"小王来了"不单独成句,其意义是一个义丛。

(四)表述

表述是指由句子表示的语义单位,也叫句义。一个句子表示的一种意义就是一个表述。有些句子可以表示几种不同的意义,每一种意义就是一个表述。如"小李借了他五块钱",这个句子有两种意思,一是"小李向他借了五块钱",二是"小李借给他五块钱"。所以这个句子有两个不同的表述。

一个句子如果变成另一个句子的一部分,就不再是一个句子了,那么它的意义也就不再是一个表述,而是一个义丛了。如"我不知道小李借了他五块钱的事",其中"小李借了他五块钱"不再是一个句子,而是一个短语了,其意义也就不再是一个表述,而是一个义丛了。

**五、语义学**

**（一）语义学及其发展**

语义学是研究语言意义的学科，它主要研究语义的各种性质、类型，研究语义关系、语义的内部结构和组合规则，以及语义的形成和演变，等等。语义学不仅仅是语言学的分支学科，许多其他学科，如哲学、逻辑学、心理学、人类学、符号学等等，也非常关心语义问题，而且对语义学的形成和发展作出了重要贡献。所以，广义的语义学实际上是跨学科的综合性学科。

语义学是一门既古老又年轻的学科。几千年前，人们就开始了对语义的研究，但是，语义学作为一门系统独立的学科，只有几十年的历史。20世纪以前的传统语言学和历史比较语言学，对语义的研究只是零碎的、不成系统的，重点在于研究词语的历史演变，如词义的扩大、缩小和转移等等。语义研究也没有形成独立的学科，语义学的部分内容，如词的意义，是放在语汇学等其他学科中的。在结构主义时期，语义问题也未受到普遍的重视，直到20世纪50年代，以义素分析和语义场理论的产生为标志，语义学才成为一门相对独立的学科。但在语义学形成的初期，语义学并没有受到语言学界的普遍重视，不仅结构主义学派不重视语义问题，而且转换生成学派在初期也不重视语义问题。从20世纪60年代开始，语义学的影响逐步扩大，语义学的地位显得越来越重要，现在已成为与语法学、语音学鼎足而立的三大主要分支学科。语义学在发展过程中还形成了一些理论流派，如结构语义学、解释语义学、生成语义学、形式语义学、功能语义学、蒙太古语义学等。

**（二）语义学的分支**

作为综合性学科的广义语义学，主要包括三大分支：一是语言学的语义学，即狭义语义学，主要研究语言的语义系统、语义的聚合关系和组合关系，以及语义变化等；二是哲学的语义学，即哲学语义学或语义哲学，主要研究什么是意义的问题，研究意义与指称、实在、思维、内涵、外延等的关系，以及如何证明句子意义的真实性等问题；三是逻辑学的语义学，即逻辑语义学，主要研究语义的真值条件，研究语义的形式化、符号化，研究命题的逻辑演算问题。这三大分支之间相互影响，相互渗透，没有十分明确的界限。作为语言学分支的狭义语义学，实际上吸收了哲学语义学、逻辑语义学的许多理论方法。如关于语言的意义理论、语义的性质，主要吸收了语义哲学的成果；关于语义的组合，主要吸收了逻辑语义学的成果。

作为语言学分支的狭义语义学，大体上可以分为语汇语义学和句法语义学两大分支。语汇语义学主要研究语汇单位的语义问题，研究词语的语义结构和语义聚合关系，以及语义的发展演变。句法语义学主要研究句子的语义构造和语义组合关系，以及句子之间的意义联系。此外，有人还把对言语意义的研究也包括在语义学之内,可以称为语用语义学。不过,这些内容一般放在语用学中。

**思考与练习**

一、主要的意义理论有哪几种?各种理论存在哪些问题?

二、表示文学作品中虚构的人物的词语,如"骆驼祥子""祥林嫂"等,其意义有没有客观性?只表示语法意义的虚词,如"和""从""的""了"等,其意义有没有客观性?

三、把概念意义区分为通俗意义和专门意义两种有什么意义?

四、举例说明评价意义和文化意义。

五、举例说明各级语义单位及其相互关系。

## 第二节 义素分析

义素分析就是把词语的义项分析为若干义素的组合。义素分析法是人类学家最早使用的。20世纪50年代,美国的一些人类学家在调查一些少数民族的民族文化时,发现其亲属称谓比较特殊,很难用英语来翻译。于是他们将一种语言中的全部亲属词语拿来相互比较,找出各个词语相互区别的语义特征,系统地描述这些词语意义的异同。到20世纪60年代,这种方法被语言学家所采用,并且推广到对其他词语的语义分析。

义素分析作为一种新的语义分析方法,不仅在语义学中得到普遍采用,而且也在语法学中得到广泛的使用。义素分析法不仅可以用于分析词语的概念意义,还可用于分析词语的附加意义和语法意义。不过,相比之下,对概念意义的分析要相对成熟一些。这里主要谈对概念意义的分析。

**一、义素分析的原则**

对词语的概念意义进行分析,就是揭示概念的内涵,给词语下定义。义素分析与一般定义相比,既有共性,也有个性。一般定义只解释个别词语的意义,而义素分析则往往分析一组相关的词语,系统地分析词语的意义。作为一种特殊的定义方式,义素分析不仅要遵守定义的原则,还要有自己的一些原则,其基本原则可以概括为以下三条:

(一)对等性原则

与一般定义一样,义素分析的结果必须与义项的意义相等,所指范围不能过宽或过窄。如"男人"若分析为[男性、人],所指范围就过宽,不能区别于"男孩";"火车"若分析为[用火力推动、在铁轨上运行、挂多节车厢、车],所指范围就过窄,因为用电力推动的火车未能包括在内。

(二)系统性原则

义素分析必须在一定的语义系统中进行。如"叔叔"有两个义项,一个表示亲属称谓,一个表示社交称谓。分析表示亲属称谓的义项时,就必须在亲属称谓系统中,跟"父亲""伯父""舅舅""姑父"等比较;分析表示社交称谓的义项时,就必须在社交称谓系统中,跟"同志""先生""师傅""大爷"等比较。否则就难以准确地分析出义素来。因为不同语义系统中的词语是无法相互比较的。如"父亲"和"老师","高""矮"和"胖""瘦"无法比较。

(三)简明性原则

义素分析应力求简明,在明确的前提下,应用尽可能少的义素来揭示词语的语义特征。如"男孩"分析为[男性、未成年的、人],就能简明地揭示"男孩"的语义特征;如果分析为[男性、未成年的、有高级思维能力的、动物],[动物]还可再分析为[能运动的、生物],甚至还可再往下分。这就不符合简明性原则。

这三条基本原则也是判断义素分析的结果优劣的基本标准。

## 二、义素分析的步骤和方法

义素分析有一套基本步骤和方法,最基本的步骤和方法如下:

(一)确定范围

义素分析的第一步,就是找出一组相关的词语,确定比较的范围。确定比较范围时,不能太窄,也不要太宽。一般可以采用从小到大逐步扩大范围的办法,先找关系最密切的词语来比较,不够时再扩大比较的范围,直到能准确揭示各个词语相互区别的语义特征。如要分析"父亲"的义素,首先找出"母亲"来比较,可以得出[男性]与[女性]的区别;再找出"儿子""女儿"来比较,可以得出[上一辈]和[下一辈]的区别;再找"丈夫""妻子"来比较,可得出[生育关系]与[婚姻关系]的区别。这时,这些词语都能相互区别了,而且也能与其他词语相区别了。

确定好范围之后,要特别注意检查是否将一定范围内的词语找全了,有没有遗漏。如果有遗漏,很可能会影响分析的结果。例如在陆路交通工具的范围内,如果只找出"自行车""公共汽车""电车""卡车"几个词,而遗漏了"三轮车""摩托车""出租车"等词,然后只对这几个词进行比较分析,就很难保证分析结果的准确性。如果"自行车"只跟"公共汽车""电车""卡车"相比,分析的结果很可能无法使"自行车"区别于"三轮车"。同样"公共汽车"只跟其他三个词相比,得出的结果很可能无法区别于"出租车"等。

(二)比较异同

义素分析最关键的一步,就是比较词语的异同,抽象出彼此相互区别的特征。比较异同可以采用列表比较的办法:将各个词语竖行排列,将相互之间的异同横行排列。比较时可采用分类的办法,从各种角度分类,抽象出各类之间的异同。如分析表示近亲属关系的词语"父亲""母亲""儿子""女儿""丈夫""妻子""哥哥""姐姐""弟弟""妹妹",就可采用以下列表:

| 义项 | 性别 | 辈分 | 关系 | 年龄 | 类属 |
|---|---|---|---|---|---|
| 父亲 | 男性 | 上一辈 | 生育关系 | | 亲属 |
| 母亲 | 女性 | 上一辈 | 生育关系 | | 亲属 |
| 儿子 | 男性 | 下一辈 | 被生育关系 | | 亲属 |
| 女儿 | 女性 | 下一辈 | 被生育关系 | | 亲属 |
| 丈夫 | 男性 | 同辈 | 婚姻关系 | | 亲属 |
| 妻子 | 女性 | 同辈 | 婚姻关系 | | 亲属 |
| 哥哥 | 男性 | 同辈 | 同胞关系 | 年长 | 亲属 |
| 姐姐 | 女性 | 同辈 | 同胞关系 | 年长 | 亲属 |
| 弟弟 | 男性 | 同辈 | 同胞关系 | 年幼 | 亲属 |
| 妹妹 | 女性 | 同辈 | 同胞关系 | 年幼 | 亲属 |

上表中"性别""辈分"等是分类的标准,"男性""上一辈"等是彼此的异同。"年龄"一栏只涉及"哥哥""姐姐""弟弟""妹妹",故其他词语这一栏空缺。

比较的结果还应进行纵横检查,从横向看分析的结果是否符合对等性原则,从纵向看各个词语之间能否相互区别。如果不符合对等性原则,或者相互之间不能区别,就必须再进行比较,或者检查比较范围内的词语是否有遗漏。

(三)简化义素

简化义素就是系统而简明地揭示词语之间的异同。简化可以从两方面着手。

一是用符号来揭示彼此间的异同。一般用＋、－表示两项对立的性质,用→、←、↔表示两项或三项关系对立。如[男性]、[女性]可以表示为[＋男性]、[－男性],[生育关系]、[被生育关系]、[同胞关系]可以表示为[→生育关系]、[←被生育关系]、[↔同胞关系]。

二是略去冗余义素。如果一个义素可以从另一个义素推知,就是冗余义素,可以删除。如上面的例子中"辈分"一栏的义素,都可从"关系"一栏的义素推知,因此可以删除。但"类属"一栏的义素必须保留,否则不能明确反映词语的语义类属。

最后,就可列出各个义项的义素结构式。一般用{ }表示义项,用[ ]将义素组合括起来,义项与义素之间用＝或:连接。如上面分析的结果可表示如下:

{父亲}＝[＋男性→生育关系　　＋亲属]

{母亲}＝[－男性→生育关系　　＋亲属]

{儿子}＝[＋男性←被生育关系　　＋亲属]

{女儿}＝[－男性←被生育关系　　＋亲属]

{丈夫}=[＋男性↔婚姻关系　　　＋亲属]
{妻子}=[－男性↔婚姻关系　　　＋亲属]
{哥哥}=[＋男性↔同胞关系→年长＋亲属]
{姐姐}=[－男性↔同胞关系→年长＋亲属]
{弟弟}=[＋男性↔同胞关系←年长＋亲属]
{妹妹}=[－男性↔同胞关系←年长＋亲属]

### 三、义素分析的模式

语汇系统中名词、动词、形容词占绝大多数，目前对这三类词语的分析也相对成熟一些。这三类词语的义素分析又有各自的特点，可以概括为三种不同的模式：

（一）名词模式

名词的义素分析模式可以概括为：{义项}=[属性1、属性2、……属性n、类属]。其中"属性"就是各个义项之间相互对立的性质，可以有多项；"类属"就是各个义项共属的类别，一般只有一项。表示类属的义素可以放在最后，也可放在最前面，但不能插在表示属性的义素中间。各个属性义素之间的先后顺序可以灵活处理，但各义项的同类义素应保持位置对应。这种义素结构模式与一般下定义的"属加种差"模式相当，"类属"就是"属"，"属性"就是"种差"。如前面所分析的一些例子，都属于这种名词模式。

（二）动词模式

动词的义素模式可概括为：{义项}=[主体、方式、动作、客体、因果]。其中"主体"就是动作行为的主体；"方式"就是动作行为的时间、方位、工具、材料、情状、程度等，"方式"可以有多项；"动作"就是动作行为的基本类别，如"移动/静止""分开/结合""获得/失去""增加/减少"等等；"客体"就是动作行为涉及的对象，可包括受事、成果、对象等等；"因果"表示动作行为的目的、原因、结果等。其中"主体""方式""动作"是一般动词都有的，"客体""因果"则不是每个动词都有的。"方式"和"因果"的位置可在"动作"的前面或后面。"动作"义素一般是一组动词共有的。如表示趋向的一组动词可分析如下：

{进来}=[物体、朝向参照点、从外面、移动、到里面]
{进去}=[物体、背向参照点、从外面、移动、到里面]
{出来}=[物体、朝向参照点、从里面、移动、到外面]
{出去}=[物体、背向参照点、从里面、移动、到外面]
{上来}=[物体、朝向参照点、从下面、移动、到上面]
{上去}=[物体、背向参照点、从下面、移动、到上面]
{下来}=[物体、朝向参照点、从上面、移动、到下面]
{下去}=[物体、背向参照点、从上面、移动、到下面]

## (三)形容词模式

形容词模式可概括为：{义项}＝[范围、方面、程度、性状]。其中"范围"就是义项适用的范围，相当于动词模式中的"主体"；"方面"就是表示事物在哪些方面的性质，是身体方面还是精神方面，是重量方面还是高度、长度、温度方面，等等；"程度"就是性质的不同程度等级，一般分"十分""相当""比较"等几级；"性状"就是事物属性的基本类别，如大小、多少、高低、远近、快慢等等。其中"程度"只是少数形容词才有的义素，"方面"义素一般是一组形容词共有的。如表示温度的一组形容词可分析如下：

{凉}＝[物体或气候、温度、比较、低]
{冷}＝[物体或气候、温度、相当、低]
{热}＝[物体或气候、温度、相当、高]
{烫}＝[物体、温度、非常、高]

义素分析作为一种新的语义分析方法，有不少优点：它深入义项内部，进一步说明义项的语义结构；它系统地反映了词语之间的区别与联系，能较好地解释语义的聚合和组合规律；它对语义分析的形式化和精密化很有帮助，为计算机更好地处理自然语言开辟了道路。但义素分析至今仍有不够完善之处，有不少词语难以进行义素分析，一种语言中到底有多少义素，也难以搞清楚，义素分析尚未形成客观的标准，有较大的随意性。这些问题都尚需进一步探索。

**思考与练习**

一、义素分析要遵守哪些原则？为什么要遵守这些原则？
二、什么是冗余义素？为什么删除冗余义素不会影响分析结果的准确性？
三、义素分析主要有哪几种模式？请举例说明这些模式。
四、试用义素分析的方法说明汉语的"杀"与英语的 kill 的异同。
五、用义素分析法分析下列各组词的义素结构：
(1)买主、卖主
(2)高、矮
(3)偷、抢

## 第三节 语义的聚合

### 一、语义场

语义场理论是现代语义学中最重要的理论之一，它最充分地揭示了语言的系统性，反映了语义的聚合关系。语义场理论是德国著名语言学家特里尔(J. Trier)首先提出来的。他从索绪尔关于语言系统性的理论中受到启发，在《智能义域中的德语词汇》(1931)一书中提出了语义场理论。不过当时并没有产生较大影响,后来他一度中断了对语义场的研究,到20世纪50年代末才又继续研究,并且产生了较大影响。语义场理论与差不多同时兴起的义素分析理论一起,奠定了现代语义学的基础。

(一)语义场的性质

若干具有共同核心义素的词语(以义项为单位)构成的聚合体,就是语义场,又叫词汇场,有时简称义场或词场。(也有人认为语义场与词汇场有所不同,词汇场以词为单位。)

所谓核心义素,就是指表示事物、动作所属类别或性状所属方面的义素,即名词中表示"类属"的义素、动词中表示"动作"的义素、形容词中表示"方面"的义素,如亲属称谓词语中的[亲属]、趋向动词中的[移动]、表示温度的词语中的[温度]。属于同一个语义场的词语,其核心义素必须相同,其他义素可以不同。

语义场具有以下几种最基本的性质:

1. 层次性

由于事物现象的分类可粗可细,类别可大可小,因此语义场也可大可小。最小的语义场只有两个词语。如"父亲—母亲""丈夫—妻子""儿子—女儿"就是三个最小的语义场。若干较小的语义场又可汇集为较大的语义场。如这三个最小的语义场就可汇集为较大的语义场——直系亲属语义场。较大的语义场又可汇集为更大的语义场,直至一个语言系统中最大的语义场,如"事物""时间""空间""数量""活动""性状""关系"等等。这样,语义场就有不同的层级,较小的语义场就是它所属的较大语义场的下级语义场,或称为"子语义场"或"子场";较大的语义场就是其上级语义场,或称为"母语义场"或"母场"。属于同一个较大语义场的词语,可能分属不同的层级。如"车""船""飞机"属于同一个层级,而"汽车""轮船""飞机"就不属于同一个层级。不同层级的词语不能列入同一级语义场。语义场的层级性体现了语义的纵向聚合关系。

2. 系统性

属于同一级语义场的词语,其语义是相互关联、相互制约的。如"丈夫"与"妻子"相互依存,没有一方,就没有另一方。"中医"和"西医"也是相互依存的,虽然不能说没有西医就没有中医,但可以说没有"西医"这个词,就没有"中医"这个词,"中医"这个词就是为了区别于"西医"才产生的。

语义的系统性还表现为,一个词语的意义,取决于这个词跟哪些词语构成一个语义场。如"孩子"跟"大人"构成语义场时,其意义为[-成年、+人];"孩子"与"父母"构成语义场时,其意义为[←生育关系、+亲属](即"子女")。又如"叔叔""伯伯"跟"舅舅""姑父""姨父"等构成一个语义场时,有[亲属]、[年幼/年长于父]的意义;当它们与"阿姨""大妈"等构成一个语义场时,就没有这样的意义。如"工人叔叔""农民伯伯",并没有年龄长幼的含义。

由于语义场具有系统性,而不同的语言系统、不同的方言以及不同的时代,其语义场的构成情况会有所不同,因此,同一个词或相当的词,在不同的语言系统中,可能有不同的语义价值。如汉语的"沙发"来源于英语的 sofa,但语义价值有所不同。"沙发"与"椅子""凳子"等构成语义场,包括单人的、多人的及坐卧两用的;而英语的 sofa 则不包括单人沙发,单人沙发称 chair(椅子)。又如广东话中只有"肥"和"瘦"而没有"胖","肥"既可形容动物,也可形容人;而普通话中"肥"一般只形容动物,若形容人,就是骂人,即把这个人当动物看待。广东话的"肥婆""肥仔"大致相当于普通话的"胖大嫂""胖小子",没有骂人的意思。所以,广东话的"肥"与普通话的"肥"语义价值就有所不同。

3. 相对性

语义场的构成是以词语的义项为单位的,因此,同一个词有几个不同的义项,就分属几个不同的义场。如"叔叔"有表示亲属称谓和表示社交称谓两种不同的义项,各个义项分属不同的语义场。一个较大的语义场,可以从不同的角度划分为不同的较小语义场。如亲属语义场,可按辈分划分,也可按性别划分,可按直系/旁系划分,也可按血亲/姻亲划分,从不同的角度划分出来的结果就有所不同。所以,一个词语属于哪个语义场,哪些词语构成一个语义场,不是绝对的,而是相对的。

(二)语义场的类型

语义场的分类迄今尚无定论,可从不同的角度分类。我们根据语义场中同级词语的多少,把语义场分为二元义场和多元义场两大类。

1. 二元义场

由两个同级词语(以义项为单位)构成的义场就是二元义场。根据义项之间不同的对立关系,二元义场又可分为关系型和性质型两个小类。

表示事物之间相互关系的二元义场,就是关系型二元义场,可以简称为"关系义场"。这种义场中的词语具有相互依存性,反映事物之间的相互关系,可进行关系推理,从一方推知另一方。如"师父—徒弟""丈夫—妻子""上面—下面""长—短""大—小""多—少""买—卖""出口—进口""给予—获得"等等,都属于关系型二元义场,都可进行关系推理。如根据"甲是乙的师父",可以推出"乙是甲的徒弟";根据"甲在乙的上面",可以推出"乙在甲的下面";根据"甲比乙长",可推出"乙比甲短";根据"甲向乙买东西",可推知"乙卖东西给甲";根据"甲方向乙方出口",可推知"乙方从甲方进口"。凡是不能进行关系推理的二元义场,就不属于关系型二元义场。如"父亲—母亲"不能进行关系推理,不属于关系型二元义场。父亲和母亲虽然确有关系,但二者是"丈夫"与"妻子"的关系,而不是"父亲"与"母亲"的关系,"父母"和"子女"之间,才是相互依存的关系,二者可以进行关系推理。

表示事物之间不同性质的二元义场,就是性质型二元义场,可以简称为"性质义场"。这种义场中的词语具有相互对立的不同性质,但不涉及二者之间的相互关系,因此不能进行关系推理。如"白天—夜晚""寒假—暑假""硬卧—软卧""正确—错误""真实—虚假""成功—失败""死—活""出—进""动—静"等等。

2. 多元义场

由三个或更多的同级词语(以义项为单位)构成的义场,就是多元义场。根据义项之间有无顺序关系,多元义场又可分为有序型和无序型两个小类。

义项之间具有大小、先后、高低等顺序等级关系的多元义场,就是有序型多元义场,可以简称有序义场或顺序义场。如"一、二、三……十、百、千、万""春、夏、秋、冬""东、南、西、北""少校、中校、上校、大校""助教、讲师、副教授、教授""秒、分、刻、小时"等等,都有一定的顺序等级关系,都属于有序型多元义场。

义项之间没有顺序等级关系的多元义场,就是无序型多元义场,可以简称无序义场。如"蛙泳、蝶泳、仰泳、自由泳""金、银、铜、铁""红、黄、蓝、绿""酸、甜、苦、辣""炒、煮、蒸、炸""走、跑、蹦、跳"等等,都属于无序型多元义场。无序型多元义场的义项,有些有某种习惯排列顺序,如"酸甜苦辣",但其实在语义上并没有什么顺序关系。还有些义场的义项,就其专门意义来说,是有序型的,而就其通俗意义来说,则是无序型的。如表示颜色的词语,在光学意义上是有序的,在一般通俗意义上是无序的。

**二、语义的聚合关系**

一种语言系统中的语义场,是一个纵横交织的语义关系网络。语义场中的词语之间,存在着纵向和横向两种聚合关系。

(一)纵聚合关系

纵聚合关系是上下级语义场中词语之间的上下级关系,也就是母场和子场之间的层级关系。纵聚合关系包括两个小类:上下义关系和总分关系。

1. 上下义关系

上下义关系就是逻辑上的属种关系。具有属种关系的一组词是上下义词,其中表示属概念的词是上义词,表示种概念的词是下义词。如"笔—钢笔""人—男人""听—偷听""销售—批发""红—粉红""白—雪白"等等,其中"笔"是"钢笔"的上义词,"钢笔"是"笔"的下义词,其余依此类推。

上下义词都有属种关系,没有属种关系的词不是上下义词。表示整体部分关系的词不是上下义词,如"中国—北京""森林—树""衣服—衣襟"都不是上下义词。表示等级关系的词也不是上下义词,如"博士—硕士""处长—科长""年—月"都不是上下义词。

上下义词具有包容性,上义词的所指范围包容下义词的所指范围,可以进入"乙是甲"的格式,但不能反过来说"甲是乙"。如可以说"钢笔是笔",但不能说

"笔是钢笔"。从逻辑上讲,上下义关系是蕴涵关系。如果甲是乙的上义词,就是乙蕴涵甲。其逻辑特征为:如果乙真,则甲必真;如果乙假,则甲或真或假;如果甲真,则乙或真或假;如果甲假,则乙必假。例如:若"这是钢笔"为真,那么"这是笔"必真;若"这是钢笔"为假,那么"这是笔"或真或假。若"这是笔"为真,则"这是钢笔"或真或假;若"这是笔"为假,则"这是钢笔"必假。

上下义词具有相对性,甲词是乙词的上义词,乙词又可能是丙词的上义词。如"枪"是"武器"的下义词,又是"手枪"的上义词。

上下义词还具有传递性,若甲词是乙词的上义词,乙词是丙词的上义词,那么甲词也是丙词的上义词。反之亦然。如"人"是"男人"的上义词,"男人"是"老汉"的上义词,那么"人"也是"老汉"的上义词。

由于上下义词具有传递性,因此上下义词的上下义关系有远有近。具有最邻近的上下义关系的上下义词,就是直接上下义词;具有间接上下义关系的上下义词,就是间接上下义词。如"人—男人"就是直接上下义词,"人—老汉"就是间接上下义词。

2. 总分关系

总分关系是词语所指对象之间的整体与部分的关系。具有整体部分关系的一组词是总分词,其中表示整体的词是总义词,表示部分的词是分义词。如"中国—上海""大学—系""剧场—舞台""房子—客厅""教学楼—教室""身体—头""鞋子—鞋底""四季—春天""森林—树""船队—船"等等,其中"中国"是"上海"的总义词,"上海"是"中国"的分义词,其余依此类推。总分词中分义词所指对象是总义词所指对象的构成部分,可以进入"乙是甲的一部分"的格式,如"上海是中国的一部分"。

总分词与上下义词有类似之处,都可进入"甲包括乙"的格式。如"人包括男人""中国包括上海"。但上下义词之间是属与种的关系,可以进入"乙是甲"的格式,总分词之间是整体与部分的关系,不能进入"乙是甲"的格式,只能进入"乙是甲的一部分"的格式。如不能说"上海是中国",只能说"上海是中国的一部分"。

总分词也具有相对性和传递性。甲词是乙词的总义词,乙词又可能是丙词的总义词,如"头"是"身体"的分义词,又是"鼻子"的总义词,那么"身体"也是"鼻子"的总义词。反之亦然。但总分词的相对性与上下义词有所不同。由于不同的事物可能有相同或相似的构成部分,因此,同一个词(同一种意义)可能是几个表示不同事物的、没有上下义关系或总分关系的词的分义词。如"驾驶室"既是"轮船"的分义词,又是"汽车"的分义词;"根"是"树"的分义词,也是"草"的分义词;"头"既是"人"的分义词,也是"牛"的分义词。上下义词一般没有这种性质。

与上下义词类似,总分词的总分关系也有远有近,也可分直接总分词和间接总分词。表示最邻近的总分关系的词就是直接总分词,表示间接总分关系的词就是间接总分词,如"中国—华中"就是直接总分词,"中国—武汉市"就是间接总分词。

上下义关系和总分关系都是语义场之间的上下级关系。如"树"和"草"等构成一个语义场。"树"下面可以依据上下义关系划分出"桃树、松树……"子场,也可以依据总分关系划分出"树根、树干、树枝"子场。"学校"可以依据上下义关系划分出"大学、中学、小学"子场,也可以依据总分关系划分出"教工、学生"子场。上下义关系和总分关系共同构成语义场的层级体系。如果只有上下义关系,没有总分关系,语义场的层级系统就难以完整地建立起来。如"树根、树干、树枝"上级就是"树",而"树"和"树根"等不是上下义关系而是总分关系,如果没有总分关系,"树根"等与"树"的层级关系就无法建立起来。

(二)横聚合关系

横聚合关系是同一语义场中词语之间的同级关系。横聚合关系包括三个小类:同义关系、反义关系和类义关系。

1. 同义关系

意义相同或相近的词语之间的关系是同义关系,具有同义关系的一组词是同义词。

同义词是指词的某些义项相同或相近,但不是所有的义项都相同或相近。如"死"和"逝世"是同义词,但"死"有几个义项:A. 失去生命;B. 达到极点,如"死顽固""高兴死了";C. 不灵活,如"死心眼"……只有 A 义项与"逝世"是同义词。

同义词是指词的概括意义、固定意义相同或相近,不包括具体意义、临时意义相同的现象。如"放下包袱,开动机器"中"包袱"和"负担"同义,"机器"与"脑筋"同义,但"包袱"的"负担"义是语汇意义,"机器"的"脑筋"义只是临时意义,所以,只有"包袱"和"负担"是同义词,"机器"和"脑筋"不是同义词。这类词有人称为临时同义词。

有一部分同义词概念意义完全相同,有人称为等义词或狭义同义词。但这类词的附加意义一般也有所不同。如"聪明—狡猾""顽强—顽固"的评价意义不同,"琢磨—推敲""时髦—摩登"的理据意义不同,"脑袋—头颅""故乡—老家"的语体意义不同。

大部分同义词是概念意义基本相同,而又有细微差别,有人称为近义词或广义同义词。这类词概念意义的差别主要有以下几方面:

第一,语义轻重不同。有的词语义较轻,有的词语义较重。例如:

祝贺—庆贺　批评—批判　失望—绝望

爱慕—倾慕　主要—首要　妨碍—妨害

轻视—蔑视—藐视　优良—优秀—优异

损坏—破坏—毁坏　尽力—极力—竭力

第二,语义侧重不同。各个词各有不同的侧重点。例如:

破除—解除—消除　稳定—稳固—牢固　爱护—保护—庇护
阻止—制止—禁止　屹立—挺立—耸立　峻峭—陡峭
精明—精干　诚实—忠实

第三,范围大小不同。有的词所指范围较小,有的词所指范围较大。例如:

边境—边疆　时期—时代　场面—局面
房间—房屋　树林—森林　趋势—潮流

第四,个体集体不同。有的词可指称个体,也可指称集体,有的词只能指称集体。例如:

树—树木　船—船只　书—书本　河—河流
纸—纸张　人—人类　信—信件

第五,搭配对象不同。各个词的搭配对象有同有异。例如:

关心—关怀　维护—维持　干预—干涉
希望—期望—指望　宏大—巨大—庞大
守卫—守护—保护　品质—品德—品行—品性

不少近义词同时具有几个方面的差别。如"祝贺—庆贺"除了语义轻重不同外,语义侧重也有不同,"祝贺"侧重于用语言对喜事表示高兴和赞美,"庆贺"侧重于举行某种活动表示喜庆;此外,"祝贺—庆贺"的搭配对象也有所不同,"祝贺"一般用于向别人道喜,"庆贺"既可用于对别人,也可用于对自己(集体)。

这类近义词除了概念意义的差异之外,在附加意义、语法意义上也可能有所不同。

2. 反义关系

意义相反或相对的词语之间的关系是反义关系,具有反义关系的一组词是反义词。

词语之间的反义关系是以义项为单位的,一个多义词的不同义项,可以与不同的词构成不同的反义词。如"孩子"既可与"大人"构成反义词,也可与"父母"构成反义词。

词语的反义关系是以共同的论域为前提的,因此,同一个词处于不同的论域,也可构成不同的反义词。如:"高"以个子为论域,与"矮"构成反义词,也可以位置为论域,与"低"构成反义词。没有共同论域的词不能构成反义词,如"高"和"胖"就不是反义词。

反义词是指词的概括意义、固定意义相反或相对,不包括临时构成反义关系的现象,如"亡国论者看敌人如神物,看自己如草芥",其中"神物"与"草芥"只是临时反义词。

反义词一般分绝对反义词和相对反义词两类。

绝对反义词是构成矛盾关系的反义词。这类反义词没有中间现象,非此即彼,否定一方,就肯定另一方,如"动—静""死—活""有—无""公—私""男—女""是—非""成功—失败""正确—错误""直接—间接""直线—曲线"等等。

相对反义词是构成反对关系的反义词。这类反义词有既非此、亦非彼的中间现象,否定一方,不能肯定另一方,如"大—小""长—短""美—丑""上—下""赚—赔""买—卖""正数—负数""勇敢—怯懦""前进—后退""出去—进来"等等。

相对反义词与绝对反义词在特定的情况下可以互相转化。如某校只有大教室和小教室两种,这时"大—小"就是绝对反义词了。又如,下围棋时只有胜负两种结果,这时"胜—负"是绝对反义词;而下中国象棋时还有和局,这时"胜—负"就是相对反义词了。

3. 类义关系

类义关系有广义和狭义之分。广义的类义关系一般指横聚合关系,包括同义关系、反义关系和狭义类义关系,有时还包括上下义关系和总分关系。狭义的类义关系就是除了同义关系、反义关系之外的横聚合关系。具有类义关系的一组词是类义词。狭义类义词是所指对象属于同一大类的不同小类,或属于同一整体的不同部分,没有同义、反义、上下义或总分关系的一组词。多元义场中的同级词语都是狭义类义词,如"苹果、梨、桃子、香蕉""蛙泳、仰泳、蝶泳、自由泳""煮、蒸、炒、炸""东、南、西、北""博士、硕士、学士""夏朝、商朝、周朝、秦朝、汉朝"等等。

根据类义关系的远近,类义词可以分为直接类义词和间接类义词两种。属于同级语义场,具有共同的直接上位概念的类义词是直接类义词,如"车、船、飞机",具有共同的直接上位概念"交通工具",属于同级语义场,是直接类义词。而"汽车、轮船、飞机"也是类义词,都属"交通工具",但它们没有共同的直接上位概念,不属于同级语义场,是间接类义词。

类义词与同义词、反义词都有关联,因为同义、反义都是相当模糊的概念,什么叫相同、相近,什么叫相反、相对,都缺乏客观明确的判断标准。而且类义词、同义词和反义词都是意义同中有异,区别只在于同义词同大于异,反义词异大于同,类义词则介于二者之间。而同与异的大小又是逐步渐进的,其间很难确定明确的界限,这正是语言模糊性的一种表现。如"优良、优秀、优异"一般被看成同义词,说它们是类义词很难说有什么不妥。又如,"东、南、西、北"是一组类义词,但其中"东、西""南、北"又是反义词。不妨说,这种反义词是类义词的一种特殊形式。二元义场中的一些词语,有人看作反义词,也有人认为不是反义词。如"父亲、母亲""中医、西医""寒假、暑假"等等。因为什么叫意义相反或相对,没有明确的标准,所以很难断定谁是谁非。又如一般来说"哥哥"的反义词是"弟弟",但是要说"哥哥"的反义词是"姐姐",很难说有什么不对,因为二者的对立就是性别的对立,这一点与"父亲、母亲"完全相同。为了避免纠缠,不如对类义词作广义理解,把同义词、反义词看作广义的类义词。这样,说某些词是类义词与说它们是同义词或反义词就不矛盾了。

(三)义项派生关系

有多个义项的多义词语,各个义项之间是相互联系的,这种联系也是一种聚合关系(联想关系)。这种聚合关系不仅记录在词典中,也储存在人们的头脑里。人们在理解话语时,就会联想到一个词的多个义项,并从中挑选合适的义项。

多义词的各个义项,一般不是同时产生的,而是先后产生的,后有义项是在原有义项的基础上派生出来的,所以多义词各个义项之间的关系就是派生关系。分析词语的派生关系时,一般把多义词语的义项分成本义和派生意义两种。

本义是多义词语各个义项中最早的义项,也是其他义项形成的基础。如"手"的本义就是"人体上肢前端拿东西的部分"。

派生意义是直接或间接从本义的基础上派生出来的意义。如"手"的派生意义有:

(1)"拿着"(如"人手一册");

(2)"用手"(如"手抄本""手写体""手推车");

(3)"亲手"(如"手笔""手迹");

(4)"小巧而便于用手操持的"(如"手枪""手鼓");

(5)"量词,用于技能、本领"(如"他真有两手");

(6)"擅长某种技能或做某种事的人"(如"吹鼓手""棋手")。

根据词义派生的方式,派生义又分两种:一种是引申义,一种是比喻义。

引申义是通过事物现象之间的相关性联系派生出来的意义。如上述"手"的几个派生义都是引申义,每个派生义都和本义有相关性。如"拿着""用手"和"亲手"都是某种行为,而手则是这些行为的工具,第(4)个派生义表示某种性质,而这种性质也与手的活动相关。最后两个义项都表示某种技能,而技能一般也与手的活动相关。

比喻义是通过事物现象之间的相似性联系派生出来的意义。如"心脏"的本义是"人和高等动物推动血液循环的器官",比喻义是"事物的中心";"腿"的本义是"人和动物用来支撑身体和行走的部分",比喻义是"器物下部像腿一样起支撑作用的部分";"亮相"的本义是"演员在台上向观众做出某种短暂的静态姿势,以突出人物的形象或内心活动",比喻义是"公开表明态度,亮明观点"。这些比喻义与其本义之间在性状、作用、部位等方面具有相似性。

**思考与练习**

一、什么是语义场?语义场有哪些性质?

二、举例说明语义场的各种类型。

三、上下义关系与总分关系有什么异同？请举例说明。

四、二元义场中的词语能否都看作反义词？为什么？

五、举例说明多义词语的引申义与比喻义的区别。

## 第四节　语义的组合

### 一、句义的构成

句子的意义涉及三个语言层面，构成三种不同的意义：逻辑意义、语法意义和语用意义。

（一）逻辑意义

句子的逻辑意义一般反映语句与现实的关系，在逻辑学中，一般认为句子的逻辑意义就是句子所表达的命题的真值条件。从语言学的角度看，句子的逻辑意义是由句子中实词本身的意义和相互间的语义关系构成的，不涉及词语在句子中的语法性质。如下面三个句子的逻辑意义是相同的，即在逻辑上等值。

(1) 小王打破了杯子。

(2) 小王把杯子打破了。

(3) 杯子被小王打破了。

这三个句子的语法结构各不相同，但这三个句子中实词的意义相同，语义关系也相同，"打破"是动作，"小王"是施事，"杯子"是受事。"施事—动作—受事"等语义关系就是逻辑意义。

传统逻辑学只研究命题。所谓命题就是表达判断的语句。由于一般只有陈述句表示判断，疑问句、祈使句、感叹句一般不直接表示判断，没有真值，所以传统逻辑学只研究陈述句。但是现代逻辑学认为命题与判断不同，一个陈述句包含命题和判断两部分。例如："他是学生。"这句话可以分析为"他是学生，这是真的"，其中"他是学生"是命题，"这是真的"是判断。疑问句包含命题，但不包含判断。例如："他是学生吗？"这句话包含命题"他是学生"，但不包含判断"这是真的"。感叹句也包含命题。例如："这件衣服真漂亮！"包含命题"这件衣服很漂亮"。祈使句也可以分析为一个命题。例如："你走吧！"可以分析为"说话人要求听话人走"。所以，现代逻辑学不仅分析陈述句的逻辑意义，也可以分析疑问句、感叹句、祈使句的逻辑意义。

此外，传统逻辑学只研究整个命题的真值，不研究命题内部词语之间的语义关系，而现代逻辑学主要研究命题内部词语之间的语义关系。现代语义学对句子进行语义分析，主要是借鉴现代逻辑学的理论方法。

（二）语法意义

句子的语法意义是由词语的语法形式所表现出来的意义，主要由词语的语法形态、虚词或语序等表示。如前文三个句子中,"小王"有时属于主语,有时属于状语;"杯子"有时属于宾语,有时属于主语,有时属于状语。"主语"等就是语法意义。汉语表示这些语法意义主要靠语序和虚词,许多语言还用各种形态变化来表示语法意义,如性、数、格、时态、语态等等。

(三)语用意义

句子的语用意义是说话人说出该句子时的交际意图和交际价值。交际意图与语言环境密切相关。同一个句子,在不同的语言环境中说出来,可能有不同的交际意图。如"今天是星期天"这个句子,说话人在不同场合说出来,可能是想提醒听话人休息,或去逛公园,或多睡一会儿等等。这种种交际意图就是句子的语用意义。又如,"客人来了"和"来了客人"这两个句子具有不同的交际价值,前者"客人"处于话题位置,表示"客人"是已知的、定指的;后者则表示"客人"是未知的、不定指的。这种种不同的交际价值也是语用意义。

这三种不同的意义,分别由不同的学科来研究。语义学主要研究句子的逻辑意义,语法学研究句子的语法意义,语用学则研究句子的语用意义。不过,目前这三门学科的界限并不十分清楚,时时有相互渗透的现象。这里主要分析词语的逻辑意义。

**二、述谓结构**

对句子内部的逻辑语义关系进行分析,一般采用谓词逻辑的分析方法,把一个命题分析为一个述谓结构。但具体的分析方法因人而异。这里只谈最基本的概念和分析方法。

(一)什么是述谓结构

句子的逻辑意义,在逻辑上称为命题。命题一般不包括语态、语气等情态范畴。一个命题在结构上一般可以分析为一个述谓结构。

述谓结构是句子的基本语义结构,一个简单的述谓结构由一个谓词和若干谓项组成。谓词(V)是句义的核心成分,一般就是句子的谓语动词(或形容词),或是某些动词(形容词)短语。例如:

王老师教英语。

他很高兴。

他从外面跑进来。

A car is in front of the house.(房子前面有辆小汽车。)

以上句子下面画线的词语就是谓词。谓项是与谓词发生直接语义关系的语义成分,一般是名词性成分,是句子的主语、宾语或介词的宾语。谓项又称题元、变元、主目、词项等。一个述谓结构能有多少谓项,能有什么样的谓项,是由谓词的性质决定的。例如"借"必须带三个谓项,意义才完整,如"老王借给我一本书"。

1. 谓词的价

根据谓词须带谓项(一般只包括施事、受事、成果、与事,不包括工具、时间、处所等)的数目,谓词可以分为一价谓词、二价谓词和三价谓词等类型("价"有人称为元、位、向、目等)。必须带一个谓项的谓词(如不及物动词)是一价谓词,如"跑""游行""去"等;必须带两个谓项的谓词(如一般及物动词)是二价谓词,如"听""吃""织"等;必须带三个谓项的谓词(如必须同时带施事、受事和与事的及物动词)是三价谓词,如"买""教""送"等。此外,还有很少的零价谓词。如英语的动词 rain(下雨)、blow(刮风),汉语的"变天""开春""秋凉"等。这些动词的语义中已经包含了动作或变化的主体,所以句子中不需要再出现其他表示主体的词语。

所谓必须带多少谓项,是指如果不带这些谓项,句子本身的意义就不完整。在具体的语言环境中,某些谓项可以省略,但可以根据语境补出来。例如"吃"必须带施事和受事,否则意义就不完整。但在一定的语言环境中,施事和受事都可以省略。

2. 谓项的格

在述谓结构中,谓项与谓词的语义关系一般称为"格"(case)或"角色"。常见的格有"施事格"(A)、"受事格"(O)、"与事格"(D)、"成果格"(F)、"工具格"(I)、"时间格"(T)、"处所格"(L)等。施事格表示动作或性状的主体,受事格表示受动作支配的对象,与事格表示动作的参与者或受影响者,成果格表示动作造成的事物,时间格表示动作的时间,处所格表示动作的处所方位,工具格表示动作的工具材料。其中施事、受事、成果、与事一般被看作核心格,其他都是外围格。一种语言中到底有哪些格,是十分复杂的问题,语言学界目前还没有一致看法。

格关系有时可用某些虚词标明,一般称为"格标(记)"。格标一般是介词,如汉语的介词"被""把""给""在""用"等。"被"后面一般是施事,"把"后面一般是受事,"给"后面一般是与事,"在"后面一般是处所或时间,"用"后面一般是工具,等等。

一个述谓结构中的一个谓词不能带两个相同的格。并列成分、复指成分是同一个格,而不是两个相同的格。如"我和她是同学",其中"我和她"是同一个格;"这个人我不认识他",其中"他"复指"这个人",也是同一个格,因为这个句子的逻辑意义就是"我不认识这个人",用"他"复指"这个人"属于语法问题,而不是逻辑语义问题。

分析一个句子的述谓结构,一般就是找出句子的谓词和谓项,并且标明格关系。例如:

(1)他 昨天 给我 买了 几本书。
    A  T  D  V  O

(2)小王 在书上 用铅笔 写了 几个字。
    A   L   I   V  F

## (二)述谓结构的类型

述谓结构大致可分为四种类型：简单述谓结构、复合述谓结构、从属述谓结构和降格述谓结构。

### 1.简单述谓结构

简单述谓结构由一个谓词和若干简单谓项构成，谓项与谓词都有直接语义关系。所谓简单谓项，就是不包含动词的一般名词性成分，上面的例子都是简单述谓结构。

### 2. 复合述谓结构

复合述谓结构由若干相对独立的述谓结构复合而成，也就是语法上的复句。复合述谓结构可用逻辑联结词标明各个述谓结构之间的逻辑关系，表示合取（∧）、析取（∨）、蕴涵（→）等。合取相当于并列关系，析取相当于选择关系，蕴涵相当于假设(条件)关系。例如：

(1) 我　叫　刘冰，　是　中文系学生。
　　 A　V1　O1　∧　V2　　O2

(2) 或者老张　去, 或者老刘　去。
　　　　 A1　V1　∨　A2　　V2

(3) 如果明天　下雨，　我　就　不来。
　　　　T　　V1　→　A　　　V2

### 3. 从属述谓结构

当一个述谓结构的某个谓项本身包含一个述谓结构时，被包含的部分就是从属述谓结构，前者称为主干述谓结构。从属述谓结构一般相当于语法上的主语从句、宾语从句。例如：

(4) 小王　　来　是　好事。
　　 A1(A2　V2)　V1　O

(5) 我　希望　小王　明天　来。
　　 A1　V1　O(A2　T　V2)

### 4. 降格述谓结构

当一个述谓结构的某个名词性谓项在语义上包含一个述谓结构时，被包含的部分就是降格述谓结构，前者称为主干述谓结构。降格述谓结构一般相当于语法上的定语从句。例如：

(6) 他　把我　借　给他的　笔　弄断了。
　　 A1　O1(A2　V2　　D　　O2)　V1

"我借给他的笔"只是一个名词性短语，但这个名词性短语在语义上包含一个述谓结构"我借给他笔"。由于这种述谓结构形式上已经降为一个名词性短语，所以称为降格述谓结构。

有时述谓结构的某个简单的名词性成分与谓词没有直接语义关系,而与句中另一个名词性成分有直接语义关系,就可将另一个名词性成分分析为降格述谓结构。例如:

(7)王冕　七岁上　死了　父亲(生育　王冕的　男人)。
　　O2　　T　　　V1　　A1　(V2　　O2　　A2)

"王冕"与谓词"死"没有直接语义关系,而与"父亲"有关系。必须把"父亲"分析为降格述谓结构"生育某人(王冕)的男人",才能揭示"王冕"与"父亲(男人)"的语义关系。

### 三、语义指向

(一)什么是语义指向

语义指向是句子中词语之间的语义关系,包括连续成分和非连续成分之间的语义关系。例如:

(1)他浓浓地泡了一杯茶。

(2)小王扭伤了腰。

(3)老李死了一头猪。

(4)他一向性格开朗。

例(1)中"浓浓地"从语法上看,是句子的状语,可是从语义上看,是指向宾语"茶"的,即"浓浓"是描写"茶"的性状的,二者有事物—性状关系。例(2)中"腰"与"小王""扭""伤"三个词语都有语义关系。"腰"与"小王"有领属关系,即"小王的腰","腰"与"扭""伤"都有施事—动作关系,即"腰扭了""腰伤了"。所以"腰"的语义既指向"小王",又指向"扭"和"伤"。例(3)中"死"和"一头猪"有施事—动作关系,"老李"和"一头猪"也有领属关系,即"老李的一头猪死了"。所以"猪"的语义既指向"老李",又指向"死"。例(4)中"性格"与"开朗"有事物—性状关系,"性格"与"他"也有领属关系。所以,"性格"的语义既指向"开朗"也指向"他"。

(二)语义指向分析的作用

语义指向分析是对述谓结构分析的一种必要的补充。述谓结构分析只分析谓词和谓项之间的语义关系,不管其他词语之间的语义关系。可是实际上句中其他词语之间也有各种语义关系,搞清这种语义指向,对于准确理解句子的意义,消除歧义以及说明句式转换的规律,都有重要的意义。

例如:"他在屋顶上发现了敌人。"如果只分析这个句子的述谓结构,"他"是施事,"屋顶上"是处所,"发现"是谓词,表示动作,"敌人"是受事。可是这个句子是有歧义的。一种意思是"屋顶上"语义指向"他",即"他在屋顶上,他发现了敌人";另一种意思是"屋顶上"语义指向"敌人",即"他发现了敌人,敌人在屋顶上"。通过语义指向分析,可以合理地解释句子的歧义。又如"他借了小王一辆车"也有歧义。一种意思是"一辆车"语义指向"他",即"他的一辆车借给了小王";另一种意思是"一辆车"语义指向"小王",即"他借了小王的一辆车"。如果只分析述谓结构,"他"都是施事,"小王"都是与事,"一辆车"都是受事,无法解释句子的歧义。

词语之间的语义指向往往是句子的非连续成分之间的语义关系,但是可以通过句式转换变成连续成分之间的结构关系。所以,语义指向分析可以说明句式变换的规律。如有领属关系或事物—性状关系的词语都可以变成偏正结构,例如前文例(1)—例(4)都可以转换成下面的句子:

(5)他泡了一杯浓浓的茶。

(6)小王的腰扭伤了。

(7)老李的一头猪死了。

(8)他的性格一向开朗。

又如"他喝醉了酒"与"他喝光了酒","醉""光"的语义指向不同,句式转换的方式就不同。前者可以转换为"他喝酒,他醉了",后者可以转换为"他喝酒,酒光了"。

**思考与练习**

一、举例说明句子的三种意义。

二、举例说明述谓结构、谓词的价、谓项的格。

三、举例说明述谓结构的各种类型。

四、分析下列句子的述谓结构:

(1)去年,小王用自己买的毛线给他织了一件毛衣,这件毛衣这时他正穿在身上。

(2)对这个问题,老王发表了意见。

五、举例说明什么是语义指向?语义指向分析有什么作用?

**参考资料**

1.[法]A.J.格雷马斯著,蒋梓骅译:《结构语义学》,百花文艺出版社2001年版。

2.[英]杰弗里·N.利奇著,李瑞华、王彤福、杨自俭等译:《语义学》,上海外语教育出版社1987年版。

3.[美]M.K.穆尼茨著,吴牟人、张汝伦、黄勇译:《当代分析哲学》,复旦大学出版社1986年版。

4.徐烈炯:《语义学》(修订本),语文出版社1995年版。

5.符淮青:《词义的分析和描写》,语文出版社1996年版。

6.詹人凤:《现代汉语语义学》,商务印书馆1997年版。

7.贾彦德:《汉语语义学》,北京大学出版社1999年版。

8. 马清华:《文化语义学》,江西人民出版社 2000 年版。
9. 张志毅、张庆云:《词汇语义学》,商务印书馆 2001 年版。
10. 伍谦光:《语义学导论》,湖南教育出版社 1988 年版。
11. 周昌忠:《西方现代语言哲学》,上海人民出版社 1992 年版。
12. 石安石:《语义论》,商务印书馆 1993 年版。

# 第四章 语法学

**【学习提示】** 本章介绍了语法学的主要内容。本章需要重点掌握的内容有：第一节，各种常见的语法形式、语法意义的各种类型；第二节，各种语法范畴、语素的功能类型、词的结构类型和功能类型；第三节，短语的结构类型和结构层次、句子的结构类型、句法变换；第四节，语段的层次、语义关联、关联手段。本章学习不仅要求熟记一些重要概念和分类，如各种语法形式、语法范畴、语素的功能类型等，而且要熟练掌握包括词法分析、句法结构和层次分析、句法变换分析在内的语法分析方法。这些分析方法需要通过一定量的练习才能熟练掌握。

## 第一节 语法和语法学

### 一、语法的性质

语法就是语言的结构规则，即词语的组合规则。哪些词语能相互组合，哪些词语不能组合；哪些词语能以这种方式组合，哪些词语能以那种方式组合；词语在组合时，形式是否要发生变化，又要怎样变化：这些都有一定的规则，这些规则就是语法。要想深入理解什么是语法，必须了解语法的几种基本性质。

(一)语法的规约性

所谓语法的规约性，首先是指语法对人们的言语交际活动有制约性。语法规则制约着人们的言语交际活动，人们说话写文章都必须遵守语法规则，否则就会妨碍交际或受到指责。语法的规约性的另一个含义，是指语法规则的社会约定性。自然语言的语法规则既不是天然的，也不是由个别人或少数人制定的，而是由使用这种语言的全体社会成员共同约定的。当然，这种约定不是通过开会讨论或投票表决的方式形成的，而是人们在长期的言语交际活动中自然形成并共同遵守的一种社会惯例。语法书上写的语法规则，只是对这种社会惯例的一种描述。因此，看某种说法是不是合语法，就是看这种说法是否符合社会惯例，而不应只看语法书上描述的语法规则，因为语法书上描述的语法规则带有作者的主观性，不一定与客观的社会惯例(客观的语法)完全一致。

(二)语法的抽象性

语法是不能直接感知的抽象存在物，它潜存于具体的言语活动和言语作品中。说话人和听话人的语法知识,或者语法学者对语法的描述,都是从具体的话语中抽象概括出来的。如"动词+宾语"这种结构方式及其结构规则,就是从"吃苹果""看电影""洗衣服""读小说"等许许多多同类话语中抽象出来的。任何一条语法规则,都概括了大量具体话语的共同特征,而舍弃了其间的差异。如"吃苹果"等语言片段,具体的形式和意义各不相同,但其结构方式却有共同之处:都是由表示动作的词加上表示事物的词构成的,而且其中表事物的词都是动作涉及的对象,即都是动宾式。动宾式就概括了"吃苹果"等语言片段结构上的共同特征,舍弃了各自形式和意义上的具体差异。

(三)语法的生成性

如前所述,语言具有生成性。然而,语言的生成性主要体现为语法的生成性。语法规则不仅是对已经存在的话语的概括,而且还指导人们生成无限多的从未听说过的新话语,这就是语法的生成性。例如:"张大爷卖了一头猪。"这句话可能是我们从未听说过的,但显然是合语法的,因为它是根据一定的语法规则造出来的。根据语法规则,我们还可以把这句话改成许许多多不同的话语。如"张大爷"前面可加上"隔壁的""村里的""60岁的"等许多不同修饰语,"卖了"前面也可以加上"去年""今天""也""又""果然"等不同修饰语,"张大爷"还可换成"张大妈""李强"等许多不同的词语,就这样,根据少量的语法规则,就可生成无限多的话语。同样,根据一定的语法规则,我们也可理解无限多的从未听说过的话语。(请参看第一章第一节"语言的性质"部分。)

**二、语法形式和语法意义**

语法形式和语法意义是语法学的核心内容,二者是相互联系、相互依存的。没有不表示语法意义的语法形式,也没有无语法形式的语法意义。如"慢慢""高高"分别表示很慢、很高的意思,其中"很"(程度高)的意义是通过重叠形式表示的,所以这种重叠形式就是一种语法形式;由这种重叠语法形式所表示的意义,也就是语法意义。而"猩猩""哥哥"也都是重叠形式,可是它们重叠后并不表示什么语法意义,因此这种不表示语法意义的重叠形式就不是语法形式,只是语音形式或语汇形式。"很慢"这个短语也有程度高的意思,可是这种程度意义并不是通过语法形式表示的,而是通过语汇形式"很"表示的,所以不是语法意义而是"很"的语汇意义。

但语法形式和语法意义又不是一一对应的,一种语法形式可以表示多种语法意义,不同语法形式又可表示相同语法意义。如"研究工作"既可以表示偏正关系,也可以表示动宾关系,而显性语法形式没有什么不同。"我的朋友"与"我朋友"都是偏正关系,但语法形式有所不同。语法研究的主要任务之一,就是研究什么样的语法形式表示什么样的语法意义,什么样的语法意义用什么样的语法形式表示,即语法形式与语法意义的对应关系。

## （一）语法形式

语法形式是反映词语的组合规则和语法类别的形式标志，是表示语法意义的形式手段，又称语法手段。语法形式可分显性和隐性两种。显性语法形式可以直接感知，主要包括语序、虚词、词缀、重叠以及各种语音形式。隐性语法形式不能直接感知，但可通过能否组合、替换、扩展、变换等方式分析抽象出来。如名词和动词是不同的语法类别，有不同的语法意义，这种不同的语法类别和语法意义，可以通过显性语法形式体现出来，也可以通过隐性语法形式体现出来。有些语言主要通过不同的词形变化来体现名词和动词的区别，但有些语言主要通过不同的组合功能来体现。又如"鸭蛋大"是一个歧义结构，既可以是主谓关系，也可以是偏正关系，而显性语法形式没有什么不同。但作为主谓结构，"鸭蛋"可以用"什么"替换，"大"前面可以插入"很"进行扩展；作为偏正结构，"鸭蛋"可以用"多"替换，可以扩展为"像鸭蛋那么大"，但不能插入"很"。这些都属于隐性语法形式的不同。

以下介绍几种主要的显性语法形式。

### 1. 语序

语序就是词语排列的先后顺序，是区别不同语法意义的重要语法形式。如"他笑"和"笑他"是不同的语法结构，前者是主谓结构，后者是动宾结构，区别在于语序不同。语序作为一种语法形式，在不同语言中的重要性有所不同。在汉语、英语、法语、德语、日语等语言中，语序的作用非常重要。这些语言的语序都比较固定，一般不能随便改变词语的顺序，否则就不成话，或者改变语法结构或语法意义。但在俄语、拉丁语等语言中，语序则相对比较灵活，因为这些语言有十分丰富的格变化，主语、宾语、修饰语等都有特定的格标记，有了不同的格标记，改变语序一般不会影响语法结构。但即使是在这些语言中，语序有时也是决定语法结构和语法意义的标志。如俄语的第一格（主语）和第四格（直接宾语）有时同形，全靠语序来区别，在动词前面的名词为主语，在动词后面的名词为宾语。又如俄语数词一般放在名词前面，若放在名词后面，就表示约数。

### 2. 辅助词

辅助词是专门或主要表示语法意义的词，也是一种重要的语法形式，主要是虚词和助动词。

虚词如前置词（介词）、后置词、连词、助词、冠词、语气词等，主要有四种作用：一是标明词语的结构关系。如汉语连词"和"是并列结构的标志，英语的介词往往是状语的标志。二是表示某种语法范畴。如汉语助词"着""了""过"就是表示时体范畴的标志。德语冠词可表示名词的性、数、格范畴；日语广泛采用助词表示各种语法范畴，如主格、宾格、方位格、领属格、被动态等。三是标明某种功能类型。如汉语助词"的"附在其他词语后面,构成名词性短语,如"买菜的"。英语、德语、法语的冠词也有标明名词的作用。四是表示某种语气。如各种语言的语气词都是表示语气的。

助动词本身是动词,在有形态变化的语言中,助动词也有动词的形态变化,但助动词主要表示语法意义,单独或与其他形式一起表示某种语法范畴。如英语 shall 等表示将来时;be 与动词的现在分词形式-ing 一起构成进行体,与过去分词形式-ed 一起构成被动语态;have 与过去分词形式一起构成完成体;do 与动词原形构成疑问句式。

3. 词缀

词缀是定位黏着语素,其作用是附着在词根上构成派生词,或构成词的形态变化。(参见后文"语素的类型"和"词的类型"部分。)许多词缀都有标明词类的作用。如汉语的词缀"老""者""子""头",英语的词缀-er、-ist、-ism 等,都是名词的标志。汉语的"然",英语的-ly 都是形容词或副词的标志。词缀在许多语言中都是语法范畴的主要表现手段。如英语用-(e)s 表示名词的复数或动词现在时、单数、第三人称,用-'s 表示所有格,用-ed 表示过去时,用-er、-est 表示形容词或副词的比较级和最高级。俄语的词缀更为丰富,名词、形容词的性、数、格,动词的数、性、人称、时体等语法范畴,主要是用词缀表示的。

4. 内部屈折

内部屈折是通过改变词中语素的部分语音形式来表示语法意义的一种方式,又称语音交替或音位交替。如英语的不规则动词,大多是用语音交替来表示形态变化的。如 bend—bent、build—built、send—sent,lay—laid、pay—paid、say—said,drink—drank—drunk、sink—sank—sunk、ring—rang—rung,bring—brought、think—thought、buy—bought,等等。少数名词的复数也采用语音交替方式,如 foot—feet、goose—geese、tooth—teeth 等。内部屈折不同于附加词缀,后者不改变词根或词的内部语音,而是附加另外的语素,前者改变词根或词的内部语音,而不附加另外的语素。内部屈折的作用在不同的语言中有所不同。阿拉伯语主要用内部屈折表示形态变化,英语的内部屈折只是辅助性手段,只有少数不规则动词用内部屈折表示形态变化,而现代汉语没有内部屈折这种方式。

5. 重叠

重叠是指用重复整个词或词的一部分的方式表示某种语法意义。重叠部分的语音形式有时会发生一些变化。汉语动词、形容词、量词和少数名词,都用重叠表示某种语法意义。动词重叠表示短时、尝试等,如"问问""散散心""推敲推敲";形容词重叠表示程度高或适中,如"大大""高高兴兴""笔直笔直""慌里慌张";量词和少数名词重叠表示遍指,如"个个""年年""人人""村村""山山"。越南语名词重叠表示遍指,马来语名词重叠表示复数,日语名词重叠表示遍指或复数。俄语动词重叠表示未完成体,印地语形容词重叠表示程度高。

6. 语调和重音

作为语法形式的语调,一般是指句调,即语句中语音高低升降的变化。语调的主要作用是区别不同句类,表示各种语气和情态,如陈述、疑问、祈使、感叹等。语调是属于全句的,但主要表现在句子末尾。语调的主要形式是音高变化,但与音强、音长也有关系。语调是各种语言都有的,但有的语言可只用语调表示各种语气,有的语言要与其他形式一起表示某种语气。前者如汉语,后者如英语。英语疑问语气一般还要加助动词 do 或改变主语和谓语动词的语序。

作为语法形式的重音,一般是指词重音,即多音节词中某个或某几个音节重读。重音的变化常常会引起音位的改变。有些语言用不同的重音位置表示不同的语法意义。英语可用重音区别词类,如'export(输出、输出品,名词)、ex'port(输出,动词)、'content(内容,名词)、con'tent(满意的,形容词;使满足,动词)。俄语可用重音的不同来表示不同的格和数等语法范畴。如 д'ома(房屋,单数第二格)、дома'(复数第一格)。

7. 异根式和零形式

异根式和零形式是两种特殊的语法形式。异根式是指用不同的词根来表示不同的语法意义,如英语 good—better、bad—worse、I—me、we—us、be—am—are—is—was—were 等。异根式不同于附加词缀,也不同于语音交替,异根式并未增加另一词缀,也未保留原形中的成分,而是用另一个完全不同的词根来表示不同语法意义。如英语形容词、副词的比较级和最高级,有的是用附加词缀表示(-er、-est),而有的是用加不同的词根表示(more、less、better、worse、most、least)。异根式实际上是用不同语汇形式表示不同语法意义,但是它跟语音交替、附加词缀等语法形式一样,都是用不同的语音形式表示不同的语法形态,而且更重要的是,这些异根式具有与表示同类范畴的其他语法形式相同的语法功能。所以从语法角度来说,这些异根式仍可看作同一个词的不同语法形式。异根式只能作为其他语法形式的一种辅助手段,作为一种特殊的词形变化形式而成立。如果一种语言没有表示同类语法范畴的其他语法形式,异根式也不能成立。例如英语的 more、most 等之所以算表示"级"范畴的语法形式,就是因为有表示同类语法意义的词缀-er、-est 的存在。因为这些词缀属于显性语法形式,与之对应的"比较级""最高级"无疑都是语法意义,那么表示这种语法意义的more、most 等自然要算语法形式。又如 I—me、we—us、be—am—are—is—was—were 等所表示的格、数、时体等意义都属于语法意义,那么它们自然就成了与语法意义相应的语法形式了。

零形式是指不改变词形,直接用词的原形表示与变化形式不同的语法意义。如英语名词复数用词缀-(e)s,单数则用原形,即零形式表示。由于有变化形式的对立,零形式也成了与变化形式不同的一种语法形式。如果没有变化形式的对立,零形式也不能成立。

(二)语法意义

1. 语法意义的性质

语法意义是由语法形式表示的、反映词语的组合方式和组合功能、表述功能等的高度抽象的意义。如主谓关系、动宾关系等是反映组合方式的,名词、动词等是反映词语的组合功能的,陈述、疑问等是反映词语的表述功能的。

语法意义必须是由某种语法形式(包括显性形式和隐性形式)表示的,如果没有相应的语法形式,就不算语法意义。有些语言中名词有阴性、阳性等语法范畴,或现在时、过去时等时体范畴,而有些语言中没有这种语法范畴,就是因为有些语言用不同语法形式表示阴性、阳性或现在时、过去时等意义,而有些语言只用不同语汇形式表示这类意义。只有前者的意义才是语法意义。

语法意义是从各种具体词语的意义和用法中进一步抽象出来的高度抽象的意义。具体词语的语汇意义虽然也是抽象的,但是,语汇意义是从词语所指事物现象中抽象出来的,而语法意义则是从各个词语的意义和用法中进一步抽象出来的。如"树""人"的语汇意义是从各种树木、各种人中抽象出来的,这两个词语汇意义各不相同,但是它们有相同用法,都是名词,都表示事物,这种更为抽象的意义就是语法意义。

2. 语法意义的类型

语法意义大致可以分为结构意义、功能意义、范畴意义和情态意义四类。

结构意义反映词语之间的语法结构关系,如主谓关系、动宾关系、偏正关系等等。名词的格变化也是反映词语的结构关系的。结构意义可以有不同的层次,如偏正结构还可分为定心结构和状心结构两个小类。那么,定心关系、状心关系就是偏正关系的下层结构意义。

功能意义是反映词语的组合功能的,如名词、动词、形容词、名词性短语、动词性短语等等。组合功能包括充当某种结构成分的功能,如充当主语、谓语,能带宾语等,也包括与某类词语组合的功能,如能加冠词、能加副词等。功能意义也有不同层次,一些较大功能类型还可分出较小功能类型,如动词还可分及物动词和不及物动词等。那么及物动词、不及物动词的功能意义,就是动词功能意义的下层功能意义。

范畴意义反映语法类别与所指事物现象所属范畴的关系,是从词语的语汇意义中进一步抽象出来的意义。如说名词是表示事物的,动词是表示行为动作的,等等,就是这种范畴意义。又如一些语法范畴如数、性、人称、时体等的意义,也是一种范畴意义。

情态意义反映语法形式与说话人的感情态度及表述意图的关系。句子的各种语气及语式、语态等，都属于这种情态意义。陈述、疑问、感叹、祈使等语气，以及直陈式、虚拟式、愿望式等，都与说话人的感情态度和表述意图相关。主动、被动语态也与说话人要强调的表述意图相关。

上述几种意义常常是结合在一起的。如名词短语这一语法类别，既含结构意义——偏正结构或联合结构，也含功能意义——具有名词性短语的组合功能，还有范畴意义——表示事物。又如动词的时体形式，既有范畴意义——表示事件的时间关系或时间过程，也有功能意义——不同的时体形式具有不同的组合功能，如英语动词的分词形式-ing就不能单独作谓语。名词的主格形式，既有结构意义——与其他词语构成主谓关系，也有功能意义——能够作主语。

语法意义中的范畴意义与语汇意义有相通之处，有时同一种意义，用语法形式表示就属于语法意义，用语汇形式表示就属于语汇意义。如汉语量词重叠表示"每"，如"个个"表示每个，这属于语法意义；用"每"这个词也可表示同样的意义，如"每个"，而这就属于"每"的语汇意义了。

### 三、语法学

#### （一）语法学的任务

语法学是研究语言的结构规则的学科。其核心任务是研究词语的组合规则，研究怎样由较小的语言单位组合成较大的语言单位，即研究怎样由语素构成词，由词构成短语，由词或短语构成句子，由句子构成语段，等等。

由较小的语言单位构成较大的语言单位，既要受形式制约，也要受意义制约。因此，语法学要研究各级语言单位的形式和意义。但是，语法学并不研究词语的具体形式和具体意义，而只研究与词语的组合规则相关的抽象的形式和意义，即语法形式和语法意义。如对"吃西瓜""洗衣服"这类语言组合，语法学并不管其中各个词的具体形式和具体意义是什么，只需说明"吃"和"洗"是表示动作的动词，"西瓜"和"衣服"是表示事物的名词，动词和名词构成动作和对象的关系，即动宾关系。这些都是抽象的语法形式和语法意义。又如词语的形态变化和语法范畴，也都是与词语的组合相关的语法形式和语法意义。

词语的组合规则，就是指什么样的词语能够和什么样的词语组合，又是以什么样的方式组合的。所谓能够组合，是指词语的语法功能；所谓组合方式，是指词语的语法结构。所以语法学要研究各级语言单位的语法功能和语法结构。在语法学范围内，语素是最小的语法单位，其上依次是词、短语、句子、语段。传统语法学以及现代语法学中的一些学派，都不管语段，而把句子看作最大的语法单位。但现在一般认为语段也应该是语法学研究的对象。在语法学范围内，除了最小的语法单位语素只有功能问题需要研究，最大的语法单位语段只有结构问题需要研究，其他各级单位都有结构和功能两个方面的问题需要研究。

## (二)语法学的分支

语法学内部又可分词法、句法和超句法三部分。词法研究词的结构和功能、词的形态变化和语法范畴。句法研究短语和句子的结构、功能以及句法变换。超句法研究语段(或称语篇、句群、篇章等)的结构,研究句子之间的语义关联、关联手段等。

词法和句法是传统语法学的两大分支,词法又称形态学,包括构词法、构形法和词类问题。其实词法和句法的划分并不十分合理,如词的形态变化和语法范畴,不仅仅是词法问题,也涉及句法问题,因为词的形态变化表面上看是词形的变化,但实质上词形变化是受句法规则制约的。如名词的语法范畴"性""数""格",不仅是名词的词形变化问题,还涉及名词与动词、形容词的组合问题以及句子成分之间的搭配问题,而这些问题都属于句法问题。但是目前还没有一种公认的更好的分法来取代这种划分。超句法是现代语法学增添的新内容,也有人将这部分内容独立开来,称为篇章语言学或语篇学等,还有人将它们归入话语语言学或语用学等语言学分支中去。实际上语段的组织涉及多方面的因素,既与语法有关,也与语义和语用有关。将它独立开来进行综合的研究,也许更为合适。不过目前语段的研究还不太成熟,还不足以形成与语法学等并列的地位,所以我们认为还是把它放在语法学部分比较好。

此外,语法学也可分为普通语法学和具体语法学、共时语法学和历时语法学、理论语法学和应用语法学等分支。普通语法学研究人类语言的普遍语法特征和不同语言语法的异同,具体语法学研究个别语言的语法系统。共时语法学研究语言某一时期的语法面貌,历时语法学研究语法系统的历史发展变化。理论语法学主要研究语法学的理论方法问题,应用语法学主要研究语法教学、翻译、语言信息处理等应用领域中的语法分析等问题。

关于语法学的任务和分支以及语法分析的方法,不同的语言学流派之间有较大的差异。如结构主义语法、转换生成语法和系统功能语法等,对语法学的任务的看法都很不相同,所采用的语法分析方法也很不相同。本章介绍的内容,只是语法学的基本任务和基本方法,要进一步了解不同流派的语法体系和分析方法,可以参考本章后面所列的参考资料。

**思考与练习**

一、语法具有哪些重要性质?请举例说明。

二、语法有客观语法和主观语法之分,你能说明二者之间的关系吗?

三、什么是语法形式?为什么说隐性语法形式也属于语法形式?举例说明常见的显性语法形式。

四、什么是语法意义?举例说明语法意义的各种类型。

五、请你说说学习语法学有什么用处。

## 第二节 词法

### 一、语法范畴

语法范畴有广义和狭义之分。广义语法范畴是各种语法形式表示的语法意义的概括。广义语法范畴,从语法形式上看,包括所有显性语法形式和隐性语法形式;从语法意义上看,包括所有类型的语法意义,如结构范畴(主谓结构、动宾结构等结构范畴)、功能范畴(名词、动词等词类范畴)、情态范畴(陈述、疑问等语气范畴)。

狭义语法范畴是由词的形态变化表示的语法意义的概括,又称形态范畴。词的形态变化是用附加词缀、内部屈折、重叠等方式构成同一个词的不同语法变体,简称词形变化。一般来说,确定一种语言中是否有某种狭义语法范畴,就是看这种语言是否用词形变化表示这种语法意义。以下介绍几种常见的语法范畴。

#### (一)性

性是主要与名词相关的语法范畴,一般是把名词分成阴性、阳性、中性或阴性、阳性,并用不同的形式标志表示。有些语言形容词和冠词也有性的分别。俄语名词分阴性、阳性、中性三类,分别用不同的词缀表示,但每个名词只有其中一种形式,没有词形变化。俄语形容词则用词形变化表示阴性、阳性和中性,每个形容词有三种不同的词形,并与名词的性相配。德语则用冠词的词形变化区别名词的阴性、阳性和中性,名词本身没有性的形式变化。法语只有阴性和阳性之分,也是用冠词的词形变化表示,名词本身也没有性的形态变化。所以这些语言中名词的性不属形态语法范畴,形容词和冠词都有性的词形变化,属形态语法范畴。汉语、英语等都没有性范畴。英语中虽然有些词通过词缀区别男女,如actor/actress(男/女演员)、host/hostess(男/女主人)、waiter/waitress(男/女服务员),但这种词很少,缺乏普遍性,不足以构成性范畴。

不管用什么方式区别名词的性,名词的性都只是一种语法类别。作为语法类别的性,与事物的自然性别有一定的联系,表示动物的名词的性与动物的自然性别大体上相应,但也有不相应的。如德语 weib(妇女)、madchen(少女)、fraulein(年轻女士)在语法上是中性。至于表示非动物的名词的性别,客观依据就不太明显了。

#### (二)数

数也是主要与名词相关的语法范畴,一般用名词(或代词)的词形变化区别单数和复数或单数、双数和复数(大于二的数)。有些语言中动词、形容词或冠词也有数的形态变化,与名词的数相配。俄语名词、代词、动词、形容词都有单数与复数的词形变化,并相互配合。在阿拉伯语、斯洛文尼亚语等语言中,名词分单数、双数和复数三种形式。汉语人称代词和指人的名词后面可以加"们"表示复数,但表示复数时也可不加"们",有时甚至不能加"们",如"这些学生"后面可加"们",也可不加,而"三个学生"后面不能加"们"。汉语中的"们"严格来说不是词缀而是助词,因为"们"可以加在短语后面,如"学生和家长们"中"们"是加在整个短语"学生和家长"后面的。

（三）格

格是表示词语之间结构关系和语义关系的语法范畴,一般用名词和代词的形态变化表示各种不同的格,有些语言中形容词和数词也有与名词相应的格,如俄语中名词、代词、形容词和数词都有格变化,共有六种格：主格(作主语)、宾格(作直接宾语)、与格(作间接宾语)、属格(作定语,表示领属)、工具格(作状语,表示工具材料)、前置格(作状语,表示方位处所)。有些语言中格比较少,如英语中名词只有属格(加后缀-'s)和通格(不加后缀)之分。另外人称代词有主格、宾格和属格三种形式。有些语言中格比较多,如芬兰语中有十六种格。汉语等则没有格范畴。

（四）时和体

时和体都是与动词相关的语法范畴,表示事件的时间关系和过程状态。时(tense)是指说话时间、事件时间和参照时间三者之间的相互关系。其中说话时间与参照时间的先后关系构成初级时制(又称绝对时),一般分过去时、现在时和将来时；参照时间先于说话时间为过去时,二者同时为现在时,参照时间后于说话时间为将来时。而参照时间与事件时间的先后关系构成次级时制(又称相对时),一般分先事时、一般时(简单时)和后事时：事件时间先于参照时间为先事时,二者同时为一般时,事件时间后于参照时间为后事时。体(aspect)表示动作行为的各种阶段和状态,最常见的是完成体和未完成体(或持续体、进行体),此外还有起始体、继续体、中断体、反复体、短时体(或瞬间体)等等。时和体的关系非常密切,往往互相配合,甚至融为一体。如英语有三种时(过去时、现在时和将来时)和三种体(一般体、进行体和完成体),可以配合成十六种格式,如过去完成式,就是过去时和完成体。汉语助词"着""了""过""起来""下去""来着"等也可表示时和体,动词本身还可以用重叠方式表示短时体。

（五）态

态又称语态,是表示主语与动词的语义关系的语法范畴,一般通过动词的形态变化来区分主动态和被动态。主动态表示主语是动词的施事,即行为动作的主体；被动态表示主语是动词的受事,即行为动作的对象。如英语就有主动态和被动态之分,主动态的动词形式不变,被动态则用助动词 be 和动词的过去分词形式表示,例如"The dog bites the cat."(狗咬猫。)、"The cat was bitten by the dog."（猫被狗咬了。）有些语言中还有反身态（主语既是施事又是受事，如自杀、自责）、相互态（行为动作是由主语相互实施的，如相爱、相遇）。汉语可用虚词"被"表示被动，但动词没有形态变化，一般不看成态范畴。

（六）式

式又称语式或语气、情态，是表示句子的语气或情态的语法范畴，一般通过动词的形态变化来区分陈述式、命令式、虚拟式、愿望式等。如俄语有陈述式、命令式和虚拟式之分，希腊语则分陈述式、命令式和愿望式。英语有虚拟式。如果只是通过句子的语调或虚词等表示语气或情态，一般不看成式范畴。

（七）人称

人称是表示动词与主语在人称上的一致关系的语法范畴，一般通过动词的形态变化来区分第一人称、第二人称和第三人称，如俄语、法语等动词都有三种人称形式。英语一般动词的现在时单数有第三人称的形式变化，表现为加后缀-(e)s，动词 be 的现在时单数则有三种人称形式：am、are、is。各语言中人称代词都有人称的区别，但代词的人称一般不属语法范畴，因为没有形态变化，如汉语的"我""你""他"。

（八）级

级是表示性质状态的程度的语法范畴，一般通过形容词、副词的形态变化来区分原级、比较级和最高级。英语单音节形容词和一部分副词一般用词尾变化区分这三种级，如 fast（快，原级）、faster（比较快，比较级）、fastest（最快，最高级）。多音节词则一般用前加虚词 more、less、better、worse 表示比较级，most、least 表示最高级。

**二、语素**

（一）语素的性质

语素是最小的音义结合体。语素最基本的作用是构词，所以又叫词素。

语素都是有意义的语言单位。有的语素意义比较实，有的语素意义比较虚。如"画儿"中"画"的意义较实，"儿"的意义较虚。不少语素的意义不太固定，在不同的词语中有不同的意义变体，有时意义有较大差别，有时甚至会失去意义。如"家"，有时指家庭（"成家"），有时指家庭处所（"搬家"），有时指某种行业（"渔家"），有时指某种专长的人（"艺术家"），有时指学术流派（"儒家"）。有时有些语素由于词义演变而失去意义，如"国家、家伙"中的"家"现在已经没有意义了，但是在这些词原来的意义中"家"是有意义的。

语素都有语音形式，不过有些语素的语音形式不太固定，有多种语音变体。如汉语的后缀"儿"，随着词根的语音形式不同而有不同的变化。有词重音变化的语言，不少语素由于重音位置不同，语音形式也有所不同。如英语的 record（记录），念['rekɔːd]是名词，念[riˈkɔːd]是动词。又如英语的名词复数形式-s，有

[s]、[z]、[iz]三种语音变体。英语表示否定意义的前缀 in-、im-、ir-、il-，也是同一个语素的不同语音变体。

语素是有意义的最小的语言单位，如"人民"是有意义的语言单位，但不是最小的，它还可分成两个更小的有意义的语言单位"人"和"民"。但"怂恿"是最小的有意义的语言单位，"怂"和"恿"分开都没有意义。所以"人民"是两个语素，"怂恿"是一个语素。

(二)语素的类型

语素可从各种不同角度分类。从语音形式上，可分单音节语素和多音节语素；从语义上，可分单义语素和多义语素，实语素和虚语素；从功能上，可分成词语素和不成词语素，自由语素和黏着语素，定位语素和不定位语素，构词语素和构形语素。这里主要谈功能分类。

成词语素是能单独成词的语素，如"人""山""红""好""吃""笑"；不成词语素是不能单独成词的语素，如"民""木""荣""丽""牺""眠"。

自由语素是能单说(单独成句)的语素，如"我""牛""快""好""走""吃"；黏着语素是不能单说的语素，如"肤""聪""航""的""呢""从"。

定位语素是构词或造句时位置固定的语素，总在别的语素前边或后边，如"阿""者""的""呢"；不定位语素是造词或造句时位置不固定的语素，有时在别的语素前边，有时在别的语素后边，如"民""山""大""来"，以"民"为例，既有"民主""民工""民愤"，也有"农民""渔民""村民"。

构词语素能单独或与其他语素一起构成词，构形语素不能构词，只能构成词语的形态变化，如英语的复数后缀-s，分词后缀-ing、-ed 等，都是构形语素。

三、词

(一)词的性质

词是最小的能自由运用的语言单位。所谓自由运用，有不同的自由程度。最自由的情况，首先是能单说，即能单独成句，例如："谁？""我。""快！""打！"自由语素都是能单说的，所以自由语素都能成词。其次是能单用，即能单独充当句法成分(短语成分或句子成分)，如"努力学习"中的"努力"和"学习"。还有些语素既不能单说，也不能单用，只能附着在别的成分上。这类附着性成分有的是词，如虚词；有的是词缀，而不是词。虚词和词缀的主要区别在于：虚词可以根据一定的语法规则自由类推，可以跟短语自由组合；词缀不能自由类推，只能附着在词上，不能跟短语自由组合。如汉语的"第""们""着""了""过"等都是虚词，"者""子""儿""头"等是词缀。

所谓最小，是指一个词不能再划分为几个更小的词，不能拆开自由使用。具体地说，包括以下几种情况：第一，如果拆开，至少有一部分不能成词。如"语言""人民"中"语""言""民"都不能成词。第二，如果拆开，不能保持原意。如"白菜"

的意义不等于"白的菜"。第三,习惯上不能插入虚词。如"牛肉"一般不会说成"牛的肉","美好"一般也不能说成"美而好"。不过汉语中词的划分是一个疑难问题,上述三种情况都有一些例外,根据这些标准,也难以严格地、明确地将词划分开来。而英语等使用拼音文字的语言,一般都在书面上分词连写,很容易将词分开。

(二)词的类型

1. 词的结构类型

词从结构上可分成单纯词、合成词两大类。单纯词是由一个语素构成的词,如"山""树""胖""高""喝""哭""葡萄""窈窕""怂恿"。合成词是由几个语素构成的词,又分复合词和派生词两类。

(1)复合词

由几个词根复合而成的词是复合词。根据词根之间的结构关系,又可分为若干结构类型。常见的有五种:联合式(语言、学习)、偏正式(墨水、眼镜)、主谓式(地震、眼熟)、述宾式(司机、枕头)、述补式(降低、改正)。英语的例子如:walkie-talkie(步话器,联合式)、football(足球,偏正式)、state-owned(国营的,主谓式)、pickpocket(扒手,述宾式)、take-off(起飞,述补式)。

汉语复合词的结构方式与短语的结构方式基本一致,但英语复合词的结构方式与短语的结构方式差异较大。英语的述宾式复合词与述宾短语的语序往往相反,如 track-laying(铺轨的)、grain-short(缺粮)、heat-retaining(保温的)。

(2)派生词

由词根附加词缀派生出来的词是派生词。词缀是不成词的、定位的、黏着的语素,在前面的叫前缀,在后面的叫后缀,在中间的叫中缀。

汉语的派生词较少,前缀和后缀都不多,而且多数派生能力不强。但印欧语系中派生词很多,前缀和后缀都很丰富,而且派生能力很强。如英语中表示否定的前缀有:re-(reaction,反作用)、un-(unjust,非正义)、in-(inhuman,不人道)、dis-(disproof,反证)等等。表示超出的前缀有:over-(overage,超龄)、sur-(surpass,超过;surrealism,超现实主义)、ultra-(ultrahigh,超高)等等。光是指人的后缀就有:-ist(artist,艺术家)、-ian(musician,音乐家)、-ant(attendant,服务员)、-ent(spondent,记者)、-er(worker,工人)、-or(actor,演员)、-age(personage,人士)、-ary(missionary,传教士)等等。

2. 词的功能类型

词的功能类型就是一般所说的词类。词类是指词的语法分类,一般根据词的语法功能,把词划分为各种功能类型,如名词、动词、形容词等等。但词类的划分是比较复杂的问题,因为划分词类有不同的标准,标准不同,分类结果就不同。此外,不同的语言有不同的特点,划分出来的词类也会有所不同。

(1) 分类标准

划分词类一般有三个不同的标准：一是根据词的语法意义划分，二是根据词的形态变化划分，三是根据词的语法功能划分。

根据词的语法意义划分词类是传统的做法，现在的教学语法体系中还有这种做法。如一般说名词是表示事物的词，动词是表示行为动作的词，形容词是表示性质状态的词，等等，就是从词的语法意义的角度来说的。但根据词的语法意义来划分词类是很成问题的，因为词的语法意义比较抽象，不容易把握，如说"愿望""战争"是表示事物，"盼望""战斗"是表示行为动作，"希望""斗争"则是既可表示事物，又可表示行为动作，是很难让人理解的。又如"喜欢""高兴""担心""担忧"很难说清是表示行为动作还是表示性质状态。事实上，意义相近的词可能有不同的用法，而意义毫无共同之处的词可能有相同的用法。如"突然"与"忽然"意义非常相近，但用法有很大差别，可以说"很突然""突然事件"，但不能说"很忽然""忽然事件"。又如"属于""存在""可以"等都是动词，有共同的用法，可是它们的意义毫无共同之处，也都不表示行为动作。

根据词的形态变化来划分词类，在有丰富形态变化的语言中，是划分词类的主要方法。可是对于像汉语这样缺乏形态变化的语言，这种分类方法就没有多大作用了。即使是在形态变化丰富的语言中，也并非所有的词都有形态变化，如英语中名词一般都有数的形态变化，动词一般都有时体的形态变化，但也有少数名词、动词没有这些形态变化，虚词一般都没有形态变化，因此，也不能完全根据形态变化来划分词类。

根据词的语法功能来划分词类，是普遍有效的分类方法。具体来说，就是看词语充当句子成分的能力，看词语能否跟某些词语组合，组合起来会发生什么关系，起什么语法作用。如汉语名词能作主语、宾语，但一般不能作谓语；能与数量词组合，但一般不能与副词"不"等组合。汉语形容词能修饰名词，副词一般不能修饰名词。汉语时态助词"着""了""过"能附着在动词或形容词后面表示时态。这种分类方法不仅对汉语这种缺乏形态变化的语言有效，而且对于形态变化丰富的语言也是有效的。当有相同形态变化的词也有相同的语法功能时，功能标准和形态标准是一致的。当有相同形态变化的词没有相同的语法功能时，仍然以语法功能为准。如俄语中许多专有名词的性、数、格的词形变化与一般名词不同，而与形容词相同，但由于它们的语法功能与名词相同而与形容词不同，所以仍然划归名词。至于没有形态变化的词，则更要看它们的语法功能了。

(2) 词类层级

虽然人们常说某语言中有名词、动词、形容词等若干词类，但实际上，各语言中的词都可划分为若干不同层级的大类、小类和次类，构成多层级的词类体系。

各语言中的词一般都可以分实词和虚词两大类。一般来说,实词能够作句法成分,虚词不能作句法成分,只能在句子中起某种语法作用。

实词又可分为体词、谓词和饰词三类。体词能作主语宾语,一般不能作谓语,谓词能作谓语,饰词只能作定语、状语或补语(或表语)。汉语体词主要包括名词、数量词及名词性代词,有些语言中没有量词。汉语的谓词包括动词、形容词及谓词性代词,但许多语言中的形容词一般不能作谓语,不属谓词,如英语。汉语中饰词包括副词和区别词(又称非谓形容词,如"男式""大型"等只能作定语的词),其他语言(如英语)中饰词一般包括形容词和副词。

名词、动词、形容词等又可划分为若干次类,如汉语的名词可分为指人名词、指物名词和个体名词、集体名词等;英语的名词可分专有名词、普通名词和可数名词、不可数名词等。动词、形容词等也可划分为类似的次类。各个次类的语法功能都有所不同,如汉语指人名词后可加"们"表示复数,指物名词一般不能加"们";汉语个体名词前可加个体量词如"个"等,集体名词不能加个体量词。又如英语专有名词前不能加冠词,普通名词前可以加冠词;可数名词有复数形式,不可数名词没有复数形式。

虚词根据语法作用的不同,又可划分为若干小类,一般有介词(或称前置词)、后置词、连词、助词(或称小品词)、冠词、语气词等。有些小类下面还可划分为若干次类,如汉语的助词还可分为结构助词、时态助词等。

有两类比较特殊的词类:叹词和象声词。叹词和象声词一般不充当句子的一般成分,而是充当句子的独立成分,既不同于一般实词,也不同于一般虚词。所以有人将它们排除在实词和虚词之外。但是叹词和象声词可以充当句子的独立成分,而且有时也可以像动词或名词一样,充当一般句子成分。总的来说,叹词和象声词与一般实词比较接近,可以划归实词。

**思考与练习**

一、什么是语法范畴?举例说明英语和汉语中的各种语法范畴。

二、举例说明语素的各种功能类型。

三、有人主张汉语应该像英语等语言一样,在书面上实行分词连写,你认为这样可行吗?

四、汉语与英语相比,词的结构类型主要有哪些差异?

五、划分词类的标准有哪些?应该主要依据什么标准划分词类?为什么?

# 第三节 句法

### 一、短语

词和词按照一定的结构方式组合起来,就形成短语,又叫词组。短语本身是由词构成的,但又像词一样充当句子成分。所以短语既有内部结构层次问题,又有外部句法功能问题。

(一)结构类型

根据短语的结构方式,短语可分若干结构类型。常见的短语结构类型主要有以下五种:

1. 主谓短语

主谓短语由主语和谓语两部分构成,主语是陈述的对象,谓语是对主语的陈述,如"我们去""个子高"等等。

2. 述宾短语

述宾短语又称动宾短语,由述语和宾语两部分构成,述语一般表示行为动作,宾语是行为动作涉及的对象,如"看小说""洗衣服""喜欢下棋""进行限制"等等。

3. 偏正短语

偏正短语由修饰语和中心语两部分构成,修饰语对中心语加以修饰或者限制。其中修饰语又分为定语和状语两种。修饰语和中心语之间有时可用虚词,如"优秀的作品""思想水平""很大""也去"等等。

4. 联合短语

联合短语由两个或更多的部分构成,各部分是平等的联合关系,有时也可用虚词关联,如"爸爸妈妈""调查研究""美丽善良""我和他""去不去""继承并发扬"等等。

5. 述补短语

述补短语又称补充短语或正补短语等,由述语和补语两部分构成,述语一般表示行为动作或性质状态,补语对述语起补充说明的作用,有时也可用虚词关联,如"跑得快""洗干净""红得很"等等。有些语言中把述补短语归入偏正短语,把补语看作状语。

此外,还有些短语是由特定虚词和实词构成的,如介词短语、助词短语(如"的"字短语)等。

(二)结构层次

短语的结构有简单和复杂之分,简单短语的构成成分都是单词,复杂短语的构成成分中至少有一个成分本身又是一个短语,因此复杂短语包含若干不同的结构层次。如"哥哥买的新书"这个短语,整体上是偏正短语,其中"哥哥买的"是修饰语,"新书"是中心语,它们是这个偏正短语的两个直接成分。而修饰语和中心语本身又都是短语,"哥哥买"是主谓短语,"新书"是偏正短语。其中"哥哥"和"买"是"哥哥买"的两个直接成分,"新"和"书"是"新书"的两个直接成分。这个例子可以图解如下:

任何复杂的短语都是这样一层一层组合起来的,分析一个复杂短语时,就可以这样一层一层往下分,一般分到词或语素为止。每一次划分时,都要找出相应短语的直接成分。除了联合短语之外,其他短语的直接成分一般只有两个,联合短语的直接成分可以多于两个。这种分析方法一般称为直接成分分析法或层次分析法。用这种方法,可以清晰地揭示复杂短语的结构层次。有些短语由于结构层次不同而有不同的意思,即歧义短语,通过结构层次分析,可以揭示产生歧义的原因。如"哥哥和姐姐的同事"有两种不同的意思,这种歧义是结构层次不同造成的。

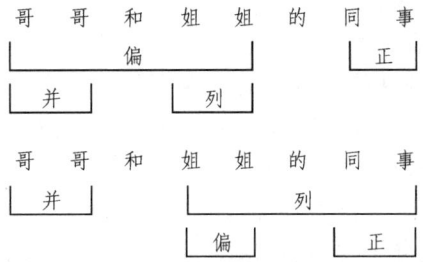

(三)功能类型

根据短语不同的语法功能,短语可以划分为三种功能类型。

1. 体词性短语

体词性短语又称名词性短语或名词短语,与体词的语法功能基本相同,主要作主语、宾语,一般不作谓语。汉语的体词性短语主要包括以体词为中心的偏正短语和联合短语、表示物量的数量短语、"的"字短语等,如"红花""一头牛""我家""老师和学生""我和你""十几个""那一个""看戏的"等等。

2. 谓词性短语

谓词性短语与谓词的语法功能基本相同,主要作谓语。汉语的谓词性短语主要包括述宾短语、述补短语、主谓短语、以谓词为中心的偏正短语和联合短语等,如"看小说""说清楚""好得很""个子高""一定去""非常快""调查研究""勤劳勇敢"等等。谓词性短语还可分动词短语和形容词短语两类,前者以动词为中心,后者以形容词为中心。

3. 饰词性短语

饰词性短语又称修饰性短语,其语法功能与饰词基本相同,一般只能作修饰语或补语(表语)。汉语的饰词性短语主要包括介词短语、表示动量的数量短语以及一些特殊的习用短语等,如"向前面""对大家""一次""有一回""一个劲儿"

"三番五次""无条件""按道理""飞一样""从此以后""有史以来""死去活来""挨家挨户""说来说去"等等。英语的介词短语和形容词短语都属于饰词性短语。

**二、句子**

句子是言语交际的基本单位。进行言语交际时,至少要用一个句子。句子能表达一个相对完整的意思,带有一个表示句子结束的语调(句调)。一个词或一个短语,只要带上了一个句调(书面上用句号、问号或感叹号表示),就是一个句子。例如:

"谁在外面敲门?"
"是我。"
"你是谁?"
"小王。"
"小王!快进屋!"

以上这段对话共有六个句子。

句子在结构上是独立的,一个句子如果成了另一个句子的组成部分,它就失去了句子的资格。例如:"我不知道谁在外面敲门。"这是一个句子,其中"谁在外面敲门"是"知道"的宾语,不是一个句子。

绝大多数句子都是由短语构成的,因此句子的结构与短语的结构有相通之处。但是,句子和短语除了有无句调的区别之外,在结构上也有一些差异。一方面,有些短语是不能成句的黏着短语,如介词短语("被小王")、表动量的联合短语("一次又一次")等都不能成句。在有形态变化的语言如英语中,不定式动词短语等也不能独立成句。另一方面,句子还有特殊的独立成分,是短语里所没有的。例如:

"老刘,你可真行哪!"(呼语)
"这条裙子,据我看,值五十多块钱。"(插入语)

这些独立成分是独立于句子中的其他成分的,与其他成分没有一般的句法关系,也不是独立的句子,而是句子的特殊成分。

(一)句子的结构类型

根据句子的结构特点,句子可以归纳为若干结构类型,简称句型,句型又可分为若干句式。归纳句型时,一般不考虑修饰语、补语和独立成分,只看主语、谓语、述语和宾语。句型也有若干大小不同的层级。句子首先可分单句和复句两大类。

1. 单句

单句由一个词或一个短语构成,又可分主谓句和非主谓句两类。

(1)主谓句

主谓句是由主谓短语构成的句子(不考虑修饰语、补语及独立成分,下同),

可以分出主语和谓语两部分,又称双部句。任何语言中主谓句都占绝大多数。主谓句又可分谓词性谓语句和体词性谓语句两类。

谓词性谓语句是以谓词或谓词性短语为谓语的句子。根据宾语的有无和多少,可分为三类。一是无宾语的"主—谓"式,例如:"他睡觉了。""他很瘦。""衣服挂在衣柜里。""他又矮又胖。"二是带一个宾语的"主—谓(述—宾)"式,例如:"他在看电视。""大会讨论和通过了这个决议。"三是带两个宾语(双宾语)的"主—谓(述—宾—宾)"式,例如:"我给他一张电影票。"汉语中还有几种特殊的句式,如主谓谓语句,例如:"他个子高高的。"连谓句,例如:"他躺在床上看书。"兼语句,例如:"他请我们喝酒。"等等。有时还根据某些句子结构上的特点概括出一些特定句式,如汉语中的存现句、"把"字句等等。

体词性谓语句是以体词或体词性短语为谓语的句子。这种句型是汉语的特点,在形态变化丰富的语言中,一般没有这种句型。即使在汉语中,这种句型也是很有限的。例如:"今天阴天。""明天清明节。""这个人神经病。""他六十五了。""一块钱三斤。""他上海人。""这个人急性子。""这张桌子三条腿儿。""他高高的个子。"这类句子大多可以加上动词"是"或"有",而且相应的否定句必须加"不是"或"没有",有人将这类句子看作省略句,但"一块钱三斤""他高高的个子"之类的句子难以分析为省略句。

(2)非主谓句

非主谓句分不出主语和谓语两部分,又叫单部句。非主谓句又可分成三类:体词性非主谓句、谓词性非主谓句和叹词句。

体词性非主谓句是由体词或体词性短语构成的非主谓句。例如:"小王!""日本鬼子!""叛徒!""我的妈呀!""两斤排骨。""好漂亮的裙子!""什么?""1980年春天。村边的树林里。清脆的鸟叫声。"

谓词性非主谓句是由谓词或谓词性短语构成的非主谓句。例如:"起风了。""熄灯了。""谢谢!""突然响起一阵枪声。""从树林里跳出一只老虎。""小心触电!""请爱护公物!""坚决打击吸毒贩毒活动!""让我们紧密团结起来!""有个村子叫刘家沟。""发生什么事啦?"这种句子不同于省略主语的主谓句,无法或不便补出确切的主语。

叹词句是由叹词构成的句子。例如"喂!""嗯?""哦。""啊!""哎哟!"

2. 复句

复句是由两个或更多的单句结构复合而成的。充当复句成分的单句结构叫分句,分句加上独立的句调就是单句,但在复句中没有独立的句调,只是句子(复句)的一个组成部分。一个复句无论多么复杂,都只有一个句调,书面上用句号、问号或感叹号。分句与分句之间,一般有比较明显的句内停顿,书面上一般用逗号或分号。分句可以是主谓结构,也可以是非主谓结构。分句与分句之间没有单句中的结构关系,但有复句内部的结构关系,如并列关系、选择关系、因果关系等,常常用某些关系词语相关联。根据分句之间的结构关系,复句可以归纳为三大类:并列类复句、因果类复句和转折类复句。各大类下面又可再分成若干小类。

(1) 并列类复句

并列类复句的各分句之间是平等并列的,没有因果关系或转折关系。并列类复句又可分为并列复句、连贯复句、递进复句和选择复句四个小类。并列复句表示一般并列关系,不分时间先后,也没有递进关系;连贯复句的各分句表示先后发生的行为动作;递进复句表示递进关系;选择复句表示选择关系。

(2) 因果类复句

因果类复句的分句之间有某种因果关系。其中又分因果复句、推断复句、假设复句、条件复句、目的复句等。因果复句客观陈述事物现象之间的因果关系,推断复句根据某种理由推断事物现象之间的因果关系,假设复句根据某种假设断定某种结果,条件复句根据某种条件断定某种结果,目的复句说明某种行为要得到某种结果。

(3) 转折类复句

转折类复句的分句之间有某种逆转关系,包括并列性逆转和因果性逆转。其中又分转折复句、让步复句和假转复句。转折复句表示一般并列性逆转关系,让步复句先让步后逆转,假转复句表示假如不这样会有什么结果。

(二) 句子的功能类型

句子按交际功能可分若干功能类型,简称句类。句类不仅仅是功能上的分类,一般也有某些不同的形式标志,最基本的标志就是不同的语调,有些语言中还有一些别的形式标志。基本的句类有如下四种。

1. 陈述句

陈述句的作用是陈述一件事情,带有陈述语调,一般是句末音高平直稍降,书面上一般用句号。一般又分肯定句和否定句两种。例如:"我知道这件事。""他不是学生。"

2. 疑问句

疑问句的作用是提出一个疑问,带有疑问语调或疑问词,一般是句末音高上升,有疑问词时,音高也可与陈述句相同,书面上用问号。英语中的疑问句还有特殊的语序为标志。疑问句一般可分是非问句、选择问句和特指问句三种。是非问句一般可用"是的"或"不"(英语用 yes 或 no)作简短回答。例如:"你去吗?""是的。""他喜欢吗?""不。"选择问句提供几个并列疑问项,要求从中选择某项作出回答。例如:"他是老师还是学生?""他是学生。"特指问句用疑问代词表示疑问,要求就疑问代词的内容作出回答。例如:"谁是负责人?""我就是。"

3. 祈使句

祈使句的作用是发出命令或提出请求,带有祈使语调,一般是句末音高下降,书面上一般用感叹号或句号,可分促使句和阻止句两种。促使句促使对方做某事,用肯定形式,例如:"请让一让。""快滚!"阻止句阻止对方做某事,用否定形式,例如:"你别去。""不要动!"

4. 感叹句

感叹句的作用是抒发说话人的某种感情,带有感叹语调,一般是句末音高先升后降,书面上一般用感叹号。例如:"好大的雪呀!""这件裙子真漂亮!"英语中某些感叹句采用特殊句式。例如:What a nice speech!(多么精彩的发言哪!)

应该指出的是,上述句子的功能类型,是就句子的一般功能来说的,在特定的语言环境中,句子的功能可以发生变化。如陈述句、疑问句或感叹句在特定场合中都可间接地表示祈使。如当白天房间光线较暗时,客人想让主人开灯,不一定要用祈使句,可以用陈述句或疑问句甚至感叹句,比如:"这间屋子光线不大好。""停电了吗?""这间屋子太暗了!"又如,疑问句往往可以表示陈述,如"这种事谁料得到呢?"一句的语义相当于"这种事没人料得到",这是形式和内容不一致的现象。

**三、句法变换**

不同的句型或句类之间有时可以相互变换,如主动句和被动句,陈述句和疑问句,肯定句和否定句以及一些特定句式之间,都有变换关系。

(一)句法变换的方式

句法变换的基本方式有如下五种。

1. 省略

省略是指去掉句子的某些成分,这是最常用的一种变换方式,又称删除。在连续的话语中或在对话时,各种句子成分都可省略。一般可分为承前省略(又称顺向删除)和蒙后省略(又称逆向删除)两种。例如:"小王站起来,(小王)对大家鞠了一个躬。""你去买菜还是我去(买菜)?""小王(看电视),小李看电视。""是小王(去)还是小李去?"

2. 移位

移位是指改变词语的先后位置,也是很常用的变换方式,又称易位。例如:

小王骑走了自行车。

→自行车小王骑走了。

你怎么了?

→怎么了,你?

他气得话都说不出来。

→他话都说不出来,气得。

他大概到家了吧。

→他到家了吧,大概。

有时移位会改变语句的结构方式,如第一例由主动句变为被动句,由"主—谓(述—宾)"式变为"主—谓(主—谓)"式。这种移位是句法性移位。有时移位不改变语句的结构方式,如"怎么了,你?"中"你"仍然是主语,"怎么了"仍然是谓语,其余各例也是如此。这种移位是语用性移位,一般所说的倒装,就是指这种语用性移位。

3. 插入

插入是指在句式变换时添加某些词语,一般是添加虚词或助动词、副词等。因为句式变换要求不改变句子的基本意义,如果插入一般实词,就会改变句子的基本意义,也就不成为句式变换了。例如:"小王骑走了自行车。"→"小王把自行车骑走了。"其中"自行车"是移位,而加介词"把"就是插入。又如英语由一般陈述句变为是非问句,一般要加助动词 do。例如:You know him. →Do you know him? 由肯定句变为否定句,一般要加 do 和否定副词 not。例如:I know him. → I do not know him.

4. 替代

替代是指用代词替换某些词语。例如:"我请了老张,可老张不肯来。"→"我请了老张,可他不肯来。"这种替代是可选性的。又如英语由陈述句变为反意问句时,后面的简短问句的主语必须用代词替代前面的主语。例如:Your bike is outside, is it? 这种替代是强制性的。

5. 复写

复写是指在句法变换时重复某些词语或词语的一部分。如英语反意问句后面的简短问句,必须重复前面问句的动词或助动词。例如:You have not classes today, have you? 汉语中有些正反问句也是用复写方式(还有插入)构成的,例如:"他去北京。"→"他去不去北京?"有些汉语方言还可省去"不",说成"他去去北京?"

从一种句式变为另一种句式,往往要同时运用几种变换方式。如英语的反意问句往往同时运用上述五种变换方式。

(二)句法变换的作用

句法变换的作用主要有两方面,一是用于语言教学,二是用于语言研究。

在语言教学中,句法变换是学习一种语言的语法规则的一种有效手段,如在小学语文教学或外语教学中,都常把句法变换作为一种教学手段,常常进行句法变换练习。

在语言研究中,句法变换是语法分析的一种有效手段。如句法变换常常可以解释某些同形异义的歧义现象。如"鸡不吃了"有两种意思,可是不管是用传统的句子成分分析法,还是用层次分析法,都无法解释产生歧义的原因。而用句法变换分析,就很容易解释。"鸡不吃了。"是由下面两个句子变换而来的:A."某人不吃鸡了。"B."鸡不吃东西了。"A通过省略"某人"和将"鸡"移位至句首,变成"鸡不吃了",B通过省略"东西"也变成"鸡不吃了",于是产生了这个歧义句。句法变换还可以分化某些结构相同而语义关系不同的同构异义现象。如"他卖了一头猪"和"他死了一头猪"不管用句子成分分析法还是层次分析法来分析,这两个句子的结构都是相同的。但用句法变换分析,可以发现这两个句子内部的语义关系是不同的。前一句可以通过移位变成"他把一头猪卖了""一头猪他卖了",后一句不能照样变成"他把一头猪死了""一头猪他死了"。前一句"他"是"卖"的施事,后一句"他"不是"死"的施事,只是"猪"的领属者。

**思考与练习**

一、举例说明短语的结构类型和功能类型。

二、用直接成分分析法分析下列句子:

(1)我哥哥昨天给我买回来一套运动服。

(2)妈妈今天送了我一件生日礼物。

三、以体词为中心的短语是否都是体词性短语?以谓词为中心的短语是否都是谓词性短语?请举例说明。

四、句子的结构类型与短语的结构类型有哪些不同之处?

五、举例说明句法变换的各种方式,并用自己的例子说明句法变换在语言研究中的作用。

## 第四节 超句法

### 一、语段的性质

语段是由语义上相互联系的若干句子,围绕一个语义中心组织起来的句子的组合,又称句群、句组、句段、语篇、篇章、超句体等。具体来说,语段具有三个基本特征。

(一)语段的构成成分

语段是由两个或更多的句子构成的。构成语段的基本成分是句子,而不是词或短语,也不是分句,这是语段与句子的基本区别。例如:"谁?""我。"这段对话就是一个语段,尽管只有两个词,但每个词都独立成句。书面上区别语段和句子,一般是看标点符号:如果一段话中只有一个句号或问号、感叹号,就是一个句子;如果有多个句号或问号、感叹号,就是一个或几个语段。

语段和文章的自然段落是不同的。一个段落可能就是一个语段,也可能包含多个语段,还可能只是一个语段的一部分。如文章中,特别是描写对话时,常常一个句子构成一个段落,这时,一个段落就不是一个语段,而只是语段的一部分,几个段落合起来才构成一个语段。

(二)语段的语义关联

语段中各个句子在语义上是相互联系的,没有语义联系的句子不能构成语段。例如:

(1)人们知道,口腔医院有一条规矩:儿童治牙,除特殊情况外,家长要在治疗室外等候,不得在旁边照顾。很奇怪,在治疗室外,孩子哭喊不停,父母也于心不忍,好像有一场生死离别。可是,当孩子离开父母,在严厉的护士带领下坐到手术椅上时,反倒不哭了。很快,手术完毕,孩子平静地走了出来。有经验的护士说:"如果父母在身边,手术就没法做。"这说明,娇惯造成了孩子的脆弱,使他不能承受本来完全能承受的痛苦。

上面这段话是一个语段,由六个句子组成。第一句说明口腔医院的一条规矩,第二句说明孩子在治疗室外父母身边的表现,第三句说明孩子离开父母进治疗室后的表现,第四句说明孩子手术后的表现,第五句说明父母若在孩子身边,手术没法做,第六句说明娇惯使孩子脆弱。其中第二句和第三句构成对比关系,第四句又和前两句构成并列关系,这三句与第五句又构成对比关系,第二至第五句又与第一句构成因果关系,说明为什么制定这种规矩,最后一句则是对前面句子意思的总结。

(三)语段的语义中心

一个语段有一个语义中心,各个句子都是围绕这个语义中心组织起来的。如果没有语义中心,就不能构成一个语段。如上面一例的语义中心就是娇惯使孩子脆弱,也就是最后一句的意思。其他句子都是说明这个语义中心的。

语段的语义中心,可以在字面上显露出来,也可以不显露出来。如上面一例的语义中心在最后一句中显露出来了,如果语义中心没有显露出来,就需要根据各句的意思来概括。例如:

(2)这些青翠的竹子,沿着细长的滑道,穿云钻雾,呼啸而来。它们滑下溪水,转入大河,流进赣江,挤上火车,走上迢迢的征途。

这个语段的语义中心是竹子被运往远方,但在字面上没有直接表现出来。

(四)语段的层次性

语段还具有层次性。语段可大可小,较大的语段可以包括若干较小的语段,较小的语段可以和别的句子或语段构成较大的语段。如上面例(1)中,第二句和第三句就可构成一个最小的语段,这个最小的语段又可与第四句一起构成较大的语段,然后与第五句构成更大的语段,再与第一句构成更大的语段,最后与第六句构成最大的语段。如果这段话再长一些,这个语段还可和别的句子或语段再继续组合成更大的语段。这样,一个较大的语段里面就包含着若干不同层级的较小语段。

**二、语义关联**

语段中的句子在语义上存在着各种各样的联系。各种语义联系可以概括为三大类型:顺承型、转折型和因果型。各大类型中又可分出若干小类。

(一)顺承型

在顺承型的语段中,各句语义呈直线形顺向延伸,没有转折关系或因果关系。其中又可分为几个小类。

1. 并行关系

在并行关系的语段中,各句语义平行并联,一般可以交换先后顺序,包括并列和选择。例如:

(3)下班后,小李没跟小王打招呼,就匆匆忙忙赶回家去。小王先到值班室给家里打了个电话,说她不回去吃晚饭了,就骑着自行车上萧军家去了。

(4)对于那位姑娘的外貌,汪百龄确实提不出任何意见。那位姑娘也在打量着汪百龄,四目相遇时她也不回避,而是微微地一笑,微微地点头,好像对汪百龄也很满意。

例(3)中两个句子并列说明小李和小王的行动,例(4)中两个句子,也是并列说明双方的看法。

2. 串行关系

在串行关系的语段中,各句语义按照一定的时间或事理顺序先后串联,包括承接和递进。例如:

(5)尽管放慢脚步,走到县城的时候,还只下午六点不到。他不忙做生意,先就着茶摊,出一分钱买了杯热茶,啃了随身带着当晚餐的几块僵饼,填饱了肚子,然后向火车站走去。一路游街看店,遇上百货公司,就弯进去侦察有没有他想买的帽子,要多少价钱。三爿店查下来,他找到了满意的一种。

(6)这种车不仅式样美观,看着就舒服,而且运行平稳,坐着也舒服。要说速度的话,那更是没说的,跑起来一溜风,连桑塔纳也能超。

例(5)的四个句子语义上按时间先后串联。例(6)的两句中,后一句在语义上更进一层。

3. 总分关系

在总分关系的语段中,有的句子概括地总述某事,其他句子具体地分述详述。分述部分可以是几个句子,也可是一个句子。总述部分可在前面,也可在后面。例如:

(7)男老何跟男小林将分得的一筐梨抬到办公室,大家开始找盛梨的家伙。有翻抽屉找网兜的,有找破纸袋的,有占字纸篓的,女小彭干脆占住了盛梨的草筐,说到家还可以盛蜂窝煤。

(8)小芳在家里又听话,又勤快,邻居们常夸她;在学校,不光成绩好,和同学们的关系也很好,老师常在班上表扬她。总之,小芳是个好孩子、好学生。

例(7)中第一句总述大家找家伙,后一句具体分述找什么家伙。例(8)是先分述,后总结。

4. 解说关系

在解说关系的语段中,一部分句子对另一部分句子或其中某一部分加以解释说明。例如:

(9)一个人在表现出自己的才能,表现出自己足以担当大任之前,是难以得到重用的机会的。这大概就是古人云"宰相必起于州部,猛将必发于卒伍"的道理吧。

(10)他去卖什么?卖油绳。自家的面粉,自家的油,自己动手做成的。

(11)这时,村子里走出一男一女两个青年人,男的推着自行车,女的提着一个篮子,跟在男的后面。这两个人不是别人,就是王兵和他的对象小凤。

例(9)中后一句对前一句的意思作进一步解释说明。例(10)中后一句对前一句中的"油绳"加以说明。例(11)中后一句说明前面句子叙述的人物的身份。

5. 背景关系

在背景关系的语段中,一部分交代事件的时间、地点、场景、人物等背景,另一部分叙述事件的内容。例如:

(12)那是在昆仑饭店大堂外的风雨廊中。出租车排着队,等待饭店门口行李生的召唤。他的那辆旧丰田平稳地滑了过来。

(13)那天开会,几个车间的主任都到了。王厂长先念了一封用户来信,是对我们厂的产品提意见的。

例(12)中前一句交代事件的处所背景,后两句叙述事件。例(13)中前一句交代参加会议的人员背景,后一句叙述事件。

(二)转折型

转折型语段中的前后两部分在语义上构成逆转关系或旁转关系。

1. 逆转关系

在逆转关系的语段中,前后两部分语义正好相反。例如:

(14)巷子里的人也都很高兴,觉得是帮着好人做了一回好事情。只有那老太发出一声叹息:"哎,这么好的人怎么会讨不到老婆呐!"

(15)正当各家拿起扫帚扫街时,那大门堂里出了一位颇有点风度的青年。说他是青年实在有点不放心,因为他的双颊已失去了光泽,走路缺少青年人的弹跳力,而且面部有一种老道严谨的表情。

例(14)中前一句说大家都高兴,后一句说老太不高兴。例(15)前一句说他是青年,后一句说他不像青年,语义正好相反。

2. 旁转关系

在旁转关系的语段中,一部分句子的语义突然转到别的话题上去,或者情况突然发生变化,或出现新情况,但不是向相反方向逆转。例如:

(16)这件事咱们得好好商量商量,琢磨个万全之策,既要把东西要回来,也不能跟他闹翻。哎,你吃饭了没有?没吃饭就在这儿吃一点。

(17)老同学多年没见了,今日相见,说不出多高兴,两个人你问这,我问那,一边说,一边开怀大笑。这时,门铃响了,正元起身去开门。

例(16)中前一句说商量办法,后面两句话题转到吃饭上来。例(17)中前一句说老同学相聚畅谈,后一句说出现了新情况。

(三) 因果型

因果型语段中的两部分在语义上有因果联系,一部分说明原因、论据或条件,另一部分说明结果、结论或目的。又可分为几个小类:

1. 因果关系

在因果关系的语段中,一部分说明事件的原因或论据,一部分说明结果或结论。例如:

(18)嫉妒心理往往在同行、同辈、同事关系中表现得最直接、最强烈。因为嫉妒是比较的产物,产生于相同的或近似的事物之间。

(19)早春的清晨,巷子里的人一拉开大门便皱眉头。谁家缺德,竟在那十分洁净的巷子里撒下了一溜黄沙石子,还有那斑斑点点的水石灰。显然,准是哪家昨晚上大兴土木,通宵作战。

例(18)中前一句说明一种现象,后一句说明产生这种现象的原因。例(19)中第二句是第一句的原因,第三句又是第二句的原因。

2. 条件关系

在条件关系的语段中,一部分提出某种条件,另一部分推导出相应的结果。例如:

(20)有的家长望子成龙心切,每天强逼着孩子看书、写字、做作业,不让孩子玩,也不让孩子做别的事。久而久之,孩子就会失去天真活泼的天性,变得呆头呆脑。

3. 目的关系

在目的关系的语段中,一部分说明某种行为动作,另一部分说明行为动作的目的。例如:

(21)村子里家家户户,老老少少,天一黑,就关门睡觉。这种习惯不为别的,就为了省灯油。

上面所说的语义联系只是基本类型,实际上语段中的语义联系是非常复杂的,还有一些语义类型没有包括在以上类型之中。

### 三、关联手段

语段内部不仅有内在的语义联系,也有一些外在的形式联系,这种形式联系就是语段的关联手段。语段的关联手段也是多种多样的,主要的关联手段有以下几种:

(一)关联词语

关联词语是语段中专门或主要用来连接各句、标明各句之间的语义关系的词语,是最重要的关联手段之一。关联词语主要是词,也有一些是短语或特定格式,少数还可以是句子。以下根据关联词语表示的语义类别,将关联词语分为三大类。

1. 顺承型关联词语

顺承型关联词语很多,其中表示时间顺序(串行关系)的最多。例如:起先、起初、当初、最初、首先、开始(时,的时候)、原先、原来、先前、以前、从前、(在这/那)以前/之前,后来、此后、而后、尔后、然后、事后、(在这/那)以后/之后、随后、随即、随之、继而、跟着、接着、接下来,立即、立刻、马上、顿时、瞬间、刹那间、顷刻(之)间、说时迟,那时快、很快、片刻、不久、不一会儿、最后、末了……

表示递进关系的有:不仅如此、而且、并且、况且、何况、再说、再者、加上、加之、再加上、再则、再有、进一步、进而、更有甚者、甚至……

表示并列关系的有:(与此)同时、同样、与此相同/相似、一方面、另一方面、一边、一面、也、与此相应、无独有偶、此外、另外、还、还有、除此之外、(再)补充一点/一句,(第/其)一、(第/其)二、(第/其)三,首先、其次、再次、最后……

表示选择关系的有:或者、还是、要么、也可(以)、也行……

表示总分关系的有:总(而言)之、总起来说/讲、总的看/说(来)、概括起来/地说、一句话、简言之、一言以蔽之、综上所述……

表示解说关系的有:比方(说)、比如、例如、譬如、如、像、拿/以/就……来说/讲、以……为例、以/就……而论、换(一)句话说、换言之、(这/那)(也)就是说、或者说、即、具体(地)说、简单(地)说、准确地说、确切地说、说准确一点、是的、是啊、确实(如此)、的确(如此)、真的……

2. 转折型关联词语

表示逆转关系的有:但(是)、可(是)、然而、却、(只)不过、只是、没想到、哪想到、不料、岂料、谁知(道)、哪(里)知(道)、岂知,突然(间)、忽然(间)、猛然间、忽地、蓦地,幸亏、幸好、还好、好在、好的是,其实、事实上、实际上、老实说、说(句)(老)实话……

表示让步关系的有:虽然、退一步说、至少、起码、当然、自然、固然、诚然……

表示对立关系的有:(与此)相反、反之、反过来(说)、反而、(反)倒(是)、相比之下、相形之下、对比之下、比较起来、与此相比、另一方面……

表示假转关系的有:否则(的话)、(要)不然(的话)、要不是(这样/那样)……

表示旁转关系的有:至于(说)、顺便/附带说一/几句、顺便/附带提一下……

3. 因果型关联词语

表示因果关系的有:因为、原来;所以、因而、故(而)、结果、果然、果真、难怪、怪不得、无怪乎、看来、想来、看样子、(由此)可见/可知、显然、显而易见、不用说、毫无疑问……

表示条件关系的有:这样/那么(一来)、无论(如何)、不管/不论(怎样)……

表示目的关系的有:为此、这是为了、为的是、就是为了……

有些关联词语可以表示几种关系,如"原来"既可表示时间顺序,也可表示因果关系。有些关联词语甚至可以同时表示几种不同的关系。例如:

(22)他的爸爸妈妈从来不管他的学习。一来是他自己学习一向很自觉,成绩也很好,用不着他爸爸妈妈管;二来是他爸爸妈妈文化水平都不高,工作又都很忙,想管也管不了。

其中"一来……二来……"既表示两句之间是因果关系,又表示后一句(复句)中分句之间是并列关系。

(二)同指

同指是语段中不同的句子包含所指相同或基本相同的词语,是语段中的一种重要关联手段。同指的词语可以是相同词语,也可以是同义、近义词语,还可以是有上下义、总分关系的词语等。不同的句子中包含了所指相同的词语,语义上必然有某种联系。例如:

(23)在历代文学作品中,女娲作为母亲神的形象也屡屡出现。在著名的《封神演义》中,从殷纣王朝拜女娲娘娘庙开始,全书以纣王对女娲娘娘的不恭、女娲对他的报复为引线,直到最后,女娲一直是正义战争的支持者……

这一语段中多次出现同一词语"女娲",这个词就是语段中各句语义的枢纽。又如:

(24)苦恼比忧愁更严重地影响人的身心健康。比如失恋或单相思吧,就最容易使一个年轻人陷入不能自拔的痛苦之中。

这一语段中前后分别出现了近义词"苦恼"和"痛苦",所指基本相同。这里"痛苦"就是"苦恼"的一种表现,后一句正是说明前一句的。

用代词指代也是常见的同指现象。例如:

(25)这个宋玉生何许人也?庄里人都知道他是右派分子,阶级敌人。

他的档案里有这样一些内容:父亲,黄埔军校毕业,国民党中将司令;两个叔叔均北京大学毕业,曾在南京政府任职,均去台湾……

这个语段中后两句中的"他"都是指代第一句中的"宋玉生"。通过代词的指代与前两句相关联。

(三)省略

省略是指话语中某些语义上不可缺少的词语隐而不现,但在一定的语言环境中一般可以明确地补出来。省略与用代词指代的关联作用相似,有人把省略称为零形指代(或回指)。因为人们理解话语时,总是要把省略的部分找回来,所以往往会在上下文中去找。如果省略的词语在上下文中出现,省略的词语就像代词一样与上下文发生了关联。例如:

(26)人们一阵大笑。打趣的人恨不能找个狗洞爬进去。为数不多的几位妇女笑成一团,眼泪哗哗的。说,男人都不是好东西。

最后一句中"说"的主语省略了,根据上下文,省略的显然是妇女。这时,省略句就与包含先行词语(几位妇女)的句子发生了密切的联系。

从实际情况来看,句与句之间用省略来关联的现象远远少于用代词关联的现象,省略更多地用于复句内分句之间的关联。

(四)同现

同现是指某些词语与另一些词语经常在话语中同时出现,主要包括有类义(包括反义)关系或联想关系的词语。有类义关系的词语如"男人、女人""老师、学生""好、坏""进、出"等等。又如"酒"经常与"酒杯""瓶子""菜""喝""买""醉"等词语同现,有联想关系。经常同现的词语,其语义必然有密切的联系。在语段中,有密切同现关系的词语也能起语义关联作用。例如:

(27)人们在很远处也能分辨出那串钥匙中真正有用的一把。刘拐子那串钥匙其余都是废的,因为刘拐子再没有能开的锁了。连他的门都不上锁。可是,刘拐子喜欢弄一串钥匙挂着,显得有内容,添威望,增权势。仿佛他是四十场的总管家一样。

这个语段最后一句的"管家"与前面的"钥匙""威望""权势"有密切的同现关系。实际上最后这一句正是说明"钥匙"的作用,说明刘拐子想要体现"威望""权势"的。

(五)句式

相同或相近的句式,也能在语段中起关联作用,人们常常有意用相同或相近的句式来显示和强调语句之间的密切联系。例如:

(28)周恩来同志的一生,高瞻远瞩,深明大义,处处以大局为重,事事从大局出发。他文能治国,武能安邦,功盖中华,誉满天下,从不居功。他光明磊落,忍辱负重,严于律己,宽以待人。他苦在人先,乐在人后,坚持同群众同甘苦、共患难。

这个语段中作者用了大量的"四字格",构成排比句式,突出强调各句之间的密切联系。

(六)语序

语序是语段内句子的先后顺序,是语段的基本关联手段之一。有些语段中各句只用语序手段关联,但常常是语序与其他手段配合使用。句子的顺序往往与表达内容有密切联系,一般按时间、空间或逻辑事理顺序安排,所以句子的语序往往可以反映语义上的顺序联系。例如:

(29)北京的名胜古迹有很多。城内有故宫、北海、景山、中山公园等。郊区有颐和园、圆明园、香山、十三陵等。远一点的还有长城。

这个语段中后面三句的顺序是按由近及远的空间顺序安排的。

语段的关联手段还有一些,以上只是几种比较重要的关联手段。各种关联手段往往配合使用。当然也有一些语段中没有明显的形式上的联系。

**思考与练习**

一、举例说明语段的基本性质。

二、顺承型语段主要包括哪些小类?

三、举例说明各种关联手段。

四、有些关联词语可以表示不同的语义关系,请举例说明。

五、分析下列语段,指出语段中各句之间的语义关联、层次及关联手段。

为了保护这些人的隐私,也为了使他们不再受到可能的麻烦的纠缠,本书不得不隐去一切有关的地名和人名。但对他们的口述照实记录,不作任何渲染和虚构。我只想使读者知道如今世上一些人曾经这样或那样度过"文革"走到今天;也想使后人知道,地球上曾经有一些人这样难以置信地活过。他们不是小说家创造的人物,而是"文革"生活创造的一个个活生生真实的人。

**参考资料**

1.［美］布龙菲尔德著,袁家骅、赵世开、甘世福译:《语言论》,商务印书馆1985年版。

2.［美］霍凯特著,索振羽、叶蜚声译:《现代语言学教程》,北京大学出版社1986年版。

3.［美］诺姆·乔姆斯基著,邢公畹等译:《句法结构》,中国社会科学出版社1979年版。

4.［美］诺姆·乔姆斯基著,黄长著、林书武、沈家煊译:《句法理论的若干问题》,中国社会科学出版社1986年版。

5.［英］弗·帕默著,赵世开译:《语法》,上海译文出版社1982年版。

6.徐烈炯:《生成语法理论》,上海外语教育出版社1988年版。

7. 高名凯、石安石:《语言学概论》,中华书局 1987 年版。
8. 叶蜚声、徐通锵:《语言学纲要》,北京大学出版社 1981 年版。
9. 刘伶、黄智显、陈秀珠主编:《语言学概要》,北京师范大学出版社 1984 年版。
10. 戚雨村主编:《语言学引论》,上海外语教育出版社 1985 年版。
11. 伍铁平主编:《普通语言学概要》,高等教育出版社 1993 年版。
12. 李宇明主编:《理论语言学教程》,华中师范大学出版社 1997 年版。
13. 邢福义主编:《现代汉语》,高等教育出版社 1991 年版。
14. 邢福义:《汉语语法学》,东北师范大学出版社 1996 年版。

# 第五章 文字学

**【学习提示】** 本章介绍了文字学的主要内容。本章需要重点掌握的内容有:第一节,文字和字符的特征、文字和语言的关系、文字的各种类型和分类标准、文字学的任务。第二节,文字的起源、文字体系的演变、文字改革的类型、文字规范的内容。第三节,汉字处理的优缺点、字频与分布统计、文字输入的方法、键盘输入的编码类型及其优缺点。本章主要要求熟记一些重要概念和分类,弄清相关概念之间的关系,并对有关问题进行正确的评价。

## 第一节 文字和文字学

### 一、文字的性质

(一)文字和字符

文字(character,writing)是记录语言的书写符号系统,是以字符(graphic sign,graph)为元素构成的符号系统。字符是文字最基本的单位,是直接跟某种语言单位相联系的符号。拼音文字的字符一般叫字母(letter),一个字母是一个字符,如英语的字母、日语的假名,汉语的字符一般叫字(character),一个汉字也是一个字符。书写时一般以字符为基本单位,在计算机操作系统的字库中,每个字符都是一个独立的编码单位。文字与字符的关系类似于语言与词的关系。文字和语言都是符号系统,字符和词则分别是文字系统和语言系统的符号。

字符的主要特征是能直接与具体的语言单位相联系,包括音位(音素)、音节、语素、词等。不代表语言单位的符号不是字符。常见的示意性符号,如交通标志,以及商品包装上表示防潮、易碎、有毒等意思的图形标记都只代表某种意义,而不代表具体的语言单位,不与词语的声音发生固定联系。这种图形具有超语言的性质,人们可以用不同的语言单位或不同的词语表达同一种图形的意思,因此不能将这些图形标记看作字符。

字符还包括一些特殊符号,如标点符号、阿拉伯数字、科学符号、标音符号(如国际音标、汉语拼音、注音字母等)。这些特殊字符都与语言有一定的关系,但是与字母和字又有明显区别。标点符号是辅助文字记录语言的符号,是书面语言的有机组成部分,用来表示停顿、语气以及词语的性质和作用,但标点符号本身不独立表示语言单位。阿拉伯数字是国际通用的记数字符,不属于某一种具体语言,各种语言中也都有与之对应的语音和文字形式。科学符号是表示各种科学概念的特殊符号,也是国际通用的,也不属于某种具体的语言。标音符号则是单纯的记音符号,与语义无关。广义的字符包括这些特殊符号,狭义的字符不包括这些特殊符号,只包括字母和字。

(二)文字和语言

文字和语言是两种现象,它们之间既有密切联系又有明显区别。文字是记录语言的符号系统,字符作为文字系统的符号,跟其他符号一样,也有能指和所指两个要素。字符的能指就是字形,字符的所指就是各种语言单位。字符的能指和所指之间的关系也是人为约定的。用什么字符或字符与字符怎样组合表示什么语言单位,是人为约定的。

文字和语言的关系不同于语音与语言的关系。语音是语言符号的能指,语义是语言符号的所指,语音和语义共同构成语言符号。语音是语言系统的不可缺少的构成要素,没有语音,就没有语言。而文字是语言的代码,在这一点上,文字与电报代码、旗语、灯语等没有本质的区别,都是副语言。文字符号的所指是语言单位,因此,文字是离不开语言的,文字离开了语言,就不能成为文字了。但是语言不依赖于文字,没有文字,可以有口头语言。人类口头语言的历史约有五万年,但人类文字的历史只有五千多年。现在世界上还有三分之二的语言没有文字,但只有文字而没有语言的现象是不存在的。

虽然语言是人类社会最重要的交际工具,文字只是辅助性交际工具,但文字对人类社会的发展起到了巨大的推动作用。文字对保留和继承过去的历史和文化,创造和发展将来的历史和文化有着十分重要的作用。自从有了文字以后,人们获取信息和知识的手段产生了革命性变化,人类社会文化发展的速度就大大加快了。有了文字,人类才进入文明时代,没有文字,也就没有文明社会。所以说文字是人类社会发展到文明时代的界碑。

文字对语言有非常重要的影响。首先,文字将语言的听觉符号转变为视觉符号,扩展了语言的功能和使用范围,使语言除了原有的口语形式之外,又有了书面语形式。语言的声音信息一发即逝,难以保存,不能远距离传送,也不易传给后世。文字弥补了口头语言时地的局限性,在时间和空间上扩展了语言的交际功能。虽然如今人类也可以用其他物质手段比如电话、录音机等来保存和传送语言,但文字仍然有不可替代的优势,仍然是人类语言最重要的辅助工具。例如,现在计算机网络是传递信息的最先进方式,可是计算机网络上的信息,最主要的还是文字信息。

其次,文字不只是记录语言,还能积极促进语言的发展。用文字写成的书面语是经过推敲、提炼、加工的,书面语一般比口头语更严密简洁,语汇更丰富,语法更规范。另外,书面语在一定程度上可以消除或减少方言间的语音障碍,使口语不易沟通的方言通过书面语得以沟通,并且促进了民族语言的统一和规范,增强了语言的社会功能,扩大了语言的交际范围。

文字与语言的关系是错综复杂的。一种文字系统可以记录不同的语言系统,如拉丁字母、阿拉伯字母等用来记录多种不同的语言,汉字也曾经用来记录日语、朝鲜语、越南语等。同一种语言系统又可以采用不同的文字系统。如日语、朝鲜语、越南语原来都用汉字,现在日语和韩国的朝鲜语夹用汉字和表音文字(假名和谚文),朝鲜和越南则不用汉字,完全用表音文字了。

**二、文字的类型**

文字可以从不同角度分为各种不同类型。从人类文字的发展历史来看,根据文字的来源,文字可以分为自源文字和借源文字。自源文字是独自创造的文字,如古埃及文字、中国的汉字等。借源文字是借用或借鉴其他语言的文字形成的文字,如希腊字母、拉丁字母等。从文字和语言的关系来看,文字可以分为意音文字和表音文字。意音文字又可分为表词文字和语素文字,表音文字又可分为音节文字和音位(音素)文字。下面只从文字和语言的关系的角度谈文字的类型。

(一)意音文字与表音文字

根据文字符号与语言的音义关系,可以将文字体系分为意音文字和表音文字两类。

1. 意音文字

意音文字的字符既有表意符号,又有表音符号。一个字一般代表一个词或一个语素。有少数字只是代表一个音节,几个字合起来代表一个词或语素,如"垃圾""蜘蛛""狼狈""沙发""巧克力""莫斯科"。世界上独立形成的古老的文字体系都是意音文字,除了汉字以外,古苏美尔文字、古埃及文字、古玛雅文字等也都是意音文字。但这些古老的文字都已经消亡,唯独汉字沿用至今,仍保留着意音文字的特征。

由于词和语素都既有语音又有语义,所以表示词或语素的字一般都有字形、字音和字义三个要素,如"日""本""明""泡""父""打(12个)"。少数只代表音节的字没有字义,只有字形和字音,如"荒唐""犹豫""坦克""爱尔兰"。

根据字形与字音、字义的联系,可以把意音文字的字分成表意字、意音字和表音字三类。

表意字的字形与字义相关。从造字法的角度看,包括象形字、指事字和会意字。如"日"是象形字,"本"是指事字,"明"是会意字,字形都与字义相关。

意音字的字形一部分与字义相关,一部分与字音相关,从造字法的角度看,就是形声字,如"泡"的形旁"氵"与"泡"的字义相关,声旁"包"与"泡"的字音相关。形声字的主要作用是表音,在造字时,声旁与字音的联系是非常密切的。形旁一般只是为了区别同音词,与字义的联系一般比较疏远。在普通文字学中,形旁一般称为类符或定符。由于语音、语义的变化,有些字的声旁、形旁的表音、表意作用现在已不太明显了。

表音字的字形与字音相关,一般是借用表意字或意音字的字形和字音,表示读音相同或相近的一个词或语素或音节,主要包括假借字、联绵字和音译字。如"父"的本义是斧头,本来是象形字,因为古汉语中表示父亲的词和表示斧头的词同音,所以借用"父"的字形来表示父亲的意思,这就是假借字。又如"打"的本义是打击,本来是形声字,用来翻译英语的 dozen 一词,表示 12 个时,只是借用"打"的字形和字音,是音译字。表示多音节音译词的音译字和联绵字(表示联绵词的字)一个字只表示一个音节,不表示语素或词,也属于表音字,如"尼龙""的士""新加坡""荒唐""犹豫""浩荡"等。这种音译字和联绵字也可以看作广义的假借字。但是有少数音译字、联绵字是专门造的字,而不是借用原有的字,如"葡萄""玻璃""咖啡""垃圾""蜘蛛""蜈蚣""蝴蝶"。这些字从造字法的角度看,应该算形声字,可是从它们对应的语言单位来看,一个字只代表一个音节,本身没有独立的字义,只能算表音字。总的来说,这类字是介于意音字和表音字之间的中间现象。

另外,汉字中还有一种形声兼会意的字。如"钱""浅""贱""笺""盏""栈"等,这一组字不仅字音相关,而且字义也相关。其中偏旁"戋"既是表音的声旁,也是表意的形旁。所以这一种字既可以算形声字,也可以算会意字。

意音文字的字符数量都比较多,一般至少有上千个,汉字的总数达到几万个,常用汉字也有七千多个。字符数量多,必然导致字符的形体结构比较复杂。意音文字的字符都可以分为独体字和合体字两大类。合体字一般是用两个或两个以上的独体字作为构字部件,按照一定的结构方式复合而成的。构字部件是介于笔画和整字之间的形体单位,它本身由若干笔画构成,而且有一定的表音或表意的作用,但又是字的构成成分。汉字的构字部件习惯上称为偏旁,现在有人称为字根、字素或字元等。有些独体字作构字部件时,形体会发生不同程度的变化,如"水""火""手""衣""心"等作部件时常常变成"氵""灬""扌""衤""忄"。独体字作为合体字的构字部件时,就不再是一个字了,因为合体字中的一个构字部件不再独立记录某个语言单位。如"明"是一个字,只记录一个语素,其中的两个部件都不再独立记录某种语言单位,而"日""月"是两个字,分别记录两个语素。

构字部件与字母的性质不同。从文字的形式上看,字母和字都是能够自然区分的书写单位,而构字部件不是能自然区分的书写单位。一般来说,不识字的人也可以将一个个的字母和字分开。而从字中分析出构字部件则比较复杂,虽然有些比较容易分析,但是大部分字一般人很不容易分析,除非是有较深的文字学造诣的人。从文字与语言单位的音义关系上看,字母与语音的联系是比较密切、比较明显的,只要掌握了拼写规则和发音规则,一般能见形知音。而构字部件不仅不能独立地记录某种语言单位,而且与语言的音义联系是相当疏远的、曲折的、模糊的,连一些大学者都曾经闹过"波者水之皮"之类的笑话。特别是现代汉字,部件与词语的音义联系非常疏远,绝大部分字都不能见形知音或知意。

2. 表音文字

表音文字一般也叫拼音文字。表音文字的字符一般称为字母,一个字母一般代表一个语音单位:音位(音素)或音节。所以表音文字一般又分音位(音素)文字和音节文字两类。世界上现在使用的文字绝大多数都属于表音文字。

表音文字能够用少量的字符来拼写语言中所有的词语。例如英语和法语等只用26个拉丁字母(又叫罗马字母),俄语只用33个斯拉夫字母,日语只用51个假名。这些语言只用几十个表音字符,就可以记录所有的词语。

表音文字一般来说可以见形知音,不过也有一些例外。如现代英语中有些单词中的字母不发音,或者两个字母代表一个音位,或者一个字母代表几个音位。如 write[rait]中 w、e 不发音,i 代表两个音位[ai],又如 th 常常代表[ð]或[θ]。这些例外有的是因为字母数少于语言中的音位数,如英语只有26个字母,却有44个音位,所以有时要用两个字母代表一个音位,或者用一个字母代表几个音位;有的是由于语言的历史演变造成的——词语的读音变了,但是词语的拼写形式没有变,结果词语的拼写形式与词语的实际语音就不能一一对应了。

除了意音文字和表音文字以外,传统上还有人认为有所谓"图画文字",就是用一幅示意图画表示类似一句话的意思,所以也有人称其为"句意文字"。但是所谓"图画文字"或"句意文字"的图形没有与具体的词语产生固定的联系,人们可以用不同的词语表达同一幅图画的意思,其性质与今天常见的交通标志、商品包装上的图形标记等是一样的,并不是真正的文字。因此,现在一般认为真正的文字只有意音文字和表音文字两类。也有人把意音文字称为表意文字,虽然只是名称问题,但容易造成混淆和误解,因为也有人把"图画文字"称为表意文字。

(二)表词文字与语素文字

根据文字与语言单位之间的关系,意音文字可以分为表词文字和语素文字两类。

1. 表词文字

表词文字的一个字符一般表示一个词。一些古老的文字体系如古汉字、古苏美尔文字、早期古埃及文字等都属于表词文字。这些文字一般是由"图画文字"发展而成的,当"图画文字"的某种图形与某个词产生了固定联系以后,这个图形就成为表示这个词的字符,即表词字。由于"图画文字"不是严格意义上的文字,所以表词文字的产生意味着严格意义上的文字的产生。

表词文字记录的词,可以是单音节词,也可以是多音节词。如古苏美尔语、古汉语都是以单音节词为主的,一个字一般代表一个单音节词。而古埃及语则是以多音节词为主的,早期的古埃及文字以表意字为主,一个字符一般表示一个多音节词。后来逐步产生了表音字和意音字,类似于汉字的假借字、音译字和形声字。当用多个字表示一个词时,这些字就不属于表词字了。

除汉字外,其他古代表词文字都已经消亡。汉字虽然沿用至今,但由于现代汉语已经变成以多音节词为主,一个多音节词要用几个字表示,所以现代汉字已经不是表词文字了。

2. 语素文字

语素文字的一个字符一般表示一个语素。语素文字是由表词文字发展而来的。由表词文字发展为语素文字,主要是源于语言语汇系统的发展。

汉字由古代的表词文字发展为现代的语素文字,就是因为以单音节词为主的古代汉语发展成为以多音节词为主的现代汉语。以单音节词为主的语言,同音词必然很多,就会造成口头交际的困难。而多音节词的同音词会少得多,而且多音节词还可以分化多义词,减少言语交际的歧义。因此,随着汉语语汇的不断丰富,多音节词的数量不断增加,原来的单音节词逐步变成多音节合成词中的一个语素。因此,原来的表词字现在变成了只表示一个语素的语素字。由于现代汉语中一个字一般表示一个语素,包括单独成词的语素和不单独成词的语素,所以现代汉字已成为语素文字。

(三)音节文字与音位文字

表音文字根据符号所代表的语音单位,可以分为音节文字和音位文字两类。

1. 音节文字

音节文字一个字符一般表示一个音节。除了已经消亡的古代音节文字以外,日语的假名和朝鲜语的谚文也属于音节文字,19世纪以后美洲、亚洲和非洲一些少数民族也创造了一些音节文字。

日本原来是借用汉字记录日语,后来借用了汉字的某些结构形式创造了日文字母——假名,一个假名代表一个音节。每个假名都有两种字体,一种是楷体,叫"片假名",一种是草体,叫"平假名"。片假名是取汉字楷书字的偏旁或笔画而成的,如取"阿"字的"阝"旁成"ア",取"伊"的"亻"变成"イ"。平假名是从汉字的草书变来的,如"あ"是由汉字"安"的草书变来的,"や"是由汉字"也"的草书变来的。平假名用于一般书写和印刷,片假名则用于记录外来语和特殊语汇。

朝鲜语的谚文是用一个整体方块字符表示一个音节,而一个字符一般又是由几个表示音位的部件构成的,如"강""뭉""괄""칠"。其中表示辅音的部件有19个,表示元音的部件有21个,因此有人把这种部件看作字母,把谚文看作音

位文字。由于谚文中表示音节的方块字是能独立运用的,表示音位的部件不能独立运用,而且其形体随着方块字的不同而发生变化,类似于汉字的部件,在计算机操作系统的字库中,每个音节方块字都是一个独立的编码单位。所以把方块字看成字,把表示音位的符号看成构字部件比较好。

2. 音位文字

音位文字一个字母一般表示一个音位(音素),也称为音素文字。音位文字根据字母表示的音位的性质,又可分为辅音文字和元音—辅音文字两个小类。

(1)辅音文字

辅音文字的字母只表示辅音音位,不表示元音音位,或用一些附加符号表示元音。一般也称为辅音音位文字。这种文字一般是一些比较古老的文字,如各种古闪米特文字(包括腓尼基文字)、古希伯来文字、阿拉伯文字等。使用辅音文字的语言,通常是由辅音框架表示语汇意义,加入不同的元音表示语法变化。如腓尼基文字共有 22 个字母,只表示辅音,不表示元音。阿拉伯文字有 28 个字母表示辅音,不表示元音,后来用附加符号表示元音。在现在的有些出版物中,阿拉伯文仍然不用附加符号表示元音。

有人将这种辅音文字看作音节文字,认为一个字母不仅表示辅音,也表示跟辅音组合的元音,即整个音节。这种看法至少存在三个问题。一是字母跟辅音的关系是固定的,但是与辅音组合的元音是不定的,元音随语法意义的不同而变化,辅音与不同元音组合成不同的音节,但字母不变。如果说字母是表示音节的,那就不是一个字母表示一个音节,而是一个字母表示多个不同的音节。二是词末的辅音后面没有元音,不能构成独立的音节,而是与前面的音位一起构成一个音节。如果说字母表示音节,那就不是一个字母表示一个音节,而是两个字母表示一个音节。三是当字母加上表示元音的附加符号时,不能说这个元音既是字母表示的,又是由附加符号表示的。

辅音文字只记录辅音,不记录元音,不能准确完整地记录语言,所以除了已经消亡的文字以外,后来都被元音—辅音文字或音节文字所取代。

(2)元音—辅音文字

元音—辅音文字既有表示辅音的字母,又有表示元音的字母,也称为元音音位文字。元音—辅音文字是在辅音文字的基础上发展而来的。最早的元音—辅音文字是在腓尼基辅音文字的基础上形成的希腊文字。希腊人在借用腓尼基文字时,对其进行了一次大的改造。希腊语中元音和辅音有同样重要的地位,都能区别不同的词语,仅用辅音字母不足以区分不同的词语,于是他们仿照按首音原则创制辅音字母的方法,创制出元音字母,形成一种既有辅音字母,又有元音字母的完善的音位文字,即元音—辅音文字。后来,世界上几乎所有元音—辅音文字都源于希腊字母,其中最通行的是拉丁字母(又称罗马字母)和斯拉夫字母(又称基里尔字母)。西方的主要语言都使用拉丁字母或斯拉夫字母。

把世界上的文字划分为上述几种类型,是就一种文字系统的主流来说的。例如现代汉字的主流是表示语素,所以被称为语素文字。但也有少数字只表示音节,不表示语素。因此也有人把现代汉字称为语素—音节文字。

### 三、文字学

**(一)文字学的任务**

文字学就是研究文字系统的科学。文字学主要研究文字的性质和类型、文字的结构和功能、文字的起源和发展、文字的改革和规范、文字与语言的关系、文字与社会文化的关系以及文字信息处理等问题。

文字学的分科跟语言学的分科有些类似,根据研究任务的不同,文字学可以分成若干分支。从研究对象的范围上看,文字学可以分为普通文字学和具体文字学。普通文字学主要研究人类各种文字的特点和规律,各种文字系统之间的源流关系,等等。具体文字学研究某种具体文字系统的特点和规律。从研究对象的时间上看,文字学可以分为共时文字学和历时文字学。共时文字学研究某一时期的文字系统,如现代文字学、现代汉字学、古文字学等。历时文字学从发展变化的角度研究文字的历时变化,例如文字发展史、汉字发展史等。此外,文字学还跟心理学、文化学、社会学、符号学、信息科学等学科相互影响、相互渗透,成为一些交叉性、综合性语言学科的组成部分。如心理语言学、文化语言学、社会语言学、计算语言学、应用语言学等,都涉及文字学的内容。

**(二)文字学的学科地位**

关于文字学的学科地位问题,主要涉及文字学与语言学的关系,而文字学与语言学的关系又涉及文字与语言的关系。对这个问题主要有两种看法。

一种看法认为:文字与语音不同,文字不是语言系统的构成要素,因此文字学跟语音学不同,它不是语言学的分支学科,而是跟语言学平行的学科,就像语言学与文学的关系一样。但是这两个学科关系特别密切,所以经常并称为"语言文字学"。这是大多数人的看法。

另一种看法认为:语言包括口头语言和书面语言两种形式,口头语言的形式是语音,书面语言的形式是文字。所以文字学跟语音学一样,是语言学的分支学科。这是少数人的看法。

实际上文字学的内容往往被包含在语言学范围内。中国的传统语言学包括文字学、音韵学和训诂学。这是因为传统语言学主要研究古代书面语,这种研究只能通过文字才能进行,而且汉字的形体结构十分复杂,汉字与语音、语义的关系也十分复杂,所以中国传统语言学将文字学与音韵学、训诂学并列是很自然的。即使是现在,在古代汉语或现代汉语甚至语言学概论的教材里,一般也都要讲文字学的内容。这种现象在西方语言学界同样存在。如索绪尔的《普通语言学教程》和布龙菲尔德的《语言论》，都有专章谈文字学的内容，尽管他们都认为文字不是语言的要素。之所以如此，主要是因为文字学与语言学的关系太密切了，很难让文字学脱离语言学而独立。所以即使理论上认为文字学不是语言学的分支学科，实际上文字学也可以看成语言学的附属学科。

**思考与练习**

一、什么是文字和字符？文字和其他符号有什么不同？

二、文字与语言有什么关系？

三、举例说明文字的各种类型。

四、根据构字部件与字母的区别，你认为谚文应该看成音节文字还是音位文字？为什么？

五、你认为应该怎样看待文字学与语言学的学科关系？为什么？

## 第二节 文字的起源和发展

### 一、文字的起源

文字是人类社会发展到一定阶段，由于社会交际的需要而产生的。社会的需要是文字产生的前提。人类的几种古老文字，如苏美尔人的线形字、古埃及的圣书字、中国的甲骨文，都创造于氏族社会末期或奴隶社会初期。各自独立产生的不同文字，都诞生在几乎相同的社会历史阶段，说明一定的社会条件是文字起源的温床。在当时的社会条件下，人们感到只靠口头语言进行交际有很大的局限性。虽然在文字产生之前，人类已经运用图画等方式来记事，但是这些记事方式不能准确记录语言。随着社会的发展，组织社会生活、进行行政管理、记录大事、统计财物、祭祀占卜等等，都需要一套比图画更简便、丰富、完善的记录方式来记录语言。于是文字在记事图画的基础上逐步形成。

（一）文字的前身

在文字产生以前，人们采用的记事手段有实物记事、符号记事和图画记事三种。

1. 实物记事

实物记事就是用一些实物表示某种意义。比较普遍的实物记事的办法是结绳。《易经系辞》上说："上古结绳而治，后世圣人易之以书契。"古代秘鲁印第安人的结绳办法相当发达，用绳子的不同颜色、大小和结绳的数量、位置等表示不同的意思。北美印第安的易洛魁人常常用绳子把贝壳串起来，用不同颜色的贝壳来代表不同的事物。实物记事只能帮助记忆或传递十分有限的信息，它不能准确地表达思想和语言，不能满足记录语言的需要。在实物记事的基础上不可能发展出文字。

## 2. 符号记事

符号记事就是在器物上刻画一些抽象的符号表示某种意义。契木就是一种符号记事的办法，人们在木棒或木板上刻出各种线条或插进各种东西，以此来记事记数、传达命令、表示权利、证明盟约等。西安半坡出土的彩陶上有分散的几十个刻画符号，肯定是代表一定意义的符号。符号记事的记事功能也十分有限，难以成为产生文字的基础。不过有少数字是源于符号记事，如汉语的数字。

## 3. 图画记事

图画记事是指描绘事物的轮廓特征并组合图形来记事。这样一是比用实物简便，二是可以标记较为复杂的内容。记事的图画只能表示大致的意思，没有和语言的词语相对应，图形的组合排列，也没有和相关词语的语法顺序对应，所以记事图画不能算是记录语言的文字。

但是，记事图画是文字产生的基础。如果将图形和表达事物的词语稳定地联系起来，将图形的顺序按词语的语法顺序排列，就成了最初的表词文字。最初的文字绝大多数都是来源于记事图画，只有极少数文字源于抽象的符号，如汉字"五""六""七""八"。各种独立形成的自源文字都是从图画发展为表词文字的，如古苏美尔的线形文字、古埃及的圣书字和中国的甲骨文。

### （二）古苏美尔文字

在公元前40世纪中期，西亚的美索不达米亚（即两河流域，今天的伊拉克一带）的苏美尔人已经有了较成熟的文字。早期苏美尔文字主要是在石板上刻画而成的线形字。这时的铭文中还夹有少数"图画文字"，但表词字已相当发达。初期表词字以象形为主，形象比较逼真，有少数会意字，如"家牛"的符号和"山"的符号组合起来表示"野牛"，"鸟"加"卵"表示"生产"。稍后"图画文字"逐步消失。

到公元前30世纪初期，苏美尔文字中出现表示音节的符号，如用"箭"（读如[ti]）的符号表示"生命"这个词，因为二者同音，类似汉字的假借字。由于苏美尔语的语汇主要是单音节词，这种语汇语音结构有利于音节符号的形成。此外，苏美尔语有丰富的单音节词缀表示词的语法变化，这些词缀也需要音节符号表示，如用表示音节 me 的符号附在表词字后，表示复数后缀。

后来音符使用越来越广泛，有些音符逐渐固定为表示某个音节的符号，如"箭"的符号固定表示[ti]这个音节。但是由于苏美尔语以单音节词为主，有大量同音词，因此需要用意符来减少歧义，这样就形成了形声字。到公元前30世纪中期，苏美尔文字就是有表意字、表音字和意音字的成熟的意音文字了。由于这时书写方式逐步改为以泥版为"纸"，以苇秆为"笔"，用"压写"代替"划写"，符号就变成一头粗、一头细的短线条，类似楔子，所以也称为"楔形字"或"钉头字"。

### （三）古埃及文字

古埃及的早期文字称为圣书字，在前王朝时期（公元前40世纪后半期）的铭文中,圣书字与"图画文字"夹用,但已出现少数表示专名的音符。

在埃及形成统一国家时(公元前30世纪初),圣书字脱离了"图画文字",形成比较完整的意音文字。这时的圣书字以象形的表词字为主,已有不少音符。如动词"是"用金龟子的图形表示,"大的"用燕子的图形表示,国家的名称用鱼叉图形表示,类似汉字的假借字。古埃及文字最早的铭文内容,主要是反映统治者的征战业绩,记录葬仪祭祀,这些内容经常要使用专有名词和意义抽象的词,因此需要音符。又因为古埃及语以多音节词为主,所以需要音符来拼写那些难以用表意字表示,也难以用假借字表示的词。古埃及语以辅音框架表示词的语汇意义,以元音变化表示词的语法意义。如 n-f-r 表示"美丽",p-r 表示"房屋"。表词字符最初只表示语汇意义,而不表示语法意义,所以当这些意符借为音符时,音符只表示辅音框架。

由于古埃及语中有一些词只包含一个辅音,这些词的符号借为音符时,就只表示一个辅音。此后几百年内,音符使用越来越广泛,有些音符逐步成为表示单个辅音的音位符号。如"门闩"的符号表示辅音 s,"面包"的符号表示辅音 t。还有些词由一个起首强辅音和一个或两个弱辅音构成,这些词的符号借为音符用来拼写其他词时,后面的弱辅音不发音,这时音符也就只表示起首辅音了,这就是所谓的"首音原则",如"篮子"(k-t)的符号就表示辅音 k。由于频繁使用,这些音符就逐步固定为表示某个辅音的音位符号了。

在中王国时期(公元前21世纪—公元前18世纪),埃及文字广泛使用类符(相当于汉字中的形旁),与音符合成形声字。由于古埃及语很多词的辅音框架相同,如"男青年""纸莎草""蜂蜡"都是 m-n-h,因此需要用类符来分化,如上述三词分别用表示人、植物、散体物的类符分化。这样就造成了类符的广泛使用,形成了大量形声字。

(四) 古汉字

汉字基本上形成完整文字体系的时期,据专家分析,是夏商之际(公元前17世纪初)[①]。从最早的汉字文献——商代后期的甲骨文看来,汉字在当时已是相当成熟的意音文字,有大量的假借字和少数形声字。甲骨文的内容主要反映占卜、祭祀,所以甲骨文又称为"卜辞",经常出现专有名词和意义抽象的词,这类词难以用表意字符表示,这是汉字音符出现较早的主要原因。

但汉字的音符始终都是临时借用的,没有像苏美尔文字和埃及文字那样发展为专门的固定的表音符号。这主要是因为汉语缺乏形态变化,不像苏美尔语那样需要专门的音节符号来表示形态变化。汉语的词或语素绝大多数是单音节的,不像古埃及语那样有大量多音节词需要用拼音方式表示。将汉语跟日语相

---

① 裘锡圭:《汉字形成问题的初步探索》,《中国语文》1978年第3期。

比,这一点就显得格外清楚。日语丰富的形态变化和以多音节词为主的特点,是日语产生假名这种专用音符的最主要原因。后来,汉字的形声字逐渐增多,成为汉字的主流。

### 二、文字的演变

人类文字的发展演变,主要表现在文字体系和文字形体两个方面。

#### (一)文字体系的演变

文字体系的演变主要包括两种情况:一是某种文字系统内部的结构要素的发展变化,二是某种文字系统在不同语言之间的传播演变。无论是文字系统结构要素的变化,还是文字系统的传播,文字体系演变的总趋势是向表音化方向发展。

##### 1. 文字结构的演变

意音文字的结构要素主要分为表意要素和表音要素两种。表意字属于表意要素,表音字属于表音要素,意音字(形声字)则是表意要素与表音要素的结合,但是以表音要素为主。古代意音文字的早期主要是发展表意字,表意字逐步增多。但是光用表意字无法准确地记录语言。因为语言中有许多词或语素难以用表意字表示,如一些意义抽象的词、外族人名地名、一些表示语法意义的语素等。还有一些事物外形十分相似,用象形字很难区别,如鹅与鸭,狼与狗,各种鸟、鱼,各种树、草,等等。所以当表意字增加到一定数量时,就很难继续发展了。

借用同音的现成符号表示那些难以用表意字表示的词语,就形成了表音字。有了表音字,文字系统才能准确完整地记录语言,所以成熟的文字系统不能没有表音字。

当表音字被广泛使用时,又产生了难以区分大量同音词的问题。于是人们就用表意符号和表音符号构成合体意音字(形声字)。如"它""止""其""父""北""取"等本来都是象形字或会意字,可是这些字后来被用作表示同音词的假借字,或者表示多义词的引申义,为了区别同音词或多义词,就加上意符构成新的形声字——"蛇""趾""箕""斧""背""娶"。形声字的产生克服了表音字的局限,后来成为汉字发展的主流,连一些联绵词、音译词也用形声字表示了。在甲骨文时期,汉字中的假借字很多,形声字还较少,但在东汉的《说文解字》中,形声字已占 80%。

虽然所有古老的意音文字的表音要素在其中后期都有了很大的发展,但最终都没有自然演变为表音文字。

苏美尔文字使用了约 2 000 年,到公元前 20 世纪中期,苏美尔文字由于闪米特人的征服而消亡。苏美尔文字后期已经频繁使用专门表示音节的符号,已成为以音节符号为主的意音文字。但是由于有大量同音词需要意符来区别,所以苏美尔文字直到消亡仍然保持着意音文字的性质,没有变成纯表音的音节文字。

古埃及文字使用了约 4 000 年,直到公元 5 世纪,由于古埃及先后被马其顿和罗马征服,古埃及文字被表音的希腊文字所取代。古埃及文字后期已经频繁使用表示辅音的专门符号,已成为以辅音音符为主的意音文字,但是同样因为有大量同音词需要意符来区别,所以古埃及文字直至消亡仍然保持着意音文字的性质,没有变成纯表音的辅音文字。

汉字从甲骨文到现在,也已经使用了 3 000 多年。后来汉字的形、意、音虽然有很大变化,有些字符已不能明确表意表音,但现代汉字仍然保持着以形声字为主的格局,也没有向纯表音文字自然转化的趋势。

2. 文字系统的传播

世界上的纯表音文字,都是通过借用或借鉴的方式形成的,都是国际文化交流传播的产物。

最早的辅音文字是各种闪米特文字,其中影响最大的是腓尼基文字,尽管腓尼基文字的具体起源在学界尚有争议,但腓尼基文字受到古埃及文字的影响是公认的。腓尼基人和其他闪米特人在古埃及文字的辅音字母的影响下,创立了纯辅音文字。为什么闪米特人能够创立纯辅音文字?这涉及很复杂的语言和社会文化因素。

首先,闪米特语与古埃及语类似,都以辅音框架表示词的语汇意义。这使闪米特人很容易接受古埃及语的辅音字母体系。同时,腓尼基语有丰富的辅音结构,同音现象较少,而不必依靠类符来分化同音词。而且几乎所有的腓尼基词都是以辅音或半元音起首,这便于按首音原则形成辅音字母体系。其次,腓尼基人和其他闪米特人的贸易特别发达,而贸易特别需要一种简便易学的文字。同时,闪米特人与古埃及人在贸易、经济上有十分密切的联系,使他们有机会熟悉古埃及文字的辅音字母,并由此创制出纯辅音文字体系。再次,腓尼基人及其他闪米特人,作为经商贸易型民族,是在较短时期内发达起来的,他们没有古埃及人那样的悠久传统的负担,因而能完全排除意符类符,形成纯音位文字。

腓尼基音位文字形成之后,很快在世界范围内得到广泛传播,成为后来所有音位文字以及一部分音节文字形成和发展的基础。

腓尼基音位文字主要朝着东西两个方向传播。东方首先在腓尼基文字的基础上产生了阿拉米文字。阿拉米文字又传播到前亚和小亚细亚各国,形成四个主要分支:希伯来文字、叙利亚文字、伊朗文字和阿拉伯文字。此后这四种文字通过四种主要宗教——犹太教(希伯来支)、东方基督教(叙利亚支)、祆教(伊朗支)和伊斯兰教(阿拉伯支)——广为传播,其中最重要的,至今广泛使用的是阿拉伯字母。

西方则首先在腓尼基文字的基础上形成了希腊文字。希腊人在借用腓尼基文字时,仿照按首音原则创制辅音字母的方法,创制出元音字母,形成元音—辅音文字。此后,希腊人通过他们政治、经济、文化和宗教的广泛影响,将希腊字母广泛传播。后来,西方几乎所有音位文字都源于希腊字母,其中使用范围最广的是拉丁字母和斯拉夫字母。

纯音节文字,也是通过借用借鉴形成的。如古波斯文字是在苏美尔楔形文字的基础上形成的,塞浦路斯文字是在克里特线形文字(一种古老的意音文字,未充分释读)的基础上形成的,古印度文字、埃塞俄比亚文字都是在闪米特辅音文字的基础上改造而成的,日本的假名是在汉字的基础上改造而成的,朝鲜语的谚文则是在汉字和西方音位文字的双重影响下形成的。这些音节文字的产生,都是征战、贸易、文化交流等的结果。

(二)文字形体的演变

世界上各种历史悠久的文字,在形体上也都经历了各种演变过程。文字形体演变的总趋势是由形象到抽象,由繁到简。

所有自源的文字体系,其最早期的文字都是比较形象的,都在不同程度上保留着图画的性质或痕迹。但到较后时期,文字的形象性程度就逐步降低,直到变为纯粹的抽象符号。

古埃及文字一般分三种字体:最早期的圣书体、稍后的僧书体和较后的民书体。早期圣书字具有鲜明的图画性,表示各种动物、器具及人体姿势部分的字都非常逼真,如表示狗、牛、羊、鸟、鱼等的字,一望而知。有些表示动词形容词的字,如"老""凉""划""行""哭"等,也非常形象,如用弯腰拄杖的人形表示老,双手持桨表示划。在第三王国时期(公元前30世纪初期)出现的僧书字,字形基本上失去了原有的图画性,但不少字符仍保留着图画的痕迹。民书字则是在公元前8世纪才出现的。民书字的符号更加简化、潦草,完全失去了图画性质,有点类似于速记符号,成了纯粹的抽象符号。

苏美尔文字早期的线性字都是用匀称的线条勾画事物轮廓的,具有鲜明的图画性质。到公元前30世纪中期,逐步演变为抽象的楔形字,失去了图画性质,只有少数字符还带有一定的图画痕迹。

中国古汉字,从甲骨文到金文,都具有明显的图画特点。到秦代的大篆小篆,其图画性就较弱了;到秦汉间的隶书,就基本上失去了图画特点,只有少数字符还带有图画的痕迹,这就是所谓"隶变";到魏晋唐的楷书,就完全失去了图画性质,已成为抽象符号了。

文字形体由形象变为抽象的同时,字符的笔画也由繁趋简,而且当字符已经成为抽象符号以后,仍然保持着简化趋势。除了字符笔画的简化之外,异形字减少、较简字符取代较繁字符,也是形体简化的体现。例如,汉字的简化自甲骨文时期就已出现,到春秋战国时期更为普遍。从篆书到隶书,则是一次大的简化。楷书在隶书的基础上稍有简省。草书和行书,实际上是隶书和楷书的民间简写体,字形大为简化。现在中国大陆的简化汉字,又是一次大的简化。

影响文字形体演变的因素很复杂,大体上涉及以下诸方面。

首先,书写材料、工具,对字形的演变有重要影响。如古汉字甲骨文与金文,书写材料工具不同,字形就有较大差别。甲骨文是用龟甲兽骨为书写材料,用刀在坚硬的甲骨上刻画出来的,因此字形线条化,笔画多方折,多以方形代表圆形。而金文是先在泥范上刻好字,再用青铜浇铸而成的,所以文字经过仔细的修饰加工,不像甲骨文一刻而就。字形多肥笔、圆笔,比甲骨文更接近于图画,笔画相对减少。到春秋战国之际,书写工具转为用毛笔和墨在竹简和丝帛上书写,这时字形变化很大。用毛笔书写往往起笔粗、收笔细,类似蝌蚪,因此汉人称为蝌蚪文。简帛文字的线条长短不一,有些笔画呈点撇状,图画性更弱。笔墨的广泛使用,提高了书写速度,为秦汉之际的篆隶分流提供了条件,隶书就是篆书的快写体,使字形更抽象化和简化。苏美尔文字由线性象形字变为楔形符号,与书写材料工具的变化密切相关。线性象形字主要是在石块上刻画而成的,所以形象逼真。后来改用湿的黏土泥板作为书写材料,用尖头的芦苇秆在泥板上压刻成字,就成为楔形符号了,象形字符从而变为简单的抽象符号。古埃及文字最初多是在石板和骨片上刻画而成,后来发明了莎草纸,使书写变得更为轻便,这对古埃及文字形体的演变也有很重要的影响。

文字形体的演变,与书写的文化内容、使用场合也密切相关。在早期古文字中,反映占卜、祭祀、葬仪等严肃内容的占主要地位,这些内容有利于保留文字的图画性质。如甲骨文、金文及战国铭文,多是记录占卜、祭祀、征战等国家大事,写字都很慎重严肃,不能草率,这就阻碍了文字抽象化和简化的进程。直到后来秦汉之际篆隶并行,较形象繁复的篆书与较抽象简单的隶书在书写内容上也有分别。篆书是当时的法定文字,用于庄重典雅的场合,而隶书则是民间俗体字,只用于记录一般文书、官狱事务及日常书写等。到汉代,隶书成为正式字体(汉隶)之后,字形就比秦隶严整规范了,但同时又出现了新的民间简体字草书。此后的楷书和行书,也是正体与俗体之分,仍有书写内容、使用场合的分别。又如,古埃及圣书字与僧书字、民书字,也在书写内容、使用场合上有分工。在宗教祭祀等严肃庄重的场合,一般用圣书字;而一般的日常书写,则用僧书字、民书字。在最晚期的古埃及文献中,仍保留着记录宗教祭祀内容的圣书字。这种正体和俗体的区别,在各种文字体系中是普遍存在的。

书写人的社会文化背景,对文字形体的演变也有重要影响。一般来说,上层文化群体比较尊重文字传统,爱用正规字体,而下层文化群体往往追求书写简便,爱用简化俗体。汉字形体的一次重大演变——隶书的出现,就是首先在下层官吏狱卒中开始的。其他民族的俗体字,如古埃及的僧书字、民书字,俄文的民用字体,等等,也都是首先在下层文化群体中间流行,后来才成为正式字体。

### 三、文字的改革和规范

在文字的发展演变过程中难免产生一些影响社会交际的问题,为了让文字更好地适应语言的发展和社会交际的需要,人们需要对文字进行人为的干预,这就是文字的改革和规范。

(一)文字改革

1. 文字改革的内容

文字改革有两种情况:一是文字体系的整体更换,二是文字体系内部的局部调整。

文字体系的整体更换,又包括文字类型的改变和字母体系的改变两种情况。文字类型的改变是指从一种文字类型变成另一种文字类型,如意音文字变为表音文字。字母体系的改变是不改变文字的类型,而把整套字符更换为另一套字符。

意音文字变为表音文字主要是指原来借用汉字的国家、民族改用表音文字。如越南早期曾用汉字记录越南语,后来根据汉字的造字法造出了一些汉字式的字喃,与汉字夹用。1945年越南废除了汉字和字喃,采用拉丁字母创制了音位文字。日本在汉字的基础上创制了音节文字——假名,与汉字夹用。朝鲜和韩国在汉字和拼音文字的双重影响下创制了音位化音节文字——谚文,取代汉字或与汉字夹用。我国的壮族原来用仿汉字的壮字,后来改用拉丁字母。

音位文字改换整套字符比较常见。如印度尼西亚最先使用印度字母,后来改用阿拉伯字母,之后又改用拉丁字母。土耳其也由阿拉伯字母改成拉丁字母。苏联曾将原来使用阿拉伯字母的各种少数民族文字改为拉丁字母,后来又改为斯拉夫字母。蒙古人民共和国于1930年废除了原来的蒙古文字而改用拉丁字母,1940年又改用斯拉夫字母。我国维吾尔族古代用回纥字母,后来改用阿拉伯字母,一度将阿拉伯字母改为拉丁字母,现在又恢复使用阿拉伯字母。

文字体系内部的局部调整包括在原有文字的基础上增减字符的数量,改变部分字符的写法,改变字符的拼写方式、书写顺序方向等。如拉丁字母从最初的21个字母增加到26个,俄语斯拉夫字母由原来的37个减少到33个。英语的文字拼写法也进行过多次改良,以改善字母与读音脱节的现象。中国的文字改革的内容除了改竖行书写为横行书写之外,还有推行简化汉字和汉字拼音化的问题。简化汉字包括减省汉字笔画、减少汉字字数两个方面。前者指把笔画繁复的字变成笔画较少的字;后者指一个字原来可能有几种写法,包括正体、俗体、异体等,经过简化后,确定一个为正体,其余均废除。汉字拼音化就是用拼音文字取代汉字。

2. 汉字改革的历史和现状

汉字的简化,从中国殷商时代就开始了,早在甲骨文和金文中就有简体字,与繁体字并存。后来进行过几次大规模的汉字简化,产生过相应的简体字。如秦朝的"书同文"是中国历史上第一次开展的大规模官方汉字简化工作。当时的小篆对六国文字说来,就是规范字、简体字。后来从小篆到隶书,从隶书到楷书,以及楷书定型后对正体、俗体、讹体等的整理,都是汉字简化工作。现代汉字简化工作是从20世纪初开始的,不少学者对民间流行的简体字进行过整理。中华人民共和国成立以后,教育部即着手进行简化字的调查研究工作。1951年拟出《第一批简体字表》,收入常用简体字555个。1952年成立了中国文字改革委员会,1956年国务院通过了《汉字简化方案》。这个方案共有3个表,收入515个简化字与54个简化偏旁。1964年中国文字改革委员会编制了《简化字总表》,共收2238个简化字和14个简化偏旁。1977年公布《第二次汉字简化方案(草案)》,共收入简化字853个。由于拟定和公布过程十分仓促,又未广泛征求意见,试行中出现了一些混乱。1986年,国家语言文字工作委员会重新发表1964年颁布的《简化字总表》(修订版),同时废止1977年发表的《第二次汉字简化方案(草案)》。《简化字总表》所列简化字是现行汉字的正体。

中国从19世纪末开始就不断有人发出汉字拼音化的呼声。汉字拼音化运动,从清末的"切音字"算起,已有一百多年的历史,有关人士纷纷创制各种拼音方案。1913年,"读音统一会"制订了"注音字母",中国台湾地区至今仍然用注音字母注音。1926年,钱玄同、黎锦熙、赵元任等制订"国语罗马字",首次用罗马字母(拉丁字母)拼写汉语。1958年,中国正式推行《汉语拼音方案》。但是注音字母和汉语拼音都不是正式文字,只是标音符号。2001年1月1日起施行的《国家通用语言文字法》规定"国家推广普通话,推行规范汉字"。汉字作为国家的法定文字,在今后都会一直发挥作用。

3. 关于汉字改革的争论

自清末以来,围绕汉字简化进行的争论就没有停止过。汉字改革在中国内地(大陆)、中国香港、中国台湾和新加坡等汉语、汉字通行区内引起人们广泛而激烈的争论。既有大力支持的,也有强烈反对的。改革开放以来,内地(大陆)与使用繁体字的汉语文化圈在交流时出现一些不便,有人主张恢复使用繁体汉字,还有人主张"识繁写简",即印刷用繁体,手写用简体。

反对简化汉字的一方认为,简化汉字破坏了汉字结构,损害了汉字构字理据,采用同音假借来简化汉字是文字发展中的退步;简化汉字无助于汉字的学习、阅读和书写,无助于汉字的计算机处理;简化汉字破坏了中国文化,损害了中国传统文化传承的纽带,给汉语文化圈的交流带来不便,更加破坏了汉字文化圈的统一性。

而支持简化汉字的一方则认为,汉字简化符合汉字历史发展的规律,也符合汉字现代化的方向。简化汉字和繁体汉字相比,其笔画大大减少,学习、记忆和书写的效率也就明显提高。推行简化字对于扫除文盲、普及教育、提高学习和工作效率所带来的益处是显著的。简化汉字有助于计算机信息处理,而且计算机处理汉字对汉字简化工作提出了更高的要求。简化汉字是为了便于一般人对汉字的学习和日常运用,不会影响中国传统文化的传承。

　　文字首先是交际工具,需要优先考虑的是其效率性,即学习、使用的便利性。正因为如此,历史上才出现了多次文字变革,以适应社会交际的需要。历次文字变革都是首先在民间流行,然后得到官方认可,并被加以整理,确立为标准。纵观可见,历次文字变革的总趋势都是抽象化和简化,也就是说,追求便利的文字变革首先是民间的需求。不仅汉字如此,其他文字体系的变革也同样如此。现行简化汉字都是对流行已久的民间简化字的整理和规范化,至于有些简化汉字是否破坏了构字理据,以及用同音假借方式简化汉字是否得当,这些细节问题都是可以深入讨论。但是要说明的是,对于一般文字使用者来说,文字的理据明确与否并不重要,隶变以后的汉字的理据很多都不太明确了,只有研究文字的学者才能了解其理据。但这并没有影响隶书取代小篆。显然,人们选择隶书而放弃小篆,优先考虑的是学习、使用的便利性。现行汉字(包括繁体字)的理据,除了少数学者之外,一般人大都不太清楚,这并不影响他们对汉字的学习和使用。如"台湾"的"台",其构字理据一般人肯定不清楚,它也是用同音假借方式简化的,但以繁体字为规范字的中国台湾地区,现在一般也都用简体的"台",而不用繁体的"臺",显然也是追求简便的结果。

　　文字确实是文化传承的工具,但说使用简化字就破坏了中国传统文化的传承,则是危言耸听。许多有悠久历史文献的国家,如印度和埃及、叙利亚等国家,其文字体系都经过重大变化,其变化之大绝不亚于汉字简化,而这并没有影响他们传统文化的传承。日本人、韩国人用拼音文字假名、谚文取代了绝大部分汉字,只保留了几百个汉字,朝鲜和越南完全废除了汉字而使用拼音文字,都没有影响他们传统文化的传承。中国历史上几次大的文字变革,如秦代的"书同文"(小篆)、从小篆到隶书、从隶书到楷书,其变革之大,也不亚于现代的汉字简化,也都没有影响传统文化的传承。只用占常用汉字约四分之一的简体字取代繁体字,而且绝大部分简化汉字和简化偏旁与繁体字有对应规律,怎么会影响中国传统文化的传承呢?事实证明,只需要少数学者掌握繁体字以及古汉字,将比较重要的历史文献用简体字印行,加以注释,或翻译成现代白话文,就不会影响中国传统文化的传承。

　　全世界使用简化汉字的人口约13亿,使用繁体字的约3 000万。简化字主要用于中国大陆、新加坡、马来西亚等地,繁体字主要用于中国的台湾、香港、澳门及海外的一些华人社区。半个多世纪以来,简体字作为国家法定的现行通用文字的重要部分得到全面普及,而且已成为联合国使用中文的规范。中国香港知识界对简体字采取"繁简由之"的态度。中国台湾不仅民间已大量使用简体字,台湾当局和文化界也曾多次公开讨论汉字简化问题,台湾教育事务主管部门1980年颁布的作为手写行书标准的《标准行书范本》中,也已大量采用了简体字。新加坡、马来西亚和泰国在华文教学中早已使用我国公布的简体字,其他许多国家在汉语教学中也大都使用简体字。可见,使用简体字已是大势所趋,恢复繁体字是行不通的。目前,中国政府坚持把简体字作为规范字,在古籍研究等特殊场合允许使用繁体字。至于目前的繁简分歧不利于两岸及国际交流的问题,确实是需要解决的问题。但是解决的办法不可能是让十多亿习惯了简体字的人放弃比较便利的简体字而恢复使用比较繁难的繁体字,或者"识繁写简",徒然增加学习的负担。

对汉字应否改为拼音文字,人们至今存在各种不同的甚至完全相反的认识。

主张汉字拼音化的人认为汉字难学、难记、难写、难认,妨碍了文化教育,不利于国际交流,不便于信息处理。有人甚至提出"汉字不灭,中国必亡"。而另一些人则提出了"汉字优越论",认为汉字具有科学性、国际性、易学性、智能性、优美高雅性等。还有人认为汉字最有资格成为国际性文字,21世纪将是汉字发挥威力的世纪等。孰是孰非,需要进行冷静的、理性的思考,需要进行科学的调查研究。

即使认为拼音文字比汉字优越,至少在目前和今后相当长一段历史时期内,用拼音文字取代汉字也是难以实现的。首先,汉语中同音语素特别多,一旦实现拼音化,就会造成区别不同语素的困难。即使单音节语素可以组成合成词,也还存在不少同音词,而且还面临着如何分词的困难。其次,汉语方言差异很大,共同语尚待推广普及,在这种情况下采用拼音文字会影响不同地区之间的交际。此外,汉语有大量的历史文献,如果改用拼音文字,那么如何继承这些丰富的历史文化遗产也是需要认真考虑的问题。所以,中国政府目前的语言文字政策和工作,基本上不考虑汉语拼音化的问题。

(二)文字规范

文字规范是为文字的使用确定全社会共同遵守的各种标准。文字规范的主要内容包括字形规范、字音规范、字序规范、用字规范、字符组合规范等。

字形规范是规定标准字形,废除异体字。意音文字在发展过程中一般都会产生大量异体字,民间也会不断产生一些俗体字、简化字、方言字。这些异体字的存在造成字形混乱,不利于语言交际。所以必须对其加以整理,规定标准字形,淘汰非标准字形。

字音规范是指规定字的标准读音,消除异读字。语言的发展和方言的影响,会导致一些异读字产生。这种字有不同的读音,可是没有不同的意义,只会徒然造成字音的分歧和混乱,也不利于语言交际,需要加以规范。拼音文字的异读词也很多,如一些英语词典一个词往往标有多种读音,增加了学习困难,同样需要规范。

字序规范是指规定字的排列顺序。字序规范包括确定字的笔画、笔顺和部首,以便辞书编纂、索引编制、文字检索、文字输入等可以利用字形给字定位、编码。

用字规范是规定字的使用规范,对于汉字来说,主要包括规定繁体字的使用范围,确定人名、地名、译名的用字规范以及数字、标点符号的使用规则等。用字规范问题在当前我国对外开放、计算机文字处理广泛普及的情况下,显得尤其重要。

字符组合规范主要涉及拼音文字,包括大小写规范、分词书写、换行规则等。现在也有人提倡汉字实行分词书写,有利于计算机语言处理。可是由于汉语没有分词书写的习惯,分词规范不容易确定,目前还难以推行。

我国颁布的一系列文件从不同方面为汉字使用提供了规范化的标准。1955年12月,文化部和中国文字改革委员会联合发布了《第一批异体字整理表》,淘汰了一部分异体字。1964年《简化字总表》为人们确立了一个明确的字形规范。1985年12月,由国家语委、国家教委和广电部发布的《普通话异读词审音表》重新审订了某些读音,是规范异读字读音的主要依据。1988年国家语委和国家教委颁布了《现代汉语常用字表》,收字3 500个。同年国家语委和新闻出版署还联合颁布了《现代汉语通用字表》,收字7 000个。此外,各种版本的《现代汉语规范字典》、不断修订的《新华字典》和《现代汉语词典》等工具书,都是为匡正语言文字使用中的混乱现象,促进语言文字的规范化而编写的。另外《关于部分计量单位名称统一用字表》(1977)、《关于出版物上数字用法的规定》(1995)等也都是规范汉字使用的重要参考文件。为了对汉字信息化进行规范,国家标准总局还颁布了一系列《信息交换用汉字编码字符集》和各种字体的字模集及数据集。

为了推动中国通用语言文字(指普通话和规范汉字)的规范化、标准化及其健康发展,使国家通用语言文字在社会生活中更好地发挥作用,促进各民族、各地区经济文化交流,2000年10月,第九届全国人民代表大会常务委员会第十八次会议通过了《中华人民共和国国家通用语言文字法》。

2006年5月,教育部、国家语委首次向社会发布了《中国语言生活状况报告(2005)》,同时公布了国家语言资源监测与研究中心对中国2005年报纸、广播电视、网络等媒体的汉字、词语、标点、符号的使用情况进行调查得到的具体数据。这次调查结果反映出中国文字改革和规范化取得了阶段性的成绩。比如,汉字简化工作卓有成效,不合规范的简化字很少出现;繁体字和异体字的使用基本在正常范围内。调查也发现了一些新情况、新问题。例如使用计算机进行文字输入时由于某些汉字输入法提示备选框中繁体字、异体字与简体字并存容易导致误选。另外从调查所得的"用字总表"与1988年发布的《现代汉语常用字表》《现代汉语通用字表》的比较中可以看出,高频汉字的使用发生了某些变化。例如,与《现代汉语常用字表》比较,本次调查得出的前2 500高频字中,有357字是"一级常用字"(2 500字)中所没有的;前3 500高频字中,有398字是《现代汉语常用字表》(3 500字)中所没有的。与《现代汉语通用字表》比较,本次调查得出的前7 000字中,有615字是《现代汉语通用字表》(7 000字)中所没有的。《现代汉语通用字表》中有244个通用字在这次调查所得的"用字总表"中没有出现。通过对高校BBS用字用语情况的调查发现,BBS汉字使用数量(9 793个)高于平面媒体(8 225个);标点、符号等的使用量(55.07%)高于汉字使用量(44.73%);高频的前127个汉字的覆盖率达到50%,当覆盖率达到90%时,出现汉字923个,并且都是简化汉字。以后每年都公布了同类报告。

语言使用情况的调查给国家语言政策的调整、语言文字规范标准的制定、修订提供了重要参考。也充分说明文字改革和规范化工作需要适应社会的需要和时代的发展,及时发现和解决新问题。

**思考与练习**

一、古代文字是在什么时候、什么基础上产生的?

二、为什么独立产生的成熟文字系统都是意音文字?为什么表音文字都是借源文字?

三、简述文字传播的主要脉络。

四、影响文字形体演变的主要因素有哪些?

五、文字改革和文字规范有何不同?现在中国的汉字改革和汉字规范化都包括哪些内容?

六、谈谈你对汉字优劣和应否实行汉字拼音化的看法。

## 第三节 文字信息处理

### 一、文字与信息处理

(一)文字信息的重要性

当今社会常常被称为信息社会或信息时代,就是因为信息在当前社会生产生活的各个领域里都有非常重要的地位。信息处理的能力已经成为衡量一个国家的综合国力、国际竞争力的重要标准。随着计算机及计算机网络的迅速发展和普及,信息处理已经渗透到人们的社会生产生活的各个方面,信息电子化已经成为现代化的重要标志,甚至成为现代化的代名词,如电子化生产线、电子化管理、电子商务、电子化教学、电子化出版以及军事上的电子战等等。在很多领域,没有信息电子化,几乎就谈不上现代化。

而在计算机处理的各种信息中,最主要的就是以自然语言为载体的信息即语言信息,尤其是书面语言信息即文字信息。虽然计算机处理的信息还有声音信息和图像信息,但是文字信息无疑处于主体地位,而且比声音信息和图像信息更容易存储、传输和处理。声音信息和图像信息的数据量都非常大,如果将一本书的文字信息转换为相应的声音信息或图像信息,数据量将是文字信息的几百倍甚至上千倍,所以文字信息的存储、传输与声音、图像信息相比占有绝对优势。而且声音信息和图像信息都不容易进行检索、统计、筛选、编辑等信息处理,远不如文字信息处理方便。所以现在人们用扫描仪将书刊扫描成图像文件之后,往往需要用文字识别软件转换成文本文件,用语音输入信息以后,也要用语音识别软件将语音信息转换成文字信息,才能更好地进行加工处理和利用。至于高级的语言信息处理工作,如自然语言理解、机器翻译、人机对话、人工智能等等,也都是建立在文字处理的基础之上的,如果不首先解决文字信息在计算机上的输入和输出问题,其他信息处理工作就无法进行。

(二)汉字处理的优缺点

汉语信息处理的基础是汉字处理,因此汉字在信息处理中的优缺点就成为人们十分关注的问题。现在有两种截然不同的看法,一种看法认为在信息处理上汉字比拼音文字优越,另一种看法认为拼音文字比汉字优越。大多数人持后一种看法。

认为在信息处理上汉字比拼音文字优越的主要依据有两条:一是汉字占用空间较少,二是汉字输入速度较快。

先看汉字占用空间较少的问题。同样内容的文本,使用汉字的汉语文本确实比使用拼音文字的英语等文本占用空间少。但是汉语文本占用空间较少的原因应该具体分析。

一是语言本身的原因,汉语比英语等简洁。因为汉语的省略比英语等更多,汉语较少用表示语法意义的形式标志(如冠词、助动词、介词、连词等以及表示形态变化的词缀等)。即使不用汉字而用汉语拼音,汉语文本也会比英语等文本占用空间少一些。这一点与汉字是否优越无关。从信息处理的角度看,汉语的简洁性大大增加了汉语句法、语义自动分析的难度,而且语言简洁也很难说就是语言的优越性,例如汉语文言文比白话文简洁得多,大概现在没有人会认为文言文比白话文优越。

二是因为汉语书面语不用空格分词。如果用空格分词,汉语文本占用的空间就会增加约六分之一。这一点似乎与汉字有一点关系,因为用方块汉字可以不分词,而用音位文字不能不分词,这似乎是汉字的优点。但是从信息处理的角度看,不分词不仅不是优点反而是缺点,因为汉语书面语不分词大大增加了信息处理的难度,以此为代价换取节省一点空间实在是得不偿失,就像中国古代文献不用标点符号而节省空间一样得不偿失，况且音节文字如日文的假名和朝鲜文的谚文也可以不分词。所以用不分词换取节省空间也不能说明汉字优越。

三是因为汉字的方块形特点使汉字占用空间较少。如果仅从字形上分析汉字的字根（如五笔字型的字根），并拿字根与字母相比，可以发现，汉字字根的组合方式是立体的，拼音字母的组合方式是线性的。立体组合比线性组合占用空间少。假如汉字的字根像字母一样线性组合，占用空间就会大得多。然而立体组合节省空间的好处同样是以大大增加信息处理的难度为代价的。立体组合只能以一个字为独立字符，字数比字根数多许多倍，处理全部汉字需要容量巨大的字库支持，否则无法输入、显示和打印。假如汉字的字根线性组合，每个字根为一个独立的字符，那么只要有一百多个，至多几百个字符的字库就可处理所有的汉字。可见，立体组合的方块字形虽然节省一点文本空间，但是要花很大的代价，也是得不偿失。因此从信息处理的角度看，这也不是优点而是缺点。

再看汉字输入速度问题。由于汉语与英语等的语言差别，直接比较中文和英文的输入速度不容易说明问题。输入同样内容的中文比输入同样内容的英文确实要快一些，但这涉及语言差异问题。如果排除语言差异的因素，将汉字输入与汉语拼音输入进行比较，就比较容易说明汉字输入速度快慢问题。

汉字输入必须编码，汉字编码主要有音码、形码、音形码、形音码等几种类型。"在80年代后期和90年代初期举办的多次由职业电脑打字员参加的全国性比赛中，尽管参赛队中使用字根类方法的占三分之二以上，但冠军多次被拼音类输入法使用者获得。"（陈一凡《论汉字特征信息编码键盘输入》）这说明拼音类输入法比其他输入法输入速度要快，而且近些年拼音类输入法又有很大进展，利用人工智能技术实现整句输入的新输入法速度更快了。

但是拼音类输入法输入的还是汉字，即使是最先进的整句输入法，也还是免不了要手工选择同音字词，影响输入速度。如果只是输入汉语拼音，不转换成汉字，就不存在选择同音字词的问题。那么只输入汉语拼音的速度必然比输入汉字更快。由此可见，仅从输入速度上看，汉字输入也比不上汉语拼音输入。

上面的分析说明，从信息处理的角度看，不是汉字比拼音文字优越，而是拼音文字比汉字优越。虽然汉字也有一些这样或那样的优点，但是从信息处理的总体上看，汉字的信息处理比拼音文字的信息处理难度要大得多，这已是信息处理界的共识。

**二、字库编制**

计算机文字处理的前提是编制和安装相应文字的字库。如果要包括世界上所有文字符号,字库就需要很大的存储空间,即使是现在,也没有必要在每台计算机中都安装这种超大容量的字库,因此需要控制字库容量,对字库进行分级,这就涉及字频与分布统计的问题。

(一)字库容量与分级

在很长一段时间内,计算机操作系统没有国际通用的统一字库,不同文字类型的字库要分别安装,甚至繁体汉字与简体汉字也不能通用。这是因为以前的计算机运算速度和储存容量都很有限,不可能安装国际统一字库。近些年计算机运算速度和存储容量都大幅提高,而且随着计算机网络的迅速发展和普及,多文种处理问题显得更为重要。因此国际标准化组织制定了国际通用的统一字库编码标准。

世界上所有文字的字符总数非常庞大,其中汉字占大多数。因此要控制字库的容量,最主要的是要控制汉字的数量。汉字的总字量非常大,国际标准化组织在 ISO10646—2000 的基本多文种平面(BMP 或者 Unicode 3.0)编入了 27 564 个汉字,在第二平面扩展了 42 711 个汉字(又称为扩展 B),共收中日韩(CJK)汉字 70 275 个,但这还不能说是全部汉字。美国微软公司在中文简体版 Office XP 及相应多语言包中,增加了"宋体—方正超大字符集"。该字符集共收汉字 64 426 个,加上西文等常用字符在内,共包括 65 531 个字符,字库文件大小为 41 550 084 字节(约 40 兆字节)。这还只是一种字体,如果常用的黑体、仿宋体、楷体也包括这么多字符,字库容量就要增加几倍。但是这些字符中的大部分一般是用不上的,常用汉字只有 7 000 个左右。如果对这些字符不加区分,会大量占用计算机资源,影响计算机的效率,有时还会造成程序故障甚至死机。所以明智的做法是根据字符使用的情况对字符进行分级,编制分级字库。

现在简体中文 Windows 系统中有四种分级字库。GB2312 字库(国标基本字库),包含 6 763 个汉字;GBK 字库(国标扩展字库),包含 20 902 个汉字;GB18030 字库(即 BMP 中的汉字),包含 27 564 个汉字;"宋体—方正超大字符集",包含 64 426 个汉字。有了分级字库,既可以提高一般文字处理的效率,又可以满足特殊需要。

(二)字频与分布统计

字库分级的主要依据是字频,即字的使用频率。某个字在语料中出现的次数与语料总字数的比例就是该字的字频。进行字频统计需要选择一定范围、一定数量的语料,因此,影响字频统计结果的主要因素包括语料的范围和语料的数量两个方面。

语料的覆盖范围对统计结果的影响很大。不同的行业、学科、领域,不同的时间、地区,不同的语体文体,不同的作者,在用字情况上有很大差异。所以语料的选择必须考虑覆盖面,尽量使语料能反映各个方面的使用情况,尽量包括各个方面的语料样本,并且要考虑各种语料样本的比例。

统计的语料数量对统计结果有很大影响。因为统计的本质是概率,而概率要达到一定的量才趋于稳定。所以要使统计的结果能够反映字出现概率的稳定性,就必须保证统计语料的足够数量。根据概率论的原理,概率的稳定有一个次数临界点,达到这个临界点以后,概率就稳定了,即使再增加次数也不会影响概率的值。概率稳定的临界点有一定的规律,可以通过数学计算来确定。

单纯统计字频有一定的局限性。因为不同的时间、地区、语体、行业、作者等因素,都会影响字的使用频率,使字的使用频率分布不均匀。例如统计10篇语料,其中甲字在这10篇语料中都只出现了1次,总共出现10次;而乙字只在一篇语料中出现了20次。乙字的总字频比甲字高一倍,可是它的分布很不均匀。实际上字频较低但分布均匀的甲字比字频较高但分布不均匀的乙字更重要。字的分布不均匀,说明其使用范围受到限制,其重要性就要大打折扣。所以字频统计应该与字的分布率统计结合起来。所谓字的分布率,是指某字在统计的语料样本中出现的样本数与统计的总样本数的比例。例如在上面的例子中,甲字的分布率为100%,而乙字的分布率为10%。

字的使用频率和分布率可以结合起来,作为确定分级字库的标准。至于二者结合的方式,可以根据情况选择。例如可以先用字频筛选出一批字,再用分布率淘汰其中部分字;或者先用分布率筛选,再用字频淘汰;也可以用一定的公式对字频和分布率进行综合计算,得出综合的使用率,再根据使用率确定分级字库。

### 三、文字输入

进行文字处理光有字库还不行,还必须用相应的文字输入法将文字输入计算机。常用的文字输入方法有四类:键盘输入、手写输入、扫描输入和语音输入。

(一) 键盘输入

键盘输入是最常用的输入方式。汉字键盘输入一般都是使用通用键盘输入,就是通过对汉字编码,在国际通用的英文键盘上输入汉字。编码方式可分音码、形码、音形码和形音码四类。

1. 音码

音码是指根据汉字的读音给汉字编码。中国大陆是用汉语拼音编码,中国台湾一般用注音字母编码。拼音码主要分全拼、双拼两种。全拼是按汉语拼音方案逐一键入全部字母,双拼是将汉语拼音分成声母和韵母两部分编码,声母、韵母各一键。此外,有的拼音码还包括声调的编码。

全拼输入只需要会拼音,不需要学习和记忆。但是按键次数多,输入速度慢。双拼需要学习和记忆双拼编码,不过记忆量很小,而双拼击键次数比全拼少,输入速度较快。

拼音输入按输入单位分,可分单字输入、词语输入和整句输入三种。单字输入重码太多,按词语输入重码少得多,但还是有一些重码,不能盲打。整句输入是利用人工智能技术,根据词语的句法语义搭配关系,让软件自动选择同音词,不需要手工选择,因此可以盲打。现在一些较新的输入法软件都实现了整句输入,如新版"微软拼音输入法""智能狂拼""黑马智能输入法2000"等。整句输入的正确率都相当高,因此输入速度很快。近些年来出现的一些更新的拼音输入法,如QQ输入法、百度输入法、搜狗输入法等,都利用了较新的人工智能技术,又有较大的进步。

总的来说,音码的主要优势在于易学易用,词语输入和整句输入速度也很快。但是也有一些局限性:一是同音字词重码多,不能盲打;二是要求用户熟悉拼音,并且普通话比较标准;三是遇到生僻字不知道读音难以输入。整句输入法基本上克服了第一个局限性,但依然存在后两个局限性。

2. 形码

形码是指根据汉字的字形给汉字编码。主要包括两类:笔画类和字根类。也有人将笔画与字根结合起来编码。

笔画类形码有的取5种笔画,有的取8种笔画。一般来说,笔画类形码击键次数较多,输入速度较慢,但有两个优点。一是只用数字键编码,可以实现数字小键盘输入,这对财会人员比较方便,同时比较适合用于手机等便携移动设备。二是比较容易学习,只要能按笔画笔顺规范写字,就很容易掌握。但一般人用笔画类输入的很少。

字根类形码将汉字拆分为字根(构字部件),按字根编码。这是形码的主流。字根的拆分和键位的安排五花八门,目前还没有统一的规范。字根类形码输入速度较快,重码少,可以实现盲打。而且不认识的字也可输入,适合于看打(看着稿子打)。但缺点是难学难记,一般需要专门培训。而且拆字对思维有干扰,不利于想打(边想边打)。不过专业打字员一般多用形码,且以"五笔字型"为主。

3. 音形码

音形码是为了克服音码重码太多的缺点而发展起来的。音形码一般是在音码的基础上加上形码以区别同音词语,其音码部分与纯音码情况基本相同,如"自然码"就是比较流行的音形码。音形码克服了音码重码多的局限,可以盲打,但同时又增加了击键次数,降低了速度,而且增加了记忆形码的负担。

4. 形音码

形音码是为了克服形码难学难记的缺点而发展起来的,一般是将字形与字音或偏旁笔画的读音混合编码。例如"全音码"汉字编码规则为:依次键入该字的拼音首字母,第一、第二和最后一个偏旁的拼音首字母,不足三个偏旁的补一个空格键。形音码都要拆分偏旁或字根,仍然是一个难点。但总的来说比形码易学易记一些。

总之，各种编码方案各有长短，不同的人可以根据自己的情况选择。

### （二）手写输入

手写输入，又叫联机手写汉字识别或联机汉字识别。这种输入方式是：使用者用一种电子笔在一块与计算机相连的电子书写板上写字，一边写字，一边让计算机接受笔的运动轨迹进行识别，并将识别结果输入文档。现在有的软件可以在屏幕上模拟写字板，用鼠标代替电子笔写字，实现纯软件手写输入。目前手写输入已被广泛用于手机等便携电子设备。

手写输入完全不需要学习输入法，会写字就会输入，可以完全不用键盘和鼠标，适用于手机和掌上电脑、微型翻译机、电子记事本等便携电子设备。其主要缺点就是输入速度比键盘输入慢，而且要求书写比较工整，字迹太潦草，识别就容易出错。

### （三）扫描输入

扫描输入是利用扫描仪等光电设备将印刷或手写在纸张上的文字进行扫描传输，作为图形输入计算机，然后让计算机进行光学字符识别（Optical Character Recognition，简称 OCR），将图形信息转换成可以编辑检索的字符。

OCR 又分印刷体文字 OCR 和手写体文字 OCR 两种，后者的扫描难度比前者大得多。印刷体文字字形规范，提取字形特征比较容易，只要输入的图形比较清晰，匹配的正确率很高，一般文稿的识别正确率都在 95% 以上，已达到较高的实用化程度。手写体文字字形很不规范，字形变化很大，提取字形特征比较困难，匹配的正确率比较低，目前尚未达到实用化水平。

扫描输入加 OCR 转换的输入方式既有明显的优势，又有明显的局限。其优势在于速度快，如果要将书刊上的文字输入计算机，扫描输入加 OCR 转换的输入方式最快。但是其最大的局限是要有现成的文字材料，还要有扫描仪，也不便于移动使用。不过在手机以及带有摄录功能的电脑等设备上，一般可以用摄录机取代扫描仪。

### （四）语音输入

语音输入又叫听写输入，是指用话筒等将说话人的语音录入计算机等，再利用语音识别软件将语音转换为文字。

根据所要识别的发音人的情况，语音识别可以分为专人语音识别和通用语音识别两类。

专人语音识别是指针对特定的发音人进行语音识别。在识别前，先要对识别系统进行发音人的语音适应训练。一般是预先设计一些词语和句子，让发音人照着念，同时识别系统进行录音，然后对录音进行声学语音分析，在此基础上建立个人的语音声学模型。进行正式的语音识别时，再将发音人的语音录下来，并进行声学特征分析,将分析的结果与已有的个人声学模型进行比较、匹配,得出识别结果。通用语音识别不是针对特定的发音人,而是面对任何人都可以进行语音识别的。这种识别系统不需要发音人进行语音适应训练,直接将任一发音人的语音录下来,进行声学特征分析,将分析的结果与原有的通用声学模型进行比较、匹配,得出识别结果。

根据发音方式,语音识别可以分为单呼语音识别和连读语音识别两类。单呼语音识别是识别一个个独立的字(音节)或单词,字与字或词与词之间,需要有明显的语音停顿。连读语音识别是识别连续的语句,发音人不需要一个字一个词地念,而是像平常说话或念文章一样整句连续发音。

上述四种识别类型中,专人语音识别和单呼语音识别设计难度较低,但使用场合都受限制,实用性较差。通用语音识别和连读语音识别设计难度较高,但使用场合不受什么限制,实用性较强。

在各种输入方式中,语音输入是最有优势的一种。它输入速度很快,比键盘输入和手写输入快得多。使用也很方便,输入者不需要花精力学习和记忆,也不需要特别的硬件设备。扫描输入虽然也很快,但前提是要有现成的文字材料,而且还要有扫描或摄录设备。听写输入不仅能输入文字,而且能输入命令,实现对机器的语音控制。语音输入的主要局限是在不便发声或嘈杂的环境中不能运用。虽然听写输入有明显的优势,但事实上目前采用听写输入的人不多,最根本的原因是,目前的听写输入的正确率不太理想。如果听写输入的正确率很高,肯定会成为最受欢迎的输入法之一。现在部分通信软件,如微信等,可以在语音通话聊天时,自动将语音转换为文字,识别正确率有明显提高。随着人工智能技术的不断发展进步,可以预见,在不远的将来,语音输入将会成为最主要、最常用的输入方式。

**思考与练习**

一、你认为汉字在信息处理上有优势吗?为什么?

二、你认为字库容量越大越好吗?为什么?

三、字频与分布统计有什么作用?

四、文字输入方法主要有哪几种?各有什么优缺点?

五、键盘输入编码方法有哪些类型,各有什么优缺点?你认为哪一种最适合你?为什么?

**参考资料**

1. [苏]B. A. 伊斯特林著,左少兴译:《文字的产生和发展》,北京大学出版社1987年版。

2. 冯志伟:《计算语言学基础》,商务印书馆2001年版。

3. 侯敏:《计算语言学与汉语自动分析》,北京广播学院出版社1999年版。

4. 裘锡圭:《文字学概要》,商务印书馆 1990 年版。

5. 唐兰:《中国文字学》,上海古籍出版社 1979 年版。

6. 尹斌庸、苏培成选编:《科学地评价汉语汉字》,华语教学出版社 1994 年版。

7. 周有光:《比较文字学初探》,语文出版社 1998 年版。

# 第六章 语用学

**【学习提示】** 本章介绍了语用学的基本知识。本章需要重点掌握的内容有:第一节,语言运用的变异性和规律性、语用学与相关学科的关系;第二节,语境的构成要素和功能;第三节,合作原则和礼貌原则及其与会话含意的关系;第四节,言语行为及其类型、间接言语行为及其类型;第五节,会话结构和语篇结构;第六节,预设的特征和预设触发语、焦点与焦点突显、指示信息的特征和类型。本章不仅要求掌握基本概念和分类,而且要求具备运用语用知识分析具体语言现象的能力。

## 第一节 语用和语用学

### 一、语言运用

语言运用,简称语用,是指交际双方在特定的语言环境中,为了特定的目的,以某种方式进行的言语交际活动。言语交际要适应不同的语言环境,因而话语的形式和意义会不断变异,但是变异又是有规律的。交际双方遵循共同的语用规律,才能保证交际顺利进行。

(一)语用的变异性

人们的语言交际总是在一定的语言环境中进行的,因此处于经常的变异之中,也就是所谓"到什么山上唱什么歌""见什么人说什么话"。例如一个当教师的人,作为老师在课堂上讲课、跟学生交谈,与这个人在家庭里作为一个丈夫/妻子、父母与伴侣、子女的交谈是会有较大差异的。又如同样是"你要干什么?"这句话,由不同的人在不同的场合用不同的语气说出来,会产生不同的意义或者说给人不同的理解。我们可以设想如下的情景:

A. 说话人看到某个听话人神情专注地在东翻西找,出于关心,想为对方提供某种帮助,于是以询问的语气说:"你要干什么?"

B. 说话人看到某个听话人神情茫然地在东翻西找,弄得说话人心烦意乱,于是以责怪的语气说:"你要干什么?"

C. 说话人跟某个听话人谈论某个问题,听话人言辞激烈,甚至带有危险倾向,说话人想阻止听话人可能做出的过激行为,于是以警告的语气说:"你要干什么?"

以上 A 场合和 B 场合的"你要干什么?"这句话,说话人的意思是明确的,但是听话人可能会有不同的理解。在 A 场合,听话人可能会感受到说话人给予的关心,但也可能会以为说话人对于自己东翻西找的行为感到厌烦;但在 B 场合,听话人就不太会将这句话理解为对自己关心。C 场合的"你要干什么?"得到的效果可能是使听话人冷静下来,当然也可能被听话人误以为在用"激将法",反而火上加油。

在语言的具体运用中,词语、语句的语音、语义和句法形式都会产生各种变异,这些在前面的语音、语义、语法等部分都有说明,可以参看以上相关部分。

(二)语用的规律性

人们的语言运用虽然是动态可变的,但同时也是有规律可循的。其规律性表现在以下几个方面:

一是语言运用是在特定语境中进行的,说话人怎样使自己的话语适应特定语境,听话人怎样根据具体语境理解说话人的意思,都是有规律可循的。如上例中说话人在不同场合为了不同目的说"你要干什么"时会选择不同的语气,而听话人也会利用语言环境努力理解说话人的意思。如果听话人产生了误解,那么也是有原因、有规律的。可能是因为说话人的语气不对,即说话人没有使自己的表达方式适应特定的语言环境,也可能是因为听话人对语言环境缺乏正确的认识。

二是语言运用必须遵循一定的交际原则,如合作原则和礼貌原则,都是在言语交际中必须遵循的。这些交际原则就是语言运用的规律。在一般情况下,说话人会按照一定的交际原则表达自己的意思,听话人也会按照一定的交际原则来理解说话人的意思。如果说话人故意或被迫违反某些交际原则,听话人也会根据交际原则理解说话人的言外之意。

例如甲问乙:"你有多少钱?"乙说:"我有 10 块钱。"根据交际原则,甲会理解为乙只有 10 块钱。如果乙实际上有 20 块钱甚至更多,虽然从逻辑的角度讲,如果一个人有 20 块钱是真的,那么他有 10 块钱也是真的,但是从语言交际原则来看,他这样说就是违反了交际原则,说了假话。乙会说假话是因为他认为甲想向乙借钱,而乙不想借钱给甲。当甲知道乙是在说假话时,甲会理解为乙不想借钱给他。

三是不同的语言形式和表达方式有不同的交际价值和交际效果,这也是有规律的。说话人之所以选择不同的语言形式和表达方式,正是因为他知道这种形式和方式的交际价值和交际效果。例如说"小王已经 30 岁了"与说"小王 30 岁"相比,前者显然含有小王年纪不小了的意思,而后者则没有这种含意。又如说"小王又来了"与说"小王来了"相比,前者显然有小王来得太频繁的含意,而后者则没有这种意思。这种含意不同于语句的语汇意义、语法意义和逻辑意义,而属于语用意义。说话人如果不了解不同语言形式和表达方式有不同的语用意义,就不能选择恰当的语言形式得体地表达自己的思想感情;听话人如果不了解这种语用意义,也不能准确地理解别人的思想感情,就会影响交际效果。

**二、语用学**

(一)语用学的兴起

语用学(pragmatics)是研究语言运用及其规律的学科。它关注使用语言的人在一定的语言环境中如何得体地、有效地运用语言进行交际,包括如何得体地表达自己的思想感情,如何准确地理解别人的思想感情,如何产生最好的交际效果。

语用学的概念首先是美国哲学家莫里斯(Charles Morris)在20世纪30年代提出的。20世纪60年代,英国哲学家奥斯汀(J. L. Austin)又提出了"言语行为"的理论;美国哲学家格赖斯(H. Paul Grice)提出了"合作原则"的理论。以上几位学者的贡献使语用学逐渐形成独立的学科。特别是1977年《语用学杂志》(Journal of Pragmatics)在荷兰正式出版发行,语用学才真正作为语言学的一门新兴分支学科而得到确认。1986年国际语用学会成立之后,语用学在世界范围内产生了广泛的重要的影响。

我国从20世纪70年代末开始引进、介绍语用学的理论方法,前期主要是外语学界的一些学者根据国外研究资料出版了一些介绍性、概论性的论著,随后汉语学界的一些学者也运用西方的语用学理论方法研究汉语的实际问题。如汉语语法学界于80年代初提出语法研究的"三个平面"(语义平面、句法平面、语用平面)的理论方法。自1998年至2009年,国内先后召开了十一次全国语用学研讨会。2003年成立了中国语用学研究会,研究队伍越来越壮大,研究成果越来越丰硕。中国语用学研究比较注重语用学与语义学、语法学、修辞学紧密结合,也比较注重与一些综合性语言学科如社会语言学、文化语言学、认知语言学、应用语言学等紧密结合,还比较注重应用研究。如第十一届全国语用学研讨会的主题是"语用学及其应用研究",具体议题包括:语用与社会研究、语用与文化研究、语用与教学研究、语用与翻译研究、语用学与认知、语篇语用研究、语用与话语分析研究、语用方法研究和语言语用分析等。

(二)语用学的任务

语用学的发展历史不长,研究的范围在逐步地拓宽。由于语言运用涉及语言内外许多非常复杂的因素,因此语用学的任务也非常复杂。这里只能简要地介绍语用学的主要研究内容。

1. 语言环境

语言环境(简称语境)是制约语言运用的一个重要因素,是言语交际得以顺利进行的重要条件。语用学所要研究的是语言使用者如何在特定的语境中恰当地运用语言,因而对于语境的构成要素和功能的研究是语用学的重要任务。

2. 语用原则

语用原则主要包括合作原则和礼貌原则。语用原则也是制约言语交际的重要因素,说话人一般要遵循一定的语用原则来选择合适的表达方式,听话人也要遵循一定的语用原则来准确理解话语的意思,特别是言外之意。因此语用原则的研究是语用学的重要内容。

3. 言语行为

说话本身是一种有目的的言语行为,言语的使用总是同说话人的具体目的、意图相联系的。不同的言语行为方式有不同的交际功能,而方式与功能之间又存在着错综复杂的关系,因此言语行为方式及其功能的研究也是语用学的重要内容。

4. 话语结构

只要是能表达说话人的意思,具有一定交际功能的语言片段,都是话语。话语的基本单位是句子,通常由若干句子组成。语用学的主要任务之一——话语分析,就是分析话语的结构模式。话语从结构上可以区分为会话结构和语篇结构,前者为对话模式,后者为独白模式。

5. 信息结构

言语交际是信息传递过程,因此语用学要研究话语的信息结构。话语的信息一般可分为已知信息和新信息(焦点信息)两部分。而已知信息中又包含预设信息和指示信息两部分。要成功地传递信息,必须保证话语中预设信息的真实性和指示信息的确定性。

(三)语用学与相关学科

语用学作为语言学领域一门新兴的分支学科,跟语法学、语义学、修辞学、社会语言学、文化语言学、认知语言学、应用语言学等都有相当密切的关联或交叉,但也有它自身的特点。

莫里斯认为:句法、语义、语用构成语言的三个基本方面。句法学研究符号与符号之间的关系,语义学研究符号与所指事物现象之间的关系,语用学研究符号与使用者之间的关系。句法学和语义学研究的是脱离了具体语言环境的抽象的词语和句子,主要研究词语之间的句法语义关系;语用学研究的是特定语言环境中的特定话语,主要研究在不同的语言环境下如何得体地运用语言。也可以这样来理解以上三者之间的关系:句法学回答的问题是句子是按什么规则组成的,语义学回答的问题是意义是按什么方法确定的,语用学回答的问题是语言的使用在一定的语言环境里产生了什么样的影响和效果。从以上分析可见,句法和语义分析是着眼于"备用状态"的静态的语言,而语用分析是着眼于"现用状态"的动态的言语,前者看重的是语言系统的部件和结构,后者看重的是语言运用的要素和过程。

从语用学与修辞学的关系来看,二者的研究对象都是语言运用,都是研究在具体的语言环境中怎样恰当地运用语言,但二者也有所不同。第一,研究目的不同。修辞学往往是规范性的、实用性的,注重分析和归纳话语的修辞技巧;而语用学则是解释性的、理论性的,注重解释和推导话语的语用意义。第二,研究方法不同。修辞学主要运用归纳的方法,如修辞格的确立、语言变异的表现方式等;语用学则以理论解释和演绎推理为特色。第三,研究内容和研究旨趣不同。修辞学以词句的选择、修辞方式(辞格)、语体风格等为主要研究内容,它更关心的是修辞效果;语用学则以语用原则、言语行为、话语结构、信息结构等为主要研究内容,它更关心的是语用价值。

语用学研究具体的语言环境对语言表达和语言理解的制约作用,而语言环境包括社会文化背景,语言表达和理解与人类的认知机制和认知规律也有密切联系,语言运用与语言教学、翻译等语言应用领域也有密切关系,因此语用学与社会语言学、文化语言学、认知语言学、应用语言学等也都有交叉。这些综合性语言学将在后面详细介绍。

**思考与练习**

一、对"你怎么还不走!"这句话可能出现的场合进行设想,分析其可能产生的不同意义和理解。

二、如何准确理解语言运用的变异性和规律性?

三、如何正确理解句法、语义、语用三者的相互关系?

四、语用学有哪些主要的研究内容?

五、语用学与修辞学有何异同?

## 第二节　语言环境

语言环境(context)是语用研究中的一个核心概念,简称语境。语境有狭义和广义之分。狭义的语境是言语内部的上下文或前言后语;广义的语境既包含狭义语境的内容,也包括言语外部的交际场景和社会文化背景。语用学中所说的语境,一般是指广义的语境。

语言环境对于语言运用有很强的制约性。不同语境中话语的含意很不一样。例如"你这个大坏蛋!"这句话,在不同的语境中其语用含意显然不一样:①父母对淘气的儿子说;②热恋中的女友对男友说;③受害者对被告说。在言语交际中,说话人采用的交际方式要努力做到跟语境适切,由此保证交际的顺畅,达到最理想的交际效果。反之,如果不能跟语境适切,不顾及交际对象,不讲究交际方式,就会影响交际效果。例如在宣布开始用餐时,人们可以用以下几种说法:"宴会开始,请入席"(礼仪的)、"请用餐"(正式的)、"我们吃饭吧"(非正式的)、"来吃饭"(随便的)等等。而以上几种说法都受到具体的语言环境的制约,在礼仪场合说"来吃饭!"明显带有"嗟来之食"的味道,而家人吃家常便饭时用"请入席!""请用餐!"显然可笑。

### 一、语境的构成

语境是由影响言语交际的各种相关因素构成的,主要包括语言内部的上下文语境和语言外部的情景语境、背景语境。

(一)上下文语境

上下文语境指一个语句的上下文(书面语)或前言后语(口语)。上下文语境对话语的表达和理解有直接的制约作用。如言语交际过程中有许多省略现象和指代现象,需要借助上下文语境提供的信息保证交际顺利进行。例如:

(1)她(水生嫂)问:"他们几个哩?"

水生说:"还在区上。爹哩?"

女人说:"睡了。"

"小华哩?"

"和他爷爷去收了半天虾篓,早就睡了。他们几个为什么还不回来?"

这里的对话都是省略句,其中还使用了代词"他们""他"。离开上下文语境,省略和指代的对象无法确定,但是联系上下文语境,省略和指代的对象都十分明确。

再如句式的选择,也要受制于语境。如不考虑语境,一件事用主动句或被动句表达都可以,但是在特定的上下文语境中,主动句和被动句的选择就会受到限制。例如:

(2)我不由分说地关上窗户,拉起母亲就往门外跑。

该句中主动句都不能换成被动句。

此外,话语的篇章结构、信息结构等,也要受到上下文语境的直接限制。

(二)情景语境

情景语境指产生话语的特定交际情景,概括起来说就是"什么人在什么场合为了什么对什么人用什么方式说了什么话"。其中主要包括交际双方、交际场合、交际目的、交际方式等。

交际双方指说话人和听话人的身份和关系,如公共关系、私人关系,双方交际、多方交际,亲疏、等级、性别、国别,等等。一般所谓"说话要看对象","见什么人说什么话",都是说要根据交际双方的身份和关系选择恰当的表达方式。

交际场合指交际的时间、地点、状况等现实场景,一般可分为正式场合和非正式场合两大类。前者如谈判、辩论、演说、解说、接待等等,后者如寒暄、聊天、谈家常等等。一般所谓"说话要看场合","到什么山上唱什么歌",都是说要根据不同的交际场合选择不同的表达方式。

交际目的指说话人通过说话要达到的目的,如告知、询问、使令、请求、劝阻、承诺、表态、感谢、道歉、问候、修好、宣告、警告、提醒等等。说话都是有目的的,即使是寒暄,也是为了修好。听话人不仅要了解话语的字面意思,更要了解言外之意,即交际意图。一般所谓"你说这话是什么意思"就是指说话要达到的目的,而不是指话语的字面意思。

交际方式有两种含义:一种是指交际形式和交际模式,如口头交际与书面交际,对话模式与独白模式,等等;另一种是指表达方式,如是直截了当还是转弯抹角,是轻言细语还是慷慨激昂,等等。不同的交际方式有不同的形式特征,也会产生不同的交际效果。

(三)背景语境

背景语境是在人们记忆中贮存着的关于整个世界的百科知识,尤其指一定社会文化背景下的文化规范、文化心态、行为准则、交际规则、语言禁忌等等。这些背景语境也制约着话语的表达和理解。例如,中国文化以谦虚为美德,西方文化则不全然,因此中国人和西方人对待别人的恭维和赞许的反应不大一样。中国人总是对别人的赞许表示否定,以示自己的谦虚;而西方人却往往采取"笑纳"的方式,并感谢对方,以示友好。又如中国人对称谓方式特别讲究,特别是对有较高身份地位的人,往往要在称呼语中显示对方的身份地位,如某某局长/书记/教授/老师/叔叔/伯伯等等,一般不能直呼其名;而西方人一般不在称呼语中显示对方的身份地位,往往直呼其名或使用某某先生/小姐/女士等通称形式。

**二、语境的功能**

语境的功能指语境对意义的表达和理解所产生的影响。例如"吃了吗?"这句话如果是在不同的语境中说出,就会有不同的语用意义,有时表示寒暄,有时表示提醒,有时表示催促,等等。语境并不是独立地发挥功能,而是参与、协助话语的表达和理解。可以分别从话语的表达和话语的理解两个角度观察语境的功能。

(一)语境与话语表达

从说话人的角度来看,语境至少有三方面的作用。第一,根据交际的目的来确定说话的大致内容。交际目的不同,选择交际的内容也就不一样。第二,根据交际双方的关系和交际场合选择恰当的表达方式。在某种场合是恰当的话语,放在另外一种场合可能就是不恰当的。例如,在英语中"死"有多种表达方式,可用 die,也可用 go、pass away、snuff out、end up、join the majority、meet one's death、kick the bucket 等,说话人必须根据交际双方的关系和特定的场合选择相应的词语。第三,根据交际的条件确定交际形式。交际既可以采用口语的形式,也可以采用书面语的形式。口语既可以是面谈,也可以是即席演讲,还可以是有准备的电视讲话。书面语既可以是书信形式,也可以是论文形式。具体采用哪种交际形式取决于交际环境的需要。

（二）语境与话语理解

从听话人的角度来看,语境至少有四方面的作用。第一,可以确定具体意义。语境有助于从较一般、较笼统的字面意义中推断出相对具体的意义。例如某单位办公室的通知栏上写着:"星期五下午2点,全体员工到大会议室开会。"其中"星期五"到底指哪一天？"全体员工"到底指哪些人？"大会议室"究竟指什么地方？这些都要借助语境来确定。第二,可以确定指代或省略成分的所指对象。各种代词的具体所指对象往往要依靠语境来确定。以汉语的人称代词"人家"为例,"人家就是喜欢"中的"人家"指谁,要依说话时的情景而定,可以指说话人自己,也可以指听话人,也可以指其他某个人或某些人。省略成分的所指对象往往也要借助上下文语境或情景语境才能确定。第三,可以消除歧义。有些语句离开了语境是有歧义的,但是在一定的语境中往往可以消除歧义。如"鸡不吃了"既可理解为"人不吃鸡肉了",又可以理解为"鸡不吃食物了"。但是在宴会上听到此句,谁都会知道是"人不吃鸡肉了",在养鸡场听到此句,当然就会理解为"鸡不吃食物了"。第四,可以确定言外之意即交际意图。离开了语境因素,便不能确定言语的交际意图。例如,"今天是星期天"的字面意义是说话的那一天是星期天。但在不同的语境下,这句话可以表示各种不同的言外之意,如应该睡懒觉、应该逛街、应该走亲戚等等。

**思考与练习**

一、什么是语境？语境有哪些构成要素？

二、举例说明背景语境对言语交际的影响。

三、举例说明语境的功能。

四、请设想不同的语境条件,以使下列话语产生不同的语境意义。

(1)我明天有考试。

(2)我家里打电话来了！

五、试着举出几个与语境不适切的例子。

## 第三节 语用原则

### 一、合作原则

言语交际的基本表现形式是会话,而会话需要说话人与听话人的合作才能进行,合作是会话的前提,交际双方在此前提下按照交际的意图进行言语交际,这其中有许多需要遵循的原则。

合作原则是美国哲学家格赖斯提出来的。格赖斯1967年在哈佛大学作了三次演讲,在演讲中提出了合作原则以及相关的会话含意理论。格赖斯指出:在言语交际中,双方都希望互相理解,彼此总是需要互相合作的,因此都遵循合作原则来达到预期的目的。但是实际上有时说话人故意或者被迫违反某些合作原则,那么听话人可能会上当受骗,也可能知道对方不愿意合作,还可能透过话语的字面意思领会说话人的言外之意,即会话含意。

格赖斯的合作原则和会话含意理论提出以后,引起了语言学界的高度重视,成为语用学中最重要的研究领域之一。许多人对此进行了进一步的深入研究,对合作原则和会话含意理论进行了补充和完善。

格赖斯提出的合作原则简称CP原则(Cooperation Principle),包括四条准则:

(一)真实准则

真实准则要求说话人所说的话语应当是真实的,不能是假话或缺乏根据的话。在人们的交往中,讲真话是基本的行为准则,人们一般都会努力去实践这条准则,说话人会努力使听话人相信所听到的话是真实的;在听话人看来,说话人所说的也应该是真话。因此,某种托词也可能被认为是说真话。例如:

(1)"可您老这么干下去,身体怎么受得了。您垮了,我怎么办?"

"放心吧,蓓蓓,妈垮不了。"刘立英微笑着,"我女儿还没成人呢,我怎么能垮?"

苏蓓脸低得恨不得要埋进饭碗,片刻,站起身。

"我去厕所。"

苏蓓低头快步进厕所,关上门,背倚门上,忍了半天的眼泪"刷"地流了下来。

"我去厕所"本来只是一个托词,可是听话人会当成真话。

(二)适量准则

适量准则要求说话人所说的话语应当含有与当前交谈目的相关的信息内容,并且所说的话不多不少,既不使人感到信息量不足,又不使人感到信息量多余。下面这个例句则明显表现为信息量不足:

(2)那大嫂看着手中的车票,眼里含着热泪说:"大兄弟,你叫什么名字?是哪个单位的?"

雷锋笑了笑,心想这大嫂真有意思,大概还想还钱呢,就说:"大嫂,别问了,我叫解放军,就住在中国。"

对于适量准则,后来又有进一步的研究。研究表明,任何交际主体都是以特定的角色进入交际的。说话人由于场合不同、角色不同,其语言都带有个人的常量。讲台上的教师或主席、戴着耳机的接线员,其角色要求他不停地说话;而学生、听众、接受任务的士兵,角色要求他少说话甚至不说话。这就是角色语言常量。

角色语言常量实质上是一种言语社团行为规范。这里包含两种含义,第一是角色语言常量在各语言社团有普遍性。如果对等谈判中一方说了一大堆要求,而另一方只回答一个"是",或者军队里军官对士兵下达了命令,而士兵还要平等讨论一通,那简直是不可思议的。第二是不同的言语社团有特定的规范。东、西方上、下级之间在普通交谈中的言语常量有所不同,美国家庭中父母与子女交谈时语言常量的分配差异一般较中国家庭小,其根本原因就是社团规范的不同。

在很多情况下,位尊权重的说话人不一定说话最多或需要说得很多,但寥寥数语却制约和影响着对方语言量和整个交谈;而处于受支配地位者的语言量却超出了常量,但这往往是对方同意、默许、要求、命令或威胁的结果。这时角色语言主要不是通过量而是通过质来表现的,在语言形式上表现为多用命令、要求、评判、威胁等词语或结构①。

(三)关联准则

关联准则要求所说的话要与话题相关,即要切题,不要说与话题无关的话。比如,对对方提出的问题,不能避而不答,或者答非所问,否则就是违反了关联准则。例如电视剧《不共戴天》中关玉玲爱着高建国,在关玉玲明确表示跟严明浩只能是姐弟关系后,二人有如下对话:

(3)严:不管怎么样,我爱你,我喜欢你。

关:你这是怎么啦?你在说什么?!

严:我没说什么。我说我爱你!我喜欢你!

关玉玲的答话是违反关联准则的,她要表达的真实意义是拒绝严明浩的求爱。

(四)方式准则

方式准则要求表达方式要清楚明白。具体而言就是:要显豁,避免晦涩;要明确,避免歧义;要简洁,避免啰唆;要有条理,避免杂乱。例如:

(4)我(吴士宏)被指定加考 RPG,是比较新的计算机语言,准备了两个星期,觉得能考及格。考完后像盼亲人似的盼着助理来报分,终于姗姗地来了,见了我两手摊开说"真为你遗憾",皱着眉满脸都是"遗憾",大约是见我面无人色,她赶快又笑着解释:"我意思是你没考到 100 分,只考了 89。"天哪,她幽的这一默可是能要人命的!

助理的话有意违反了方式准则,表意故意不明确,故意引起误解,以达到开

---

① 李岗:《角色语言常量分析》,《语言教学与研究》1998 年第 3 期。

玩笑的目的。

概括起来,真实准则是有关"说什么"的问题,适量准则是有关"说多少"的问题,关联准则是有关"为什么说"的问题,方式准则是有关"如何说"的问题。这四条准则不仅仅是说话人遵守着,听话人同样潜在地遵守着,这就是所谓的"合作"。它在任何语用活动中都起作用,这已为人们的无数交际实践所证明①。

**二、礼貌原则**

在格赖斯提出合作原则之后,不少人开始对会话原则进行研究。英国语言学家杰弗里·利奇(Geoffrey Leech)就提出了礼貌原则。他认为:"Grice在解释会话含义时和Searle解释间接言语行为时都提到礼貌是他们分析中省去的一个重要的因素。所以我认为研究间接言语行为最有希望的途径就是扩大Grice对会话含义所作出的概括,使它除了合作原则之外,还包括其他的原则,特别要包括礼貌原则。"②礼貌是人类交际中的普遍现象,是人与人交往时言语和动作谦虚恭敬的表现,同时也是在不同的文化里由风俗和习惯形成的人们共同遵守的行为准则。人们在进行言语交际时,除了要遵守合作原则之外,也需要遵守礼貌原则,有时还会为了遵守礼貌原则而违反合作原则。

利奇将礼貌原则细分为六条准则:得体准则、慷慨准则、赞誉准则、谦虚准则、一致准则、同情准则。这六条准则可以概括为三条准则:得体准则和慷慨准则可以概括为损益准则,赞誉准则和谦虚准则可以概括为褒贬准则,一致准则和同情准则可以合并为一致准则。

(一)损益准则

使别人少受损多受益,使自己多受损少受益。例如:

(5)有一次也是没话找话说,说是他早晨出来碰到一对老夫妻在门口吵架,男的骂女的是尼秃子,女的骂男的是老滑头。对门的老头儿劝架了:"别骂啦,你们的水平比我差得远哩!"老头儿把帽子一脱,头上连一根毛都没有,油光光的。

老夫妻的对骂都是违反损益准则的,而对门老头儿的劝架则是表面上违反而实际上遵守损益准则的。

下面的例子表现的是典型的"文人相轻",交际双方都是违反损益准则的。

(6)赵辛楣鉴赏着口里吐出来的烟圈道:"大材小用,可惜可惜!方先生在外国学的是什么呀?"

鸿渐没好气道:"没学什么。"

---

① 王建华:《语用学与语文教学》,浙江大学出版社2000年版,第16页。
② [英]杰弗里·N.利奇著,李瑞华、王彤福、杨自俭等译:《语义学》,上海外语教育出版社1987年版,第480页。

苏小姐道:"鸿渐,你学过哲学,是不是?"

赵辛楣喉咙里干笑道:"从我们干实际工作的人的眼光看来,学哲学跟什么都不学全没两样。"

"那么得赶快找个眼科医生,把眼光验一下;会这样看东西的眼睛,一定有毛病。"

方鸿渐为掩饰斗口的痕迹,有意哈哈大笑。

### (二) 褒贬准则

对别人少贬低多褒扬,对自己多贬低少褒扬。下面的例子是尽量褒扬别人:

(7)"你说这齐大妈呵,"冯小刚走过来,"每回见她每回我就纳闷,身子骨怎么就这么硬朗?精神头儿怎么就这么健旺?风吹雨打全不怕——我羡慕您!"

"嗐,还不是打小吃苦,摔打的。"齐大妈笑得皱纹模糊了眉眼。

"要说人有活一百八十岁的——我信。"冯小刚还说。

"可不,搁咱们这叫寿星,搁港台齐大妈就是人瑞了。"于观也帮腔。

"得了小哥儿几个,留点好话文明日街上说去,大妈这已经没少听蹭了。"齐大妈美颠颠地拎了篮颤巍巍往外走。

而下面的例子是交际双方尽量褒扬别人,贬低自己:

(8)"你懂得真多。"

"哪里,还是你懂得多。"

"你懂得多。"

"惭愧惭愧。"

"谦虚谦虚。"

"咱们别争了,这样下去没个完,你爱才我心领。"

"我真是诚心诚意夸你。我觉得跟你特说得来,特知音。"

"别别,我这人经不住夸。"

"你老这么一味谦虚我要生气了,好像我夸你是害你似的。"

"那就算我懂得多吧,其实我也觉得和你特谈得来,特知音。"

"我特愉快。"

"我也特愉快。"

### (三) 一致准则

交际双方的观点、感情尽量一致,减少分歧。例如:

(9)安夫人来招呼大家吃饭。席间,安振铭问方波:"小方啊,你和周华打算什么时候结婚?有需要我帮忙的,尽管说。"目光中的探究咄咄逼人。

"没有没有,"方波忙道,"我们一切都是现成的,只是届时想请您……您全家去。"

陶莉莉插问:"方编剧,你所谓的'全家'包不包括我?"
方波笑看安启森:"这我说了可不算了。"
"启森?"陶莉莉把笑吟吟的目光转向安启森。
"包括包括,当然包括。"
一桌的人都笑了,气氛非常轻松愉快。

陶莉莉正在跟安启森谈恋爱,当然希望能被认定属于"全家"的成员;安启森为了迎合陶莉莉,遵从了一致准则,达到了皆大欢喜的效果。又如:

(10)(贾玫领到一个盒饭舍不得吃,想带回家给孩子;一个小青年打趣说要替贾玫吃了,这令贾玫十分尴尬。)陶莉莉回过头去把方波那盒饭递给她:"贾老师,给,方波不吃给我了,我也吃不下,没动过。"
"哎呀哎呀,其实我也不太饿。"贾玫说着伸手接过饭盒。
"饿不饿多少吃点,挺好吃的。"
贾玫打开饭盒吃,边解释:"我这人懒得做饭,凑合就凑合,可不能总凑合,家里还有个孩子。……盒饭带回去热一热就是一顿儿,不费事儿又保证了孩子的营养,大人怎么都好说。"边说边饥不择食地吃着。
"就是就是。一盒饭值几个钱?不就图个省时省力么。"陶莉莉附和。

陶莉莉给了贾玫一个盒饭并且用几句话帮贾玫解了围。陶莉莉的谈话遵从了一致准则,体现了对贾玫的同情。

**三、礼貌原则与合作原则的关系**

在言语交际中,交际双方的合作非常重要,同时,与人交际也要有礼貌。常言说的"酒逢知己千杯少,话不投机半句多",就是说双方必须有着良好的交际愿望,相互配合、相互尊重,这样才能彼此默契,言语交际才能顺利进行。

但是在很多场合,合作原则跟礼貌原则并不能完全兼顾,常常会发生维护礼貌原则而违背合作原则或维护合作原则而违背礼貌原则的情况。例如维护礼貌原则而违背合作原则的情况:

(11)骑了十几公里的自行车,又过了吃晚饭的时间,李老师饿了。
"李老师,请在这里吃个便饭吧。"
"不,不。不客气。我吃过饭来的。"
"您是说吃过午饭吧?"
"晚饭,晚饭。"可是肚子里咕噜噜一响。

李老师根本没吃晚饭,她却说"吃过饭来的",违反了合作原则中的真实原则,但作为班主任家访是不便在学生家吃饭的,她的话维护了礼貌原则中的损益准则。

也有说话人和听话人由于交际目的的不同,各自遵守和违背的原则正好相反的情形。例如:

(12)"陈幺妹同学,既然你回来了,就不妨一块儿听听。我的意见不一定正确,仅供参考。"

"连您自己都觉得不一定正确,干吗还要说呢?"

李老师怔了一怔,还是说了下去。

李老师对陈幺妹说话,违反的是合作原则中的真实原则,即李老师并不真的认为自己的意见不正确;遵守的是礼貌原则中的褒贬准则,即有意贬低自己。陈幺妹的答话,违反的是礼貌原则中的一致准则(没有尽量减少与别人在观点上的不一致),遵守的是合作原则中的真实准则,即直接明确地说出自己的观点。

总体上来看,为了遵守礼貌原则而违反合作原则的情况比较普遍,相反的情况比较少见。一般客气、谦虚、委婉的说法,往往都是为了遵守礼貌原则而违反合作原则的。

### 四、语用原则与会话含意

语用原则尤其是合作原则是保证会话顺利进行的基本条件。但是在实际的交际活动中,人们并不总是严格遵守合作原则,有时说话人可能会说假话,而听话人按照合作原则,可能不会觉察对方是在说谎,误以为对方也遵守着合作原则。然而,说话人不遵守合作原则,并不都是为了骗人,很可能是出于礼貌或场合的需要。当听话人觉察到这种情况后,就会有意识地联系语境,从对方话语的表面意义中找出言外之意,即隐含在言语之外的话语的真实交际意图。这种"言外之意"就是会话含意。

(一)合作原则与会话含意

会话含意是在会话中产生的,对于这种言外之意的领会往往需要经过语用推导。会话含意可以分为两种情况。一种是不需要特殊的语境,只需根据一般交际原则或语言惯例就能推导出来,这类会话含意称为一般性会话含意。例如:"我在学校住了三天。"会话含意是只住了三天。又如下班时突然下雨了,小李说:"坏了,我忘了带伞。"小王说:"我有两把伞。"从小王的话可以推导出"我有一把多余的伞,可以借给你"的含意。再如一般表示客气、谦虚的话,听话人都可以推导出其一般性会话含意。

另一种是需要特殊的语境才能获得的,这类会话含意称为特殊性会话含意。这类会话含意一般表现为违反合作原则中某个准则。例如杨老汉的孙女杨玉莲跟一个城里的青年谈恋爱。这天晚上男青年来到杨玉莲家,正好村里放电影,杨老汉约好要跟另一个老汉廖山田去看电影,但迟迟不动身:

(13)老汉只好站了起来,看看要断黑的天色,走到屋里磨磨蹭蹭地转了好半天才摸到一只手电筒。出门时,他极不放心地看了看留在屋里的两个年轻人,不叮嘱不安心,叮嘱又不知怎么说好,隔了一阵,被廖山田催不过了,才说了声:"那灶里的火,封牢了,莫燃起来烧了屋。乡里,比不得城里!"

杨老汉的叮嘱,从合作原则上分析,是违背真实准则的,因为这段话的真实意义肯定不是有关厨房"灶里的火"的,"乡里,比不得城里"也绝不是乡里烧柴、城里烧煤的不同,其会话含意是"你们要小心、谨慎一点,不要像城里人谈恋爱那样轻率"。这种含意是需要根据特定语境推导的。

(二)礼貌原则与会话含意

在很多情况下,听话人不仅能够察觉说话人违反了合作原则,而且能够体会到说话人是为了遵守礼貌原则而违反合作原则,因此能够根据礼貌原则推导出话语的言外之意。一般的客气、谦虚、委婉的说法,听话人一般都能领会到话语的真实含意。例如:

(14)方鸿渐问鲍小姐:"你行李多,要不要我送你下船?"

鲍小姐疏远地说:"谢谢你!不用劳你驾,李先生会上船来接我。"

············

方鸿渐顾不得人家笑话,放下杯子跟出去。鲍小姐头也不回,方鸿渐唤她,她不耐烦地说:"我忙着呢,没工夫跟你说话。"

方鸿渐在旅途上跟鲍小姐有一段逢场作戏。现在旅途结束,鲍小姐不愿意藕断丝连。偏偏方鸿渐还想再续旧情。鲍小姐说:"谢谢你!不用劳你驾,李先生会上船来接我。"听起来是客气,言外之意是"咱们的关系到此为止"。方鸿渐不是推导不出其弦外之音,只是不死心,仍然穷追不舍,结果是自讨没趣。又例如:

(15)安启森、许童童双双出现在客厅门口。

周华笑笑:"哟,童童!"

许童童脸红了:"他说他有杰克逊的激光唱片。"

周华:"别解释别解释。"

许童童:"我们真的没什么!"

安启森一本正经:"童童,在姐姐面前就不必隐瞒了吧!"

许童童着急地:"我隐瞒了什么了?我有什么好隐瞒的?安启森你自己说!"

许童童跟周华一个单位工作,刚跟周华的同父异母弟弟安启森谈恋爱。周华在安启森家见到许童童,有点意外。许童童见了周华自然不太自在,于是解释说"他说他有杰克逊的激光唱片",言外之意是"我是来听激光唱片的"。这是说假话,以激光唱片为借口。周华领会了许童童的言外之意,而且知道她是说假话,于是说"别解释别解释",言外之意是"我知道你们正在谈恋爱",但不明说,是为了遵守礼貌原则,以免许童童难堪。许童童也领会了周华的言外之意,于是说"我们真的没什么",意思是"我们没有特殊关系(恋爱关系)"。

虽然语用原则往往与会话含意密切相关,但是违反或遵守语用原则不一定总会产生言外之意;反之,会话含意也不是只与合作原则相关,还可能与其他因

素相关。例如在下面一则笑话中,言外之意与表达方式密切相关:

(16)有个人请四位客人来家里吃饭,有三个客人先到了,第四个人迟迟未到。主人有点着急,说:"唉,怎么该来的人不来呢?"先到的三位客人中,有位客人听了主人的话,心想:听他的意思,是不该来的人来了吧,大概我是不该来的人吧。于是找了个借口告辞了。主人见又少了个客人,很不高兴,说:"唉,怎么不该走的人走了呢?"剩下的两个客人中又有一个人心想:听他的意思,是该走的人没走吧,大概我是该走的人吧。于是也找了个借口告辞了。主人见又走了一个,更不高兴,说:"唉,我又不是说他。"剩下的最后一位听了,心想:不是说他,只能是说我了。于是也找了个借口告辞了。

**思考与练习**

一、简述合作原则和礼貌原则的基本内容。

二、如何认识和处理合作原则和礼貌原则的相互关系?

三、什么是会话含意?会话含意与合作原则和礼貌原则有什么关系?

四、请从语用原则的角度分析以下两个例子说明了什么问题。

(1)2001年的一天,由武汉飞往香港的 KA851 次航班大部分乘客陆续登机,此时,一年轻女乘客突然对身边的同伴说:"包里有炸弹,怎么没检查出来?"话一出口,该航班紧急停飞,机场安检、公安边防部门火速对飞机实施警戒,一百多名乘客被疏散到候机厅。经查,没有发现爆炸物。原来这名旅客是与同伴说了一句玩笑话。为此,本该下午6时40分起飞的 KA851 次航班延缓到9时50分才起飞,而口出戏言的"危险分子"被注销搭乘此次航班出境的手续。(《武汉晚报》2001年10月9日)

(2)我去工人村集市选购袜子,摊主是位热情的年轻小姐,她在接待我的同时,又来了一位男青年要购童装。那位男青年在我背后正在挑选,小姐忽然"很不耐烦"地收拾起袜子说:"你到底买不买?不买就走。"就在我惊诧于她态度突变的同时,眼睛的余光也瞄到了一只手伸进了我的左口袋,我大喊一声:"干什么?!"那男青年当即溜走。感谢这位聪明侠义的小姐保住了我的钱袋。(《武汉晚报》1998年7月1日)

五、请自己收集一些有关合作原则和礼貌原则的用例并加以分析。

# 第四节 言语行为

## 一、言语行为及其类型

(一)言语行为理论的提出

所谓言语行为,是指说话是一种复杂的言语交际行为,包括述事行为、行事行为和成事行为。说话本身是一种述事行为,说话要达到的交际目的是行事行为,而说话所产生的效果就是成事行为。

言语行为理论源于英国哲学家奥斯汀关于语言具有行事功能的哲学思想。20世纪30年代,逻辑实证主义学说盛行,这一学说认为逻辑—语义的真值条件是言语理解的中心。1955年,奥斯汀在美国哈佛大学作了一个题为"论言有所为"(How to do things with words?)的系列讲座,表示了对逻辑实证主义学说的怀疑,提出了言语行为的理论。他认为,有些陈述句并不是为了作出真假的陈述,没有必要也无从区分语句的真或假,因为有些句子一说出来就是一种行为,而行为只有适当与不适当之分,没有真假之分。例如:

(1)公司去年亏损30万元。
(2)我感谢你为我提供了一个就业的机会。
(3)我劝你不要辞职。
(4)被告人张某犯诈骗罪,判处有期徒刑2年,并处罚金2000元。
(5)我保证明年聘你为教授。

例(1)是一种陈述,即用言语来说明某事,是具有真假值的。后四例则不一样,它们不只是"言有所述",还是"言有所为":例(2)在说出的同时也就进行了感谢,例(3)在说出的同时也就进行了劝告,例(4)在说出的同时也就作出了宣判,例(5)在说出的同时也就作出了许诺。它们是用言语来实施某种行为,而不存在真假问题。只要说话人说出了有意义、可为听话人理解的话语,就可以说他实施了某个行为,这个行为叫作言语行为。

奥斯汀还指出,用言语实施某种行为的语句虽然没有真假,但有合适与否的问题。他认为,这类语句要确有所为,就必须满足完成某种行为所需的条件,即所谓"合适条件";如果不能满足"合适条件",那就是不合适的。例如,假如说话人不是处于法官的地位,不是处在法庭宣判的场合,或者受话人不是一名罪犯,那么例(4)就是"无效"的,不具有法律的效力。又如例(5),说话人虽然作出了许诺,但如果他态度"不诚实",并不打算去实行,那么这句话即使不是无效的,也是不合适的。合适的许诺应是言出必行。在做出某种言语行为之后,如果"违背承诺",出现相悖的行为,那也同样是不合适的。

于是奥斯汀将言语行为中的"言有所述"和"言有所为"区分开来。奥斯汀认为,"有所述之言"与"有所为之言"是不同的,前者涉及句法和逻辑—语义的问题,后者却以语境为转移,属于语用问题。他把"有所述之言"的句子称为叙述句,而把"有所为之言"的句子称为施为句,并且将施为句进一步区分为显性施为句和隐性施为句。显性施为句的特征是句中出现"请求""祝贺""宣判"之类的施为动词;隐性施为句不出现施为动词,如"我帮你的忙""这件事绝对是真的""张三有罪""新婚愉快"等。鉴别施为句的标准是:一,主语必须是第一人称单数形式;二,句子必须是肯定陈述性质;三,动词必须是一般现在时形式;四,在主语和谓语之间可以插入 hereby。

后来人们认为叙述句其实也是在施行一种行为,如例(1)就是在施行一种"告知"的行为。可见,叙述句本质上也应是一种施为句,应属于施为句中一个特殊的次类。这样,言语行为的理论就从单纯对原先意义上的施为句的分析,发展成为"言有所为"的一般理论。奥斯汀后来也就不再区分叙述句和施为句了,而是区分言语行为的三种不同类型。

(二)言语行为的类型

在施为句理论的基础上,奥斯汀认为言语行为并不是单一的行为,而是由若干复杂的次言语行为组成的,需要一个包括所有言语行为的、更为全面的理论。奥斯汀区分出三种不同的言语行为:以言述事的述事行为、以言行事的行事行为、以言成事的成事行为。说话人说出一个句子,可以同时包含这三种言语行为。例如,说话人说出"我明天一定来"这句话,就是以言述事;而说话人说出这句话,是在作出这个承诺,就是以言行事;听话人得到了说话人的允诺,感觉放心了,这就是以言成事。

1. 述事行为

述事行为就是说出所要说的话。例如,说话人说:"抽烟对你的健康不利。"或说:"能帮我把钢琴抬过去吗?"这个说的过程就是在进行述事,就是在完成述事行为。

2. 行事行为

行事行为是指说话人要用他说的话干什么事。行事行为可分为六个小类。

(1)断定式

这种行事行为是指说话人告诉听话人某种情况,或断言某种事态。实施这种行事行为的句子所表述的命题是有真假的,而说话人则有责任保证所述命题的真实性,如陈述、断定、坚信、估计、描写、说明、报道、推断等等。如说出:"学校昨天已经开学了。"等于说:"我告诉你,学校昨天已经开学了。"说出:"明天肯定又是晴天。"等于说:"我断言,明天肯定是晴天。"在断定句的前面,汉语一般可以用"我告诉你""我断言"之类的短语,英语一般用 assert、claim、state、inform 等。

(2)指令式

这种行事行为是指说话人企图使听话人做某事或不做某事,如请求、哀求、命令、指使、建议、允许、忠告、祷告等等。例如:"马上出发!""你别走!"在指令句的前面,汉语一般可以用"我请求""我命令""我建议"之类的短语,英语一般用 advise、command、request 等。

(3)承诺式

这种行事行为是指说话人保证自己将要做某事或不做某事,如保证、许诺、宣誓、发誓等等。承诺式可以看作是说话人对自己的一种请求或指使,但又不同于上一类指令式。指令式是指说话人企图使听话人去做某事,而听话人却不一定有责任或义务去做这件事;而说话人一旦做出承诺,就有实现诺言的责任。例如:"我年底一定完成任务。""我明天不再来。"在承诺句的前面,汉语可以用"我保证""我答应"之类的短语,英语一般用 commit、consent、offer、promise 等。

(4)询问式

这种行事行为是指说话人对所述命题提出某种疑问,如询问、置疑、求证、请教等等。如说出:"学校明天上课吗?"等于说:"请问学校明天上课吗?"说出:"明天天气如何?"等于说:"请问明天天气如何?"询问式是说话人要听话人告诉自己所询问的事情,而听话人却不一定有责任或义务去做这件事。在询问句的前面,汉语一般可以用"请问"之类的短语,英语一般用 ask 等。

(5)表情式

这种行事行为是指说话人表明对所述事情的某种感情态度,如感谢、祝贺、赞许、欢迎、道歉、悔恨、痛惜、哀悼等等。例如:"谢谢你救了我!""让你受委屈了,真对不起!""我真不该跟她分手的。""多可爱的小生灵啊!"在表情句的前面,汉语可以加上"我祝贺""我后悔"之类的短语,英语一般用 apologize、boast、congratulate、regret 等。

(6)宣告式

这种行事行为是指通过以言行事的力量使某一事态得以存在或实现,或引起事态的变化,如宣告、宣布、宣判、通告、任命、命名等就属此类。例如:"我宣布晚会到此结束。""你被开除了。"说话人完成了宣布的行为,那么晚会也就结束了,"你"就不再是公司的职员了。在宣告句的前面,汉语可以加上"我宣告""我宣布"之类的短语,英语一般用 appoint、declare、nominate 等。

3. 成事行为

成事行为就是指说话人说出话语并施行了某种行事行为之后,给听话人带来某种影响,使其产生某种思想感情,或做出某种行动,收到某种效果。例如听话人受到了鼓舞或威胁、得到了安慰或支持、接受了感谢或道歉、感到满意或放心,被告知、被说服、被提醒、被欺骗,按指令完成了某项任务、按宣告出现了某种事态,等等,都是完成了成事行为。

值得注意的是,成事行为是带有听话人的一定的主观性的,因此它有可能是多变的,施行同样的一种行事行为,有时可能会收到不同的言后之果。例如,向听话人发出邀请,听话人可能愉快接受,如期赴约,也可能不给面子,拒绝邀请;又如,向听话人提出某种建议,听话人可能心悦诚服,愿意接受,也可能抵触不满,加以反对。

**二、间接言语行为**

根据交际意图的实现方式的不同,可以把言语行为分为直接言语行为和间接言语行为。

说话人采用某种行事行为的表达方式来实现其自身预期所能实现的意图,这是直接言语行为,如用祈使句来表示请求,用疑问句来表示询问。直接言语行为句往往含有或者可以补出"告诉""请求""保证""感谢""宣布"之类具体指明行事行为的施为动词。

间接言语行为是指用一种行事行为的形式表示另一种行事行为。间接言语行为理论是美国哲学家塞尔(J. R. Searle)提出来的。塞尔指出,要理解"间接言语行为"这个概念,先得接受"字面用意"的概念。"字面用意"是句子形式所固有的言外之力(用意),间接言语行为就是从"字面用意"推断出来的间接用意。例如:

(6) a. 请给我一点墨水。
    b. 我的笔没有墨水了。
(7) a. 请你说话小声点。
    b. 你说话能小声点吗?

以上两例中的a句都是含有施为动词"请"的祈使句,都是直接向听话人提出一种请求,b句说话人的用意同样也是向听话人提出一种请求。但在表达形式上,例(6)b却是陈述句,例(7)b是疑问句,也就是说,它们分别用一种断定、询问的行为间接地实施了一种请求的行为。这种间接言语行为就是从两句的"字面用意"推断出来的。在英语里,人们很少用命令句来提出要求,而习惯于使用间接提出要求的句子,而且这种间接用法的变化很多。下面例中的句子都是间接言语行为句,它们的间接用意都是要求听话人把门关上。

(8) a. May I ask you to close the door?
       (我能不能请你把门关上?)
    b. Did you forget to close the door?
       (你是不是忘了关门?)
    c. I'd be much obliged if you'd closed the door.
       (如果你把门关上,我很感激。)
    d. How about a bit less breeze?
       (让风小一点怎么样?)

间接言语行为又可以分为两种:规约性间接言语行为、非规约性间接言语行为。

(一)规约性间接言语行为

所谓规约性间接言语行为,是指对"字面用意"作一般性推断而得出的间接言语行为,即根据句子的句法形式,按习惯可立即推断出间接的言外之意。规约性间接言语行为通过社会或文化的规约,使某些言语行为固化为另一种言语行为。使用规约性间接言语行为往往是出于礼貌的需要,或是为了求得表达上的委婉。例如,在汉族社会里,熟人见面,习惯问上一句:"吃了没有?"听话人一般不会按其字面用意("询问")去理解,而会很自然地从其字面用意推断出它的间接用意——打招呼或致问候。又如,在英美社会里,人们总是把"Could you please close the door?(我能请你把门关上吗?)"这类问句当作"请求"来理解。当然,习惯上用作规约性间接言语行为的句子有时在一定的语境中只是表达的字面用意。例如,"吃了没有"如果是对出差刚进门的丈夫说出,那就不是招呼或问候了,而是真正的询问。又如,如果在篮球馆里问"Can you play basketball?"那很可能是向对方发出"邀请",是一种间接言语行为;但如果是在旅行的火车上说这句话,那显然是表达的字面用意——询问对方是否会打篮球,是一种直接言语行为。

(二)非规约性间接言语行为

非规约性间接言语行为是指依据交际双方共知的信息和所处的语境推断出来的间接言语行为。例如:

(9)甲:能告诉我你的电话号码吗?
　　乙:对不起,我记不清了。

乙的答话就字面用意而言,是一种"告知"行为,但实际上是间接地"拒绝"甲的"请求",这一间接用意就是依据双方共知的信息和语境通过推断来实现的,这当中包含着一个较为复杂的推理过程。从这里可以看到,塞尔的间接言语行为理论实际上是引进了格赖斯的"会话含意"理论的。

非规约性间接言语行为由于是依据双方的共知信息和所处语境而推断出来的,因此在使用时要注意共知信息充足,语境限制明确,否则,就有可能造成歧解,影响听话人对话语间接用意的把握。例如一位女青年不喜欢相亲,但拗不过面子,经人介绍跟一位男青年见面,女青年不想让男方一眼看中。男方问"做家务吗?"女方答:"一年难得洗次碗。"男方看对方一眼,说:"那得请保姆呀。"女方点头说:"所以我特爱钱,做梦都想傍大款。"男方又看一眼,说:"挺好!我就想挣大钱。我顶烦绕灶台转的女人,我是找老婆,又不是找保姆。"

间接言语行为所涉及的对象通常是直接的,但也有可能是间接的。就是说,话表面上是说给对方听的,而实际上是说给第三者听的。例如,上面说到的那个女青年在第二次被男青年约出来见面时,女青年带上了自己的女友。三个人聊了一阵,女青年开玩笑地对女友说:"你们俩看起来还挺般配的!"男方一愣。第二天,男青年给女青年发了一条消息,说如果觉得没有缘分就明明白白说出来,把自己拒绝的人推销给别人是对他的不尊重。这说明男青年理解了女青年对其女友的玩笑实际上是对他的拒绝。

**思考与练习**

一、什么是言语行为?奥斯汀提出言语行为理论有什么意义?

二、言语行为可分为几种？它们之间的关系如何？试以"我愿意跟你一起去"为例加以说明。

三、行事行为可分为几类？以汉语为例，说明不同类型的行事行为在语言形式上有些什么特征。

四、什么是间接言语行为？间接言语行为又有哪些类型？试分别举例加以说明。

五、运用言语行为理论分析下面的例句。

(1)"买票买票，别等下车补啊！"售票员喊。

"要说售票员大姐也是真辛苦，一样坐车她还得老嚷嚷。换个不负责的也就一边眯着不言语了，谁受损失？国家受损失。钱也一分不进大姐腰包。要是大姐自己的车肯定就白拉咱们了，是不，大姐？"冯小刚歪头朝售票员笑。

"别跟我臭贫，你们这样的我见多了。"(王朔《你不是一个俗人》)

(2)一位首长到部队视察，下属列队欢迎。首长边检阅边向战士们致意。首长说："同志们好！"战士们齐答："首长好！"首长说："同志们辛苦了！"战士们齐答："为人民服务！"前排一个胖墩墩的战士吸引了首长的目光，首长走到这个战士身边，用力拍了拍他的肩膀，说："小伙子真胖！"那个战士随口回答："首长胖！"引来一阵大笑。

## 第五节　话语分析

话语分析(Discourse Analysis)这个术语最早可以追溯到1952年美国语言学家哈里斯(Z. S. Harris)发表于《语言》上的名为《话语分析》的论文，这篇文章首次使用了"话语分析"这一概念，以大于句子的语言单位为研究对象，讨论了如何通过分布和句法转换等手段找出篇章的基本组成单元以及篇章的形式结构与其使用的语境之间的联系。韩礼德(M. A. K. Halliday)1973年出版了《语言功能探索》，1976年又和哈桑(R. Hasan)合作出版了《英语的衔接》。在这些书中，韩礼德对"篇章"下了定义，还解释了一些重要的概念。冯·戴伊克(Teun A. van Dijk)1977年发表了《篇章和语境篇章的语义学和语用学探索》，重点讨论连接、衔接、篇章的主题、篇章的语义学和语用学的关系等等。

我国运用话语分析的方法研究汉语的传统可以追溯到20世纪初的对于"大于句子的语言片段"的研究。黎锦熙在1924年出版的《新著国语文法》中谈道："文学上的段落篇章的研究也不外乎引导学者去发现'怎样'并'为什么'把许多的句子结合成群；各群之间，又是怎样的关系；因而发现对于模范的读物，要怎样效法才算有价值；这也是研究上很自然的趋势。"在这本书中，他还用图解法分析了一些大于句子的语言片段①。此后的研究有吕叔湘成书于20世纪40年代的《中国文法要略》中对汉语指称和替代关系的描述,以及最终成书于20世纪80年代的《近代汉语指代词》。但总体上说,80年代以前汉语的话语分析只是零星地见于语法研究的个别问题上,如复句研究、句群研究,而且往往是以修辞、逻辑分析为主。比较深入的专题研究还是80年代以后出现的。

我们把话语分析的内容分为会话结构和篇章结构两个方面。会话结构主要研究在实际环境中由一个以上的人参加的交替说话的言语交际活动,其表现形式主要是对话模式。篇章结构主要分析篇章内部句子的排列,前后部分之间形式上的衔接、意义上的连贯方式等,探索语言的组织特征和使用特征,其表现形式主要是独白模式。

**一、会话结构**

会话是由一个以上的人参加的交替说话的言语交际活动。会话结构就是会话的构成形式。一般分为总体结构和局部结构两类。总体结构指一个完整的会话活动在展开过程中依照交际要求所形成的功能模式;局部结构则指交际者交替发话这一合作活动所形成的轮番说话的功能组合方式,包括话轮、话轮对和分支系列②。

(一)话轮、话轮对与分支系列

1. 话轮

话轮(turn)是会话局部结构中的最小单位,它指一个说话者在会话过程中从开始说话起直到停止说话或者被别人打断、替代为止所说的话。会话是一个有序衔接的过程。参加会话的人,在没有预先安排的情况下一个接着一个轮番说话。一个话轮,短的可以只有一个字,如:"谁?"长的可以是一个乃至几个句群。

2. 话轮对

话轮对是在轮流会话过程中,由不同的说话人所说的两个或多个话轮交替组合构成的一个引答结构。人们用对话进行交际,不仅是要把自己知道的信息告诉受话人,而且要从受话人那里获得信息(包括反馈的信息),而要从受话人那里获得信息,就得转换话轮,让受话人发话;原来的受话人,为了要向对方传递信息,就得转换成为发话人。此外,受话人为了跟在场其他人交际,也得转换话轮。话轮转换的结果,表现为话轮之间的线性接续③。一般情况下,一次只有一个人说话;说完以后,另一个人才接着说,其间隔时间一般在一两秒钟之内。这种轮

---

① 郑贵友:《汉语篇章语言学》,外文出版社2002年版,第12页。
② 左思民:《汉语语用学》,河南人民出版社2000年版,第185—188页。
③ 沈开木:《现代汉语话语语言学》,商务印书馆1996年版,第129页。

流发话的过程就形成话轮对。在话轮对中,谈话双方都遵循着 A—B—A1—B1 这样的公式。在轮流发话中,把发话人的话语从开始到结束看作是一个话轮,如果会话不断进行下去,一个话轮终止之后,另一个话轮又会开始,直到整个会话结束。话轮与话轮之间的转换常出现在会话的"转换关联位置"(transition relevance place,简称 TRP)上,这个"转换关联位置"指一个话轮单位可以识别的终止位置。

3. 分支系列

在话轮对中,常常出现重叠、打断、停顿、沉默或修正等现象。这种现象好比是节外生枝,所以称为分支系列。例如:

(1)周华来剧院办公室开结婚介绍信,在门口遇到了方波。

"哟,周华,干吗来啦?"方波高声打着招呼,热情得有些做作。

"开信。"

"结婚?"

"你怎么知道?"

"我也是来……开这信。"

"陶莉莉?"

方波深深呼吸了一口气,稍顿,"陶莉莉。"

开了信出来,周华说:"陶莉莉现在挺红的。"

"我不是因——"

"当然不是。"周华打断他,一笑,"我也不是——那个意思。我的意思是你们双喜,事业、爱情,祝贺你们,祝贺你们的圆满。"

"你们也……"方波嗫嚅着,没有"也"下去。

周华带着一种善意的理解的嘲讽,笑了。

"方波,没什么说的就别说了,何必难为自个儿呢。"

方波真的就不说了。

有时候说话人在话轮结束时可用某种方式来终止谈话。例如:

(2)"你不会喜欢那里的。"

"我不知道。"她啜口茶,还是很平静。"不过我实在不想再这样拖下去了。没什么意思——不要问我什么叫有意思。"

第二话轮的"她"不愿意所谈的话题继续下去,用了一种制止提问的话语方式来达到目的,使所谈话题不能继续下去。

(二)话题与话题转换

在话语交际中,话题是重要因素之一,交谈就是由它引发从而继续或中断、承接或转换、推进或结束的。例如:

(3)难堪的沉默。只听见脚踩沙滩"嚓嚓"作响。多么需要一些语言来支撑这难堪局面呵。我真没想到,我们之间还需要这种"支撑性语言"。"天气真闷热呀,气都喘不过来。"我终于逮住一个话题。"就是,可能快下雨了。"他马上随声附和。

另外一个重要因素是参加者,即交际双方。提出话题常常是发话人的标志,他掌握着"制话权",而把受话角色分配给对方,为了保持这个"制话"主动权,他需要经常转换话题。受话人是交谈的从动者,他要想变成主动者,就得争取"制话权",使自己成为发话人,其结果也会导致话题的转换。据此我们可以考察话题转换与交际双方之间的联系。从话语交际的功能上看,一般认为可分为"交易的"(transactional)和"相互作用的"(interactional)两种,前者表现为传递和交流信息,后者表现为建立和维持人际关系。话题转换在很多场合是为了使话语交际得以持续而不至于中断。中断是指交际双方在进行了一段时间的交谈之后,尽管双方或其中一方有继续交谈的意向,但由于某种外在或内在的原因,交谈不可继续下去,以致形成话语交际进程中的空白。因此可以说,话题转换在很大程度上是交际双方为了建立和维持人际关系的外在表现,转换成功则促成话语交际的继续、人际关系的维持,反之则导致话语交际的中断、人际关系的损害。例如:

(4)403的一个单身男子来借电话用。电话很简短,黛二和母亲刚刚寒暄完各自回屋,还没坐稳,门厅的电话已经用完了。黛二与母亲又分别迎出来。

黛二说:"您什么时候需要用电话就过来用,没关系。"

403说:"谢谢,谢谢。"

本来这样互相客客气气就此说再见就结束了。可黛二母亲忽然冒出一句:"到屋里坐坐吧。"

403说:"不用,不用。"

黛二母亲说:"没关系,没关系。"

黛二母亲怕冷淡了人家,就多说了这么一句;而403怕辜负了黛二母亲的好意,就留下来坐坐。到了大家真的坐下来,又实在无话可说,吭吭哧哧半天,方方面面都找不到共同的话题。黛二手里正攥着一份报纸,就说:"报纸的纸张越来越差了。"

403就说:"真是的。"

黛二母亲说:"报纸的价格越来越贵了。"

403就又说:"真是的。"然后这人说:"你们单位是不是有一个叫×××的。他是我小学同学的哥哥。我们并没什么联系。"

那人又说:"你们单位是不是有一个叫××的,她是我同事的四姨,我并没有见过她。"

拖了十分钟时间,电话铃叫响了,403像是得到了救人之急的撤退令,立刻起身告辞。

话题是如何通过话语交际的参加者而转换,或者说参加者为什么要转换话题呢?从使成者方面说,发话人和受话人都有可能转换话题;就致成方式来看,大致上表现为间接转换、直接转换、强制转换、自然转换、主动转换、被动转换等。

1. 间接转换

间接转换是指发话人提出话题,受话人迎合原话题进入交际,持续几个回合后,抛开原话题而转换出新话题,从而使自己由受话人囿于原话题转换为发话人引出新话题。例如《新星》中顾小莉提出话题:

(5)"……我要想得到一个东西,就非要得到它不行!"小莉任性地甚至有点儿凶残地说。这凶狠和她的活泼、可爱,简直不是一个人。

"要是有人妨碍你得到它呢?"

"那我非想办法除掉她不行!"

李向南心中一震。可怕的性格。

他决定不再谈这样瘆人的话题了。他笑了笑:"你看这河没有?"他指了一下雨雾茫茫中湍急的河水,"我小时候就尽在这河水里玩儿。"

"是吗?"小莉一下高兴地笑了……

2. 直接转换

直接转换是指受话人在答语中对发话人提出的话题不是迎合,而是直接避开原话题,再提出新话题,使对方失去"制话"优势。例如:

(6)安启森在打电话,安夫人一直没走,从头到尾听完。当然,形式上是有理由的——浇花。

安启森放下电话,安夫人用一种漫不经心的口吻问:

"启森啊,那女孩子,是谁?"

"妈,那花经得住您这么个浇法么?都要发大水成灾区了!"

安夫人放下水壶:"是谁啊,那女孩子?"

"您怎么就断定她是女孩子?她要是个男的或是个老太太呢?"

"哼,你对男的对老太太会有这么大耐心这么大兴趣约着上咖啡厅?……启森啊,你交女朋友我不反对,但要有个认真严肃的态度……"

直接转换与间接转换的区别在于,前者是在回答话题的答语中以新话题直接取代原话题,使原话题不能展开;后者是在原话题展开了几个回合之后再转换出新话题。

3. 强制转换

强制转换是指,当参加者在三人以上的场合时,间接受话人中的一个强行取得发话人身份,以强制转换话题介入直接交际。例如:

(7)"妈,再说,你入党为什么?都要退休了,入了党有啥用?"范丹妮又冷言冷语地讽刺道。

"我是信仰。"做母亲的这一句是讲得明确的。

"你信仰什么?马列主义?你从来没弄懂过马列主义……哼,当了几十年的政治牺牲品!"

"我怎么当政治牺牲品了?"吴凤珠停住手,蹲在那儿抬起头,很生气地问。

"好了,我的好凤珠,好女儿,你们都别吵了!"范书鸿哄劝着,平息着,"丹妮,你又要出去啊?"

他这样问,是为了转移话题……

4. 自然转换

自然转换是指交际双方都有强烈的交谈意向,关系融洽,角色分配恰当,使得话题得以在双方之间自然转换。这种场合多是轻松的漫谈或闲聊。例如《夜与昼》中范书鸿一家、林虹和邓秋白夫妇在烤鸭店聚餐时的交谈:

(8)历史学的动态,东西方文明的对比,人生中的机遇,不同的价值观——东方与西方的,传统与现代的,几十年前的往事,对时光的感慨,老年人与年轻人的关系,东方式与西方式的家庭结构,范丹林的经济学,林虹父母受迫害而死的情况,林虹的现状,范丹妮与电影,邓秋白夫妇这次回国的观感,吴凤珠的身体,中国的特异功能,中国人在国外的情况……话题是随意的、泛泛的、天南海北的。

5. 主动转换

主动转换是指发话人积极引发话题,以保证自己始终立于主动地位。在有较多参加者的交际场合,往往有一个中心人物,为了使话语交际不至于中断,他起着用转换话题来积极地调整交际者之间的角色关系的作用,因为参加者在话语交际中担任的角色以及他在社会和人际交往中所处的地位是影响他的发话频率和数量的重要因素,有些人确实是"不启不发"的,而中心人物的主动调度使得参加者在轮番说话中都有机会成为发话人,以利于人际关系的建立和维护。例如:

(9)"咱们老同学多年不见,见一回不容易……我现在给大伙儿提个话题,咱们都谈谈自己的人生现在最大的理想是什么,要讲真格的!怎么样?啊?你们大伙儿说!嗳,立桥,你说怎么样?"鲁鸿使劲捅着左边的马立桥……

"嗳,我再提个话题给咱们饮酒助兴,咱们每个人谈一件自己生平最得意的事情,怎么样?啊?你们都听见没有?"他(鲁鸿)伸出食指左右指着每个人。

6. 被动转换

被动转换是指发话人提出的话题使受话人无从合作或不愿合作,从而使发话人自己陷入尴尬、困窘、难堪的被动境地,于是转换话题以摆脱被动,重新争取主动,维持交际。例如:

(10)"唉……"范书鸿轻轻叹口气,摘了眼镜,擦了擦,重新戴好,看着林虹问道:"你爱人现在在哪儿?"

"我?"林虹含笑看看范书鸿,微微摇摇头。还是涉及自己了。

"你……还没结婚?"范书鸿有些意外地睁大眼。

"我结过婚,又离了。"林虹坦然、平静地说。

"噢……"范书鸿不自然地点点头,一瞬地尴尬。他太唐突了。"你看我家挤成什么样了。"他转移话题,环指了一下整个房间。

以上简单地分析了话语交际中话题转换的几种情况。在话语交际中,关于话题的选择与切入、引申与扩展、隐晦与掩饰、回避与跳跃,都还可以有更深入的考察。

二、篇章结构

(一)篇章的性质

篇章(text)的一般定义是:一段有意义、传达一个完整信息、前后衔接、语义连贯,具有一定交际目的和功能的言语作品。篇章可以是特定语境中的一句话,如"救火!""停!"等,但更多的时候,篇章是一个句组、一个段落、一篇文章甚至一部书。一般认为,篇章分析的界限不应小于句子,就是说,在一般情况下,篇章分析应该是超句法的内容。

奥地利语言学家德·博格兰德(de Beaugrende)和德莱斯勒(W. Dressler)1981年出版的《篇章语言学入门》一书详细地讨论了篇章的七个方面的性质,简单介绍如下。

其一,衔接性,体现在篇章的表层结构上,指构成篇章的语句以某种方式前后连接在一起。它是篇章的有形的网络。

其二,连贯性,指构成篇章的各个语句在逻辑意义上要前后贯通。它存在于篇章的底层,是篇章的无形的网络。

其三,意向性,指一个具有形式衔接和语义连贯的合格的、完整的篇章可以实现作者的意图。比如,传播知识、教授某个操作程序等等。

其四,可取性,指一个具有形式衔接和语义连贯的完整的篇章所承载的内容或者传递的信息,应该对于篇章的接受者有用。比如篇章接受者可以通过解读篇章获得某种知识。

其五,信息性,指篇章中的事件对于篇章接受者来说,是在期望之中或是在期望之外,是已知或是未知的。篇章的信息量有大小之分,接受者对信息量大的篇章比对信息量小的篇章更有兴趣但也更难解读。相同信息量的篇章对于不同的接受者,或者不同信息量的篇章对于相同的接受者,都可能有不同的解读结果。因此,篇章生产者在制作篇章的时候,要注意根据特定的接受对象调整篇章的信息量,以免由于信息量不适而影响交际。

其六,情景性,指篇章在生产或解读过程中都要依赖于特定的情景因素。比如"咬死猎人的狗"分别处于两种不同的情景时,就可能有两种不同的意义,即"狗死了"和"猎人死了"。

其七,模式性,指任何篇章的生产都是对已有的、熟知的篇章整体组织模式的或多或少的模仿或者违背,也就是说,任何一个篇章模式,都介于从完全符合传统篇章模式到积极避免原型篇章模式之间的区域。对于一个篇章的制作和理解要依赖对原有篇章的方方面面的认知。

上述有关篇章的特征的内容是比较全面的,既涉及形式方面的特征,又涉及意义方面的特征;既考虑到篇章制作者的态度,也考虑到篇章接受者的态度;既照顾到篇章的制作过程,又照顾到篇章的解读过程,有利于形成对于篇章的较为全面、深入的认识,对于篇章分析的具体操作是十分有益的[①]。

(二)篇章的衔接和连贯

在篇章分析过程中,衔接(cohesion)和连贯(coherence)是最基本的概念。它们体现了篇章内部句子或大于句子的单位之间形式和意义上的联系。衔接属于形式方面的问题,连贯则属于语义方面的问题。当然,由于连贯在很大程度上要依赖衔接手段来实现或者体现,是无形的,而衔接又常常可以看成连贯的标志,是有形的,所以在具体研究上通常是以衔接为首选的着眼点,以对衔接的观察、研究为主体,在此基础上再对有关连贯实现的手段、途径加以观察和研究[②]。

1. 篇章的衔接

衔接就是把上下文联系起来的手段。按照韩礼德和哈桑的划分,衔接手段分为词汇衔接和语法衔接两种。词汇衔接主要有:复现关系、同现关系、逻辑衔接语等。复现关系就是所指相同的词语在语篇中重复出现。同现关系是指有类义关系或联想关系的词语在语篇中同时出现。逻辑衔接语就是一些关联词语,包括起关联作用的词、短语、分句:连词和副词,如 and、but、then、yet、so 等;短语,如 as a result、in addition、on the contrary 等;分句,如 what is more、that is to say 等。语法衔接主要有:照应关系、替代关系、省略等。本书第四章第四节超句法部分,讲解了关联词语、同指、省略、同现、句式和语序等关联手段,也就是篇章的衔接手段。这里只重点讲解语法衔接中的照应关系。

---

[①] 郑贵友:《汉语篇章语言学》,外文出版社 2002 年版,第 16—18 页。

[②] 郑贵友:《汉语篇章语言学》,外文出版社 2002 年版,第 22 页。

照应指用代词等语法手段建立句子与句子之间的语义联系。照应是一种语义关系,它说明语篇中的一个成分是另一个成分的参照点,也就是说,语篇中的一个语言成分与另一个语言成分是相互解释的关系。照应一般分为三类:人称照应(personal reference)、指示照应(demonstrative reference)、比较照应(comparative reference)。

人称照应指用人称代词或相应的限定词来表示照应关系,包括代词主格和宾格(you、she、her、them),所属限定词(your、his、its、their),以及所属代词(mine、yours、theirs)等,例如:

(11) When Vicky was able to think coolly about why she was fired, for example, she realized that she was simply not suited for a job dealing with people all the time.

例(11)中的人称代词 she 指称前面的 Vicky,即代词的所指对象,因而它们之间形成照应关系,这样就能对代词作出语义上的解释。

指示照应指用指示代词(this、that、these、those)、指示副词(here、there)及定冠词(the)等表示照应关系,例如:

(12) She suddenly noticed a big hole in her husband's hat and asked, "How can you explain that?"

例(12)中的 that 指 a big hole。

比较照应指用具有比较含义的词语以及形容词和副词的比较等级形式(same、equal、different 等)表示照应关系,例如:

(13) More and more people make friends by internet.

照应关系按照所指"方向"可以分为外照应和内照应。外照应指在语篇中找不到所指对象,例如:

(14) Can you see that man?

内照应指在语篇中可以找到所指对象,内照应又分前照应和后照应,例如:

(15) Peter had a wife but couldn't keep her.

(16) Listen to this! They've accepted the whole scheme.

前照应指所指对象位于上文,例(15)中的 her,指 a wife;后照应指所指对象位于下文,例(16)中的 this,指第二个句子,是后照应。

2. 篇章的连贯

研究篇章的连贯既可以从衔接手段的研究入手,探索语篇内部不同成分之间的各种语义联系,也可以从语言交际者的共有知识等语言外因素来讨论话语的语义是否连贯,还可以从认知的角度判断语篇连贯与否。从衔接手段的研究入手,重在探讨显性连贯;从语言外因素和认知的角度入手,重在探讨隐性连贯。

显性连贯必须使用各种明显的衔接手段,如照应、省略、替代等语法手段和重复、同义词、反义词、下义词、总分词等词汇手段，把语篇中不同的成分从意义上联系起来。

在实际的语言交际中，语篇的连贯不完全依赖于语法、词汇等衔接手段来实现。也就是说，衔接手段并不总是以有形的方式体现在语言形式上，有时以隐形的方式存在于推理之中。隐性连贯有赖于语境和语用知识的推导。

(1)语境推理下的隐性连贯

每个语言使用者属于一个有自己历史、文化、习俗、行为、习语和价值标准的言语社团，其思维模式、认知习惯、价值观、言语行为等会渗透到个人行为的方方面面，在使用语言时必然会有所反映。这时就要参考其情景语境和社会文化语境来理解语篇。

语境推理下的隐性连贯是根据情景语境和社会文化语境去推导说话人的含意而得出的，其特点是隐性的，例如：

(17)我去了招生办，他们说报名截止日已过。

"他们"这个前指代词指谁？如何与上文保持连贯呢？人们在情景语境中的语言交际活动自觉地遵守"关联原则"，也就是每一种交际活动都应设想为这个交际活动本身具备最佳的关联性，可以推理得出"他们"与"招生办"之间隐性连贯是指"招生办的工作人员"。又如：

(18)"What's my temperature?" I asked.

"A hundred and two." He said.

如果不了解美国人使用华氏温度标准，就会对102度的体温感到很茫然，觉得答非所问，因为任何人的体温都不可能承受102摄氏度的高温。但如果把华氏标准换算成摄氏标准，中国读者就不会感到惊讶，因为102华氏度等于38.9摄氏度。这样，如果了解特定的社会文化语境，就觉得语篇是连贯的；如果不了解，就觉得语篇不连贯。

(2)语用推理下的隐性连贯

为了理解语篇的整体意义，语言使用者要积累一定的语用知识，遵循会话的合作原则，同时，说话人能在语句的表层意义下暗藏自己的深层意图，听话人能从其表层意义洞察出其深层会话含意。做不到这一点，语篇的连贯性便难以实现。

语用推理下的隐性连贯是指话语内不同组成部分之间表面没有联系，但可以通过一定的语用推理把前后话语联系起来，例如：

(19)A: What are the police doing?

B: I have just arrived.

(20)A: That's the telephone.

B: I'm in the bath.

A：Ok.

　　就例(19)和例(20)的字面而言，A和B之间的对话没有什么连贯性，即没有什么衔接手段将它们联系起来，但从语用推理上看，A和B之间所说的话语是相关的。其相关性存在于话语的隐性连贯上，只不过没有在表层语句上反映出来而已。如果将其补缺，就会产生下面的结构：

　　(21)A：What are the police doing?

　　B：(I don't know what the police are doing because)I have just arrived.

　　(22)A：That's the telephone.

　　B：(No, I can't answer it because)I'm in the bath.

　　A：Ok. (I'll answer it then.)

很显然，例(21)和例(22)是一个显性连贯。

**思考与练习**

一、说明话题在会话中的作用和相关因素，话轮的特征和作用。

二、话题转换中，间接转换和直接转换，强制转换和自然转换，主动转换和被动转换之间有什么区别？

三、从话题转换的角度分析下面这段对话。

　　"苏蓓，你知道王建报考哪个学校吗？"一个女孩儿冲另一个眨了眨眼。

　　"不知道。"

　　"你怎么会不知道？"一个说。

　　"就是，别人不知道，你应该知道的呀！"大笑，两人一块。

　　王建是班上最漂亮最全面的男生。苏蓓在两张嘴的夹攻中毫无办法，只好以问作答："听说你们俩要考公安大学？"

　　"苏蓓，这可就是你没劲了，跟好朋友还藏着掖着。"

　　"你们说什么呢！喜欢他就去跟他说，总拿我当幌子算什么！"苏蓓嚷着。

　　"我是真喜欢他。"一个稍胖女孩儿叹口气，"我准备节食，等有钱，再去割个双眼皮，像苏蓓这样的。"（王海鸰、王朔《爱你没商量》）

四、举例说明照应关系的种类。

五、自己找一段话，分析其衔接手段。

# 第六节　信息结构

　　人们运用语言进行交际，最主要的目的就是传递信息，因此，语用学需要从信息传递的角度对话语的信息结构进行分析。句子传递的信息，从内容上看，一般可分已知信息(旧信息)和未知信息(新信息)两部分。已知信息是信息传递的基础,未知信息是信息传递的焦点。从形式上看,句子可分为话题和述题两部分。而话语的已知信息中,又包含预设信息和指示信息两部分。例如,甲告诉乙:"小李的哥哥走了。"其中"小李的哥哥"是已知信息,即说话人甲假定听话人乙已知小李有哥哥(预设信息),并且已知"小李的哥哥"是谁(指示信息);"走了"是未知信息,即说话人甲假定听话人乙不知道小李的哥哥"走了"。话语中的预设信息必须为真,而且指示信息必须确定,即指称词语必须有确定的指示对象,信息才能成功传递。假如事实上小李没有哥哥,或者无法确定"小李的哥哥"到底指谁,就无法断定"小李的哥哥走了"的信息是否属实,信息就不能成功传递。

### 一、已知信息和未知信息

就一般陈述句而言,已知信息或称旧信息是说话人假定听话人已知的信息,未知信息或称新信息是说话人假定听话人未知的信息。如甲告诉乙:"小王来了。"其中"小王"是已知信息,即甲假定乙已知"小王"是谁。"来了"是未知信息,即甲假定乙不知小王"来了"。

但就疑问句而言,情况恰好相反。疑问句中的已知信息是说话人已知的,未知信息是说话人未知的,并且假定是听话人已知的。如甲问乙:"小王去哪儿了?"对于说话人甲来说,"小王去(某个地方)了"是已知信息,"哪儿"是未知信息,而且甲假定乙知道"哪儿"的所指。

陈述句与疑问句存在这种差别,是因为陈述句是说话人向听话人输出信息,而疑问句是说话人要求听话人向说话人输出信息。如陈述句"小王走了"等于"我告诉你,小王走了",而疑问句"小王去哪儿了?"等于"请你告诉我,小王去哪儿了"。也就是说,陈述句的信息"小王走了"的发出者是说话人,信息接收者是听话人(我告诉你);而疑问句的信息"小王去哪儿了?"的发出者是听话人,信息接收者是说话人(你告诉我)。因此,信息的新与旧,是针对信息接收者来说的。在陈述句中,信息接收者是听话人;在疑问句中,信息接收者是说话人。

另一方面,不管是陈述句还是疑问句,信息是新还是旧,都是以说话人的主观认定为标准的,而不是以听话人客观上是否已知为标准的。说话人的主观认定可能与客观情况不一致。如当甲告诉乙"小王走了"时,实际上可能乙早已知道小王"走了",也可能乙并不知道"小王"是指谁。同样,甲问乙"小王去哪儿了?"实际上可能乙并不知道"小王去哪儿了"。例如:

(1)"革命革命,革过一革的……你们要革得我们怎么样呢?"老尼姑两眼通红的说。

"什么?……"阿Q诧异了。

"你不知道?他们已经来革过了!"

"谁?"阿Q更其诧异了。

"那秀才和洋鬼子!"(鲁迅《阿Q正传》)

老尼姑认定阿Q知道"他们"是谁,但不知道"已经来革过了";而实际上阿Q并不知道"他们"是谁。

就信息结构的形式而言,一般来说,已知信息往往放在话语前部,即所谓话题(主位)部分;未知信息往往放在话语后部,即所谓述题(述位)部分。话题是说话的出发点,是说明的对象,后面的述题是对话题的说明。例如,"客人来了"和"来客人了"两句话,信息结构不同,所传递的信息也有所不同。"客人来了"中,"客人"居于话题位置,是已知信息,说话人假定听话人已知来的客人是谁;而"来客人了"中,"客人"居于述题位置,是未知信息,说话人假定听话人不知道来的客人是谁。

但是,已知信息和未知信息的区分与语境密切相关。同一个句子在不同的语境中,信息结构可能不同。例如:"小王走了。"在一定的语境中,很可能是已知有人走了,即"(有人)走了"是已知信息,走的人是"小王"是未知信息。

在口语中,区分已知信息和未知信息的基本形式标志是句重音。由于未知信息是信息传递的焦点,因此一般用句重音加以突显。反过来,改变句子的重音位置,就会改变句子的信息结构。例如:"老王明天去上海。"在一般情况下,句子后面的"上海"是信息焦点,也是句重音所在。但是在不同的语境中,"老王""明天""去"也都可能读句重音,而且哪个词读句重音,哪个词就是句子的未知信息,其他部分就是已知信息。例如当重读"老王"时,已知信息就是"有人明天去上海",未知信息就是这个人是"老王",整个句子的意思就是"明天去上海的人是老王"。

除了句重音以外,还有一些特定的焦点标记可以突显焦点。常见的焦点标记有表示强调的"是""连"等。例如:"老王明天去上海。"可以在不同位置插入焦点标记"是"来突显焦点:"是老王明天去上海。""老王是明天去上海。""老王明天是去上海。"

**二、预设信息**

(一)预设的特征

预设信息是话语信息中说话人预先假设听话人已知的背景信息,是保证话语信息的真实性和有效性的前提条件。从逻辑的角度来看,预设是命题之间的一种逻辑关系,具有特定的逻辑特征。但预设又不是纯粹的逻辑问题,也涉及语用问题,具有特定的语用特征。

1. 预设的逻辑特征

预设的逻辑特征,可以用真值条件来描述:

A预设B,当且仅当:A真则B真,A假则B真;B真则A或真或假,B假则A非真非假。

例如下面的例子中A预设B,或者说B是A的预设:

(2) A. 他知道小王来了。

　　B. 小王来了。

当A"他知道小王来了"为真时，B"小王来了"为真；当A为假（"他不知道小王来了"为真）时，B依然为真。当B"小王来了"为真时，A"他知道小王来了"或真或假；当B为假（"小王没来"为真）时，A既不能说是真的，也不能说是假的。因为如果说A是假的，就等于说"他不知道小王来了"为真，这样就产生了逻辑矛盾，因为"他不知道小王来了"中"小王来了"为真。

2. 预设的语用特征

但是，这种逻辑真值条件不能完全说明预设的特征，句子是否包含某种预设还与语用因素密切相关，因此还应该从语用上说明预设的特征。

首先，预设最基本的语用特征是预设的合适性，即预设的真实性是包含该预设的语句合适（真实有效）的前提条件。当预设是假的时，说包含该预设的语句就是不合适的。例如，祈使句、疑问句以及表示宣告、承诺等意义的语句，也可以包含预设。可是从逻辑的角度讲，这些类型的语句是没有真值的，因此无法用真值条件来断定是否包含预设，而根据预设的合适性特征则可以断定。

其次，预设具有已知性，是已知信息。话语中的预设往往可以作为先行语句为后续语句提供已知的背景信息。如例（2）A的预设B可以作为A的先行语句在上文出现。当前面说"小王来了"时，"小王"是已知信息，"来了"是未知信息；而后面再说"他知道小王来了"时，"小王来了"就是已知的背景信息了。当预设不在上文出现时，也可以根据话语本身推导出来。

最后，预设具有可取消性。句子的预设，在一定的语言环境中可以取消。例如：

(3) A. 我决不打我的妻子。（预设：我有妻子）

　　B. 如果我有妻子，我决不打我的妻子。

(4) A. 他离婚了。（预设：他结过婚）

　　B. 幸亏他没结婚，否则，现在他也离婚了。

(5) A. 你为什么不喜欢她？（预设：你不喜欢她）

　　B. 如果你不喜欢她，你为什么不喜欢她？

(6) A. 请把门关上。（预设：门是开着的）

　　B. 如果门开着，请把门关上。

例（3）至（6）中A都有预设，而B将这些预设都取消了，可见预设与语境密切相关。

(二) 预设与前提、蕴涵

预设（presupposition）与前提（precondition）、蕴涵（entailment）都有一定的联系与区别。"预设"和"前提"原本是同义词，但是作为科学术语，二者已经有了

分工。"前提"用于逻辑学的推理中。例如:

  (7) A. 所有哲学系的学生必修逻辑课。

    B. 他哥哥是哲学系的学生。

    C. 他哥哥必修逻辑课。

    D. 他有哥哥。

  A 和 B 是 C 的前提,C 是由 A 和 B 推出的结论。前提与结论之间存在蕴涵关系。但 A 和 B 不是 C 的预设。预设是从话语自身推知的,D 才是 C 的预设。又如:

  (8) A. 他的手机被盗了。

    B. 他有手机。

  从 A 可以推出 B,B 是 A 的预设。

  与预设有关的术语还有"蕴涵"。预设与蕴涵有本质区别。蕴涵具有特定的逻辑特征,可以用真值条件来描述:

  A 蕴涵 B,当且仅当:A 真则 B 真,A 假则 B 或真或假;B 真则 A 或真或假,B 假则 A 假。例如:

  (9) A. 那个人是一个单身汉。

    B. 那个人是一个男人。

  例(9)A 与 B 构成蕴涵关系,即 A 蕴涵 B。当 A"那个人是一个单身汉"为真时,B"那个人是一个男人"为真;当 A 为假("那个人不是一个单身汉")时,B 或真或假("那个人既可以是一个已婚男人,也可以是一个女人")。当 B"那个人是一个男人"为真时,则 A"那个人是一个单身汉"或真或假;当 B 为假时,则 A 为假。

  预设关系不因为包含预设的语句受到否定或置疑而改变预设,相反会更肯定预设,而蕴涵关系会因为包含蕴涵的语句受到否定或置疑而改变蕴涵。如把例(8)、例(9)的 A 句分别说成:

  (10) A1. 他的手机没被盗。

    A2. 他的手机被盗了吗?

  (11) A1. 那个人不是一个单身汉。

    A2. 那个人是一个单身汉吗?

  例(10)的 A1 和 A2 仍然预设例(8)的 B,但是例(11)的 A1 和 A2 就不再蕴涵例(9)的 B 了。

  (三)预设触发语

  预设往往是由话语中某些特定的词语引发出来的,这些引发预设的词语称为预设触发语。如果没有预设触发语,也就没有相应的预设了。常见的预设触发语有以下几类:

  第一,动词性预设触发语,主要包括叙实动词和变化动词。

叙实动词如"知道""发现""意识到""透漏""后悔"等，后面一般预设已然事实。例如：

(12)小王意识到自己犯了错误。（预设：小王犯了错误）

(13)他后悔参加了晚会。（预设：他参加了晚会）

变化动词如"开始""继续""停止""学会""离婚""戒烟""开""关""丢（遗失）""卖"等表示行为动作状态的变化，预设变化以前的状况。例如：

(14)小李学会了下棋。（预设：小李以前不会下棋）

(15)老张戒烟了。（预设：老张以前抽烟）

第二，副词性预设触发语，如"又""再""重新""也""更""还"等表示关联的副词预设存在着同类现象。例如：

(16)他又出差了。（预设：他出过差）

(17)他比他爸爸更高。（预设：他爸爸高）

(18)他也去北京。（预设：有其他人去北京）

第三，代词性触发语，疑问代词用于特指问句，一般疑问代词以外的部分为预设。例如：

(19)谁去北京？（预设：有人去北京）

(20)你买什么书？（预设：你买书）

第四，领属性、限定性预设触发语，这种预设触发语预设存在某事物或状态。例如：

(21)他的汽车出了故障。（预设：他有汽车）

(22)他上大学以前就结了婚。（预设：他上了大学）

(23)他在部队当兵的时候就入了党。（预设：他以前在部队当过兵）

(24)在比赛中他发挥了应有的水平。（预设：有比赛且他有水平）

其他类型的预设触发语还有很多。预设触发语除了特定的词语以外，也可以是某些语法形式，如时态形式、虚拟语气等，还可以是某些特定的句式。某些特定的行事行为也可以触发预设，如表示宣告的行事行为，例如"你解雇了！"就预设说话人具备宣告的资格，否则这种宣告就是不合适的、无效的。

### 三、指示信息

指示信息就是语句中的指称词语的具体所指对象。语句中的指称词语要有确定的指示对象，才能断定语句所传递的信息是否真实、有效。如果指称词语的所指对象不存在或不能确定，就无从断定语句所传递的信息是否真实、有效，语句本身就是不合适的。这一点跟预设有相通之处，因此也有人把指示信息看成一种预设信息，称为"存在预设"。例如："张三打了李四。"这句话的真值条件是：存在一个 x，x 是张三；存在一个 y，y 是李四；x 打了 y。如果"张三"或"李四"并不存在，或者不能确定所指对象，就无从断定"张三打了李四"的真伪，说这句话就是不合适的。

在指称词语中,有些词语的所指对象随着具体的语境(交际双方、交际场合等)发生变化,这种词语在语用学中称为"指示语"(deixis)。

(一)指示语的特征

指示语有两个基本特征:一是指示语的具体所指随语境变化,在不知其语境时是无从确定其所指的。包含指示语的命题,只有确定了指示语的具体所指,才能断定其真假。例如:

(25)A. 鲁迅是《祥林嫂》的作者。

B. 我是《祥林嫂》的作者。

B中"我"就是指示语。"我"具体指谁,取决于说话人是谁。当说话人是鲁迅时,B为真,否则B为假。而A的真假与说话人无关,无论谁说A,都不影响A的真假。

二是指示语必须有一个确定的参照点,当没有确定的参照点或参照点为假时,指示语就没有意义了。如一袋奶粉上注明保质期为3个月,保质期的具体时间取决于参照点——奶粉生产的日期。如果没有标明生产日期,或者生产日期是假的,保质期就是无意义的。

(二)指示语的类型

指示语主要包括以下几种类型:

1. 人称指示

人称指示语指示言语交际或言语事件中的参与者,包括说话人、听话人或第三者,一般都是人称代词。主要包括第一人称指示语、第二人称指示语和第三人称指示语。例如,英语中的 I、we、me、you、he、they 等,汉语中的"我""我们""咱/咱们""你/您""你们/您们""他/她""他们/她们"等。

2. 时间、空间指示

时间指示语、空间指示语指示与言语交际或言语事件有关的时间和空间信息。例如:

(26)高强斩截地:"我有话跟你说!"

周华看看车:"恐怕现在——"

"明天我去找你。"

明天上午透析,下午必须休息,为演出做准备。匆忙中周华简洁道:"明天这个时候这个地方等我。"

例中的"现在""明天""明天这个时候"等是时间指示语,"这个地方"是空间指示语。

3. 语篇指示

语篇指示语指示语篇的上下文中某一部分。语篇指示的参照点是包含指示语的句子。用于语篇指示的词语表示了这一话语与同一语篇中其他话语之间在相互位置或语义上的关系。

用于语篇指示的词语主要是指示代词或借用时间指示语或空间指示语,例如 preceding、following、earlier、later、last、next、this、that、above、below 等。"那是我听过的最有趣的故事"中用"那"指语篇中已讲述过的部分,即前指。"我打赌你没听过这故事"中的"这"指语篇中即将讲述的部分,即后指。

### 4. 社交指示

社交指示语是用来指明发话人和受话人之间,或发话人和所谈及的人(第三方)之间的社会关系的。社交指示体现在交际双方所使用的语言形式之中,凡是能表明发话人和受话人或第三方之间社会关系的语言形式,都是社交指示语。从中可以判别出交际双方的社会关系是平等关系还是权势关系,是关系亲近还是关系疏远,等等。

社交指示语可以说是一种特殊的人称指示语,它除了跟一般人称指示语一样指示言语交际或言语事件中的参与者之外,还可以指示参与者之间的社交关系。比如英语在姓氏前面加上 Mr、Mrs 或 Miss 以表示对听话人的尊敬或礼貌,又如汉语第二人称单数通称形式"你"和尊称形式"您"的运用也反映了说话人和受话人之间的关系。称呼语也能反映社交指示信息——交际双方的地位、职务、权势等,或是比较微妙的关系。例如:

(27)大海　(冷冷地)他在哪儿?

鲁贵　(故意地)他,谁是他?

大海　董事长。

鲁贵　(教训的样子)老爷就是老爷,什么董事长,上我们这儿就得叫老爷。

大海　好,你跟我问他一声,说矿上有个工人代表要见见他。

**思考与练习**

一、已知信息和未知信息是根据什么标准、标志来区别的?

二、简要说明预设与前提、蕴涵的联系与区别。

三、收集一些带有预设触发语的实际用例并加以分析。

四、从指示语的角度分析下面的情况。

(1)约翰:我很爱我妻子。你呢?

西蒙:跟你一样,我也很爱你妻子。

(2)泰勒:我妻子不理解我,你妻子呢?

肖恩:不知道,她从没提起过你。

五、指示语有哪些类型?它们在话语交际中有什么作用?

**参考资料**

1.[英]J.L.奥斯汀著,许国璋摘译:《论言有所为》,中国社会科学院语言研究所语言学情报研究室编《语言学译丛》(第一辑),社会科学出版社 1979 年版。

2.［美］塞尔著,涂纪亮译:《对以言行事行为的分类》,涂纪亮主编《语言哲学名著选读》,生活·读书·新知三联书店 1988 年版。

3.［英］列文森著,沈家煊摘译:《语用学》,《国外语言学》1986 年第 1、2、4 期。

4. 冯广艺主编:《汉语语境学概论》,宁夏人民出版社 1998 年版。

5. 何自然、陈新仁:《当代语用学》,外语教学与研究出版社 2004 年版。

6. 何自然、冉永平:《语用学概论》(修订本),湖南教育出版社 2002 年版。

7. 刘焕辉主编:《言语交际学基本原理》,江西教育出版社 1997 年版。

8. 沈开木:《现代汉语话语语言学》,商务印书馆 1996 年版。

9. 石安石:《语义研究》,语文出版社 1994 年版。

10. 索振羽:《语用学教程》,北京大学出版社 2000 年版。

11. 王建华:《语用学与语文教学》,浙江大学出版社 2000 年版。

12.［日］西槇光正编:《语境研究论文集》,北京语言学院出版社 1992 年版。

13. 郑贵友:《汉语篇章语言学》,外文出版社 2002 年版。

14. 左思民:《汉语语用学》,河南人民出版社 2000 年版。

# 第七章　历史语言学

**【学习提示】** 本章介绍了历史语言学的主要内容。本章需要重点掌握的内容有：第一节，关于语言起源的假说及其评价、有关语言起源的科学研究及基本结论。第二节，语汇的发展、语言发展变化的各种原因及根本原因、语言发展的三个规律。第三节，社会方言的几种类型、地域方言的成因、亲属语言的谱系。第四节，语言接触的类型、词语借用的方式、双语现象及其分类、语言融合的方式、语言混合的类型。本章主要要求了解语言发展演变的各种原因和规律，区分发展演变的各种不同类型和方式。

## 第一节　语言的起源

语言的起源是语言研究的一个重要问题，也是人类研究的一个重要问题。因为人类最显著的特点之一就是有高度发达的语言。可以说，研究语言的起源，是研究现代人的起源的一个最重要的部分。自远古以来，人类就在思考自己的语言是怎么来的。初民普遍相信，包括人在内的世间万物都是某种神力的创造，所以人的语言也理所当然地被看作是这一神力的恩赐。神话中就有许多关于语言起源的传说，基督教《圣经·创世纪》中有上帝造亚当，亚当给万物取名的描述，古埃及人认为语言的创造者是透特神，印度人认为语言是宇宙创造者梵天的妻子赋予人类的，中国古代有女娲抟土造人的故事，许多少数民族也有不少语言起源的神话[①]。这些都反映了"语言神授"的原始观念。到17至18世纪，欧洲兴起思想启蒙运动，力图以实践经验和理性思考使知识系统能独立于宗教，摆脱宗教的影响，一些学者开始抛弃语言神授的观念，理性地思考语言起源问题。18世纪中叶以后，语言起源问题已成为欧洲学界关注的焦点，有的国家的皇家科学院甚至设立专奖以征求有关语言起源问题的最佳解答。但这些讨论都是纯粹的思辨，缺乏可信的证据。到了19世纪后半期，学者们厌倦了有关语言起源的讨论，他们忽视、嘲笑甚至禁止这种讨论。1886年，巴黎语言学会通过一项决

---

① 参见姚小平：《中国的语言起源神话》，《外语教学与研究》1994年第2期。

议,宣布不接受有关语言起源的论文。但是,人类探索奥秘的好奇心永远不会消失,随着20世纪科学技术的发展,借助相关学科的手段方法,语言起源问题才真正走上科学探索的道路。当然,离彻底解决这个问题的目标仍很遥远。

**一、关于语言起源的假说**

关于语言起源的假说主要的有以下几种:

(一)各种声音论

语言是有声的,是人的发音器官进化到一定程度后发出的一连串声音与一定意义产生联系而形成的表情达意的符号系统。各个时代都有学者认为必须到声音中去寻找语言的来源,有关语言起源于某种声音的理论主要有摹声论、感叹论、劳动叫喊论、嬉戏论等。

1. 摹声论,即"汪汪说"(bow-wow theory)

最早提出摹声说的是古希腊的斯多葛学派,后来摹声说得到德国哲学家莱布尼茨等人的大力推崇。这种理论认为我们所加于事物,尤其是动物的名称,多半是由于摹拟这个事物或动物的声音而来的,如模仿狗叫而有bow-wow这个词,模仿猫叫有了"猫"这个词。听到泉水声,听到器物敲击声,而创造了ding-dong之类的词语。

2. 感叹论,即"呸呸说"(pooh-pooh theory)

古希腊哲学家德谟克利特提出这种说法。18世纪的德国哲学家赫尔德(J. G. von Herder,1744—1803)、19世纪的英国学者达尔文(进化论创始人)等都支持这一理论。这种理论认为语言起源于情感激发的自然喊叫,如对某人某物不高兴甚至生气时就会发出poop-pooh(呸!呸!)之类的声音。

3. 劳动叫喊论,即"哟咳嗬说"(yo-he-ho theory)

19世纪70年代法国语言学家诺瓦雷(L. Noire)提出劳动叫喊论,主张从原始人类在生活劳动中伴随发生的劳动号子来说明语言的起源。例如在抬重物时为了协调步伐而喊"哟咳嗬"或yo-he-ho,这种声音反复多次,就成了词语。英语的heave(拉)或haul(拽)就是这样产生的。

4. 嬉戏论,即"啦啦说"(la-la theory)

丹麦语言学家叶斯泊森(Otto Jespersen,1860—1943)认为语言源于求爱、玩耍、嬉戏等发出的声音。他在《语言的本质,发展和起源》一书里说:"语言诞生于人类的求爱期;我想像最初说出的言语有点儿像屋顶上的猫在夜色下吟诵的爱情诗,又有点儿像夜莺唱出的旋律优美的爱情之歌。"

上述各种理论都有一定道理,因为各种语言里都有一些摹声词和感叹词等,但在任何语言里这类词占的比例都很小,绝大多数词的起源都是无法用这类理论来解释的。这些理论都仅仅是假说,它们都可以找出一些零零星星的例子来做证据,却不能说明为什么语言会具有如此完整的音位、形态和句法体系,而其他种类的动物虽也能发出富有情感的本能的喊叫,却没有形成语言。但不管怎么说,这是人类尝试用理智的方式探索语言起源的第一步。

(二)社会契约论

契约论在哲学、社会学、政治学中有广泛的应用,古希腊、古代中国对此都有比较明确的论述。古希腊学者特别看重词源学的研究,而这种研究又受到有关语言起源和发展的本质—约定论争的推动。本质论(physis)认为词与物之间有内在联系。约定论(nomo)则不承认这种联系。《荀子·正名》中说:"名无固宜,约之以命,约定俗成谓之宜,异于约则谓之不宜;名无固实,约之以命实,约定俗成谓之实名。"到17世纪—18世纪,约定论极为盛行。法国思想家卢梭1754年完成的《社会契约论》一书中,对契约论作了详尽深刻的阐述,也涉及语言的起源问题。主张契约论的学者是从人类交际的需要来考虑语言的起源的。以前没有语言,交流不方便,大家聚在一起讨论商议,约定事物的名称,于是产生了语言。但这种理论不合乎逻辑,既然没有语言,没有交际工具,彼此之间又用什么来讨论来商议呢?不过,这种理论看到了语言的一个本质特点——语言的社会性。

(三)手势论

手势论是以身体姿态的表达来解释语言起源的一种理论。代表人物有德国心理学家威廉·冯特(W. M. Wundt,1832—1920)和苏联学者马尔(N. Y. Marr,1884—1934)。冯特在其《民族心理学》一书里说,语言是从人类一些有表达性的身体姿势发展而来的。人们可以用手去摹仿和指示客观世界,渐渐由实际动作演变为空灵表达,再产生语言。马尔认为原始人没有有声语言,他们的语言不过是些手势,他说:"手的语言不仅使人有可能表达自己的思想、形象化的概念,与集体中的全体人员交往,而且还作为人们与别的部落及本部落交际的工具,使人有可能发展其概念。"①

手势论只能说明人类在产生有声语言之前,主要是用手势、体态等进行交际,但不能说明有声语言是由手势等变来的。因为手势等不具备有声语言所必需的声音材料,不可能变成声音。

(四)劳动创造论

劳动创造论是马克思主义语言观在语言起源问题上的体现,恩格斯在《自然辩证法》《家庭、私有制和国家的起源》两部著作中曾对语言起源的问题进行过论述。劳动创造论的基本观点有三点:第一,语言、思维、人、人类社会是同时产生的;第二,语言是在人们的劳动中,由于交际的需要而产生的;第三,人类的语言从产生时起就是有声语言。

---

① 参见《马尔选集》(俄文版)第2卷,第202页,转引自高名凯《普通语言学》(增订本),新知识出版社1957年版,第29页。

任何一种事物的出现都不是偶然的,而是由一系列的条件决定的,语言的产生也有其必备条件,即生理条件、心理条件和社会条件。生理条件指发音器官,语言的产生必须有一个完善的、能发出各种语音的发音器官。心理条件指能进行抽象思维的大脑,靠充分发达的思维器官将语言符号与现实世界建立一种对应关系,使符号组合能表达一组一组完整的意思。社会条件指人类社会的形成,只有社会中的人才需要交际,需要交际工具来交流思想、协调相互之间的关系。语言产生的过程就是上述条件的产生和成熟的过程。恩格斯根据当时人类学的研究成果,提出如下设想:大约在几十万年前,热带地区居住着一种高度发展的类人猿,成群地生活在树上,后来由于自然条件变化,便从树上下来,到地面生活。他们的前肢分工逐渐明确,最终学会直立行走,跨出了由猿到人的关键一步。劳动的标志是制造和使用工具,这也意味着思维达到相当高的程度,产生了意识,有了思维的结晶——思想。个体的人有了思想就想交流,劳动达到社会化也要用符号来表达和交流思想,人的有声语言的产生使这种交流成为可能。思维和语言的产生和发展极大地提高了人的劳动能力,劳动社会化的不断提高又促进了发音器官和大脑的完善和发展。劳动创造语言可从三个方面分析:①劳动创造了产生语言的发音条件。直立行走,双手劳动,人的口腔与喉头的角度变小,气流受到节制,可发出一些复杂的音。②劳动也提高了人的听觉能力,锻炼完善了听觉器官。③劳动促进了人的思维能力向抽象发展。劳动需要合作,需要交流,需要传授,大脑在不断刺激下,渐渐得到完善。语言的产生条件也就日益充分了。

但是,和前述各种假说一样,劳动创造说也只是一种思辨的产物,虽然借鉴了前人以及当时的科学成果,但毕竟不是建立在实证实验的基础上,更没有反映语言产生的具体过程。因此劳动创造说对语言起源问题的解释也是不完善的,只谈了语言在什么条件下如何产生的问题,没能讲清语言在什么基础上如何形成的问题。

**二、有关语言起源的科学研究**

1886年巴黎语言学会的决议传达出语言学家们的一种心态,即对语言起源问题感到束手无策,对解决这一问题丧失信心。但丹麦语言学家奥托·叶斯泊森说:"语言科学不能永远回避关于语言演化的来源和去处的问题。"到20世纪30年代,考古学家、动物学家、心理学家和计算机专家开始进入语言学家们放弃的学术领域,取得了一些具有实证意义的成果,这也鼓舞和激励了语言学家,他们也重新对语言起源的问题展开了探讨。

(一)考古学的研究

从人类的祖先开始创造和使用工具算起,人类已经有300万年左右的发展历史。有些古人类学家和考古学家研究了距今50万年的北京猿人头骨化石,分析了其生活生产情况,初步认为那时的人已能发出语音。但有些学者研究了距今约 10 万年的猿人头骨,发现那时的人的脑沟左半球(言语区)还不甚发达。还有人根据化石复制出猿人的声道器官,再用计算机程序来测试这种声道的发音能力,发现 10 万年前的猿人即尼安德特人还无法清晰地发出[a]、[i]、[u]这几个现代人类语言中普遍存在的最基本的元音。语言类型学的研究成果表明,如果没有这几个音,一种成熟的语言无从成立。

但晚期智人时期(距今约 5 万年)的人类化石表明,人类喉头与口腔已经形成了直角,声道器官与现代人已经非常接近,能够发出基本的语音。而且晚期智人的脑容量也与现代人相差无几,具备产生抽象思维的条件。此外,晚期智人时期以后,人类创造文化的能力突然大大提高,文化发展速度突然加快,应该是因为人类交际方式的巨大改善。

考古学家们认为在 5 万年前,在人类文明演化的过程中出现了一些很重要的里程碑,如一些山洞里的壁画、埋葬死人的坟墓以及陪葬的花草。从这些现象可以认为那时的人已有了艺术和宗教的萌芽。同时,大约在 5 万年前,有证据表明人类第一次在航海的技术上有了突破,能从亚洲南部迁徙到澳大利亚。使人类发展出现飞跃的最主要的原因就在于人发明了有声语言,语言帮助人开始有系统的、复杂的、抽象的思维,语言能使人团结一致、互相沟通、传递积累知识①。

(二)生物学的研究

直接调查古人类是不可能的,遗存的化石数量太少,从中得出的结论也因人而异、莫衷一是。学者们又想到了与人类同源的现代类人猿,即猩猩、黑猩猩、大猩猩和长臂猿,它们是人类的"近亲",仍大量地生活在地球的各个角落。而猩猩是所有动物中与人、海豚一样具有认识自己镜像的能力的动物,这意味着只有人、猩猩、海豚有意识。研究者设想,如能从现代类人猿那里了解到它们是怎样交际的,就可以推测出古代类人猿的交际手段,再根据进化论原理大致推测古代猿人的交际手段,进而揭示语言产生的奥秘。这种想法吸引了许多科学工作者,特别是动物学家和古人类学家,他们中的一些人潜心研究几十年,一时间形成研究类人猿的热潮。有的深入密林,与类人猿为伍,跟踪盯梢、录音照相,进而结成亲密关系;有的精心设计出电子仪器,在实验室里反复观察类人猿的行为方式;有的对黑猩猩进行长期的语言训练,教它们学习人类语言。通过这些工作,人们对类人猿有了新的了解,对它们不得不刮目相看。这表现在三个方面:

一是现代类人猿的智力水平远在人们意料之上。它们不仅具备了基本的抽象思维的能力,而且具有创造和使用简陋工具的能力。比如有的黑猩猩能把树叶加工成海绵状,塞到树洞里吸水,取出喝掉;有的黑猩猩会整修草棍,插进树洞

---

① 王士元、柯津云:《语言的起源及建模仿真初探》,《中国语文》2001 年第 3 期。

钓白蚁;有的黑猩猩手够不着香蕉,能用棍子把香蕉打下来。

二是发现类人猿是社会化程度较高的动物,它们不仅有交际的必要,也有与它们的智力水平和生活方式相适应的交际方式。它们主要用手势和身体姿态进行交际,同时它们也能发出30多种声音信号,在饥饿、愤怒、兴奋和面临危险等情况下用不同的声音信号表示不同的含意。这些虽不能与人类语言同日而语,但毕竟是类人猿的一种交际方式。

三是一些学者对黑猩猩进行语言训练,教它们学习人类语言,结果发现黑猩猩虽然不能学会人类的有声语言,但是可以利用手势语或别的符号学会不少词语,甚至可以创造一些新的用法。比如一只叫沃秀的受过9年训练的黑猩猩,利用手指语掌握了250多个词语和基本句法规则,甚至能用复合法创造新词。沃秀学过"水""鸟"这两个词之后,见到一只鸭子,会自动把它命名为"水鸟"。

这些研究表明:类人猿已经具备了产生语言的思维能力和产生语言的社会需要,但是不具备产生人类语音的发音能力。一旦它们的发音器官发展到能发出人类语音的程度,它们就可能产生有声语言。因此人类有声语言产生的关键是发音器官的发音能力。

(三)心理学的研究

现代人类学家认为,一切动物都有某种心智,心智是在漫长的历史时期里发展的,大体上可分为四个阶段:

一是简单反射阶段。比如射向眼睛的光线逐渐增强,瞳孔就逐渐收缩,这不受意志的影响。

二是条件反射阶段。巴甫洛夫的著名实验表明,不用具体事物(食物),只用符号(铃声),也能使狗流出唾液,其条件是过去每次给食物时都有铃声伴随。

三是工具阶段。比如黑猩猩的手够不着香蕉,能用棍子把香蕉打下来,表明它对外部世界有了一定的控制能力。

四是符号阶段,即使用语言符号对外部世界进行控制。这是一个心智飞跃的阶段。这里又可分为三个飞跃:首先是原始词的出现,标志着人科的交际系统从以信号为基础发展到以符号为基础;其次是词序的形成,使原始语得以产生;然后是语法手段的产生,使原始语向现代语过渡。根据基因学和考古学的一些发现,人类进化过程经历了手巧的人、直立的人和智慧的人三个阶段,到了距今5万年的时候,人已进化到了拥有语言器官(language organ)、语言本能(language instinct)的程度。人已经成了文化的动物、符号的动物。

对儿童交际行为的研究也有助于语言起源问题的探讨。一个婴儿一出生是不会使用语言的,长到一岁左右能偶尔说出个别单词,三岁时基本掌握本族语言,开始以语言作为主要的交际工具。儿童在掌握语言以前不是与世隔绝的,他们也要与周围的人交流信息。心理学家观察发现,他们的手势、动作、表情以及哭声都可用于交际。有人分析婴儿的哭声,发现哭声的不同声调与婴儿的不同愿望有联系。哭声虽不是说话,却是最初的发音练习。有的心理学家从初生一个月的婴儿的哭声中分析出三四个不同的音。随着年龄的增长,婴儿所发的音逐渐增多,到一岁时,一定的音才逐步与一定的对象相联系。起初联系不稳定,被他称为"mama"的,可能是妈妈,也可能是爸爸、姐姐,甚至是馒头。再经过一段时间的重复和强化,这种联系才逐步固定下来,才形成了词。儿童交际行为的发展史,是以简略或压缩的形式重复了人类交际行为的发展史。从中可以窥测出人类语言起源的端倪。

把以上不同学科的研究结果综合起来,可以形成当今人们对语言起源问题的基本认识:人类的有声语言产生于距今约5万年前的晚期智人时期。人类在产生有声语言之前,主要以手势、身体姿态等方式进行交际,而以各种简单的叫喊声作为辅助交际手段。由于某种声音经常伴随某种体态语出现,逐渐形成条件反射以后,某种声音就可以脱离手势体态而独立表达某种意思。随着发音器官的不断完善和思维水平的逐步提高,各种声音逐渐清晰,并可以分解为更小的单位,依照一定的规则组合成语流。这样,真正的语言也就逐步产生了。

关于语言起源的讨论由热闹趋于沉寂,又由沉寂走向合乎理性的繁荣。现代科学的发展为这种讨论提供了坚实的基础,讨论得出的结果已与100多年前的那些带有明显主观臆测痕迹的结论大不一样。

不管是主观臆测,还是有实验论证,人类对自身语言所怀有的好奇心、求知欲和为探索语言起源所做的努力都是十分可贵的,得出的结论都值得我们珍视。现在的学者们会从中找出合理的因素,以利于最终解开语言起源之谜。

**思考与练习**

一、关于语言起源问题有哪些主要的假说?试加以评价。

二、"劳动叫喊论"与"劳动创造论"的区别是什么?

三、试述现代科学对语言起源的看法。

四、你认为语言与思维、人类是同时产生的吗?为什么?

五、传统看法认为语言、思维和工具是人区别于其他动物的标志,根据现代科学研究的结果,你如何看待这种传统看法?

## 第二节 语言的发展

### 一、语言要素的发展

语言产生之后,便处在不断的发展变化之中。语言是由语音、语汇、语法等结构要素构成的,这些要素的发展变化,会给整个语言系统带来发展变化。下面从语音、语汇、语法等结构要素方面考察语言的发展变化。

### (一)语音的发展

语音的发展是指某种语言的语音系统从一个时期到另一个时期所发生的历时变化。语音的发展是历史音变的结果,共时的语流音变固定下来就可能成为历时的变化。语音系统的发展可以从聚合关系和组合关系两个方面来观察。

1. 聚合关系的变化

(1)音位合并

音位合并是指在语音演变过程中两个或多个音位归并为一个音位。音位的合并会导致音位聚合关系的改变。如中古汉语里,塞音有清浊对立,清塞音之间又有送气不送气的对立,但近代和现代汉语由于浊音清化,即浊辅音音位合并到相应的清辅音音位中去了,只有送气和不送气的对立,没有清浊对立了,这就改变了音位的聚合关系。又如古代汉语的入声声调在现代汉语普通话中分别合并到平声(阴平、阳平)、上声、去声中去了,即"入派三声",普通话就没有入声声调了。

(2)音位分化

音位分化是指在语音发展过程中一个音位分化成两个或多个音位。音位的分化也可以导致音位聚合关系的改变。如上古汉语没有唇齿音,即"古无轻唇音"。大约在10世纪前后,汉语才出现唇齿音。《广韵》以前只有双唇辅音(重唇音)"帮[p]""滂[pʻ]""并[b]""明[m]",后来才从双唇辅音中分化出了"非[f]""敷[fʻ]""奉[v]""微[ɱ]"四个唇齿辅音(轻唇音)。原来的发音部位的聚合关系就改变了。又如汉语中声调本来是平上去入四声,后来在很多方言中又各分化为阴阳两调,成为8个声调。普通话中只有平声分化为阴平和阳平。

语音的合并和分化不是分别地、平行地进行,通常是同时交替进行。如同样是浊音清化,/p/、/pʻ/、/b/三个音位演变为/p/、/pʻ/两个音位,这属于音位的合并;另一方面,/b/演变为/p/、/pʻ/两个音位,属于音位的分化。又如汉语声调演变中的"平分阴阳"属于音位分化,"浊上变去"和"入派三声"则是音位合并。

(3)音位转换

音位转换是指原有的一个或一组音位向另一个或另一组音位转变,这种转变一般是有规律的。最典型的例子是日耳曼语辅音的转换。从原始印欧语分离出来的原始日耳曼语,原来的清塞音/p/、/t/、/k/变为清擦音/f/、/θ/、/h/,原来的送气浊塞音/bʻ/、/dʻ/、/gʻ/变为不送气浊塞音/b/、/d/、/g/,原来的不送气浊塞音/b/、/d/、/g/变为清塞音/p/、/t/、/k/。这就是著名的格里木定律所揭示的变化规律。又如英语长元音的转换变化。在中古英语到现代英语的演变中,/iː/变为/ɑi/,/u/变为/au/,高元音变为复合元音,如 wine(酒)[wiːn]变为[wɑin]。同时,/eː/变为/iː/,/ɛː/变为/eː/,/ɑː/变为/ɛː/,/oː/变为/uː/,元音发生高化,如 geese(鹅)[geːs]变为[giːs]。

(4) 音位补偿

音位补偿是指一种语言中原有的音位消失后,出现其他的音位进行补偿,以保持语音系统的内部区别性。例如,古代越南语中本来是没有声调的,后来由于韵尾辅音的失落,出现了音高的升降区别,产生了三个不同的声调,这就属于一种语音的补偿变化。再后来又由于声母辅音的浊音清化,使每个声调进一步出现高低的区分,成为现代的6个声调,这也是一种语音补偿的变化。藏语和汉语中也都存在这种补偿的变化。

2. 组合关系的变化

语音组合关系的变化是指音位的组合关系、组合功能发生变化。如中古汉语塞音音位/p/、/t/、/k/既能出现在音节的开头,又能出现在音节的末尾,因此以鼻音收尾的阳声韵和以塞音收尾的入声韵配合得很整齐：m—p、n—t、ŋ—k。自从/p/、/t/、/k/从音节末尾消失后,阳声韵和入声韵相配的局面就不复存在了,普通话能出现在音节末尾的辅音只有/n/、/ŋ/两个,其他几个辅音都只能出现在音节的开头,这就改变了音位的组合关系。

又如古汉语舌尖前音/ts/、/ts'/、/s/和舌根音/k/、/k'/、/x/都可以出现在音位/i/、/y/前,如"饥"[ki]、"欺"[k'i],而现代汉语普通话则不行,由"见组"分化出/tɕ/、/tɕ'/、/ɕ/与音位/i/、/y/组合,这就改变了组合关系。

再如中古汉语中疑母字的声母/ŋ/,在现代普通话中都读成零声母。这样辅音/ŋ/就不能出现在音节开头,只能出现在音节末尾了。武汉方言中现在还有/ŋ/声母音节,如"安"[ŋan]、"爱"[ŋai]。

3. 语音变化的规律性

语音的发展演变不是杂乱无章的,而是有严格规律的。主要有以下几种规律：

第一,具有条件性,即语音演变要受到演变音自身或其他相邻音的限制。如中古汉语塞音、擦音和塞擦音都有清浊的对立,后来,浊音一律向相应的清音转化,即所谓的"浊音清化"。汉语"浊音清化"到底清化为送气还是不送气,条件是看演变音自身是平声字还是仄声字,原塞音和塞擦音的平声字变为同部位的送气清音,仄声字变为同部位的不送气清音,原擦音一般变为同部位的清擦音,无送气不送气之分,即所谓的"平送仄不送"。又如,音韵学上有名的"尖团合流"受到了相邻音的限制,来自精组的称为"尖音",来自见组的称为"团音"。属精组的中古时是舌尖前塞擦音和擦音[ts]、[ts']、[s]。属见组的中古时是舌面后塞音[k]、[k']、[x]。现代北京话和不少汉语其他方言的这两类字都读相同的声母[tɕ]、[tɕ']、[ɕ],这使得中古一些不同音的字合流为同音字了,这种变化就是"尖团合流"。不过,这两组音只是在遇到齐齿呼和撮口呼时才能变为[tɕ]、[tɕ']、[ɕ]。因为这时声母的发音部位与[i]、[y]的发音部位(舌面前)因同化而发生音变,导致原来见组的舌面后[k]类向前移,而精组的舌尖前[ts]类向后移,都向[i]、[y]的发音部位变化,最后导致合流。

第二,具有时间性,即语音演变规律只在一段时期中起作用,过了这一时期,即使处于同样的条件下也不会遵循原来的规律发生语音变化。如"日母"之所以没有清化,是因为它出现在"浊音清化"过程之后。中古汉语全浊声母清化过程于13世纪基本完成,而"日母"转化为与[ʂ]相对的浊音[ʐ]是13世纪以后的事,所以不再清化。所以迄今为止,汉语普通话中还存在一对清浊相对的声母([ʂ]与[ʐ])。

第三,具有地域性,即语音演变通常像波浪一样从一个中心向外扩展,而且扩散有地域的限制,因此,语音演变只在一定的地域内进行。如广州话没有[tʂ]、[tʂʻ]、[ʂ]、[ʐ]等卷舌音,保留了入声和-m韵尾。又如浊音清化在北方方言中都已完成了,但吴方言、湘方言中仍保留浊声母。

(二)语汇的发展

语汇是语言诸要素中最活跃、最易变的因素,社会的发展变化,人们思想认识的变化,都促使语言产生新词或使既有词的意义发生变化。同时,旧事物的消亡也同样促使语言中原有的一些词退出历史舞台。语汇的发展主要表现为新词的产生、旧词的消亡、词语的替换和词义的变化。

1. 新词的产生

随着人类文明的进步,人们不断地创造或发现了一系列新事物、新现象,于是就导致了新词的产生。据统计,甲骨文时期用来表达衣、食、住的只有15个字,金文时期就发展到71个字,《说文》更增多到297字,几乎是甲骨文时期的20倍了。文字的增多,在一定程度上说明了语汇的增多。又如,近些年来出现的"电脑""软件""国漫""App""带货""点赞""逆行者""大数据""中国速度""一带一路""光盘行动"等新词语,都与新事物、新现象有关。

产生新词的方式主要有构词、借词、仿造词等。构词是在原有构词材料基础上,按一定方式构造新词,这是语汇发展的主要途径。如"电脑"是利用原有的词根合成的,"现代化"是用附加词缀的方法构成的派生词。借词是在民族接触中吸收新概念的同时借用外来词语,如汉族本来没有沙发这种事物,后来沙发这种事物传入了汉族社会,于是也借来了它的名称"沙发"。仿造词指仿造外语词的结构形式,用本族语语素造出新词,如"现实主义"是仿照英语realism造出的。

2. 旧词的消亡

旧词的消亡一般是指词语随着所表示的事物现象的消亡而消亡。比如"天子""诸侯""宰相""嫔妃""太监""科举制""春闱"等等,这些词所代表的事物,随着封建王朝的灭亡已不复存在了,所以这些词也消亡了,只是在特定的场合下还可使用。人们社会生活的改变也会使许多旧词消亡,如农村经济体制改革,使

"人民公社""生产队"等词成为历史词。

3. 词语的替换

词语的替换是指词语所指的事物现象本身依然存在,只是用新的词语取代了旧的词语。比如由于汉语语汇发展的双音化,"目""颈""耳""鼻"等词被"眼睛""脖子""耳朵""鼻子"等词替换了,原来的词就成为古词语了,或者由词变成了语素。又如"戏子""厨子""邮差"等词,由于它们含有轻蔑的感情色彩,人们便用"演员""厨师""邮递员"取而代之。再如"德律风""德谟克拉西"等音译外来词,被意译词"电话""民主"所代替。

4. 词义的变化

词义的变化主要有四种情况:内涵的变化、外延的变化、义项的增减、评价意义的变化。

(1)内涵的变化

随着人们认识水平的提高和社会观念的变化,有些词所指的对象没有什么变化,但其内涵古今不同。比如"鲸",古人认为是一种大鱼。现在人们知道鲸不是鱼类,而是哺乳动物。又如"心",古人长期认为是思维器官,现在人们知道心是人和高等动物身体内推动血液循环的器官。又如"革命"这个词在古代汉语和现代汉语中都可以指夺取政权。但在古汉语中"革命"是更改天命的意思,因为古人认为王者是受天命而立的;而现在的"革命"则指被压迫阶级用暴力夺取政权,推翻旧制度,建立新制度。这是由于人们认识水平的提高而使词义发生了变化。

(2)外延的变化

词义的外延,是指词义所指的对象及其范围。词义外延的变化可以分为词义扩大、词义缩小、词义转移三种情况。

词义的扩大,就是词义所表达的概念外延扩大,内涵减少。如"嘴"(觜)原指鸟的口,现在则泛指一切动物的口,如"鸡嘴""狗嘴"。"焚",《说文解字》解释是"焚,烧田也",即放火烧山林进行围猎,后来泛指一切焚烧。又如"脸"古代指妇女面部搽胭脂的部位,现在却扩大到整个面部。古汉语许多词的意义在发展中由特指变为泛指,由专名变为通名,都属于这类情形。如"江"在古代为长江的专名,后来泛指江河;"河"在古代为黄河的专名,后来泛指江河;等等。英语的例子,如 bird 原指"小鸟",后泛指"鸟";"companion"原指"分享面包的人",后来泛指"同伴";place 原本只指"大街""广场",现在可以泛指一切地方。

词义的缩小,就是词义概括的范围由大变小,词义所表示的概念外延缩小,内涵增加。例如"臭",本是气味的总称,如《诗·大雅·文王》:"上天之载,无声无臭。"后专指秽恶的气味,如"臭味儿""臭气"等。又如"禽",古代是鸟兽的总称,现在仅指鸟类。"宫",古代是房屋的统称,后来专指宫殿。"丈人"一词原指一般的年长的男人,唐朝以后,称妻子的父亲为丈人。英语中也有相同的例子,如hound在古英语中泛指一切狗,现在专指"猎狗";meat在17世纪还可泛指一切食物,现在专指"肉";wife原本泛指妇人,后专指男子的配偶。

词义的转移,就是一个词的意义由一个范围转移到另一个范围。如"脚"在古代是指小腿,踝骨以下走路时着地的部位则叫"足",后来"脚"指踝骨以下走路时着地的部位,词义发生了转移。"走"本来指跑,如《山海经》:"夸父与日逐走。"后来指步行,行走。古汉语的"贼"指现在所谓的强盗和乱臣之流,现代汉语中"贼"指偷东西的人。在英语中,silly原来表示"被保佑的,有福的",后来变成了"天真的",现在是"傻的";pen原指羽毛,后指用来书写的工具;book原本是一种树木(山毛榉)的名称,由于它的皮在古代曾经用作书写的材料,后来就用来表示写成的书了。

(3) 义项的增减

义项的增加或减少,也是词义变化的一个重要方面。例如"休"的原有义项是"休息",在"休息"这一义项的基础上又逐渐产生了以下义项:①停止,如"休会""日夜不休";②旧指休弃,如"休妻""休书";③喜庆、快乐,如"休戚与共";④副词,表示禁止或劝阻,如"休想""休得无理"。而且"休"的这些义项,都还保留在现代汉语的词或语素中。又如"充电",过去只有一个义项"蓄电池获得放电能力",而现在又增加了一个义项"通过学习增加知识";"底线",过去有两个义项,一指足球、篮球、羽毛球等运动场地两端的界限,另一个义项指暗藏在对方内部刺探情况或进行其他活动的人,现在又增加了一个新的义项"最低要求,最低限度"。

与此相反的是,在语言发展的历史长河中,某些义项会消亡。如"亲戚"这个词,原先有两个义项,一个义项是"父母",另一个义项是"内外亲属",现在"父母"这一义项基本消失,只保留了"内外亲属"这一义项;又如"慢"在古代有两个义项,一个指"怠慢",另一个指"缓慢",现在"怠慢"这一义项基本消失,只保留了"缓慢"这一义项。再如"仅"在古代有两个义项,一个是"只,才",如"齐王遁而走莒,仅以身免"(《史记·乐毅列传》);另一个是"将近、几乎",如"江国逾千里,山城仅百层"(杜甫《泊岳阳城下》)。在现代汉语中,"仅"的"将近、几乎"这个义项不用了。

(4) 评价意义的变化

词义有概念意义和附加意义,附加意义中的评价意义也会发生各种变化。主要包括词义的扬升和词义的贬降。词义的扬升指词义的褒义色彩产生或加强,词义的贬降指词义的贬义色彩产生或加强,前者如英语knight,最初指"仆人",后指"青年战士",后又指"骑士"和"勇敢而高尚的人"。后者如knave本义是"男孩子""仆人",后降为表示"无赖""流氓"。汉语中词义扬升的如"锻炼""深刻"。"锻炼"在古代指玩弄法律陷害别人,具有贬义,现在"锻炼"一词不但没有这一意义,而且在"锻炼意志"等场合含有褒义;"深刻",古义常指刑罚苛刻残酷,含有贬义,现代汉语中"深刻"指对事情或问题的本质认识透彻,常含有褒义。汉语中词义贬降的如"吹嘘""爪牙"。"吹嘘"在古代指替人宣扬、称扬,现在指说大话,并且含贬义;"爪牙"在古代指勇士,是对勇猛善战的武臣的敬称,含有褒义,现在只有贬义,相当于"党羽""帮凶"。词语评价意义的变化往往与理性意义的变化同时发生,因为评价意义一般是和理性意义结合在一起的。

(三)语法的发展

语言中的语法部分是最稳固的部分,发展变化速度比语汇慢得多。尽管如此,它还是在逐渐地变化。语法的发展变化可以主要从词法和句法两个方面来观察。

1. 词法的发展

词法的发展主要表现在语法范畴、构词法和构形法、词类等发展变化上。

(1)语法范畴的变化

英语等语言的语法范畴趋向减少。如古代英语名词有四种格范畴(主格、宾格、所有格、与格),三种性范畴(阴性、中性、阳性),三个数范畴(单数、双数、复数),现代英语只有所有格以及对应的通格,主格、宾格、与格都消失了,性范畴也消失了,数范畴也只有单数与复数的对立。而汉语则是趋向增加。例如现代汉语用助词"着""了""过""起来""下去""来着"等表示各种时体范畴,动词本身还可以用重叠方式表示短时体。这些都是古代汉语没有的。

(2)构词法和构形法的变化

在上古汉语中,曾有一个类似前缀性质的"有",加在国名、地名、部落名等之前,例如"有虞""有殷""有仍"等等。甚至在普通名词前,也有加"有"这个前加成分的,如《尚书》中就有"予欲左右有民,汝翼"这样的句子。另外,像"有王"(王)、"有居"(居)、"有梅"(梅子)、"有北"(北方)等在《尚书》《诗经》《左传》等先秦典籍中也不乏其例。但到了战国时期以后,除了仿古之外,就不再加"有"表示国名、地名、部落名等了。另一方面,现代汉语中的前缀"老""阿",后缀"儿""子""头""化""性"等,则是古代汉语没有的。又如中古汉语中有一种利用类似内部屈折的变调来构成新词的构词方法。如"风"(平声)即风雨的"风"(名词),"风"(去声)意即"吹拂"(动词);又如"衣"(平声)意即"衣服"(名词),"衣"(去声)意即"穿衣"(动词)。现代汉语一般不再用这种变调的方法来构造新词了。而现代汉语中用动词、形容词重叠形式表示短时和程度意义,则是古代汉语没有的。

(3)词类的变化

量词的产生是汉语词类的一种重要变化。上古汉语没有量词这一词类,数词可以直接修饰名词。上古汉语中,诸如"一苇""二茅""三人"这样的数词与名词直接组合的例子比比皆是,因为那时还没有类似"枝""根""个"等表示个体单位的量词,有的只是一些表示度量衡单位的词(要算名词),如"丈""寸""钧""镒"等。到了汉代,才逐渐产生了"枚""头""株""颗""枝""根""朵"之类的表示个体单位的量词。此外,现代汉语中有大量介词、连词、助词等,都是由古代汉语的实词或者短语虚化而来的。

2. 句法的变化

句法的发展主要表现在语序变化(宾语、状语、定语位置)和句式变化(动结式、"把"字句、"被"字句)两个方面。

(1)语序变化

现代汉语中有不少介词结构在谓语动词前面作状语,如"用 x""比 x""从 x"等等,而在古代汉语中一般是用介词结构"以 x""于 x"等放在谓语动词后面作补语。如"援之以手"(用手拉她)、"苛政猛于虎"(苛政比老虎更凶猛)、"取之于民"(从老百姓那儿取得钱财)。这种介词结构前移的现象是比较普遍的。又如在先秦汉语中,动宾关系的一般语序是动词在前,宾语在后,但是也有少数例外:一是用代词"是""之"等复指宾语,放在动词前面,如"子孙是保""先君之思"。现在这种组合方式已经基本不用了,只不过在一些成语以及固定的说法中还有残留,例如"唯利是图""唯你是问"等。二是疑问代词作宾语和人称代词在否定句中前置,例如:"三岁贯汝,莫我肯顾。""吾谁与归?""吾谁欺?欺天乎?""不患人之不己知,患不知人也。"现在这种组合方式也已经基本不用了。

同样,其他语言也会出现语序的变化,如古英语中,领属关系一般用所有格来表示,修饰语一般在中心语的前面,并没有用介词 of 将修饰语放在中心语后面这种结构方式。据研究,公元 10 世纪时,英语用 of 的结构占领属结构的 1%左右,到了 14 世纪,增加到了 85%。

(2)句式变化

现代汉语中的动结式是从古代汉语的使动用法逐渐发展而来的。如"死之"(杀死他)、"活之"(救活他)。动结式结构在汉代开始出现,到唐代才普遍采用,如"乃激怒张仪"(《史记·苏秦列传》)、"汉氏减轻田租"(《汉书·王莽传》)、"无令长相忆,折断绿杨枝"(李白《宣城送刘副使入秦》)。又如"把"字句是在唐代产生的,如"莫把杭州刺史欺"(白居易《戏醉客》)、"欲把青天摸"(皮日休《初夏游楞伽精舍》)。现在的粤方言、客家方言口语中还没有这种"把"字句。又如表示被动的"被"字句是在战国末期开始出现的。起初"被"后面还不能跟施事,只能直接用在谓语动词前面,如"被辱""被逐""被害"。到汉末才逐渐出现"被"后跟施事的用法,如"臣被尚书召问"(汉蔡邕《被收时表》)、"亮子被苏峻害"(《世说新语·方正》)、"举体如被刀刺"(《颜氏家训·归心篇》)。又如现代汉语中用动词"是"表判断的句式,是在汉代才开始出现的,如"余是所嫁妇人之父也"(王充《论衡·死伪篇》)。先秦时期一般不用动词,而是用"……者,……也"表示判断,如

"南冥者,天池也"(《庄子·逍遥游》)①。

### 二、语言发展的原因

语言发展变化的原因是十分复杂的,但可以将这些原因概括为三个主要方面:社会原因、心理原因和语言内部的原因。

#### (一)社会原因

语言是人类最重要的交际工具。人类利用语言来交流思想,表达感情,以达到互相了解、协调行动的目的。语言要很好地发挥这种交际工具的作用,就必须反映人类对于自然界的各种认识和各种社会经验,紧跟社会的发展步伐。

首先,社会的发展进步推动语言的发展变化。语言的交际工具的属性,决定了社会的各种发展变化必然会促进语言的发展变化。如新词的产生和旧词的消亡都与社会的发展密切相关。人类社会的不断探索,必然产生许多未曾有的社会现象、发现更多的客观规律、涌现更多的概念等等,这一切都要用语言去表述、记录。以汉语为例,东汉时期的《说文解字》收录字条 9 353 个(古汉语中的一个字一般是一个词),现代的《汉语大词典》词条多达 35 万,词数增加了几十倍。20 世纪后期出现了互联网,由于网络的普及,大量的网民通过缩写、俗称、谐音、美称、数字符号等创造出"网络语言"。"网络语言"的出现及其发展很显然是互联网技术发展的结果。

其次,社会的分化和统一也是影响语言发展变化的重要因素。由于交际的阻隔,如社会割据、人口迁徙、高山大河和湖泊森林等地理屏障,会使各地区人们所使用的语言出现差异;这种语言差异发展到一定程度就形成了方言。比如 1492 年哥伦布发现新大陆之后,一部分说西班牙语的人来到了拉丁美洲。拉丁美洲与西班牙隔着一个大西洋,两岸的人交往减少。时间久了,拉丁美洲的西班牙语就同欧洲的西班牙语有了差异,最后形成了西班语的不同方言。汉语的南方方言,也都是历代大规模移民造成的。与此相反,原本不同的语言或方言,由于社会的统一也会发展变化。例如由于政治、经济、文化等社会因素的影响,当前普通话的影响越来越大,不少方言成为濒危方言,以至有人提出要保护和抢救方言。

再次,不同国家民族之间的交往也是影响语言发展变化的重要因素。例如汉语曾对中国周围的一些国家的语言产生过非常大的影响,日语、朝鲜语、越南语等,都有大量的汉语借词。而五四运动时期,汉语又从日语和一些西方语言里借来大量词语,或者受这些语言的影响造出许多新词,使现代汉语的语汇大为丰富。而 40 多年来,由于中国改革开放,与西方国家的交往日益频繁,又形成了一个借词和创造新词的高峰。

---

① 语法的发展部分,可参看王力《汉语史稿》中册,中华书局 1980 年版。

## （二）心理原因

语言既是人类最重要的交际工具，也是人类最重要的思维工具，而且语言的意义并不是直接与客观事物现象相联系，而是通过人们的思维认知活动与客观世界相联系的，因此语言的发展变化必然受到人们的思维认知等心理因素的影响。

例如，世界上各种语言中表示时间的词语，很多都是由表示空间的词语发展而来的。例如汉语的"目前""眼下""前天""后天""上个月""下个月"等等，英语的 last day、next day 等等。这种现象就反映了思维发展对语言的影响。因为空间是比较具体、比较容易认知的，时间则是抽象的、不太容易认知的，而且时间与空间具有某些相似性，所以人类语言普遍先产生表示空间的词语，然后借用某些表示空间的词语表示时间。儿童学习语言也是先掌握表示空间的词语，后掌握表示时间的词语。又如汉语表示比较抽象的语法意义的虚词一般也是由表示比较具体的语汇意义的实词或短语虚化而来的。

在词义的演变中，虽然从具体到抽象与从抽象到具体的现象都有，但是从具体到抽象的现象显然更多一些。大多数多义词的本义都比派生意义具体一些，例如"手""头""脸面""心脏"等等，这显然也是受思维认知因素的制约影响的。

类推是人类的一种重要心理现象，类推对语言的发展变化有重要影响。由类推产生新词是常见的现象。如汉语由"文盲"类推出不少新词："法盲""科盲""股盲""电脑盲"等。类推也是造成词义演变的重要因素。如"工程"原来只指具体的建筑项目，后来通过类推扩大了使用范围，使"工程"的意义发生了变化，产生"希望工程""菜篮子工程"等词。类推也会产生语法上的变化。如古英语大多数动词的过去分词是取元音交替的强式规则，但也有一些动词的过去分词是加-ed的弱式模式。在语言运用的过程中，人们有意识地将弱式的规则推广运用于强式动词，使强式动词也按照弱式动词的变化规则变化，经过类推，到现在，英语动词词根取强式变化的只剩60余个了。

## （三）语言内部的原因

社会因素和心理因素都是语言发展的外部因素，语言的发展变化，还取决于语言自身的内在因素。比如语言和言语的矛盾运动、口语和书面语的相互影响、语言形式与意义之间的矛盾运动，都是影响语言发展变化的重要因素。

语言是制约人们言语活动的符号系统，言语是个人对语言的具体运用。为了保证交际的顺利进行，语言系统必须相对稳定，而为了适应交际内容的需要，言语又要随着语言环境的变化而不断变化。人们会根据交际的具体需要，创造出一些新词、新义和新的表达方式，如"热"原来只是一个形容词，后来逐步出现了"出国热""经商热""文凭热""申奥热"等新说法，"热"就有了新的名词意义——"热潮"。又如汉语一般动宾式动词或动宾式短语一般不能再带一个宾语，但是，现在出现了大量的"登陆上海""进军江城""聚首京城"之类的动宾式动词或短语带宾语的现象。这些新现象有些只是昙花一现的临时现象,而有些则会流行开来,进入语言系统中,从而带来语言的发展变化。语言的发展变化要经过言语变化阶段,而言语变化成为语言变化要经过稳定阶段。因此,语言的社会性和稳定性与言语的个人性和多变性的矛盾运动,是影响语言发展变化的一种重要因素。

口语和书面语的相互影响,也是影响语言发展变化的重要因素。口语形式由于是用于现场交际,可以利用很多现场因素,如体态、场景和声音形式等帮助人们表达和理解话语的意义,因此语言形式可以简省一些,意义可以灵活一些。但是书面语形式失去了现场因素的帮助,为了使思想内容交流成功,保证交际效果,就必须使语言形式完整一些、严密一些。这样就形成了口语与书面语的差异。但口语与书面语的差异又不能过大,否则也会妨碍交际,因此口语与书面语必然会互相制约、互相影响,造成语言的发展变化。

语言发展变化的根本原因是语言的形式和意义之间的矛盾。语言形式的有限性、稳定性与语言意义的无限性、多变性时刻处于矛盾运动之中。社会的发展和人们认识的发展对表意的要求是不断发展变化的,而语言形式又必须是有限的、稳定的,因为人的发音能力和记忆能力都是有限的。要用有限的、稳定的语言形式表达无限的、灵活多变的意义,就必然会形成语言与言语的矛盾运动。因此,意义必然对形式产生一定的影响,使语言形式发生变化;语言形式反过来又对意义产生制约作用,造成语言意义的变化。

**三、语言发展的规律**

语言发展变化有一定的规律性。有些规律是属于某一具体语言的,有些规律则是人类语言的共同规律。人类语言发展变化的共同规律主要有渐变律、不平衡律、相关律。

**(一)渐变律**

语言的发展变化是一种逐渐变化的过程。语言的发展变化不是爆发式的,而是一个由新的成分和手段逐渐替换成旧的成分和手段的过程。这是由语言的社会性和交际功能决定的。语言的社会性和交际功能决定了它的发展变化不可能采取突变的方式,而只能采取渐变的方式。为了适应交际的需要,语言必然要随着客观事物的变化和人的认识的变化而发生相应的变化,但是为了保证交际顺利进行,语言必须具有一定的稳固性。如果语言的形式和意义随意改变,必然会妨碍交际。因此语言变化只能采取渐变的方式。例如,英语由一种比较典型的屈折语变为综合—分析语经历了1 000多年的漫长岁月。

旧的事物现象消失,新的事物现象产生,人的思想认识改变,都会造成语言的变化。但是语言变化具有保守性和滞后性。旧的事物现象消失,相应的词语不会马上消亡,还会在语言中保留相当长的时间,因为语言不仅要反映现实,而且要记录历史。例如中国的封建社会早已结束,可是表示封建社会的事物现象的词语还会长期存在。新的事物现象和思想观念的产生,也不会导致语言系统的迅速改变,因为新词、新义、新用法要经受长时间的考验,得到社会的认可,才能进入语言系统,造成语言系统的变化。而且,旧的成分和手段也不一定就从此完全退出,如"眼"在东汉就基本取代了"目",但是直到现代,"目"仍旧可以作为词根语素用来构成合成词。

至于语音和语法的变化就更为缓慢了,一般人在短时间内几乎感觉不到它们的变化。例如现代汉语的时体助词"着",是由古代汉语的动词"着"虚化而来,其演变过程大约经历了上千年的时间。动词"着"原来是"附着"的意思。汉魏时期开始初步虚化为表示处所的介词,相当于介词"在"或"到",后面一般跟处所词语,如"埋玉树着土中"(《世说新语·伤逝》)、"可掷着门外"(《世说新语·方正》)。唐代开始有了表示状态持续的用法,后面不跟处所词语了,如"挂着""题着""栽着""堆着"等,而表示动作进行的"着"在元代以后才逐步出现。又如时体助词"了"的形成到定型经历了数百年,在魏晋南北朝时期可以同"已""讫""毕""竟"一样出现在"动+宾+补"格式中补语的位置上,表示动作的完成。到唐五代时期,"了"取代了其他四个词,在上述格式中占据了主导地位。到宋代,表示动作完成意义的"了"最后定位于动词的后面,成为表示时体的助词①。

(二)不平衡律

语言的发展变化不是均衡的、匀速的,而是不平衡的。这种不平衡性主要表现在以下四个方面:

第一,语言各子系统发展变化不平衡。其中语汇系统的发展变化较快,语法系统和语音系统发展变化较慢。而语汇系统中,一般语汇发展变化较快,基本语汇发展变化较慢。这是因为语汇——特别是一般语汇——与社会的发展变化关系非常密切,而语音、语法和基本语汇与社会的发展变化关系比较疏远。

第二,不同时期语言发展变化不平衡。语言的发展变化速度和幅度与社会的发展变化速度和幅度密切相关。社会变化中频繁的战乱、大规模的文化交流和社会制度的巨大变革,对语言的发展变化影响较大。中国古代先秦时期的长期战乱、魏晋时期佛教文化的传入、宋元时期民族间的征战、封建社会结束后的五四运动、新中国的诞生、"文化大革命"的社会动荡和改革开放,都使汉语的发展变化加大加快。

第三,不同地区语言发展变化不平衡。语言在不同地域的发展速度和发展方向也不一样,同一种语言现象在有的地区发生变化,在有的地区不发生变化;在有的地区发生这种变化,在有的地区发生另一种变化,其结果是形成地域方

---

① 参看蒋绍愚:《近代汉语研究概况》,北京大学出版社1994年版。

言。正是不同地区语言发展变化的不平衡,导致汉语各地方言有较大的差别。以语音为例,在声母方面,有的保留成套的古浊音,有的浊音很少,有的分舌尖前音和舌尖后音,有的不分;在韵母方面,有的有-m、-n、-ŋ、-b、-d、-g韵尾,有的只有-n、-ŋ韵尾,有的-n和-ŋ不分;在声调方面,各方言的入声情况很不相同,调类也从三个到十个不等,调类相同的,调值也不同;此外,它们声、韵、调的配合关系也不一样。以语法为例,普通话中双宾句的词序是"动词+间接宾语+直接宾语",但在有的方言中是"动词+直接宾语+间接宾语",例如"我送几个鸡蛋他"(湖北西南官话)、"我给书他"(下江官话)、"我拨一本书侬"(吴语)、"留张电影票我"(鄂南话)等等。

第四,语言系统中的各种变体发展变化也不平衡。由于性别、年龄、地位、职业、信仰、文化程度等社会因素的不同,会形成语言的各种社会变体,如性别变体、年龄变体、行业变体和阶层变体等。如由于时代观念的变化,性别、阶层变体在现代汉语中比在古代汉语的差异要小得多,而年龄变体、行业变体则加快发展。例如古代汉语中上层社会普遍使用的尊称、谦称以及对妇女的贱称等,现代汉语基本不用了。而现代汉语中青年变体有大量的新词和新用法,体现了青年人的创新和求新的心理,中老年变体较少使用新词和新用法,反映了中老年人守旧和求稳的心理。又如近几十年来汉语的广告语体发展较快。在汉族的传统中,一直存在着轻商的观念,因此,在汉语史上一直没有形成与商业活动关系十分密切的广告语体。但是,改革开放以来,商业的地位发生了较大的变化,广告语体随之得到了快速的发展。

(三)相关律

语言系统的各个子系统以及每个子系统的各个单位都处在对立统一的关系之中,相互之间呈现出一种相对平衡的状态,各种语言单位和各种语言规则,都以各种各样的方式相互关联着,因此,每个语言单位、每种语言规则的发展变化都是相互关联的。如果某一子系统或某子系统中的某一语言单位发生了变化,出现了矛盾,破坏了原有的平衡,语言系统内部就会发生相应的变化,重新调整相互间的关系,以达到新的平衡。

例如从中古到现代,汉语语音系统大为简化,中古汉语有36个声母,有3个塞音韵尾和3个鼻音韵尾,现代汉语声母只有21个,6个辅音韵尾只保留了2个鼻音韵尾。语音系统的简化造成同音词大大增加,为了减少歧义,汉语的语汇就发生了双音节化的变化。而语汇的双音节化又与语法上动补结构的发展密切相关。

又如古英语是一种屈折语,形态变化相当丰富,现代英语则大大简化了,介于综合语和分析语之间。在这一变化过程中,词尾的消失具有决定性的作用,而词尾的消失是语音弱化和脱落的结果。英语词尾的元音,到中古时期,除现在分词外,均已弱化为/ə/,到了现代,连这个/ə/也丢失了,语音的变化进一步促进了语法的变化。

各子系统的内部也处于对立统一之中,以词义为例,词的意义之间是相互联系的。一方面,一个词的意义的变化,可以引起与它有联系的词的意义的变化。例如,"快"本来指迅速,后来产生了"锋利"的意思,于是与"快"有反义关系的"慢"在一些方言中逐步产生出和"锋利"对立的"钝"的意思。另一方面,一个词的意义在反映现实现象的时候都有自己的大致范围,如果语汇中增加了表示同一范围的现实现象的词,也会引起这个词的意义发生变化。例如,在近代汉语中"吃"的对象原来不限于固体食物,液体饮料也可以吃,如"吃茶""吃酒""吃水"等,《水浒传》中普遍使用这类说法。后来由于"喝"分担了"吃"的一部分意义,"吃"的对象就仅限于固体或半固体食物,但在有些方言中现在仍然有"吃茶""吃酒""吃水"之类的说法。

**思考与练习**

一、举例说明语音的发展变化及其规律性。

二、举例说明语汇的各种发展方式。

三、举例说明语法的发展。

四、语言发展的原因有哪些?其根本原因是什么?

五、举例说明语言发展的不平衡律、相关律。

## 第三节　语言的分化

语言的分化是指一种语言分化为不同的变体或一种语言分化为几种不同的语言。语言是随社会的分化而分化的。社会的社群分化会导致语言的社群分化,形成社会方言;社会的地域分化会导致语言的地域分化,形成地域方言,地域方言的进一步分化就形成亲属语言。

**一、社会方言**

使用同一种语言的社会成员,因阶层、职业、年龄、性别、文化程度、宗教等社会因素的不同形成不同的社会群体,不同的社会群体之间使用语言有各种差异,这些差异就是同一种语言的社会变体,一般称为社会方言。

社会方言没有独立的语言结构系统,它的语音系统、语法规则等与共同语或当地方言基本相同,主要是在语汇或表达习惯上有不同于其他社群的特点。社会方言的形成与许多社会因素有关,因而语言的社会变体很多,主要有阶层语、行业语、隐语、宗教和帮会用语等。

(一)阶层语

不同的社会阶层使用的特殊语言形式叫作阶层语。如 17 世纪,法国上层社会的人把"日历"叫作"未来的记忆",把"衬衫"叫作"生者和死者永恒的伴侣",甚至把招呼客人坐下说成:"请您满足这把椅子想要拥抱您的愿望吧!"这也就是所谓的"沙龙语言"。几百年前,英国上层社会中不说 help(帮助),而说 assist;不说 trousers(裤子),而说 indescribables(难以描述的东西)。我国古代也有"士大夫语言",对别人要称"尊""贵""令"等,而自称"贱""鄙""小"等。清末民初,汉语常州方言有街谈和绅谈之分,街谈是多数市民言谈的形式,绅谈是少数官绅的言谈形式。

不同阶层使用语言的差异主要表现在语汇上,在语音、语法等其他方面也可能存在差异。如美国的"黑人英语"与标准美国英语在语音、语法等方面有明显的不同。"黑人英语"中存在词末复辅音简化的特点,词末的[st]、[sk]、[st]等复辅音中,擦音后的塞音经常脱落。像 past、passed 和 pass 都发作[pæs]。动词第三人称单数现在时词尾-s 也经常脱落,例如:"She likes the little dog."(她喜欢这条小狗。)be 不随人称、数和时间发生变化,例如:"She be here every day."说这种"黑人英语"的主要是下层社会的黑人,但是有些下层白种人也说这种"黑人英语",因而这种"黑人英语"实际是社会下层的社会方言。

在我国,知识分子的语言与工人、农民的语言也有一定的差异。比如对上辈非亲属,工人、农民多采用亲属称谓来称呼,如"大叔""大婶"等;而知识分子一般不采用这样的称呼方式。知识分子的言语,带有相当多的书面语的成分,如常常用书面语词,多用关联词和书面句式等;而工人、农民的语言则是地地道道的口语,短句多,方言成分多,很少使用书面语语汇、句式。

(二)行业语

行业语是一个行业内部的成员使用而其他行业的人不用或很少使用的特殊用语,一般也称为"行话"。例如我国戏剧界的行业语:客串、票友、下海、亮相、扮相、打园场等。行业语通常与特定的行业组织或专业领域相联系。这些组织和领域的专业性强,需要一些特殊用语。

在现代社会中,由于社会的发展、科学的进步,社会分工越来越细,各行各业的特殊用语也越来越多,有些行业语越来越专门化。例如电影行业的"画外音""蒙太奇",传统戏剧行业的"生""旦""净""末""丑",用于语言学界的"主语""谓语""深层结构""表层结构"等,用于数学领域的"微分""积分""非线性方程"等。大多数行话用于行业内部,外行人一般听不懂,也不使用,因而行业语可以起到显示说话人内行身份的作用。

行业语不是封闭性的、排外的,它具有开放性。随着文化生活水平的提高,生活范围的扩大,行业语中的有些特殊用语会被吸收到全民语中,成为全民语言的一部分。如医生行话里的"手术""休克""诊断""理疗"等,军事行话里的"突击""着陆""游击""战况"等,商业行话中的"批发""经销""销售""盘点"等。这些词语进入全民语言后,有的仍然保持原有的行业意义,有的意义则发生了变化,形成新的比喻义或引申义。

(三) 隐语

隐语是某些社会群体为了保密，在成员内部使用的一些特殊语言形式，也叫"秘密语""暗语"。如土匪、黑社会，从事走私、贩毒、盗窃、抢劫等非法犯罪活动的成员之间使用的黑话，行会商人、保密机构、地下组织使用的暗语等。隐语只在语言社群内部使用，掌握某一社群的秘密语，是进入该集团，取得"合法"身份的重要标志。以前在山西从事理发业的人，如果要进入山西理发社群，一定要学好两样东西：一是理发的技艺，一是社群内部的秘密语。

隐语同全民共同语的差异，主要表现在一些特殊的词语上。如绑匪把用来敲诈勒索的人质叫"肉票"，被绑架的女人叫"花票"，关押人质的地方叫"票房"，杀死被绑架者叫"撕票"。中国旧社会的商人也有许多不便公之于众的词语。据记载，旧时杭州从事商业活动的米行、丝行、典当行、杂货铺等各有隐语。如杂货铺把"一"叫"平头"，"二"叫"空工"，"三"叫"眠川"，"四"叫"睡目"，"五"叫"缺丑"，"六"叫"断大"，"七"叫"皂底"，"八"叫"分头"，"九"叫"未丸"。在山西理发业，"理发"叫"磨茬儿"，"长发"叫"岳谷"，"湿毛巾"叫"水条"，"镜子"叫"隔山照"。有的隐语是通过语音变异来实现的。民间流传着一种隐语，叫"反切"或"反切语"，就是利用传统语言学的"反切原理"创造的。如把"走"说成"宰狗"，把"动"说成"邓弄"。

根据语言社群使用隐语的目的是否高尚、动机是否正当，隐语可以分外一般的秘密语和黑话两类。不过这种区分具有相对性。例如我国澳门地区，在社会统一监管下的赌博活动已经成为一种正当公开的社会职业活动，但它毕竟是特殊的行业，所以形成一种具有秘密语性质的赌场用语，如"货主"是指给人借钱的人，"睇碟"是指赌场中专门负责计算输赢的工作人员，参赌的人大多能理解和使用这些用语。但过去的赌场具有黑社会性质，一些有关赌博的词语连赌客也不知道。比如，赌场职员把运气极差的人叫"灯"（或"黑灯"），这种带有黑社会性质的属于特殊社会群体使用的语言形式就是"黑话"。

有些隐语被外人掌握，失去了保密作用，就成为一般行业用语，如"绑票""撕票"等。

(四) 宗教帮会用语

宗教用语是某些宗教团体使用而其他人不用或很少使用的特殊用语。不同宗教团体都有宗教用语：基督教常用"耶酥""主""上帝""弥撒""圣经"等，佛教、道教常用"施主""方丈""圆寂""真人""道场""入定""羽化"等，伊斯兰教常用"清真寺""古兰经""真主""胡达""阿訇"等。

宗教用语大多在宗教活动中或教徒之间相互交际使用。如在载瓦语的祭祀唱词中，"祖父""祖母"的发音与日常口语中的发音就不同。有些宗教用语也可能进入教徒的日常生活。如北京牛街地区的回民说的是北京话，可是他们的日常口语中常带有一些来自阿拉伯语和波斯语的伊斯兰教用语,如把"礼拜"叫作"乃玛子",把"朋友"叫作"多斯提",把"谢谢"说成"赛瓦布",把"倒霉"叫作"鼠灭"。由于中国信奉伊斯兰教的回民是公元 7 世纪中叶以后中亚细亚人、阿拉伯人、波斯人的后裔,因此回民的口语里仍保留有一些阿拉伯语和波斯语词。第二次世界大战前,英属印度境内的主要语言是印地语,信仰印度教和信仰伊斯兰教的人所使用的印地语明显不同,形成了两种带有浓厚宗教色彩的方言。在印巴分别独立后,这两种社会方言甚至进一步发展成为两种不同的语言。

帮会用语是某些公开的帮会组织(如旧社会的青红帮等)使用而其他人不用或很少使用的词语,如"龙头""红旗""白旗""分舵""舵主""堂主"。宗教用语和帮会用语不同于隐语,不具有保密性或排他性。

此外,年龄和性别等方面的差别也可能产生语言的社会变体。汉语湘方言的新湘语和老湘语的差别就与年龄有密切关系。老湘语保留了方言的原始特点,中老年人大多讲老湘语,古全浊声母字仍念浊音,而年轻人讲的新湘语将全浊声母的字念成清音,呈现出向北方方言靠拢的倾向。不同性别形成的社会群体也会有不同的言语特征。在美国路易斯安那州使用的科萨梯语,同样的词男人使用时用 s 结尾,妇女则以 l 或 n 结尾。如"举起"一词,妇女说 lakawhol,男人则说 lakawhos。

**二、地域方言**

地域方言是一种语言在不同地域所形成的变体。人们通常所说的"方言"一般是指地域方言。一个统一的社会在其发展过程中由于多方面的原因会形成若干个相对独立的地域,说同一种语言的人就被分割在不同的地域,如果生活在不同地域的人们彼此交往较少,随着时间的推移,方言的差异就产生了。

(一)地域方言的成因

方言的形成往往经历过一些复杂的历史过程,受多种因素的影响。方言形成的原因主要有两个:

1. 交际的阻碍

造成交际阻碍的因素很多,如大规模的人口迁徙、社会割据、地理屏障等。

汉语南方方言的形成都与人口迁徙有着密切的关系。我国历史上北方中原居民曾多次大规模地向南迁移,南迁的中原人和没有南迁的中原人几乎断绝了交往,语言出现了差异,就形成了各种南方方言。如汉语客家方言就是由于人口迁徙造成的。客家先民原来都是中原人,由于战争和饥荒,陆续南迁,形成了客家方言。再比如哥伦布 1492 年发现了新大陆之后,一部分说西班牙语的人到了拉丁美洲。拉丁美洲与欧洲相距遥远,中间隔着大西洋,两岸的人来往减少,时间久了,拉丁美洲的西班牙语同欧洲的西班牙语就有了差异,最终形成了方言。美国英语、澳大利亚英语的产生也是移民造成的。

方言的形成与社会割据也有关系。据文献记载,秦汉之前汉语就有了明显的方言分歧。当时诸侯纷争,割地称王。此后一两千年,封建割据不断,人们的交际受到人为的限制,甚至到了相互隔绝的地步。各地区的语言发生了不同的变化,逐步出现了分歧,形成了方言或次方言。汉语的方言分歧较大,与中国封建割据的历史较长有密切联系。

地理屏障常常阻隔交通,妨碍人们的交际,因此高山大河往往成为方言的分界线。如广西西部的十万大山是粤语和西南官话的分界线。南岳衡山把衡山话分为"前山话"和"后山话";长江下游把江淮官话与吴方言分隔开来。不过,河流对方言的影响具有两面性。例如韩江下游是粤东客家话和潮汕闽语的分界线,但是,珠江水域的西江是两广的交通要道,它对中下游的语言起了沟通的作用。湖南湘江两岸的衡山县和衡东县说的是同一方言。一般说来,交通闭塞的地区方言差异较大,而平原地区交通发达,方言差异相对要小一些。例如浙江省北部是平原,方言差异较小,西部、南部山区方言分歧较大。

2. 异族语言的影响

不同语言的接触,也会造成方言的差异。例如我国南方方言的调类大都在6个以上,多的有10个左右,这是因为南方方言经常与南方少数民族的语言接触,南方少数民族的语言绝大多数都是声调比较复杂的语言,受其影响,汉语南方方言的调类数目也就较多。而我国西部地区汉语方言声调数目较少,新疆的乌鲁木齐、甘肃的天水和宁夏的银川的方言都只有3个声调,这与没有声调的阿尔泰语系的语言的影响有关。青海方言的介词"哈"放在名词、代词或"的"字短语后面的用法,也是受到阿尔泰语系的语言使用后置词的影响。汉语诸方言中闽方言最为复杂,这与古代闽粤土著人的语言受印尼语、马来语的影响不无关系。美国西南部和加利福尼亚的美籍墨西哥人所讲的一种叫奇卡诺英语的方言,是受西班牙语的影响形成的。标准的英语有11个重读元音,而西班牙语只有5个,讲奇卡诺英语的人就以西班牙语的元音系统代替了英语的元音系统。

地域方言的分化通常是语言分化的结果,有时语言的统一也会产生新的方言。如我国南方一些少数民族在放弃自己的母语改用汉语的过程中,把本民族的一些语言特点带进了汉语,形成了新的方言。

某一具体的方言的形成大多是诸多因素共同作用的结果。粤方言主要是由人口迁徙和彝族语言影响形成的,历史上我国北方人南移到广东,广东的原始土著说壮侗语族诸语言,后来土著被南来的汉人所同化,而广东的汉人在语言上却吸收了某些土著语言的因素,这就基本构成了现代粤方言的面貌。闽方言也是由人口迁徙、封建割据、交通阻碍和异族语言的影响等多种因素形成的。

(二) 地域方言的差异

同一语言分化出来的地域方言在语音、语汇、语法等方面都有差异。一般说来,方言间的差异主要表现在语音上,因此人们进行方言分区的时候通常把语音上的差异作为主要的依据。例如20世纪80年代由中国社会科学院组织编写的《中国语言地图集》,把汉语方言分为官话、晋语、吴语、徽语、闽语、粤语、客家话、湘语、赣语、平话十区。这些方言区主要是根据不同的语音特点来确定的。英国英语和美国英语之间在语音上也有较大的差别。

不同方言在语汇和词义上的差异也比较明显,主要表现为同一概念在不同的地方往往有不同的名称。如普通话里的"鸡蛋",在北京人称"鸡子儿",福州人称"蛋卵",广州人称"鸡春";"电梯"在英国英语中用 lift,在美国英语中用 elevator;"高速公路"在英国被称为 motorway,在美国洛杉矶被称为 freeway,在纽约被称为 thruway,在新泽西被称为 parkway。相同的词语在不同的方言里可能具有不同的意思。例如"蚊子"这个词,在长沙话里可以兼指苍蝇。广州话把"肥""胖"都说成"肥"。corn 在英国英语里泛指谷类庄稼或指小麦,在美国英语、加拿大英语、澳大利亚英语里是指玉米。

不同方言在语法方面差异较小,但在词的形态变化和虚词的用法、语序、句式等方面也都有一些差异。例如:汉语普通话单音节形容词一般按 AA 式重叠一次。闽方言厦门话的单音节形容词可以重叠一次或两次。如"红－红红－红红红",第一次重叠表比较级,第二次重叠表最高级,在必要的时候甚至可以重叠五次:红红红红红。普通话和一些北方方言表示动作进行或状态持续用助词"着",而西南官话一般用助词"倒",而粤方言则用助词"住"或"紧"。汉语双宾句一般指人宾语在前,指物宾语在后。但是在上海话里语序相反,指物宾语在前,指人宾语在后。如"给他一本书",上海话说"拨本书伊"。英国英语说"have you…?""to get in/out of the train",而美国英语却说"do you have …?""to get on/off the train"。

尽管方言之间存在着这样或那样的差别,但是由于不同方言都是从同一个语言里分化出来的,因此不论它们之间的差别多大,总会有一些共同点。例如汉语方言都有声调,都以语序和虚词作为重要的语法手段。各方言除了在语汇和语法上有许多共同之处外,在语音上也存在着较为整齐的对应规律。例如武汉话的阴平,在北京话里也是阴平,调类、调值基本相同。武汉话的上声,在北京话里也是上声,武汉话的去声在北京话里也是去声,但是两地的调值不同。武汉话的上声的调值是中降调[42],北京话的上声的调值是降升调[214];武汉话的去声的调值是高升调[35],北京话的去声的调值是全降调[51]。武汉话里的 z、c、s 等声母的字,在北京话里则是 z、c、s 或 zh、ch、sh。

(三)地域方言的发展

随着社会的发展,方言也会发展变化。方言的发展方向取决于共同语对方言的约束力。而共同语对方言的约束力的强弱,与社会的统一或分化的程度有密切的关系。

社会统一的程度越高,共同语对方言的约束力则越强,方言分歧会逐渐缩小,直到最终消失。中华人民共和国成立后,国家空前统一,加上汉语普通话的大力推广以及传播媒体强有力的影响,汉语方言呈现出向普通话靠拢的趋势。例如汉语湘方言中浊音声母逐渐消失,新派上海话已不分尖团音,说吴方言的年轻人,声调数目已大大减少。

相反,社会的统一程度不高,共同语对方言的约束力则较弱,方言分歧就会继续存在或加大。在我国历史上,社会的统一经常遭到破坏,共同语对方言的约束力不强,致使汉语方言分歧严重。有资料表明,美国英语与英国英语之间在语音、语汇、语法方面的差异逐渐增大。如果一个统一的社会进一步分裂为几个完全独立的社会,一种语言的地域方言就有可能变为独立的语言。

### 三、亲属语言

#### （一）亲属语言的确定

由同一种语言分化出来的不同语言,叫亲属语言。亲属语言是地域方言进一步分化的结果。方言形成后,如果相对独立的地域分裂为几个完全独立的社会,共同语对方言的约束力大大减弱或消失,那么方言的社会政治地位就可能发生变化,分化为不同的语言。如法语、意大利语、西班牙语、葡萄牙语、罗马尼亚语等,原先都是拉丁语的方言,随着古罗马帝国的解体,各地独立为不同国家,并且不再使用统一的标准拉丁语,而是使用各地方言。这些拉丁语的方言就演变为有亲属关系的独立语言。

亲属语言是从同一语言分化出来的,具有共同的历史来源,因此从同一语言分化出来的语言,就会有许多相似之处。确定不同语言之间是否有亲属关系,主要依据语音对应关系、形态变化和基本语汇之间的相似性;如果有较早的历史文献记载,也可以作为参考。如拉丁语与英语属同一语系,拉丁语里 P 音与英语里的 f 音对应,比较:

|  | 拉丁语 | 英语 |
|---|---|---|
| 父亲 | pater | father |
| 脚 | pēs | foot |
| 少 | pauca | few |

意大利语、西班牙语、古代法语同属拉丁语族,它们的基本语汇也具有明显的相似性。比较:

|  | 意大利语 | 西班牙语 | 法语 |
|---|---|---|---|
| 手 | mano | mano | main |
| 脚 | piede | pie | pied |
| 冬天 | inverno | invierno | en hiver |
| 喝 | bere | beber | boir |

亲属语言之间在语法形态方面也存在许多相似之处。如同属蒙古语族的蒙语、达斡尔语、土族语、东乡语的名词都有格的区别。同属南亚语系的佤语、布朗语和德昂语的人称代词都有单数、双数和多数的区别。

一种语言发生分化，开始总是形成不同的方言，不同的方言在一定的历时条件下就形成具有亲属关系的语言。因此亲属语言与方言之间常常存在一定的相似性。有时候方言和亲属语言不易分辨。

有人把"相互理解程度"，也就是语言结构本身的差异程度作为区分语言和方言的唯一标准，认为能相互理解的是同一语言的不同方言，不能相互理解的是不同的语言。事实上相互理解的程度不是识别方言的唯一标准。例如北欧的瑞典、挪威、丹麦三个国家的语言结构差别不大，相互都能听懂，但瑞典语、挪威语、丹麦语显然是三种不同的语言，不能认为是三种方言。高地德意志方言和低地德意志方言的差别比俄语和乌克兰语的差别还大，但是前者是德语的不同方言，后者是斯拉夫语族东部语支的两种不同语言。汉语粤方言、闽方言同北方方言的差异远大于欧洲的许多语言之间的差异，但粤方言、闽方言还是汉语的不同方言。

有人主张根据民族来区分方言和亲属语言，认为同一个民族使用的口头交际工具是同一语言，不同民族所使用的交际工具是不同的语言。在大多数情况下，同一个民族使用同一语言，例如汉民族使用汉语，俄罗斯民族使用俄语。但是，民族和语言的关系是错综复杂的。同一个民族可能使用不同的语言。如我国境内的裕固族一部分人说蒙古语，一部分人说突厥语；分散在世界各地的犹太人，大多使用所在地的语言。不同的民族也可以使用同一语言，如我国汉族、回族、满族等都会说汉语。因此，不能仅仅以民族标准来区分方言和亲属语言。

可见区别亲属语言和方言不能光凭两种话之间的相互理解程度，也不能只以民族作为区分标准，重要的是参考社会政治和历史文化等方面的因素。其中国家的统一和民族的独立，以及是否有统一的共同语、书面语等对区分方言与亲属语言有着重要的影响。

不少西方语言学家以及当代西方的某些著作只承认中国有"官话""粤语""吴语""湘语""闽语""客家"等"语言"，不承认它们是汉语的方言。汉语各方言差别虽然很大，但它们都从属于一个民族的使用者，有着共同的书面语。此外这些方言都不是全民性交际工具，而是地方性交际工具。它们在全民族范围内是处于从属地位的，从属于作为汉民族共同语的普通话。因此官话、粤语、吴语、湘语等都是汉语的方言，而不是从同一语言中分化出来的亲属语言。

（二）亲属语言的谱系

根据语言的历史来源和亲属关系的远近可以对语言进行分类，这种分类叫语言的谱系分类，也叫语言的发生学分类。

谱系分类首先根据语言的同源关系，把世界上的语言分为不同的语系，具有同源关系的语言是同一个语系，没有同源关系的语言就不属于同一个语系。比如汉语、藏语、壮语、苗语、彝语、景颇语都是亲属语言，都属汉藏语系。

同一个语系内部又根据亲属关系的远近分为不同的语族。如印欧语系内部包括印度、伊朗语族、斯拉夫语族、日耳曼语族、拉丁语族、波罗的语族等九个不同的语族。同一语族的语言又可以分为不同的语支，同一语支包含不同的语种，有些语支和语种之间还可分出不同的语群。如印欧语系中的日耳曼语族又分出东部、西部、北部语支，其中西部语支内包括英语、德语、荷兰语等语种。

世界上的语言有几千种，对它们的研究还有待进一步深入。不同的语言学家对研究得不够深入的语言的谱系分类，有时差别很大。世界诸语言大致可以分为十二大语系：印欧语系、汉藏语系、乌拉尔语系、阿尔泰语系、高加索语系、南印度语系、南亚语系、南岛语系、闪－含语系、尼日尔—科尔多瓦语系、尼罗—撒哈拉语系、科依桑语系。由于语言的亲属分类是在对印欧语系语言的全面研究的基础上产生的，因此在各种语系中印欧语系语言的研究是最充分的。汉藏语系语言的研究近几十年也有较大的发展。然而还有很多语言，如南美、澳大利亚、非洲的一些语言，至今我们都对其知之甚少，有些语言的系属至今也还不清楚。

中国境内的56个民族，使用约80种语言，分属汉藏、阿尔泰、南亚、南岛和印欧五大语系。属于汉藏语系的有汉语、壮语、傣语、侗语、水语、黎语、苗语、瑶语、藏语、彝语、景颇语等20多种语言，属于阿尔泰语系的有维吾尔语、哈萨克语、乌兹别克语、柯尔克孜语、蒙古语、东乡语、土族语、鄂温克语、鄂伦春语、满语、锡伯语、赫哲语等19种，属于南亚语系的有佤语、布朗语、德昂语等，属于南岛语系有高山族的语言，属于印欧语系的有俄语、塔吉克语两种。另外，分布在广西东兴县沿海地区的京语（越南语）和分布在吉林延边地区的朝鲜语的系属还没有定论。

**思考与练习**

一、社会方言有哪些主要类型？

二、社会方言和地域方言有何不同？

三、简述地域方言形成的原因、方言间的差异和发展前景。

四、确定语言之间的亲属关系主要依据什么？区分方言和亲属语言涉及哪些因素？

五、什么是语言的谱系分类？世界上的语言可分为哪些语系？我国境内的民族语言有多少种？分属哪几个语系？英语、法语、德语、俄语、西班牙语、阿拉伯语属于什么语系、语族、语支？

## 第四节　语言接触

语言接触是指不同的民族之间相互交往,使不同的语言相互影响。民族之间的文化交流、经济往来、政治影响、征战攻守、人口迁移以及杂居通婚等,都可以引发语言的接触。

**一、语言接触的类型**

语言接触的方式和结果是多种多样的,但是可以概括为两大类型:语言要素的借用和语言系统的借用。

(一)语言要素的借用

语言要素的借用是指一种语言借用其他语言中的某些语汇成分、语音成分和语法成分。

语言要素的借用最常见的是借用语汇成分。如汉语从上古到现代,历史上的很多时期都有不同民族语言的词语借入:汉朝以前如"单于""阏氏(胭脂)"(古突厥语),"玻璃""师子(狮子)"(古波斯语),等等;汉唐时期随着佛教的传播出现的借词,如"佛""菩萨""罗汉""罗刹""夜叉"(古梵语)等;辽夏金元时期的如"可汗""虎斯(有力)""打弻(致敬)"(契丹语),"胡同""安答(结盟兄弟)""额伦(沙漠)""答剌孙(甜酒)"(蒙古语);满族入关建立清王朝,在汉语中也留下了借词,如"额娘(母亲)""额真(天子)""贝子(王或诸侯)""格格(公主)""阿哥(王子)"等;从晚清到20世纪初,随着汉民族和世界各国文化的接触,引入英语、葡萄牙语、西班牙语、日语、俄语、法语的大量借词;20世纪80年代改革开放之后,又有一大批借词产生,主要借自英语。《汉语外来词词典》(刘正埮、高名凯、麦永乾等编)显示,汉语中的借词涉及70多个国家和民族。

汉语也有借出的情况。除了中国境内的少数民族语言以外,日语、越南语、朝鲜语等都从汉语中借用了大量语汇,占这些语言语汇量的70%左右。英语等西方语言中也有少量词是借自汉语的。如英语的一批与茶有关的词是从汉语南方方言借入的,如tea(茶)、pekoe(白毫)、oolong(乌龙)、congou(功夫茶)、hyson(熙春茶),而俄语的чай和日语的ちゃ则是汉语北方方言"茶"的读音的转写。其他还有"丝绸""瓷器""功夫(中国武术)"等词语,也被许多语言借用。

又如英语曾经从法语等语言借入大量词语,占英语语汇量的70%以上,而后来英语又是被其他语言借用词语最多的语言。

回借和转借是借入和借出的两种比较特殊的表现。回借是指有的词本来是借出的,后来又从其他语言再借回来。如汉语"大风"借入英语,译为typhoon,再回借,则成了"台风"(专指10级以上的海洋强热带风暴)。满语借入汉语"夫人",再由满语借回时,成了"福晋"(专指王妃)。"博士"在汉语中原指一种官职或专精一艺的职官名,借入满语,借回时成了"把势";借入日语,借回时指学位的最高一级。从日语回借在汉语借词中是一种比较普遍的现象。转借是指甲语言的词借给乙语言,又由乙语言再借给丙语言。如围棋是从唐朝传入日本的,日本有"囲碁"一词,读为い一て(igo),可能就是古汉语中"一局"的转写,英语再从日语借入这个词,译为go、goh。

除了借用语汇成分之外,也可能借用语音成分和语法成分。如裕固语从汉语借入大量词语后,增加了[ʃ]、[f]两个辅音,还增加了[ai]、[au]、[ei]、[ie]、[uo]、[ye]等16个复元音;白语原来的语序是"主语＋宾语＋动词",后来借入了汉语的"主语＋动词＋宾语"的语序;汉语的"正在＋VP＋中"的格式是从日语中借用的。

由于几种语言彼此相邻经常接触,互相借用较多的语言要素,结果使这些不同的语言有了某些共同的语言特点,就形成了语言联盟。如欧洲巴尔干半岛的语言联盟,包括罗马尼亚语、保加利亚语、阿尔巴尼亚语、匈牙利语、塞尔维亚一克罗地亚语、马其顿语、土耳其语,这些语言属于不同语族甚至不同语系,但由于互相借用,在语法上具有许多明显的共性,形成了一种语言联盟。我国的汉语和侗台语由于相邻而彼此接触,在单音节性、声调、量词、虚词、基本语汇、核心语汇乃至缺乏形态变化等方面都形成共性,因此有人认为结成了汉越(侗台)语言联盟。语言联盟的特征是虽然各个成员之间有较多相似之处,但不一定是同源的,相似是成员彼此接触影响的结果。而亲属语言之间的相似性是来自对同一祖语的继承,它们不一定在地域上有邻接关系。

(二)语言系统的借用

语言系统的借用是指某个民族或某些人借用其他民族的整个语言系统作为自己的交际工具。其中又可分为三种基本类型:

1. 语言共用

语言共用是指同一语言社群(或个人)同时兼用两种或两种以上语言的现象,一般也叫双语现象或多语现象。如新加坡同时以英语、汉语、马来语和泰米尔语作为官方语言,新加坡人一般都能使用两种或更多的语言。我国许多少数民族常常兼用本族语和汉语,或另外一种少数民族语言。

2. 语言融合

语言融合是指某个民族或某民族中一部分人放弃本民族的语言而转用其他民族的语言,一种语言取代其他语言,成为不同民族共同的交际工具,又叫语言转用、语言同化或语言替换。如新疆的塔塔尔族,一部分人使用塔塔尔语,一部分人转用哈萨克语,一部分人转用维吾尔语。又如绝大部分满族人现在改用汉语。

3. 语言混合

语言混合是指某个民族或社群在借用其他民族的语言系统时,运用本族语言的某些特点对借用语言进行较大幅度的改造,形成一种杂交式的新语言。这种语言一般称为混合语。如巴布亚新几内亚等海岛国家或沿海国家使用的皮钦语、克里奥耳语。

以下对语言接触的这几种主要类型作进一步的介绍。

**二、词语借用**

语言要素的借用主要体现在词语借用方面,借用方式可以分为借音和借形两大类。

(一)借音

借音是指借用外族词语的读音形成借词。又可分为几个小类。

1. 音译

音译是指把源语言词语的读音转写下来。例如汉语的"柠檬""克隆""拉普""拿破仑""纳粹""槟榔""哈巴""哈达",它们的源词语分别是 lemon(英)、clone(英)、ладд(俄)、napoléon(法)、Nazi(德)、pinang(马来西亚)、xaba(蒙)和 kha$^{55}$ta$^{52}$(藏)。音译时,借出方词语的读音常常要受到借入方语音系统的改造,如汉语中的音译会自觉带上源词语所没有的声调。音译是语言接触时最有可能先发生的一种借代,随着接触的进一步发展,有的音译词会被意译代替,如英语的 telephone,先被音译成"德律风""德利风"之类,后来就改称"电话"了。

2. 半音半意译

这是指对源语言的词语,一半用音译,一半用意译。如把 ice-cream 译成"冰激凌",把 Nobel Prizes 译成"诺贝尔奖",把 Wall Street 译成"华尔街",把 New Zealand 译为"新西兰",等等。

3. 音译加义类

这是指借入方在转写源词语的读音之后,再加上本族语的表示意义类别的语素。如把 sardine(英)译成"沙丁鱼",把 Mauser(德)译成"毛瑟枪",把 Marseillaise(法)译成"马赛曲",等等。

音译或半音译有时在选择转写符号时,根据源词语所指事物具有的某些功能或特点等,形成某种字面意义,好像是意译一样,实际上和源词语的意义可能毫不相干。如把 Coca-Cola 译成"可口可乐",把 safeguard 译成"舒肤佳",把 vitamin 译成"维他命",把 gold lion(金狮)译为"金利来"。有人把这类现象称为"音兼意译"。汉语的少数音译词甚至新造形声字,用形旁提示意义类别,如"葡萄""玻璃""咖啡"。

(二)借形

借形是指直接借用源词语的书写形式形成借词。汉语中来自日语的借形词不少,如"标本""背景""关系""计划""理事""人格""投机""立场""悟性""观点""支部"等,这些词一般是先由日语借用汉字意译印欧语系语言的一些词语,我们再从日语中借入,但按汉语的读音来读。一般人通常不会觉得是一种借词。汉语也有从其他语言中借形的现象,如"AA 制""BP 机""X 光""卡拉 OK"之类。

大凡发生语言接触,都有可能产生词语借用,英语中,sheep 指羊,而羊肉的说法是 mutton;cow 是牛,而牛肉的说法是 beef;pig 指猪,而猪肉的叫法是 pork。这几种对动物肉的称法就不是英语原有的词语,而是来自法语,是早年诺曼人侵入英国时在英语中留下的语言痕迹。百姓饲养羊、牛、猪时使用的是英语,而这些动物的肉上了诺曼人的餐桌似乎就变得高贵起来,于是就使用了法语的叫法。因为随着诺曼人在英国的统治地位的形成,诺曼人使用的语言也就成了英国政府、教会和学校的官方语言,上流社会都说法语、写法语了,这种情况就导致英语中产生了大量的法语借词,像 civilization、mission、possible、tenable、miracle、moment 这些单词,都是来自法语的借词。

词语借用一般指从其他语言借入词语并对其加以改造,成为本族语言的组成部分,因此有两种现象一般不算词语借用:一是意译,二是夹用。意译是指用本族语的语言材料和构词规则将源词语按照意义翻译过来。如将 laser 译成"激光",将 examination 译成"考试",将 football 译成"足球",将 electric lamp 译成"电灯",等等。夹用是指直接引用其他语言的词语原形与本族词语一起使用。如直接用 software(软件)、Windows(窗口)、CPU(中央处理器)、WTO(世界贸易组织)等等。

### 三、语言共用
**(一)语言共用的成因**

语言共用现象形成的原因主要有以下几种:

1. 民族杂居

同一地区或相邻地区的不同民族交往比较密切,这些地区的人们除了使用本民族的语言之外,还会学习和使用其他民族的语言,进行不同民族之间的交际,因而形成双语或多语共用现象。例如我国许多少数民族地区的人民除了使用本民族语言之外,还使用汉语或其他民族语言。

2. 异族通婚

不同民族的人通婚,组成多民族家庭,其家庭成员往往会学习和使用两种不同的语言进行交流。至少外来者要学习和使用当地的语言与当地人交流,同时还保持使用他们本民族的语言,从而形成双语共用现象。异族通婚不限于民族杂居或相邻地区,也可能是相距甚远的不同民族。

3. 民族融合

有的民族本来就是由多个民族融合而成的,由于长期密切接触、渗透,虽然融合成了一个多元一体的新民族,但在语言的使用上却表现为一族多语的情况,成员们使用不同的语言。如我国台湾的高山族就是由许多不同的土著民族融合而成的较新的民族,使用十几种不同的民族语言,同时一般也都使用汉语。

4. 文化教育

由于科技文化学习和国际交流的需要,各个国家都会进行外语教育,学生除了学习本国、本民族的语言,还要学习一门或多门外国语言,从而形成比较普遍的双语或多语现象。

(二)语言共用的类型

语言共用现象可以从不同的角度分类:

1. 社群双语和个人双语

社群双语是指在一个语言社群中通行两种或多种语言。如我国的鄂温克族,除本族语外,大约一半人会讲汉语或蒙古语。社群双语一般是民族杂居或民族融合的结果。个人双语是指某社群的个别成员能讲两种或多种语言。比如一个美国人,除了能说英语外,还能说汉语或其他语言,这就形成了个人双语。个人双语一般是异族通婚或文化教育的结果。社群双语一般要以个人双语为前提,但个人双语未必一定要以社群双语为前提。

2. 自然双语和人为双语

自然双语常是指在统一国家内的少数民族由于政治、经济、文化等原因,在说本族语同时,又能自然地使用某一民族(通常是主体民族)的语言的现象。在我国大部分少数民族中,能使用汉语的人口数目远远超过懂得其他某种少数民族语言的人数。人为双语常常表现为入侵者强行推广宗主国的语言而形成的一种双语现象。英国历史上前后有50多个殖民地,在殖民地里他们大都要推行英语,从而与当地原有的语言构成人为双语或多语,如印度、马来西亚等,都是如此。人为双语形成之初可能会受到当地语言的排斥,但久而久之,也常会被当地的语言社群接受,变得自然或较为自然了。

**四、语言融合**

(一)语言融合的成因

语言融合的主要原因有三个。

1. 族群杂居,长期共处

几个民族或社会群体因为种种原因较长时期内在同一地区共存共处,彼此保持各种密切联系,有的还涉及族际通婚等,由此发生了语言融合。公元7世纪回族最早的先民(阿拉伯和波斯商人)来到我国,12世纪又有一大批穆斯林商人随蒙古人进入中国,早期他们大多数使用阿拉伯语和波斯语,少数使用维吾尔语,由于长期受"大分散、小聚居"的杂居环境及回汉通婚等因素的影响,14世纪下半叶至15世纪,回族已普遍能使用汉语了。

2. 经济文化,优势失衡

如果不同的语言族群彼此之间在经济、文化等方面的进步是"势均力敌"的,语言融合的情况一般不可能发生。一个语言族群在经济、文化诸方面越先进,优势表现越突出,与其他语言族群深入接触时可能具有的融合力就越强。14 世纪,已迁徙多次的汉族客家因蒙古人入侵从江西等地大批迁移到我国广东的东部和北部,跟畲族发生族群接触。经过 300 多年的交往,由于客家较先进的生产技术和较发达的文化教育具有较大优势,使得绝大部分畲族人逐渐放弃了本族语,转用汉族客家话作为自己的母语,形成了语言融合。

3. 人口影响,以多胜少

人口数量的多少也是影响语言融合的一个重要原因。一般情况下,人口数量多的语言族群,其语言的融合力可能会大一些。北京历史上前后有 5 次大的人口迁徙,但其结果都是汉族人口占全体居民的多数,即使 1644 年满族八旗军攻入北京,内城全为八旗军人、清朝宗室及其家属所占,满族人也只有 32 万,占北京境内当时总人口的 26.6%,如果与当时全国的汉族人口数相比,比例则更小。满语最后被汉语融合,满汉人口数量的悬殊不能不说是一个重要原因。

在语言融合的过程中,长期杂居、经济文化优势和人口居多常常是三位一体地发生作用的。如果一个族群仅仅只有政治、军事上的优势,其语言是难以成为胜方融合者的。汉族历史上虽然多次被外来民族侵略统治,但汉语没有被融合掉,反而融合了鲜卑语、蒙古语、满语,原因也是如此。苏联曾靠行政手段在全国强行推行俄语,解体后,各少数民族掀起恢复民族语言的强烈要求,波罗的海三国不再以俄语为官方语言,可见没有充足的原因理由,语言融合难以发生。

(二)语言融合的方式

1. 自愿融合

自愿融合是指有的民族在长期的语言接触中,自觉自愿地放弃本民族的语言而选用其他民族的语言。这又分两种情况:一是具备融合力的民族在具备上述三个条件的同时,在政治、军事诸方面也占有优势地位,汉语对回族语言和畲族语言的融合就属于这种情况;二是具备融合力的民族具备上述三个条件,但在政治、军事诸方面不占优势地位,而自愿选用其他民族的语言作为交际工具,而这个民族在取得政治、军事优势之前,已和相关民族形成杂居局面,或受其文化影响比较深了。我国历史上这两种情况都有:隋唐以前如春秋战国时期汉语和华夏周围地区一些民族语言的融合,魏晋南北朝时期和匈奴、鲜卑、羯、氐、羌等民族的语言融合,均为汉语融合其他民族语言。以情况之二论,如氐族"语不与中国同",但"多知中国语,由与中国错居故也"(魏略《西戎传》)。鲜卑拓跋氏建立了北魏政权,魏孝文帝也是在汉化程度很深的情况下定都中原,制定了一系列政策:禁归葬,变姓氏,奖通婚,断诸北语(鲜卑语),一从正音(汉语),语言的自愿融合取得了成功。

2. 被迫融合

被迫融合是指有的民族本意是想保持本民族的语言,但由于与其接触的民族在经济、文化及人口数量上占有相当的优势,从而使其不得不放弃自己的语言而选用其他民族的语言的现象。我国宋朝时金人的女真语被汉语融合的情形大抵如此。金世宗鉴于皇室成员不能通晓女真的语言文字,多次诏谕告诫他们要使用女真语,保持女真风俗。但最终女真语还是走上与汉语融合的道路。又如使用古英语的古代日耳曼人入侵不列颠岛,强迫当地居民放弃自己的语言,改用英语。由于当地居民在政治、经济、文化等方面都处于劣势,所以古英语成功地融合了当地的语言。

语言融合的自愿或被迫都是相对而言的,北魏的"自愿",也遭到过统治集团内部的反对,女真族的"被迫",到后来也有一定程度的自觉。

语言融合是一个漫长的历史过程,一般都要经过一个双语或多语的阶段,最后由一种语言取代另一种语言,被取代的语言作为一种交际工具当然是消亡了,但也往往会在作为胜方的语言中留下自己的一些痕迹,这就是所谓"语言的底层"。如汉语中的"萨其马"(食品名)、"哈尔滨"(地名)、"把势"(指武术、技术)等都是满语在汉语中的遗留。

**五、语言混合**

(一)语言混合的特点

语言混合可以看作语言共用和语言融合的特殊形式。一般的语言共用和语言融合,都是借用其他民族的语言,而不改变该语言系统的基本面貌;语言混合则是在借用其他民族的语言时,对该语言进行较大的改造,形成一种"拼凑"起来的混合语。一般是语汇主要借用外来语言的,语法主要用本土语言的,语音则用本土语言的语音特点对外来语言的语音进行较大的改造。混合语是彼此妥协的结果。本土语言在混合过程中对外来语言的改造会"适可而止",能为外来人所接受;外来语言在混合过程中也会"入乡随俗",在语言的某些方面作出让步。

如"新加坡英语(Singlish)"就是比较典型的混合语,是19世纪初英国殖民新加坡后,本土语言汉语(包括闽方言、粤方言及普通话)、马来语等与英语的混合。语汇主要用英语的,语法主要用汉语和马来语等的,语音则用汉语、马来语等本土语音对英语语音加以改造。如闽南话中有鼻化元音,融入新加坡英语的闽南话词语一般也保留鼻化。由于受汉语音节长短基本一致的影响,新加坡英语不像地道英语那样凭借轻重音来区别音节的长短,而是整个语调变得音节长短大体一致,带有明显的汉语腔调色彩。语法受汉语影响很大,如名词一般不用复数后缀,也不用冠词。动词、形容词和指人的单音节名词可以重叠。例如:"You go tink tink a little bit, maybe den you will get answer."(你去想想看,可能就会得出答案来的。)"You go take the small-small one."(你去拿小小的那个。)"My boy-boy is going to Primary One already."(我的仔仔都上一年级了。)大部分动词不用过去式而用原形。新加坡英语还从汉语中吸收了大量语气助词,句法上也受汉语很大影响,如系动词 to be 往往省略,常用话题句式。例如:"This country weather very hot one."(这个国家天气很热。和规范英语比较:"The weather in this country is very hot.")①

(二)语言混合的类型

语言混合可以分为两种类型:一种是临时混合语——皮钦语,另一种是正式混合语——克里奥尔语。

1. 皮钦语

皮钦语(Pidgins)又称"洋泾浜语",洋泾浜是旧时上海外滩的一个地名,为当时外商集聚之地,在当地人和外国人接触的过程中逐渐形成一种临时混合语,称为"洋泾浜语"。

这种临时混合语常常只是用于在不同的族群之间临时交际,如经商所需要的彼此之间的沟通,只使用于有限的范围,使用时间通常也不长。皮钦语语汇比较贫乏,语音和语法都不太规范,有的事物没词表达,只能转弯抹角地说,很多说法"杂交"色彩很浓。如使用于新几内亚的皮钦语 Tok Pisin,称胡子为 grass belong face(脸上的草);旧上海的洋泾浜语把"我不能"说成 my no can,用英语的词和汉语的语法;将 number one 说得像"拿摩温"。

从历史上看,世界上大多数皮钦语都是欧洲人出国经商或殖民的结果,所以大多以英语、法语、西班牙语、荷兰语和葡萄牙语为基础。以英语为基础的皮钦语,最初衍生于北美、非洲和中国东部沿海地区,现在还在澳大利亚、西非、所罗门群岛和新几内亚等地使用着。不以欧洲语言为基础的皮钦语也有,如奇努克语混合语(Chinook Jargon)就一度使用于美国西北部的奇努克印第安人中,以奇努克语为基础,受到英语、法语和其他印第安语的影响。

由于皮钦语的"先天不足",通常存活时间都不长,有的可能只存在几年。皮钦语的存活要依赖相关的族群,族群没了,皮钦语也就可能会消失。如越战期间使用于越南本国居民和美军士兵之间的皮钦语,在越战结束后很快就消失了。上海的"洋泾浜语"现在也消失殆尽。此外,政府与国民的选择都可能对皮钦语的存废产生影响。如新加坡政府考虑到"新加坡英语"不利于国际交流和新加坡的国际大都市地位,发起"讲正确英语运动",鼓励国民多说以英美英语为标准的规范英语,同时要求广播媒体、学校教育只使用规范英语。然而,新加坡英语仍然是非正式场合的通用语言。新加坡英语的现状与上海话、福州话等汉语方言相似,没有官方地位,但仍是通用的口头语。很多新加坡人既会说标准英语,也会说这种新加坡英语。在正式场合用标准英语,在非正式场合用这种新加坡英语。如果新加坡政府推广规范英语的目标完全实现,新加坡英语就可以脱离皮

---

① 新加坡英语的详情可参看维基百科网站的"新加坡英语"词条。

钦语的状态了。但是皮钦语作为一种语言现象,旧的会消亡,新的还会产生。

### 2. 克里奥尔语

克里奥尔语(Creoles)是正式混合语,一般是从皮钦语发展而来的。如果皮钦语因为种种原因得到了发展,语言混合的程度较深,时间较长,语汇不断增加,语法规则不断完善,被有的族群作为母语来学习和使用,或者获得官方语言的地位,就成为克里奥尔语。如使用于新几内亚的皮钦语 Tok Pisi,在巴布亚新几内亚就获得了官方语言的地位,可以在无线电广播和出版物中使用,还被用来翻译《圣经》和莎士比亚的著作。

克里奥尔语的产生往往与民族杂居相关。Creole 是混血儿的意思。Creoles 这一术语来自葡萄牙语词 Crioulo,最初含义仅表示一个在殖民地出生并成长的具有欧洲血统的人,后来有所泛化,比如说塞舌尔共和国的塞舌尔人,白、黑、棕、黄、红,什么人种都有,是肤色各异的克里奥尔人,但不管是什么肤色,他们都自称一个民族——克里奥尔,他们所说的语言就称为克里奥尔语。如果一种克里奥尔语的基本语汇源于英语,就叫作克里奥尔英语,基本语汇源于法语,就叫作克里奥尔法语,等等。例如美国东南海岸沿岸地区使用的古拉赫语,是一种以英语为基础的克里奥尔语;使用于海地的,是一种以法语为基础的克里奥尔语;此外还有基于葡萄牙语的克里奥尔语、基于西班牙语的克里奥尔语、基于荷兰语的克里奥尔语等。使用于我国澳门地区的马基斯塔语(澳门话),是一种以葡萄牙语为基础的克里奥尔语,但语汇受汉语影响较大。大多数克里奥尔语都以欧洲语言为基础,但也有例外,我国青海省黄南藏族自治州同仁县所流行的五屯话就是一种克里奥尔语,主要是由一种汉语方言和藏语混合而成的。

### 思考与练习

一、语言接触包括哪些主要类型?

二、改革开放以来,汉语中出现了较多的借词,请收集一些例子进行排列分类,说说它们产生的原因。

三、双语现象是如何产生的?有哪些表现形式?请举例说明。

四、语言融合的原因和方式有哪些?

五、什么是皮钦语?什么是克里奥尔语?两者的主要区别是什么?

### 参考资料

1. 王力:《汉语史稿》,中华书局 1980 年版。

2. [日]太田辰夫著,蒋绍愚、徐昌华译:《中国语历史文法》,北京大学出版社 1987 年版。

3. 徐通锵:《历史语言学》,商务印书馆 1996 年版。

4. [英]戴维·克里斯特尔编,沈家煊译:《现代语言学词典》,商务印书馆 2000 年版。

5. 黄长著:《各国语言手册》(修订增补版),重庆出版社 2000 年版。

6. 陈保亚:《语言接触与语言联盟》,语文出版社 1996 年版。

7. 周庆生:《语言与人类》,中央民族大学出版社 2000 年版。

8. 周有光:《语文闲谈》,生活·读书·新知三联书店 1995 年版。

9. 陈原:《社会语言学》,学林出版社 1983 年版。

10. 刘正琰、高名凯、麦永乾等编:《汉语外来词词典》,上海辞书出版社 1984 年版。

11. 叶蜚声、徐通锵:《语言学纲要》,北京大学出版社 1981 年版。

12. 黄弗同主编:《理论语言学基础》,华中师范大学出版社 1988 年版。

13. 邢公畹主编:《语言学概论》,语文出版社 1992 年版。

14. 伍铁平主编:《普通语言学概要》,高等教育出版社 1993 年版。

15. 余志鸿、黄国营主编:《语言学概论》,山西高校联合出版社 1994 年版。

16. 王德春:《语言学概论》,上海外语教育出版社 1997 年版。

17. 李宇明主编:《理论语言学教程》,华中师范大学出版社 1997 年版。

18. 李宇明主编:《语言学概论》,高等教育出版社 2000 年版。

19. 徐通锵:《基础语言学教程》,北京大学出版社 2001 年版。

20. 叶宝奎:《语言学概论》,厦门大学出版社 2002 年版。

21. 岑运强主编:《语言学概论》,中国人民大学出版社 2003 年版。

# 第八章 综合性语言学

【学习提示】 本章介绍了几门最重要的综合性语言学科的概况和主要内容。本章需要重点掌握的内容有：第一节，心理语言学发展的主要动力、心理语言学的三大流派、思维对语言的影响、言语生成的阶段和言语理解的过程。第二节，认知语言学兴起的原因、认知语言学的语言观、象似性、语法化、隐喻和转喻、范畴化。第三节，社会语言学和文化语言学兴起的原因、社会语言学和文化语言学的差异、社会语言学和文化语言学的主要内容。第四节，应用语言学的研究范围、确立共同语的依据、语料库加工的主要内容、语言信息处理的主要应用领域。本章主要要求了解这些学科的概况和主要内容，并且对一些语言现象从心理认知角度、社会文化角度进行分析解释。

## 第一节 心理语言学

心理语言学（psycholinguistics）主要研究语言与思维的关系、语言的生成和理解、语言习得的心理机制和过程等。心理语言学是心理学和语言学相结合的一门交叉学科，同时也吸收了信息科学、计算机科学、哲学、社会学等学科的研究成果和研究方法。

### 一、心理语言学的兴起和发展

（一）心理语言学的兴起

人们很早就开始了关于语言与心理的关系的研究，从古希腊时期的柏拉图、亚里士多德开始，学者们就对语言与知识的关系进行过长期论争。不过这些论争仅限于古代哲学领域，与后来的心理语言学没有太大的关系。17世纪，法国哲学家笛卡尔开创了认识论哲学，开始研究人们认识到的世界（精神世界），非常关注语言与思维（心灵）的关系。到19世纪，心理学得到了充分的发展，学者们更加重视语言与心理的关系，而且开始使用"心理语言学"这一术语。学者们开始比较人的语言与动物的语言，研究儿童语言和智力的发展、天生聋哑儿童的语言问题。不过这时的研究还只是属于心理学领域。19世纪末20世纪初，德国著名的心理学家冯特（Wilhelm Maximilian Wundt，1832—1920）为心理语言学的形成作出了比较重要的贡献,他认为心理学和语言学有一种必然的学科关联。20世纪上半叶,心理学家们从心理的角度对语言作出过一些研究,如德国心理学家恩斯特·卡西尔(Ernst Cassirer,1874—1945)、瑞士心理学家皮亚杰(Jean Piaget,1896—1980)、苏联心理学家维戈茨基(L. S. Vygotsky,1896—1934)等人,他们发表了关于儿童语言或者语言与思维关系等方面的大量研究成果,已经涉及并深入研究了现代心理语言学的许多重要问题。

心理语言学真正成为一门学科,是在20世纪50年代。1952年,美国社会科学研究委员会成立了一个语言学与心理学委员会。该委员会1954年在印第安纳大学召开了一次学术讨论会,会议成果结集为《心理语言学:理论和研究问题概述》出版,标志着心理语言学的正式形成(该文集被称为"心理语言学的宪章")。此后心理语言学得到了迅速的发展,作为一个分支学科受到了众多学者的关注。当时的心理语言学较多受行为主义心理学和描写主义语言学理论的影响,认为言语行为和人的其他一切行为一样,也是对刺激的反应,其代表人物是美国心理学家奥斯古德。

(二)心理语言学的发展

促进心理语言学迅速发展的动力,主要来自语言学、心理学、信息科学、计算机科学。

乔姆斯基创立的转换生成语言学,极大地促进了心理语言学的发展。乔姆斯基认为语言学应是认知心理学的一个分支,他的转换生成语言学就是要解释从思想到语言、从语言到思想的心理过程。他对行为主义、结构主义的批判,他提出的"先天的语言能力"等观点,开拓了一个百家争鸣的局面,促进了语言学与心理学的紧密结合,对心理语言学的发展有极为重要的影响。

以皮亚杰为代表的现代认知心理学,是心理语言学发展的又一强大动力。皮亚杰根据其对人类认知能力的长期观察研究,认为人类并没有先天的语言能力,只有先天的认知能力。先天的认知能力和后天的客观环境相互作用,才能产生语言能力。皮亚杰的相互作用论与乔姆斯基的先天论展开了激烈的论争,促使心理语言学走向成熟。此外,以维戈茨基为代表的一批苏联心理学家,提出了"内部语言"学说,建立了神经语言学,也对心理语言学的发展产生了重大影响。

信息科学的发展,也是促进心理语言学发展的强大动力。信息论的创始人申农,创建了一套处理信息的数学方法。从信息论的观点看,语言是信息的重要载体,而使用语言的心理过程,就是信息处理的过程。因此,可以用信息论的原理、方法来研究处理语言信息的心理过程。

计算机科学的发展对心理语言学的发展也有重要影响。计算机的主要功能是处理信息,而且计算机所处理的信息,主要是语言信息。计算机处理语言信息与人脑处理语言信息既有相同之处,也有不同之处。计算机人工智能的研究,就是要让计算机模拟人脑处理语言信息的机制和模式,提高计算机的智能和灵活性。这就促使人们深入细致地研究人脑处理语言信息的机制和模式。反过来,心理语言学的研究结果,又可以让计算机进行模拟,加以检验。这又成为心理语言学的一种新的科学研究方法。

**二、心理语言学的主要流派**

(一)后天论

后天论是建立在美国行为主义心理学的基础之上的,它认为儿童的语言是通过后天的成人语言的刺激和儿童对成人语言的模仿、强化而形成的。早期后天论的代表人物是早期行为主义心理学家华生,他认为儿童生下来大脑只是一个"白板",里面一无所有,他们对语言的掌握是一系列"刺激—反应"的结果,是靠对成人语言的简单模仿而获得的。华生等人反对从心理内部来观察分析语言的获得,认为任何一种解释心理活动的理论都是徒劳的,心理学只能研究外部行为。

这种理论对许多问题无法解释,比如语言获得与语言能产性的关系问题。如果仅仅是模仿,儿童为什么能说出和理解他从来没有听说过的句子?后来的行为主义者试图对早期的机械模仿说进行修正,比如新行为主义的主要代表人物斯金纳认为,后天获得语言的关键是语言学习过程中的强化:如果孩子说的话是正确的,他的言语行为就会得到大人的肯定和鼓励,得到了强化,这种不断的强化刺激使儿童掌握了能与特定情景正确对应的词语和句式。

但在对儿童语言的调查研究中这种后天强化说也遇到了难以解释的问题,比如父母对孩子的言语行为通常更关注意义而不太注意语言形式上的失误,那么孩子最终的某些正确的语言形式的形成就不能简单地用刺激强化来解释。实际上许多言语行为并没有可以观察的直接的外部刺激或强化过程。后来行为主义阵营的有些人企图在刺激和反应之间增加一个中介过程,因为涉及不可观察的内部状态问题,这种观点还引起了斯金纳的不满。

(二)先天论

先天论的主要代表是乔姆斯基。乔姆斯基在批判行为主义及后天论的基础上,系统地建立了先天论的语言习得学说。先天论的主要内容有两点:

第一,认为人类有一种语言天赋,这种语言天赋是人类长期以来生物进化和遗传而形成的学习语言的先天机制。如果没有这种天赋,就不可能解释儿童何以在短短的三年左右的时间内学会如此复杂的语言。乔姆斯基假设儿童生来在头脑中就有一套语言获得装置(language acquisition device,简称 LAD),这种装置在输入一定数量的语言材料的条件下能被激活,使儿童产生出一种语法抽象能力。这种能力不可能只靠外界有限的刺激在大脑"白板"的基础上产生。

第二,认为人的语法知识有两部分,其中一部分是全人类共有的普遍语法

(universal grammar)知识,另一部分是各民族语言所特有的个别语法(particular grammar)知识。普遍语法知识是人类先天具有的,是一套原则和参数,个别语法知识则是人们出生后通过学习所掌握的。儿童语言习得的过程,就是根据一定的原则将普遍语法的参数赋予具体的值,赋予汉语的值就学会汉语,赋予英语的值就学会英语。乔姆斯基认为只有研究普遍语法,才能最终揭开人类习得语言之谜。

乔姆斯基的理论使人们认识到人类的语言能力具有先天遗传性,儿童的语言学习是一个充满创造的过程,但他的 LAD 在大脑中的组织形式到底如何,现在还难以回答。同时,现实的语言习得事实也表明,生成和理解句子所需的知识远不止语法知识,语言能力的形成还受到哪些因素的制约,这些都是心理语言学所应该回答的问题。

(三)认知论

认知论,又叫相互作用论,这种理论以瑞士认知心理学家皮亚杰的学说为代表。认知论认为语言能力是人类普遍认知能力的一部分,语言能力产生于个体认知发展的一定阶段,儿童并没有先天的、独立于认知能力之外的语言能力,认知能力和客观环境相互作用才能产生语言能力。

皮亚杰的认知论不同于后天论,因为后天论只强调环境因素和外在的言语行为,否认内部心理过程。认知论和先天论之间也有很大的差别,虽然两者都不同程度地承认遗传的作用及言语活动的内部过程,都研究语言能力,但对遗传的作用和语言能力的认识却不相同。乔姆斯基的语言能力只是指儿童生下来大脑中就存在的语言习得机制,即普遍语法,是完全通过遗传先天赋予的,认知论中的语言能力既指获得语法知识的能力,也包括获得情景知识在内的有关外部世界的其他知识的能力,而这种能力或遗传潜能作为一种认知获得有一个逐步构造过程,而语言能力是在内外因素相互作用的过程中分阶段构建而成的。

**三、心理语言学的主要内容**

(一)语言与思维

1. 语言与思维的关系

语言与思维的关系,是心理语言学的主要内容之一。对语言与思维的关系,从古希腊的柏拉图、亚里士多德到当代的哲学家、心理学家、语言学家等都非常感兴趣,争论也很多。有的认为是语言决定思维,有的认为是思维决定语言,也有的认为思维就是语言,思维离不开语言,等等。

语言与思维是既有密切联系,又有一定区别的。语言与思维的关系是反映关系:语言反映思维,或者说,语言是思维的镜像。言语交际活动主要就是说话人通过语言形式反映(表达)自己的思想内容(思维的结果),听话人也是通过语言形式理解说话人要表达的思想内容。而反映者和被反映者总是既有密切联系,又有一定区别的。没有密切联系就不能构成反映关系,而反映总要受到各种条件限制,不可能与被反映者完全一致。好比给某人画像,画像总要与某人的实际相貌有某种程度的一致性,否则就不能成为某人的画像;但画像无论如何也不可能完全等同于人的实际相貌。说话人在用语言表达思想时,受各种条件影响,可能词不达意或言不由衷;听话人在通过语言理解说话人的思想时,受各种条件影响,也可能产生误解。

从来源上看,思维是人脑对客观世界(物质世界)的反映,其结果就是形成与客观世界既有密切联系,又有一定区别的主观世界(精神世界)。而语言又是对思维这种主观世界的反映,其结果就形成与主观世界既有密切联系,又有一定区别的语言世界(包括语言系统、言语活动和言语作品)。语言不是直接反映客观世界,而是通过思维活动(主观世界)间接反映客观世界,因为语言作为抽象思维的工具,是一种抽象的符号系统,具有符号性、间接性和抽象性,无论是言语活动的进行(包括表达和理解),还是语言系统的形成,都必须通过思维活动才能实现。

从结构和功能上看,思维与语言的关系是内容与形式的关系,但这种内容和形式的关系又不是一对一的简单对应关系,而是表现为复杂的对应关系。思维主要通过语言表达(反映),语言主要表达思维。但是思维并非语言表达的唯一内容,例如有些绕口令或儿歌等语言形式并不表达什么思维内容,而只是一种言语娱乐活动或言语练习活动。语言也并非思维表达的唯一工具,如体态语等副语言以及棋子、牌具等也是思维工具。语言本身具有形式(语音)和内容(语义)两个方面,而语义内容的主要部分就是对抽象思维的反映。思维本身也有形式和内容两个方面,思维内容就是人脑对客观世界的反映(认识),思维形式包括质料形式和结构形式,抽象思维的质料形式主要是语言,结构形式主要是概念、判断和推理等逻辑结构形式。思维结构单位和语言结构单位存在部分对应关系。语言中的词语(包括词和短语)大致对应于思维中的概念,语言中的小句(包括单句和复句的分句)大致对应于思维中的判断,复句和句群大致对应于思维中的推理。但是,并非所有词语都表示概念,也并非所有的句子或句群都表示判断或推理。同样的概念、判断或推理可以用不同的语句形式表示,同样的语句形式可以表达不同的概念、判断或推理。心理语言学的主要任务之一,就是研究语言结构与逻辑结构的各种复杂对应关系。

此外,思维作为人类的心理活动,具有人类统一性。思维的结构形式和思维的规律是全人类共同的,不因国家、民族的不同而异;语言作为一种约定俗成的符号系统,具有民族差异性,不具有人类统一性。人类具有统一的思维结构和思维规律,但没有统一的语言结构和语言规律。虽然不同语言的结构和规律也有某些共性,但人类至少在目前还没有统一的语言。

如果能够确认语言与思维之间这种反映和被反映的关系、形式和内容的关系，就可以肯定是思维决定语言，而不可能是语言决定思维，但思维与语言是互相影响的。因为唯物辩证法的基本原理是：内容决定形式，但形式又反作用于内容，内容与形式互相影响。

2. 思维对语言的影响

思维对语言的影响主要表现在以下几个方面：

第一，语言系统中各个要素的产生及变化都是思维的结果。语音的产生和感知是在思维控制下实现的，语义、语汇主要是表达思维结果的，语法也是思维抽象化的结果。思维对语言的影响还可以从人类语言的某些普通现象中得到说明，人类语言的很多普遍现象都是受思维制约的结果。

第二，思维认知是语言习得的基础。儿童在习得语言之前，必须先具备相应的思维能力。例如儿童对时态范畴、人称代词等的习得都必须在建立了相应的时间概念、人称概念的基础上才能实现。所以这些认知难度较大的语言知识习得的时间也比较晚。

第三，在言语交际活动中，思维起着积极的主导作用。说话人对言语进行选择、组织时，要运用语言知识和背景、环境知识进行复杂的思维；同样，听话人在理解别人的话语时，特别是理解话语的言外之意时，要运用各种知识进行复杂的思维，才能正确理解。

3. 语言对思维的影响

语言对思维的影响，第一章第三节讨论语言的心理功能时已经有所论述。这里可以通过"萨丕尔—沃尔夫假说"来对这个问题作进一步说明。"萨丕尔—沃尔夫假说"是20世纪50年代在美国人类学家、语言学家萨丕尔和他的学生沃尔夫去世后，一些语言学家为概括其相关理论而提出的。该假说也被称为"语言决定论"或"语言相对论"，即语言决定思维，或语言影响思维。该假说认为，人们在很大程度上是通过语言来认识世界的，语言不同，对事物现象的分类和认识就不同，因此说语言决定或影响人们对世界的认识。该假说有一个经典例子就是"空汽油桶"问题。沃尔夫在调查分析火灾产生的原因时发现，很多火灾都是由于人们对空汽油桶没有采取防火措施而引起的，因为人们往往从"空"的意义出发，认为空汽油桶就是没有装汽油的，进而认为没有装汽油就没有火灾的危险，因而放松了警惕。对装着汽油的汽油桶，人们就非常小心。实际上，空汽油桶中往往会残留一些汽油，这些残留的汽油与空气发生化学反应后形成某种比汽油更易燃易爆的气体，更容易引发火灾。因此沃尔夫认为，人们对空汽油桶的认识是受到"空"的词义的重要影响。"萨丕尔—沃尔夫假说"在哲学、心理学、语言学、社会学、人类学等一系列人文科学研究中产生了巨大的影响，引起了长期的、激烈的争辩。但不管人们怎样评价这种假说，语言对思维的影响肯定是存在的，语言在形成思想、表达思想、引起他人的思想及引起人们相应的行为等方面所发挥的作用,需要心理语言学及其相关学科作进一步的研究才可以得出令人满意的答案。

(二)语言习得

语言习得是指儿童对母语的获得。儿童在成长过程中要逐步掌握构成母语的语音、语汇、语法以及语用等方面的规约,对这个问题的研究是心理语言学的一个重要内容。语言习得研究对于解决人类个体语言的发生等问题的研究具有重要意义,对语言教学也有非常重要的启示作用。

1. 语音能力的获得

婴儿从0岁到1岁期间,随着发音器官的逐渐成熟,已能发出很多种声音。有研究指出,2—3个月的婴儿会发出以元音为主的咕咕声。大约4—5个月时发出辅音,形成呀呀语,辅音和元音结合在一起的音大量增加。当然,呀呀语还不是真正的语言,这时的音不会和特定的意义发生对应关系,有些音还是非母语的音。6—7个月的婴儿的呀呀语开始具有升调和降调的区别,结合具体情景中的目光、手势,婴儿的语调具有了一定的意义,但整体上还是属于呀呀语。据雅可布逊(R. Jakobson)研究,在呀呀语之后,儿童进入掌握音位并把声音当作语音来学习和使用的阶段,其音位的获得顺序是:在多种语言中最广泛存在的音位最先获得,如/a/、/o/、/i/、/p/、/m/等,只在某种或某几种语言中存在的音位则较晚获得,如汉语的送气音、卷舌音等,表现出一种儿童音位发展和人类语音普遍性特征的相关性。一般认为,4岁左右的儿童已基本掌握母语的音位系统,至于这一时期的儿童如何辨认音位、掌握音位和音位的组合规则并出现真正意义上音义结合的词,情况则比较复杂,有的问题还需要作进一步的探索。

2. 语汇知识的获得

一般认为儿童在出生后第二年开始使用语词进行理解和交流,可以从语汇量、词类掌握和语义发展三个方面来看。语汇量:3岁以前,儿童大约掌握了1 000个词,4岁约为1 600个词,5岁达到2 500个左右,6岁的词语量已有3 000—3 500个。3—4岁和4—5岁是儿童飞跃发展的两个时期。词类掌握:国外有研究表明,儿童最初习得语汇的词类百分比具有共同性,大致顺序是普通名词>专有名词>动作词>修饰词>功能词,对汉族儿童的语汇习得研究表明,3岁儿童的日常言语已有各种语汇类型,5岁以前实词的增长速度最快,5岁以后虚词增长的速度加快,言语质量明显提高。语义发展:儿童早期对词义的掌握往往不会一下子很全面,有的时候会对某些词的意义范围泛化,过分扩张,如可能会把糖果、饼干、馅饼等都叫成"巧克力",有的时候会对某些词的所指范围进行窄化,加以紧缩,如只把自己家的红色小童车称为"车子",不把其他人家的黄色小童车、自行车或在街道上、公路上行驶的车叫"车子"。儿童后期语义的发展表现为对单个词义进行义素充实或从单义向多义发展,逐渐了解词与词之间的语义联系,最终形成符合语言系统规约的语义网络,比如说,5岁的儿童会把"肉"和"冰激凌"归入"蔬菜"类,把"墙壁"和"门"归入"家具"类,较大的孩子就没有这种混淆了。儿童语汇的获得要受认知的影响,发展具有一定的顺序性,但具体的获得速度、阶段及内容也要受个体或语境的制约。

3. 语法规则的获得

一个孩子如何在短短的几年内掌握自己母语的语法规则是一个很复杂的问题,争论也比较多。一般认为儿童的语法发展要经历独词句、双词句、电报句和复杂句四个阶段。独词句又称单词句、单词话语,1岁左右的孩子开始说出有意义的单词,形式上是个词,表达的却可以是句子的内容,对语境的依赖性较强,和动作紧密结合。比如孩子说"车车",在不同的语境中可能表达的是"我要车车""车车来了"之类的意思。双词句在儿童一岁半的时候开始出现,有的合乎成人的词语配列顺序,如"妈妈抱""狗狗跑"之类,有的则未必,如"妈妈鞋"(妈妈,这是鞋)、"狗狗没"(没有狗)之类。儿童进行双词句的组合是以对所要表达的事物或事件的语义关系的认知为基础的。电报句是指在2岁左右开始出现的超过双词的句子,较少使用关联词语和修饰成分,如"爸爸车车坐"(爸爸坐车车),有的电报句已接近完整的成人语句,如"宝宝抱娃娃"之类。两岁半到五六岁,儿童语法发展到复杂句阶段,出现了复杂的单句,如"小朋友看见了就去告诉老师"(连动句)、"小白兔吃红萝卜和大白菜"(有修饰语)等;也出现了复句,如"爸爸写字,宝宝看书"(并列复句)、"老师和妈妈都表扬我,因为我帮助小朋友"(因果复句,有关联词)等,此阶段的儿童已基本掌握了口语,表述渐趋流畅,表意逐渐丰富明确。

4. 语用技能的获得

儿童获得语用技能的过程大致可以从三个方面进行概括。第一,语言意图和交际意识逐渐建立。早期儿童的话语更多的是一种自我中心言语,即自说自话,不一定是要跟人交际;随着年龄增长,儿童逐渐形成一种社会化言语,即用语言与人交际。但目前关于自我中心言语和社会化言语在儿童语言发展中的比例变化及与年龄的匹配问题还需作进一步的研究。儿童在前语言时期有运用非言语手段和他人进行交流的情况,也有人认为较早期的孩子(9—18个月)的语言就可以分化出表达自己的要求、调节别人行为等不同功能。第二,对语境的语言处理能力逐渐成熟。这包括把语境因素转化为语言因素,能根据不同的话语对象及不同的听者反馈来选择不同的语汇、句式和语气,以求顺利达到自己的交际目的。第三,话题保持能力和礼貌调节能力逐渐形成。有人研究发现,几个儿童在一起时,2岁孩子没有围绕一个话题交谈的能力,3岁儿童就有了较大的发展,年龄越大,话题的保持力越强;2岁多的孩子有的已能在交流中随交谈对象的社会地位和角色特征的不同使用不同的言语策略来调节其语言的礼貌程度。

(三)言语生成和理解

1. 言语生成

言语生成是指人们利用语言表达思想的过程，包括口头语言的生成和书面语言的生成两个方面。我们着重介绍口头语言的生成。根据现有研究成果来看，言语生成一般可以分成三个阶段。

(1) 构思

构思是指说话者根据自己的目的和动机确定说话的内容意图和说话的方式，即"说什么"和"怎么说"。制约和确定说话内容的重要因素是说话者对听话者知识的考虑。只有充分考虑听话者的认知能力和实际需要，才能进行成功的交际。制约和确定说话方式的主要是相关的语用原则，包括"合作原则"和"礼貌原则"两个方面(参见第六章)。

(2) 编码

编码是指把要表达的意思转化为语言信息。构思阶段的意思是以内部的抽象的命题表征的形式存在的，编码就是要将其转化成内部言语，这个过程一般以句子为单位进行，通常包含以下几个环节：为命题中每个成分选择适当的语汇项目→为每个成分规定语法范畴→为每个成分分配相对的位置→引入单词的词缀(针对英语等有形态变化的语言而言)和虚词→给出句子的超音段轮廓(如语调类型、节律模式等)→赋予上述各成分单位相应的抽象的语音形式，为语言的生成输出做好准备。

(3) 执行

执行是指对内部言语信息进行输出，使编码阶段已经准备好了的内部言语转化为可被人感知接受的言语形式。以口头语言而论，内部言语的抽象的语音形式会形成一套运动指令，这套运动指令支配和节制着各个发音器官，使之形成连续的肌肉运动，按要求生成语言信息所需要的声音序列；至于书面语言，需要在内部言语的基础上进行文字符号的选择，也要先形成一套运动指令，然后再由其支配和节制书写器官形成书面文字序列。

语言的构思、编码及执行诸阶段在操作中会根据交际的实际需要不断进行调整、补充、修改、删除等，在执行时常常也会表现为不同的言语错误，许多学者根据对大量的言语错误材料的分析对语言生成过程进行了深入的探讨，也提出了很多理论，使语言生成过程的研究不断向前推进。

2. 言语理解

言语理解是指听话者利用自己的认知结构、语言知识等对输入的信息作出分析并进而揭示其言语意义的过程。一般认为言语理解涉及语音感知、词语检索、句子理解和语篇理解等不同内容。

(1) 语音感知

语音感知可以分成三个阶段：听觉阶段、语音阶段和音位阶段。听觉阶段的主要任务是对被感知的语音进行声学分析，辨析出其发音的方式、发音的部位和共振峰及共振峰的转变等。分析的结果储存在记忆中的时间很短，最多只有几秒钟，随着新的语音信号的输入，原有的储存会被消除。语音阶段的主要任务是把前一阶段的声学提示结合起来，辨认出语音。语音辨认光靠某一个音本身是不行的，必须在考察整个音节乃至于更大单位的声学提示的基础上才能进行。音位阶段的主要任务是把语音转化为音位，把语音和特定语言系统的意义联系起来。相关研究表明，在这个阶段，合乎某一特定语言的音位规则的语音组合才会被认知，否则会被忽略或修改。

在自然语言中，语音不是一个一个地孤立存在的，在语流中对连续语音的感知要受到包括重音、音调、节律在内的韵律因素和相关句法语义因素的制约。有人做过实验，一段话中的某几个词在语流中会被正确的感知，抽出来让被试辨认，正确率只有55%，因为有时无法对其进行准确的语音感知，只有随着语音串延长到一定的程度，正确的语音感知才会有充分的保障，这里就涉及韵律和句法语义因素对语音感知的支持。

(2) 词语检索

语音感知完成后，听话者根据已经形成的语音表象去"打开"心理词典，从记忆中提取相关词语的语义信息的过程叫词语检索。词语检索的速度很快，有人通过相关测定估算出每个词的检索时间只需要150—200毫秒。影响词语检索快慢的因素涉及词的使用频率、词的结构和语境因素等。词的使用频率高，检索起来速度就快一些。相关实验证明了这一点，有人把一对词频高低不同的同义词放在其余部分完全相同的句子格局中，让人指认紧接在两个词后的某个音，结果表明指认高频词后面的那个音花的时间要少一些。结构简单的词比结构复杂的词检索快。一个要求被试决定几个连续的字母是否一个词的实验可以说明这个问题，对有前后缀的词的反应比对单词素词的反应所需的时间要长，这是因为检索时先要去掉词缀，然后检索基本词，在心理词典中找到基本词后再来进行词缀的匹配确认，该过程所花的时间要长一些。至于语境因素对词语检索的影响，也有研究报告证明，一个句子越完整，被测试的词所需要的呈现时间就越短。

(3) 句子理解

句子理解是指在词语检索所获得的信息的基础上，听话者建立句子结构并根据句法、语义或语境的相关知识来获取整个句子的意义。句子意义理解的主要表现是建立起命题。这个理解过程不是等到一个句子听完之后才进行的，而是一开始听到句子时就不断通过对后面出现的内容进行假设、预测、试误并最终完成组块修正，达到理解句子的目的。在这个过程中，要使用相应的一些句法策略和语义策略才可以知道一个句子的某几个成分是否可以形成一个组块,就句法策略而言,虚词和实词尤其是动词都可以为句子理解提供句法线索,如在听到英语语流中出现 a、an、the 就可以知道它一定和后面的成分形成一个名词短语的组块。语义策略对句子理解的支持主要体现在词义及各个词之间的意义的联系上。如有时听到一些结巴、重复、颠倒或成分脱落的话语,听话者可以根据相关词之间可能存在的语义关系对句子意义作出预测。如一个人突然发现自己在公共汽车上丢了一个钱包,情急之下把话说成"钱包公共汽车我丢了",别人一般也都能正确理解"钱包、公共汽车、丢、我"几个词之间的语义关系,从而正确地理解句子。大多数情况下,句法策略和语义策略在理解句子时是互相结合着起作用的,对于结合的具体方式,目前有不同的看法,尚需做进一步的研究。

(4)语篇理解

语篇是指一串意义相关联的句子连续出现所构成的单位。语篇理解要在句子理解的基础上进行,两者有很多共通之处,但也有自己的特点,这主要体现在对语篇图式的掌握和运用上。图式是人们头脑中对于各种事物进行整理、类化而形成的结构模式,可以分成事件图式、场景图式、角色图式和故事图式等具体类型。如到饭店吃饭是一个事件图式,这类事件由"进饭店→找到餐位→确定菜谱→上菜就餐→结账→离去"几个步骤构成。在语篇理解中,听话者的各种图式被激活后,会对即将出现的叙述内容产生一种预期,如果语篇符合预期图式,理解起来就会比较顺利,同时回忆起来也会比较容易。有关研究表明,人们在进行语篇理解时还会根据图式自动补充实际语篇中可能缺失的内容或修正其不合顺序的情节。有人认为,儿童的语篇理解能力及相关记忆之所以不如成人,一个重要原因就是儿童还没有形成相当数量的图式。

语境对理解词、句、篇有很大帮助。如"明天我要去那里拜访他"这句话,可能只有在听到"张先生今天来了,住在东湖宾馆"之类的话后,人们才会明白"那里"和"他"的所指。

有的言语的真实意义没有直接表现在语句中,即存在所谓的"言外之意"。一般认为,对"言外之意"的理解大致要经过三个阶段:理解语句的直接意义→根据语境确认该意义是不是说话者所要或仅要表达的意义→如果不是,则进而推论其"言外之意"。推论"言外之意"的路径是广义的语境,包括上下文、说话者的身份态势、说话时的各种客观环境以及听话者的认知智慧等。

(四)神经语言学

神经语言学是涉及语言学、神经科学和心理学的一门交叉性学科,是心理语言学的一个分支,主要研究语言习得、言语生成、言语理解的神经基础,研究正常言语的神经生理机制和言语障碍的神经病理机制。其中对失语症和大脑两半球语言功能不对称性的研究是神经语言学的两个重点。

失语症的研究目的是说明语言障碍与语言结构之间的关系并寻求语言障碍的发生、发展及克服的规律。失语症一般可以分成两大类：一类是和言语表达有关的运动性失语症，如布洛卡失语症，主要表现是言语的产生有严重障碍，病人说话费力、犹豫、不流畅；一类是和言语理解有关的感觉性失语症，如韦尼克失语症，主要表现是理解和感知语言很困难，但表达很流畅，属于这一类的还有传导性失语症、健忘性失语症等。此外，还有两类情况兼而有之的完全性失语症。关于失语的本质是什么，人们提出了各种理论，争论也很激烈，失语症的研究对人们研究人脑和语言机制的沟通有极大的帮助。

对大脑两半球语言功能不对称性的研究，也是一个研究重点。一般说来，右脑主要负责感性的形象思维，左脑善于加工语言材料，尤其是语言的词和句子形式的字面意义的再现和存取，完全是由左脑负责。研究表明，大脑左半球的语言优势主要取决于遗传因素，婴儿出生时就出现了两半球的差异。但研究也同样表明，两半球之间在一定条件下也有一种互为"代偿"的功能，有一些8岁以下由于病变而被切除左脑的孩子的语言能力并没有受到影响，这说明儿童的语言功能从左脑移到了右脑。但如果是成年人，切除左脑则将完全丧失语言能力。

作为一门学科，神经语言学只有几十年的历史，但其在现代语言学乃至现代科学体系中的地位却十分重要，随着人工智能研究的深入，神经语言学的应用领域也将不断得到延展。

**思考与练习**

一、简述心理语言学形成发展的过程和主要流派的基本观点。

二、结合你观察到的语言现象和自己语言实践的体会，谈谈你对语言和思维关系的理解。

三、儿童语言的获得可以从语音、语汇、语法及语用等不同角度进行研究，请你根据自己能够观察到的某些儿童语言发展的例子，选择一个或几个角度进行分析说明。

四、你认为句子理解是如何实现的？请举例说明句法策略和语义策略在句子理解中的作用。

五、请收集一些语言失误及复述失真的例子，归纳一下它们所属的错误类型并说明原因。

## 第二节 认知语言学

认知语言学（cognitive linguistics）是研究语言与认知的相互关系的学科。人类的语言能力、语言活动与人类的认知能力、认知活动是密切相关的。语言是认知活动的重要工具，同时又是认知活动的结果。人们对事物现象的认知，在很大程度上是通过语言进行的,而认知活动的结果,又主要通过语言来表达和保存①。语言与认知又是互相制约、互相影响的。语言作为认知活动的工具,必然要制约、影响认知活动,而语言作为认知活动的结果,也必然要受到认知活动的制约、影响。认知语言学的主要任务,就是要研究人们是怎样通过语言来认知事物现象的,语言是怎样来表达人们的认知结果的,以及语言和认知是怎样互相制约、互相影响的。

有人认为认知语言学是语言学的一个分支学科,也是认知科学的一个组成部分。而认知科学是一门综合科学,是由心理学、神经科学、语言学、社会学、人类学、哲学、逻辑学和计算机科学等多学科组成的交叉学科②。也有人认为认知语言学是当代语言学的一个学派,属于广义的功能主义语言学③。还有人认为"认知语言学"有广义狭义之分,广义的认知语言学是一个学科,狭义的认知语言学是一个学派或思潮④。

**一、认知语言学的兴起**

(一)认知语言学兴起的过程

虽然认知语言学真正的历史只有三十多年,但作为结构主义和转换生成语言理论的反动,其渊源可以追溯到心理学、认知科学对认知的早期研究,其认知结构完形的组织原则来源于格式塔心理学,其主客观互动的信念来自皮亚杰的心理发展的相互作用论,不过一直处于酝酿期。

认知语言学的诞生有两个重要标志:一是三部认知语言学专著的出版——约翰逊(M. Johnson)的《心中之身》(1987)、雷可夫(G. Lakoff)的《女人,火,危险事物——范畴揭示了思维的什么奥秘》(1987)和兰盖克(R. Langacker)的《认知语法基础》(1987)。二是1989年春,在德国的杜伊斯堡(Duisbury)举行的认知语言学专题讨论会。会后,创办了《认知语言学杂志》(*Cognitive Linguistics*),并成立了国际认知语言学协会(International Cognitive Linguistics Association,简称ICLA),还出版了"认知语言学研究"(Cognitive Linguistics Research)系列丛书。此后,《语用学与认知》杂志于1993年由约翰·本杰明斯出版公司发行⑤。20世纪90年代以来,认知语言学在欧美乃至世界语言学界的影响越来越大。认知语言学的代表人物主要有兰盖克、雷可夫、杰肯道夫(R. Jackendoff)、泰勒(Taylor)、塔尔米(Talmy)等。

---

① 参见第一章第三节"语言的认知功能"部分。
② 王寅:《认知语言学探索》,重庆出版社2005年版。又见束定芳:《认知语义学》,上海外语教育出版社2008年版。
③ 李福印:《认知语言学概论》,北京大学出版社2008年版。
④ 束定芳:《认知语义学》总序,上海外语教育出版社2008年版。
⑤ 赵艳芳:《认知语言学概论》,上海外语教育出版社2001年版。

## (二)认知语言学兴起的原因

认知语言学的兴起有着深刻的历史背景。

首先,起因于对乔姆斯基转换生成语言学的批评。从20世纪初到50年代中后期,美国描写语言学派作为结构主义的一个重要分支,一直雄霸美国语言学。美国描写语言学专注于语言形式的描写,忽视对意义的研究,属于形式主义语言学。20世纪50年代中后期,乔姆斯基的转换生成语言学继承了美国描写语言学派的形式主义传统,并把形式主义发展到极致。转换生成语言学极力强调语言是一个自足的系统,要求对语言寻求"内部的解释",并尽可能形式化。然而物极必反,乔姆斯基的形式主义语言学暴露出许多问题,引来许多学者的批评,他们指出语言不是一个自足的系统,解释语言现象必须联系语言外部因素尤其是认知因素才能完成,强调对语言意义、认知功能的研究。

其次,在语言学史上,一直就有重视意义和功能的传统。不仅传统语言学一向重视意义和功能的研究,结构主义的一些主要分支流派也重视意义和功能的研究,如布拉格功能学派、法国的功能主义学派和英国的伦敦学派。20世纪60年代开始兴起并与形式主义分庭抗礼的系统功能语言学,就是这种传统的继承和发展。我国古代更是注重意义的研究,结合意义和文化来研究语言是汉语语言学的传统。正是由于国内语言学的这种学术传统,认知语言学引入国内后便风靡一时,而在国际上影响甚大的形式语言学在国内却一直没能成为统治中国语言学的霸主。

再次,20世纪下半叶以来,涌现出很多新的语言学科或交叉学科(外部语言学),如语用学、篇章语言学、语言哲学、逻辑语言学、社会语言学、文化语言学、心理语言学、病理语言学、应用语言学、计算语言学等等。其中大多数的研究兴趣在语义、功能、言语、篇章上,自觉不自觉地否定了语言的自足性,积极从语言系统的外部来解释语言现象,这便形成了功能主义的新潮流。

最后,认知语言学兴起的直接原因是以雷可夫、麦考莱为代表的生成语义学的兴起以及语用学的发展①。乔姆斯基的转换生成语言学认为大脑有一种天生的"语言习得机制",认为语言学的基本任务是研究语言能力,揭示习得和使用语言的心理过程,还认为自然语言的句法是"自足的",不受语义因素的影响。雷可夫、麦考莱在语义问题上率先对生成语法发难,提出语义是语言系统的核心和基础,语义具有生成性,由此与乔姆斯基分道扬镳,后来走上认知语言学的道路。语用学是20世纪70年代兴起的一门新学科,认为必须结合语言的使用者和具体的语境来研究语义。正是因为语用学注重对意义的推导,而意义与人的认知是密切相关的,因此,语用学研究最终也走上了认知研究的道路。

---

① 赵艳芳:《认知语言学概论》,上海外语教育出版社2001年版。

## 二、认知语言学的语言观

形式与功能是语言的两个密不可分的方面,研究语言的形式和功能是语言学的两大任务,当代语言学中的各种流派大体可以归入形式主义和功能主义两大阵营,认知语言学是功能主义学派的一个重要分支。形式语言学主要是通过建立形式化的原则和规则系统,从语言结构内部来解释语言现象;认知语言学主要是通过心理、认知分析的手段,从语言外部来解释语言现象。认知语言学在语言观上与形式语言学有较大的区别,主要可以概括为以下三个方面。

### (一)语言能力与认知能力相关

认知语言学认为,自然语言既是人类认知活动的产物,又是认知活动的工具,自然语言的结构和功能是人类一般认知活动的结果和反映。人的语言能力并不是一种独立的能力,而是与人的一般认知能力紧密相关的,是人的一般认知能力不可分割的一部分。语言能力跟一般认知能力没有本质上的差别,语言能力的发展跟一般认知能力的发展有极为密切的联系。例如,一个女子长得漂亮,人们会说"她有一张漂亮的脸蛋",而不会说"她有一双漂亮的手"或"她有一个漂亮的后背",这是因为我们认识一个人的长相总是先观察这个人的脸部而不是别的部位。可见,"她有一张漂亮的脸蛋"这样的"转喻"说法不仅是一种语言现象,还跟人的认知方式密切相关[①]。

### (二)句法不自足

在形式语言学看来,句法是自足的(autonomous),是语法和语言的核心,是体现人类语言能力的最重要的方面。认知语言学却认为,句法作为语言结构的一部分不是自足的,句法跟语言的语汇部分、语义部分和语用部分是密不可分的,并没有明确的界线。认知语言学还认为,形式语言学将句法独立出来甚至将其作为核心自足系统,再分成词法、句法、语义、语用等不同的部分,完全是为了研究的方便。例如"四级还没有通过呢,就别提六级了",这个句子中的副词"还"具有语用意义,是在表达说话人的主观态度。这个"还"字句表明句法处理离不开"还"字的语用意义。可见,在表达和理解语句时,句法、语义、语用三者并没有明确的分界,而是我中有你、你中有我,三者交织在一起[②]。从词法到句法到语义再到语用,是一个渐变的"连续统"。认知语言学并不把语言现象区分为音位、形态、语汇、句法和语用等不同的层次,而是寻求对语言现象统一的解释。

形式语言学和认知语言学在句法地位认识上的不同,导致它们对待形式化

---

[①] Lakoff, G. & M. Johnson. *Metaphors We live By*. Chicago:The University of Chicago Press,1980.

[②] 沈家煊:《跟副词"还"有关的两个句式》,《中国语文》2001年第6期。

的态度也不一样。形式语言学认为句法是自足的,力求用数理逻辑对句法及其生成过程进行形式化的描写;而认知语言学认为句法是不自足的,因为句法涉及很多语用因素和认知因素,这些因素是难以形式化的。

**(三)语言知识来自语言使用**

乔姆斯基认为语言研究应该区分"语言能力"和"言语行为"。前者指说话人、听话人所具有的关于他所运用的语言的知识,包括区别句子和非句子、合法句子和不合法句子的能力,识别完整句和省略句、同义句和歧义句的能力等;后者指具体环境中对语言的实际运用。人类的言语行为只是语言的表象,制约言语行为的是人类内在的语言能力。语言知识包括两部分:一部分是人类共有的普遍语法知识(原则),是以人脑的物质结构为基础的某种属性,是先天的人类遗传机制;另一部分是个别的语言知识(参数),是通过后天经验获得的,后天的语言学习就是给这些参数赋值。认知语言学认为所有的语言知识都来自语言使用,是从具体的语言使用中概括出来的,不存在先天的语言知识或语言能力。而语言的使用是受思维认知和社会文化等因素的制约和影响的,因此,描写和解释语言能力或语言知识就需要联系思维认知和社会文化等因素,从实际的语言使用中来概括,而不能仅仅通过形式化的逻辑演绎来完成。

**三、认知语言学的主要内容**

认知语言学的研究范围较广,涉及象似性、语法化、隐喻和转喻、范畴化、主观性和主观化、意象图式和认知模式、构式语法等内容,限于篇幅,这里只能简要讲述象似性、语法化、隐喻和转喻、范畴化。

**(一)象似性**

结构主义认为语言符号的能指与所指之间的关系是任意的,认知语言学则认为语言符号及其组合不是任意的,而是受到认知的制约,具有象似性(iconicity)。象似性指人类语言的结构与人类所认识到的世界的结构恰好对应。象似包括两种类型:肖像象似和图式象似。肖像象似(imagic iconicity)指肖像与所指事物之间简单的、感官的或模仿性的象似,如拟音词的声音与所拟的声音之间具有象似性,独体的象形汉字与所指事物的整体轮廓象似。图式象似(diagrammatic iconicity)指图式自身各个部分之间的关系与所表现对象各个部分之间关系性的或结构性的象似。图式的每一个构成成分与所指之间也许没有象似性,但是图式中各构成成分间的关系却与这些成分所指间的关系具有象似性,如地图、建筑物平面图、线路图、语言结构等。在语言结构中,成分象似和关系象似对应于肖像象似和图式象似。成分象似对应于肖像象似,指各种句法成分与各种概念相对应;关系象似对应于图式象似,指句法关系与经验结构的成分之间的关系相对应。就关系象似而言,主要原则有三:距离象似原则、顺序象似原则、数量象似原则①。

### 1. 距离象似原则

距离象似原则指语言单位的距离象似于概念之间的距离,即在功能、概念以及认知方面关系越近的概念,在语表上就靠得越近;联系越不紧密的概念就分得越开。比如"小张不认为他明天以前会离去"相比"小张认为他明天以前不会离去",其否定程度较弱,因为前一句中的否定成分"不"离"会离去"较远。

多项定语的语序体现了距离象似原则。以汉语为例,当多个不带"的"的定语修饰一个中心语时,一般的排列顺序是:领属性的名词或代词—数量词—形容词—表性质的名词,例如"一双白棉袜""一件黑大衣"等。这种排列顺序有一定的认知基础:定语和中心语之间的语表距离取决于它们所代表的概念之间的距离,越是表现事物本质属性的定语就越靠近中心语,相反,那些表示事物临时的、非本质属性的定语则离中心语较远。

语言中的领属结构也体现了距离象似原则。领属关系反映的是领属者和领属物之间的关系,可分为"可让渡"和"不可让渡"两种,它们在不少语言里都有形式上的区别。汉语表领属关系的定中短语具有这一鲜明特征。例如,"他的爸爸""你的哥哥"可以说成"他爸爸""你哥哥",但"他的书包""你的水壶"却不能说成"他书包""你水壶"。这是因为"爸爸""哥哥"和"书包""水壶"比起来,不可让渡的程度更高一些,即"爸爸""哥哥"所表示的概念与领属者的距离较"书包""水壶"要近,所以前者在语言形式上可以不用"的",这样语表距离更近、更紧密。

又如,英语中限制性定语从句与非限制性定语从句的差异也是距离象似性的表现。限制性定语从句与先行词靠得近,而且在同一语调组内,因为它们在概念意义上较近。非限制性定语从句与先行词之间用逗号隔开,而且形成自己的语调,语表距离相对较远,因为它们在概念意义上不很紧密。

### 2. 顺序象似原则

顺序象似原则指语言单位的顺序象似于实际状态或事件的先后顺序。时间概念是人类认知系统中最根本、最重要的概念之一,语言符号的排列顺序在一定程度上反映了概念的先后顺序,恺撒的名言"veni, vidi, vici"(我来了,我看见了,我征服了)就是这一原则的体现。例如"我去北京坐飞机"与"我坐飞机去北京"就是不同动作次序在句法形式上的直接投射,前者是先去再坐,后者是先坐再去。

汉语复合句中的因果关系和条件关系复句,一般是原因和条件在前,结果在后,这正好符合认知世界的先因后果的次序。当然,汉语中也有原因和条件在后的句子,但在现代汉语中,这些例外一般都有形式标志。复合句中的顺承关系也

---

① 于根元主编:《应用语言学概论》,商务印书馆2003年版。

体现了顺序象似性原则,这类复句没有主从关系,但有着严格的先后相继的关系,其显著特点是循序渐进,依次顺延,所以也称为"连贯式",典型标志是"就""才""然后""于是"等关联词语。这种复句反映了客观世界、认知和语言的一致性。

3. 数量象似原则

数量象似原则指语言单位的数量象似于所表示的概念的量和复杂程度。语言单位的数量与所表示的概念的量和复杂程度成正比,即语言倾向于用更多的形式来表达更多的概念;语言单位的数量与可预测度成反比,在语言交际中,对于那些量大的信息,说话人觉得重要的信息,对听话者较难预测、理解的信息,想间接表达的信息,表达它们的句法成分也相应增多,句法结构也相对复杂。

例如英语中复数形式一般是在单数形式的基础上加复数标记-s 或其他形式形成的,复数比单数形式长,所表达的概念量也就更大。英语中形容词、副词的原级、比较级和最高级所指的概念程度渐升,语言形式也渐多,从零词尾,到-er(两个字母表示比较),再到-est(三个字母表示最高级)。

又如汉语的重叠形式都与数量概念密切相关。名词和量词重叠一般表示量大或遍指;形容词重叠一般表示程度高;动词重叠一般表示短时;重叠形式增加了语言单位的数量,与之相应的概念也增加了数量的含义。

(二)语法化

1. 语法化的定义

"语法化"(grammaticalization)通常指语言中意义实在的词语转化为无实在意义、表语法功能的成分这样一种过程或现象,即实词虚化。中国学者在13世纪就提出了实词虚化,元朝的周伯琦在《六书正伪》中说:"大抵古人制字,皆从事物上起。今之虚字,皆古之实字。"我国第一部虚词专著是元末卢以纬的《助语辞》,清代袁仁林的《虚字说》则是我国传统语文学研究实词虚化的专著。如汉语"把""被""从"等原来都是有实义的动词,现已虚化为介词。实词虚化是一个渐变的过程,因此虚化有程度的差别,实词变为虚词是虚化,虚词变为更虚的成分(如词缀和屈折形态)也是虚化。例如动词"在"变为介词"在"是虚化;从表示地点的介词变为表示时间、范围、性质、原因等的介词,这种变化则是由虚变得更虚。语法化研究的最大特色是打破共时和历时的界限,描述和解释人类语言语法系统的形成过程,解答人类语言的语法系统是如何建立起来的,人类语言的语法为什么是以这种方式构造的等问题。

2. 语法化研究的主要内容

语法化主要研究词汇的语法化、短语的词汇化、语用法的语法化以及篇章的语法化等内容。

词汇的语法化主要包括两种情形：一是实义向虚义变化，二是不太虚向更虚变化。实义向虚义的变化一般是指名、动、形三类实词虚化成介词、动态助词等意义比较虚的词，例如近代汉语动态助词"将""着"等是由动词演变而来。不太虚向更虚变化指词汇由助动词等较虚的成分向副词、助词等更虚的成分演变，例如表"可、能、会"的助动词"敢"虚化为反问副词"敢"等。又如汉语中"在"由动词虚化为介词，再虚化为时态助词，意义由表示空间虚化为表示时间，并进一步虚化为表示抽象的心理空间，如"在这种情况下""在这个问题上"。

短语的词汇化是指一个短语或其他句法单位演变成一个稳固词汇单位的过程。"今天的词法曾是昨天的句法"，说的就是有些词汇成分来自早期的句法结构。例如"恨不得"本是一个短语，在古代汉语中结构可以切分为（以 S 代表主语）：(S)恨 | (S)不 ‖ 得。在这里，"得"是实义动词，表示获得，后面带宾语，"不"否定"得"字短语，然后，"不"和"得"字短语结合起来作为一个句法单位再接在"恨"的后面。在一个合适的语境，情况可能发生某种变化，当"恨不得"由表示现实心境重新分析为未来事实，用来表示某种主观愿望时，这时"恨不得"就由短语"恨 | 不 ‖ 得 VP"化为一个固定词汇单位"恨不得 | VP"了[①]。

语用法的语法化包括两个意思。一是用语用原则来解释某些语法结构的差异现象，例如以下两个英文例子：

  (1)a. Why didn't you read in bed?（提问/建议）
   b. Why not read in bed?（建议）

a 句的直接意图是"提问"，其间接意图是"建议"，但 b 句虽然也是问句的形式却只表示"建议"。这是因为人们出于礼貌或委婉的考虑，在建议别人做某事之前最好先问一问对方没有这么做的原因，例如要建议别人坐着看书，最好先问问他没有坐着看书的原因，于是问句 a 就有了"建议"这一间接意图。这样的语用法被普遍和反复使用，就逐渐固定下来，听者听到 a 这样的问话后，不再需要凭借语用原则经历一个推导过程，而是一下子就直接得出"建议"的理解。这种隐含义进一步固定下来就会对原来的语句形式产生反作用，于是就有了 b 这样的紧缩问句形式专门用来表达"建议"，"建议"成了 b 这种句法形式的固有意图[②]。二是用语用原则来解释某些语法结构的演变现象，例如"在……下"本来表示一种空间关系，一般指"在桌下""在树下"等情况，后来"在这种形式下""在党的领导下""在同志们的帮助下"等也逐步进入这种框架，这是由于"心理意象投射"语用原则使具体空间关系逐渐扩展、演变到了抽象空间关系。

篇章的语法化指章法成分转化为句法成分和构词成分，或者松散的篇章结

---

① 王灿龙：《词汇化二例——兼谈词汇化和语法化的关系》，《当代语言学》2005 年 3 期。
② 沈家煊：《语用法的语法化》，《福建外语》1998 年第 2 期。

构演变成稳固的语法手段。例如汉语动词拷贝结构"(V+O)+(V+C)"(如"写字写累了""喝水喝多了")的产生就是篇章结构演变成稳固的语法手段。在"V(得)OC"消失以后,需要产生一种新的能同时引进宾语和补语的语法结构,这就是动词拷贝结构。它来自两个独立的单句,第一个单句的动词引进一个宾语,第二个单句的动词引进结果补语,此时两个动词并没有任何制约关系,是一种话语结构。可是一旦成为动词拷贝结构,只有第二个动词才能具体标记与时间信息等有关的语法形式①。简言之,动词拷贝结构是篇章结构语法化的结果。

3. 语法化的机制

语法化的机制较多,但最主要的是重新分析(reanalysis)。重新分析是指表层形式相同的结构,其内部构造因语用或其他原因被重新分析,从而从底层上改变了音位、词法或句法的结合方式,对原来的形式或意义作出新的解释。例如英语连词 since 由表示时间到表示原因,其过程就是一个重新分析的过程。这个虚化的过程如下:

(2)a. I have read a lot since we last met.(时间)
　　b. Since Susan left him, John has been very miserable.(时间/原因)
　　c. Since you are not coming with me, I'll have to go alone.(原因)

a 句里的 since 表示时间;b 句里的 since 既可以分析为表示时间,也可以分析为表示原因;c 句里的 since 一般分析为表示原因。就这样,原因义取代了原来的时间义,于是 since 实现了重新分析②。又如"被"字句的产生过程也是一个重新分析的过程,"被"字后面可以跟名词,也可以跟动词,而汉语中名词和动词是没有形态区别的。在"亮子被苏峻害"(《世说新语·方正》)这样的句子中,"害"可以理解为名词,这时"苏峻"作"害"的定语,"被"就是"遭受"义动词,全句为主动句,即"亮子遭受到苏峻的迫害"。如果把"被"理解为介词,"害"理解为动词,则"苏峻"就成了施事者,全句就变成了被动句。句子仍旧是原来的句子,但由于人们理解的变化,这个句子被重新分析并被赋予了一种新的含意,"被"字句也就由此产生了③。

(三)隐喻和转喻

传统语言学把隐喻(metaphor)和转喻(metonymy)看作语言层面上的修辞格,自 20 世纪 80 年代以来,隐喻和转喻被认知语言学看作思维和认知方式,是人们认识和表达抽象概念的工具。

---

① 石毓智、李讷:《汉语语法化的历程——形态句法发展的动因和机制》,北京大学出版社 2001 年版。

② 沈家煊:《认知语言学与汉语研究》,载刘丹青主编《语言学前沿与汉语研究》,上海教育出版社 2005 年版。

③ [日]太田辰夫著,蒋绍愚、徐昌华译:《中国语历史文法》,北京大学出版社 1987 年版。

## 1. 隐喻

认知语言学的隐喻是一种认知机制，在这一机制中，一个认知域被部分地映射(mapped)于另一认知域上，后者由前者而得到部分的理解。前者叫来源域(source domain)，后者叫目标域(target domain)。在"Life is a journey"隐喻中，源域是"旅行"，目标域是"人生"，从"旅行"域映射到"人生"域上。源域包括以下显著属性：①旅行者；②旅途的起、止点，旅程，方向等；③旅程中的各种经历。在这一概念隐喻的理解过程中，旅行的各种属性被系统地映射到了"人生"这一目标域上。因此，人生与旅途一样，是一个有起点、终点的过程，同时，在人生旅途中，并不可能总是一帆风顺，会经历一些坎坷。因此，英语中有这样的表达法，如"I am at a crossroads in my life"；汉语中也有类似的表达法，如"现在我正处于人生交叉口"。在隐喻理解过程中，源域的结构特征被系统地映射到目标域中，并成为目标域结构特征的一部分，因此，源域决定了目标域的意义。

作为人们思维、行为和表达思想的系统方式的隐喻主要有三类：结构隐喻(structural metaphor)、方位隐喻(orientational metaphor)和实体隐喻(ontological metaphor)①。结构隐喻指以一种概念的结构来构造另一种概念，使两种概念相叠加，将描述一种概念的词语用于描述另一种概念。以"时间就是金钱"为例，用于谈论"金钱"的词语都可以用于"时间"，时间被当作和金钱一样宝贵的东西，如"花时间""浪费时间""节约时间"等。在"时间就是金钱"的概念隐喻中，时间概念是通过金钱概念来组织和理解的，构成金钱概念的许多"次概念"被映射在时间概念上。方位隐喻是参照空间方位而建立的一系列隐喻概念。空间方位是人们赖以生存的最基本的概念：上一下，前一后，深一浅，远一近等。方位概念是人们较早产生和理解的概念，在此基础上，人们将其他抽象的概念，如情感、精神、身体状况、社会地位、数量等投射到这些具体的方位概念上，形成了用方位词语表达抽象概念的方位隐喻。以"HIGH STATUS IS UP；LOW STATUS IS DOWN"为例，"上级—下级""上台—下台""上岗—下岗""上场—下场""上士—下士""上层—下层"等等，这些概念反映的社会地位、权力等与空间上下结构相匹配，社会地位高、权力大为上，相反为下。实体隐喻指人类把对物体和物质经验的词语用于谈论抽象的、模糊的思想、感情、事件、心理活动等无形的概念，把这些抽象的概念视为实体而使其变得有形。在实体隐喻中最典型的是容器隐喻(container metaphor)。通过呼吸、饮食等经验，我们把自身看作一个有范围、有表面、能量化的容器，由此拓展，将其他物体以及一些更为抽象的活动、行为、状态等看作是容器，这样就把容器概念投射到了其他抽象概念上，诸如事件、行为、活动、状态、视野等。例如："He is in good mood today.""Out of

---

① 赵艳芳：《认知语言学概论》，上海外语教育出版社2001年版。

sight, out of mind."两句中的"mood""sight""mind"都被看作容器。

2. 转喻

认知语言学的转喻是一种认知机制,指在两个相关认知域之间用一个突显的事物代替另一事物,转喻的来源称为转喻源(metonymy source),转喻所指向的概念称为转喻目标(metonymy target)。事物、事件和概念有多方面的属性,人的认知往往更多地注意到那些最突出、最容易记忆和理解的属性,即突显属性。船上的船员,英语用"hand"表达,汉语用"水手"表达,因为船员在船上最忙碌的就是一双手,这里用转喻源"手"转喻船员。又如"壶开了"是用转喻源"壶"转喻目标"水","壶"与"水"同在"容器—内容"认知框架内,两者关系密切,"壶"在认知上比"水"突显,激活概念"壶"自然会激活概念"水"。事物突显度的差异有一些基本规律,如整体比部分突显(刀—刀柄),容器比内容突显(壶—水),当然,突显度有一定的主观性,当人把注意力有意识地集中到某事物时,一般不突显的事物也成了突显事物[①]。

转喻常常发生在整体与部分之间,整体与部分之间的转喻,有些是用"部分"转喻"整体",有些是用"整体"转喻"部分"。前者如用"心肝"转喻"宝贝",用"国脚"转喻"著名足球运动员",用"新面孔"转喻"不熟悉的人",等等。后者如"手里拿着刀",拿的只是刀柄,这里用"刀"转喻"刀柄";"她戴着帽子"只是头戴着帽子,这里用"她"转喻"她的头";"自行车没气了"只是自行车的轮胎没气了,这里用"自行车"转喻"自行车的轮胎";等等。

当然,其他方面的转喻还有很多:用事物与事物的属性转喻,如"细软";用动作与相关的人、物、现象(包括动作的主体、客体、工具、材料、时间、处所、方式、原因、结果、目的等等)转喻,如"编辑、裁缝";汉语的"的"字短语就是一种常见的转喻形式,如"开车的、吃的、切菜的"。转喻的依据是事物现象之间的相关性,而相关是非常宽泛的概念,有各种各样的相关性就有各种各样的转喻。

(四)范畴化

"范畴"一词有广义和狭义之分。广义的范畴是指对事物现象的各种分类归类,与"类型、范围"的意义基本相同。狭义的范畴特指某些学科领域对事物现象的最大的或最基本的分类,如"哲学范畴""逻辑范畴""语法范畴""时间/处所/数量/物质/精神范畴"等等。认知语言学中的"范畴"一般用于广义。

"范畴化"就是指对事物现象进行分类归类,形成各种概念,并用特定的语言形式表示。认知语言学中的范畴化理论主要研究人们是如何认知事物现象并进行分类归类的,范畴之间有什么样的联系,语言又是如何表示这种分类和联系的。具体来说,范畴化理论主要涉及典型范畴理论、基本层次范畴理论、不对称

---

[①] 沈家煊:《"转指"和"转喻"》,《当代语言学》1999年第1期。

与标记理论、意象图式理论、概念合成理论等等。其中有些与象似性、语法化、隐喻和转喻也有密切联系。这里只简要谈谈典型范畴理论、基本层次范畴理论。

1. 典型范畴

典型范畴(prototype-based category)又称原型范畴,是指有典型成员与非典型成员区别的范畴。典型范畴的基本特征是:范畴内的成员缺乏充分的一致性,无法用一组充分必要条件概括范畴的特征。范畴成员有典型与非典型之分,其中典型成员与范畴内成员的共有特征最多,与相邻范畴成员的共有特征最少,是分类归类的依据和范例。典型范畴的边界是模糊的,与相邻范畴的界限不清。从典型成员到非典型成员,到非范畴成员是逐渐过渡的。例如"鸽子""麻雀""燕子""喜鹊"等是"鸟"的典型成员,"鸵鸟""企鹅""鸡""鸭""鹅"等就是"鸟"的非典型成员;"苹果""梨子""葡萄""香蕉""橙子"等是"水果"的典型成员,"西瓜""黄瓜""菜瓜"等就是"水果"的非典型成员。

典型范畴中典型成员的主要特征有:

其一,同一范畴中作为例子提及频率较高。例如要求被试举出水果的例子,则苹果、梨子、葡萄、香蕉等典型的水果的提及频率较高。

其二,同一范畴中儿童较早习得。

其三,同一范畴中与其他成员相似度较高。

其四,同一范畴中较容易确认(确认速度较快)。

形式语言学和传统语言学持一种离散范畴观,认为每个范畴都有自己的特定内在特征,符合某些特定内在特征的就成为某一范畴的成员,反之则不然。认知语言学则认为语言范畴大多是典型范畴而不是离散范畴。典型范畴的个案研究,主要有游戏、水果、蔬菜、颜色、鸟、家具、武器等。在语言学中,研究较多的有词类范畴、领属范畴等。

2. 基本层次范畴

典型范畴理论是关于词语横向聚合关系的重要理论,基本层次范畴理论则是关于词语纵向聚合关系的重要理论。词语的纵向聚合关系构成上下级层级关系,主要包括上下义关系和总分关系。

基本层次范畴(有时简称基本范畴或基本层次)理论认为,在词语的层级系统中,存在某个基本层次范畴。无论是从认知上看还是从语言上看,基本层次范畴都是最重要的最基本的范畴。雷可夫曾经总结了基本层次范畴的10个特点:

其一,可以感知范畴成员相似外形的最高层次。(如"桌子""椅子"等家具类。)

其二,能通过一个心理意象反映整个范畴的最高层次。(如各种动物、树。)

其三,人们采用相似运动神经操作与范畴各成员相互作用的最高层次。(如各种刀的操作方式非常相似。)

其四,主体能够以最快的速度确认范畴成员的层次。(如各种鸟。)

其五，范畴成员最经常使用的名称。

其六，儿童命名和理解的第一个层次。

其七，最先进入语言词汇的层次。

其八，在拼写上具有最短的基本词项的层次。

其九，词汇在中性语境下使用的层次。（非标记性，如蛋、鱼、肉、刀、枪等等。）

其十，我们的绝大部分知识得以组织的层次。（基本层次范畴往往作为词根构成下位范畴，如猎狗、手枪、菜刀、树叶、刀刃、鸡腿等等。）

基本层次范畴一般处于范畴层级的中层。高于基本层次范畴的，就属于上位范畴，低于基本层次范畴的，就属于下位范畴。如"枪"属于基本层次范畴，"武器"就是"枪"的上位范畴，"手枪"就是"枪"的下位范畴。又如"树"属于基本层次范畴，"植物"就是"树"的上位范畴，"桃树""杨树"等，"树根""树干""树枝""树叶"等都是"树"的下位范畴。

**思考与练习**

一、简述认知语言学兴起的原因，并用自己的例子说明认知语言学的语言观。

二、什么是象似性？举例论述距离象似原则、顺序象似原则和数量象似原则。

三、什么是语法化？举例论述词汇的语法化、短语的词汇化、语用法的语法化以及篇章的语法化。

四、什么是隐喻和转喻？认知语言学的隐喻和转喻与修辞学的隐喻和借代有什么区别？举例论述隐喻和转喻。

五、用自己的例子说明什么是典型范畴、基本层次范畴。

## 第三节　社会语言学和文化语言学

社会语言学与文化语言学、人类语言学、民族语言学的关系都特别密切，这些学科的很多研究内容是重合的。文化语言学可以看作人类语言学的继承和发展，民族语言学可以看作人类语言学和文化语言学的分支。而社会语言学与文化语言学的关系更为复杂，二者有许多共同性，也有一些差异性，需要仔细分辨，这里我们把二者放在一起比较。

### 一、社会语言学和文化语言学的兴起

（一）社会语言学的兴起

社会语言学是研究语言与社会的相互关系的学科。社会语言学产生于20世纪60年代中期，但在1952年就有人提出了"社会语言学"这个术语，只不

过当时没有引起人们的注意。1964年,一些社会学家和语言学家联合在美国洛杉矶加利福尼亚大学召开了首届社会语言学会议,同年又在美国印第安纳州立大学语言学院召开了一次社会语言学讨论会,这时,社会语言学这门学科才算正式形成。首次社会语言学会议的论文集于1966年出版,同时美国的社会语言学家开始大规模开展社会语言学的调查研究,社会语言学就迅速发展起来。在美国兴起的社会语言学被逐步推广到其他国家,到20世纪80年代,社会语言学已经成了世界范围的成熟的学科,成为综合性语言学科中影响最大的学科。

社会语言学的兴起有着深刻的历史背景。

首先,社会语言学的产生是语言学发展的必然趋势。联系社会文化来研究语言,这本来是从古希腊时期就延续下来的学术传统,只不过古代的研究不成系统。这一学术传统在19世纪末至20世纪初形成了一个高潮,其主要标志就是人类语言学的兴起。但是从结构主义语言学到乔姆斯基的转换生成语言学,语言学的主流都是只关注语言结构本身的研究。索绪尔虽然提出了区分内部语言学和外部语言学,区分语言与言语,但是他明确强调语言学的主要任务是研究语言结构本身,主要应该研究语言而不是言语。乔姆斯基的转换生成语言学在这一点上更是走上极端,他完全排除语言与社会文化的关系,只研究人的语言能力,研究"理想的说话人",研究语言的共性,把语言学视为心理学的分支。由于结构主义语言学和转换生成语言学的巨大成功,对语言与社会文化的关系的研究受到压制而处于低谷。但是,结构主义语言学,特别是转换生成语言学的成功背后又逐步暴露出其局限性。很多学者认识到,只研究人的语言能力是不够的,一个人仅仅掌握了语言能力,并不能有效地运用语言进行交际,还需要一定的交际能力。"理想的说话人"是不存在的,任何人都是生活在一定社会环境中受社会环境影响和制约的,不同的人使用语言是有差异的。不能仅仅把语言学看成心理学的分支,更应该把语言学看成社会学的分支,因为语言的本质就是社会交际的工具,研究语言就不能不研究语言与社会的关系。所以不少学者都对乔姆斯基的理论提出批评,针对乔姆斯基的"语言能力"提出了"交际能力",即得体的使用语言的能力,认为研究交际能力就必须联系社会文化来研究语言的社会功能,研究语言的社会变异。

其次,20世纪60年代社会的发展促使社会语言学兴起。在60年代的西方各国,特别是在美国,各种社会矛盾日益加剧,种族歧视问题、民族冲突与民族和解问题、阶级偏见问题、就业平等问题、男女平等问题等都涉及语言问题,涉及语言与社会文化的关系。为了解决这些社会问题,就必须联系社会来研究语言,联系语言来研究社会。如美国的黑人问题是突出的社会问题。黑人就业机会少,是因为他们文化水平低,文化水平低是因为他们语言能力差,语言能力差又与语言教育问题密切相关。美国是一个移民国家,有很多少数民族,少数民族的语言政策和语言教育问题,是突出的社会问题。这些问题都需要社会学家和语言学家来共同研究。这些社会问题是促使社会语言学兴起的社会原因,也是社会语言学先在美国兴起的原因之一。

此外,当代学科发展的综合化趋势,不同学科及学派之间的相互影响,包括语言学内部其他分支学科的相互影响,特别是社会学、人类学、民族学、传播学、控制论、社会心理学、语用学、应用语言学以及功能语言学等学科和学派的影响,也都是促使社会语言学兴起的重要原因。

(二)文化语言学的兴起

文化语言学是研究语言和文化的相互关系的科学,主要是由西方人类语言学(anthropological linguistics)发展而来的。人类语言学产生于20世纪初,属于人类学中文化人类学的一个分支。人类语言学主要研究没有文献史的民族的语言与文化,而文化语言学研究人类所有语言和文化。文化语言学在形成和发展过程中,也受到社会语言学、应用语言学等学科的影响。

文化语言学是我国学者1985年开始提出的。文化语言学提出之后,很快在全国范围内掀起了一个热潮。北京、上海、武汉等地纷纷召开关于语言与文化的学术研讨会,各高校相继开设文化语言学课程,发表了很多论文,还出版了一些著作。日本等国家或地区也对中国的文化语言学进行了介绍。文化语言学在中国兴起,有多方面的原因。

第一,我国有悠久的语文学传统,一般称为"小学",包括音韵学、文字学和训诂学。小学一直是为经学服务的,研究音韵、文字、训诂主要是为了解释古代的经典文献,继承传统文化。因此,中国的传统语文学一直是把语言与文化结合起来研究的,甚至可以说今天的文化语言学也是中国传统语文学的继承和发展。

第二,中国现代语言学一开始(以1898年马建忠的《马氏文通》出版为标志)就深受西方语言学的影响,特别是语法学,更是深受西方形式主义语言学的影响。中国现代语言学逐步脱离了联系文化研究语言的学术传统,主要用西方形式主义的理论方法来研究汉语。经过几十年的研究,许多学者认为,西方语法比较重视形式,汉语语法则不重形式而重意义,用西方形式语言学的理论方法不能很好地解释汉语。有人主张摆脱西方形式主义理论方法的束缚,恢复人文主义的传统,从文化的角度解释汉语。这是中国文化语言学兴起的一个重要原因。

第三,20世纪70年代前后,西方语言学反对形式主义、提倡人文主义的学术思潮逐渐兴起,尤其是社会语言学、应用语言学和功能语言学影响越来越大。中国改革开放以后,西方人文主义学术思潮迅速传入,并且似乎比较适应中国人文主义学术传统的土壤。学科之间的交叉研究也成为当今学术发展的潮流,仅语言学科就形成了一大批综合性、交叉性学科。因此文化语言学一经提出,就在中国语言学界得到了广泛的响应,很快形成了热潮。

**二、社会语言学和文化语言学的关系**

(一) 共同性

社会语言学研究语言与社会的相互关系,文化语言学研究语言与文化的相互关系。可是社会和文化密不可分,社会现象与文化现象是完全重合的,所有的社会现象都是文化现象,所有的文化现象也都是社会现象。社会与文化的关系就像等边三角形和等角三角形的关系一样。社会科学与人文科学几乎就是同义词。社会现象和文化现象都具有超个人性和超自然性,只不过社会现象凸显的是超个人性,文化现象凸显的是超自然性。所以与其说社会语言学与文化语言学的研究对象不同,不如说二者的研究角度和侧重点有所不同。从具体的研究情况来看,很多社会语言学论著都把文化语言学的内容纳入自己的范围,反之,许多文化语言学论著,也把社会语言学的内容纳入自己的范围。例如社会语言学的主要研究内容包括语言的社会变异、语言接触、双语(多语)现象、语言政策、语言规划等问题,这些内容都被包含在文化语言学的研究范围之中。

关于社会语言学和文化语言学的研究范围,目前学术界还没有统一的看法。文化语言学和社会语言学都处在发展过程之中,它们在发展中互相影响、互相渗透,甚至有合流的趋势。这两门学科是分是合及如何分工,还需看今后的发展趋势。

(二) 差异性

就目前社会语言学与文化语言学的研究内容来看,这两门学科有相当多的研究内容是重合的,但是总的来说,文化语言学的内容更为广泛,几乎可以包容社会语言学的全部内容,而社会语言学难以包容文化语言学的全部内容。

第一,社会语言学主要是研究发达的复杂社会的语言状况的,而不大涉及文明前的简单社会的语言状况。这一点与文化语言学尤其是与其前身人类语言学明显不同,人类语言学与社会语言学恰恰相反,而文化语言学则是兼容并蓄。在这一点上,可以说文化语言学包容了社会语言学。

第二,社会语言学一般是以一个社会内部的言语共同体的语言状况为研究对象,而不大关心不同社会的语言状况的系统比较。而文化语言学除了研究一个社会内部的语言和文化的关系之外,还要研究比较不同社会的文化类型和语言类型的异同。

第三,社会语言学主要关心社会语言的现状,只是在说明语言的社会变异的前因后果时,才涉及它们的历史。而文化语言学不仅关心语言和文化的现状,而且非常重视语言和文化的历史发展过程。如关于词源、字源与文化发展史的关系,就是文化语言学的主要内容之一,但一般不会纳入社会语言学的范围。

第四,社会语言学主要关心言语交际方式的选择及其社会条件和社会意义,而不大关心语言结构系统本身。文化语言学则对语言结构系统和言语交际行为两方面都给予同样的重视。文化语言学不仅可以包括语言变异和文化变异的相互关系,其中包括历史变异、社会变异、地域变异等,而且包括语言的结构系统与文化系统的相互关系。比如亲属称谓系统与婚姻家庭制度和观念的相互关系,时间、方位词语与时空视点的关系,语法结构类型与文化心态的关系等等,这些内容一般来说不属于社会语言学范围,而属于文化语言学的范围。

第五,社会语言学把言语交际活动看作一种社会行为,重点研究言语行为规范与其他社会行为规范的关系,对于文化语言学来说,这些内容都属于语言与制度文化和精神文化的关系。文化语言学不仅要研究上述内容,还要研究语言与物质文化、智能文化的关系,如通过语源、字源来了解古代物质文化和智能文化就属于文化语言学的范围,而不属于社会语言学的内容。

**三、社会语言学的主要内容**

社会语言学主要研究语言的社会功能、社会因素对语言的影响,重点研究语言变异与社会变异的共变关系。社会语言学的主要内容可以分为微观研究和宏观研究两大部分。

(一)微观社会语言学研究

微观社会语言学主要研究语言的社会变异,即各种社会群体使用语言的差异,包括不同社会区域、社会地位、文化程度、性别、年龄、社会关系、家庭环境等的人在不同交际场合使用语言的差异,这些差异形成的原因和规律,以及这些语言变异的交际作用和社会意义。

微观社会语言学主要研究三种语言变体——地域变体、社会变体和功能变体,而以社会变体为核心。地域变体就是地域方言,社会变体就是社会方言,功能变体就是语域和语体,语域指不同的交际场合,包括从最正规的交际场合到最随便的交谈等若干层次,语体指语言运用的风格,包括口头语体和书面语体,书面语体又分政论语体、科技语体、文艺语体、事务语体等等。

微观社会语言学与历史语言学有重合之处,因为二者都是研究语言变异的。语言变体属于语言分化现象,也是历史语言学的研究对象。如社会方言和地域方言,已在历史语言学部分谈过。不过历史语言学主要从历史发展的角度研究语言变体的形成原因和发展趋势,重点是地域方言、亲属语言。社会语言学主要从社会功能的角度研究语言变体,研究各种语言变体的使用规律及其在语言交际中的不同作用,重点是社会变体和功能变体。

早期的社会语言学主要是进行微观的研究,被称为城市方言学派。他们主要研究大城市中各种社会群体的语言差异,以美国的拉波夫(W. Labov)为主要代表。例如拉波夫1966年对纽约市民进行发音调查就是经典的例子。

纽约市民对英语 car、cart、four 等词语中元音后面的/r/是否发音,似乎没有什么规律,以前人们把这种现象看成是自由变异。但是拉波夫经过广泛的调查和统计分析,发现/r/是否发音具有明显的规律性。/r/是否发音主要与两个因素相关,一是说话人的社会阶层,二是交际场合。一般来说,社会地位越高的人,交际场合越正规,/r/发音的比率越高。因此/r/发音的比率就成为说话人社会地位的标志,也反映出说话人对交际场合的态度。

(二)宏观社会语言学研究

宏观社会语言学主要从社会学的角度研究语言问题,又称为语言社会学,以美国费希曼(J. A. Fishman)为主要代表。其主要内容有:语言接触、双语(多语)现象、语言政策、语言规划等问题。

宏观社会语言学的研究内容,与历史语言学和应用语言学的内容重合。如语言接触、双语现象等也是历史语言学的内容。不过社会语言学侧重从语言的社会功能的角度研究语言接触、双语现象,如语码转换就是社会语言学的一个研究重点。

语码转换是指在同一交际过程中变换使用两种或多种语言或语言变体。说话人之所以要进行语码转换,首先是因为不同的语码具有不同的社会地位和社会功能,说话人试图通过转换语码实现一定的交际目的,如显示自己的身份、突出交际双方的某种社会关系等。如一位妇女通过印度和尼泊尔交界处的边境检查站时,被一位士兵拦住,说她携带的茶叶太多,要罚款。这位妇女先用尼泊尔语争辩说她带的茶叶没有超过规定的量,当听出士兵的口音时,她改用尼瓦尔语恳求他看在老乡的面子上放她过关,最后她又用英语说制度有问题,暗示她对腐败不满,同时显示她是有教养的人,并不想走私几盒茶叶。结果士兵果然放过了她[①]。

语言政策、语言规划等问题,也属于应用语言学的内容,将在应用语言学部分介绍。

**四、文化语言学的主要内容**

文化语言学的研究内容可以概括为三个主要方面:第一个方面是文化语言学的基本理论,主要研究语言与文化的相互关系。另外两个方面则是文化语言学的两个研究视角,一是从语言看文化,二是从文化看语言。但是从具体的研究论著来看,这三个方面的内容常常是结合在一起的。

(一)语言与文化的关系

语言与文化的关系包括三个层次:一,人类的语言和人类文化的一般关系;二,一种类型的语言文化和另一种类型的语言文化的关系,如中国的语言文化与西方的语言文化的关系;三,一种语言和一种文化的关系,如汉语与汉民族文化的关系。根据研究对象的不同层次,文化语言学可分为三个分支——普通文化

---

[①] 转引自祝畹瑾:《社会语言学概论》,湖南教育出版社1992年版,第199—200页。

语言学、比较文化语言学和具体文化语言学,如汉语文化语言学或中国文化语言学。不过在具体的研究论著中,这三个层次常常是结合在一起的。

就人类语言与人类文化的一般关系来说,语言本身是一种制度文化,同时语言又是反映人类文化的一面镜子,是文化传播和继承的工具,语言对文化的发展有重要影响。关于这方面的内容,已经在第一章第三节"语言与文化"部分介绍过了。

关于一种类型的语言文化和另一种类型的语言文化的关系,研究较多的是中西语言文化的比较。不同类型的语言之间的差异,很大程度上是由不同类型的文化差异决定的。汉语与英语等印欧语系的语言,无论是在语言系统还是语言运用上,都有许多差异。其中语汇系统和语法系统的差异,以及语言运用方面的差异,与文化差异密切相关。

语汇系统方面的差异最典型的是亲属称谓系统。汉语的亲属称谓系统划分很细,英语等亲属称谓系统划分很粗。如汉语中的"伯伯""叔叔""舅舅""姑父""姨父"等,英语只用 uncle 一个词表示。这显然与汉人非常重视亲属关系,西方人不太重视亲属关系的文化观念密切相关。再如中国人的社交称谓,一般通称用"同志""师傅""先生""女士"等,但这些通称使用场合都有限制,在日常生活中,常常借用亲属称谓或表示职务身份的词语进行称谓,如"大爷""大妈""大哥""大姐""张科长""刘主任""周经理""李会计""马医生""王老师"等等,以突出被称呼人的地位身份或者显示亲切;而西方人的社交称谓一般用通称,只分"先生""太太""女士""小姐"等,以职务身份相称的比较少。这种称谓系统上的差异显然与中国人特别看重人际关系,而西方人对人际关系比较淡薄的观念密切相关。

语法系统方面的差异,最明显的是汉语缺乏丰富的形态变化,不重形式而重意义。汉语的词语搭配也很灵活,常常不要任何形式标志。如以"吃"为例,汉语的"吃食堂""吃大碗""吃筷子""吃小炒""吃火锅""吃床板""吃大户""吃力气饭""靠山吃山"等等,翻译成英语等一定要加上介词,不可能直接构成动宾关系。汉语语法重意合不重形合的特点,与汉民族的重神似不重形似的文化心态密切相关。这种民族文化心态表现在汉民族文化的许多方面。例如中国画与西洋画的差别就十分明显。中国画无论是画人物还是画风景,都重神似而不重形似,传统西洋画一般非常重视形似,人物、风景都非常逼真。再如中国传统戏剧的人物动作、服装道具等都是象征性的,不讲究逼真,而西方传统戏剧则非常讲究逼真。

语用方面的差异,有很多也与文化密切相关。例如汉语用狗来比喻人时,一般都是贬义,而法语常常用狗比喻忠实的朋友和可爱的少女。这种差异显然与中法养狗的目的不同密切相关。中国人养狗主要用于看家,而看家狗对主人很驯服,对其他陌生人则很凶狠。所以中国人常常用狗比喻奴才帮凶。法国人养狗主要是作为宠物玩赏,所以法国人用狗比喻忠实的朋友和可爱的少女,看重的是狗的忠实和可爱。再如中国人和西方人都要遵守言语交际的礼貌原则,但是中国人的言语交际更讲究谦虚。中国人请客人吃饭,无论菜多么丰盛,总要说没什么像样的菜;受到别人称赞,总会说"哪里哪里!"这些礼貌用语常常造成西方人的误解。许多去西方国家留学的人都有这种体会,按照中国人的方式表示谦虚,常常会被西方人误解为缺乏自信或者显得虚伪。再如中国人表示对朋友的关心,常常会问别人的年龄、职业、工作单位、收入、家庭情况等等,而西方人则认为这些问题都是个人隐私,而打探别人的隐私被西方人认为是极不礼貌的行为。在中国如果一个男人对一位陌生的姑娘说"你真漂亮!"往往会被认为是有企图,而西方的姑娘听了则会说"谢谢!"所有这些,都与中西伦理道德观念的差异密切相关。

中国的文化语言学研究最多的还是汉语与中国文化之间的关系。这方面的研究范围十分广泛,从语言的角度来看,涉及语音系统、语汇语义系统、语法系统、文字系统、语言运用、语言的发展演变、语言的分化、语言接触、语言教育、语言政策和语言规划,以及语言的信息处理等等,几乎是无所不包。不过就研究重点来说,主要集中在以下几个方面:

一是汉语语汇语义系统与中国文化的关系。例如汉语的人名、地名、机构名、店名、商标名等专有名词与文化的关系,就是一个研究重点。先秦时期人名多以天干地支配合和阴阳五行命名。天干就是甲、乙、丙、丁、戊、己、庚、辛、壬、癸,地支就是子、丑、寅、卯、辰、巳、午、未、申、酉、戌、亥,五行包含金、木、水、火、土。商代的帝王都以天干为名,如武丁、祖庚、祖甲、廪辛、庚丁、武乙、太丁、帝乙。周秦普遍以天干地支配合阴阳五行为名,就说明当时阴阳五行的文化观念很流行。现在还有一些人名用字或偏旁包含"金""木""水""火""土"。汉代的人名充满了儒家文化色彩,如汉代人的名字中很多包含"德""公""子""文""祖""宗""先"等反映儒家思想的字。仅以《三国演义》中人物的名字为例。刘备字玄德,张飞字翼德,曹操字孟德,袁术字公路,陈宫字公台,周瑜字公瑾,曹丕字子桓,曹彰字子文,曹植字子建,曹仁字子孝。名字中含光宗耀祖之义的也很多,如恭祖、德祖、光祖、思祖、敬祖、仪祖、则祖、继祖、兴祖、绍祖、胤宗、继宗、敬宗、耀宗、继先、嗣先、奉先等等。这种传统延绵至今,仍有一定影响。此外,魏晋南北朝时期的人名充满了佛教文化色彩[①],"文化大革命"时期的人名充满了"文革"色彩。又如汉语传统人名中很多都包含排行字,这与中国人的宗族观念密切相关。

又如汉语的亲属称谓和社交称谓系统、汉语的词义变化等与中国文化的关系,也是研究重点。

---

[①] 参见吕叔湘:《南北朝人名与佛教》,《中国语文》1988年第4期。

二是古代汉语汉字与中国古代文化发展的关系。古代汉语汉字和古代文献是研究中国古代文化发展的主要途经。这方面的研究包含的内容也很丰富，涉及中国古代物质文化、智能文化、制度文化和精神文化的各个方面。

关于古代汉语汉字与中国古代物质文化和智能文化的发展，从最初的采集和捕猎，发展到种植和畜牧，再到纺织和陶冶等等，都有一些研究成果。特别是中国古代的丝绸文化、陶瓷文化和茶文化，都曾经闻名于世。所以这方面的研究成为重点。

关于古代汉语汉字与中国古代制度文化和精神文化的关系，主要涉及中国古代的婚姻家庭制度、宗法制度和宗法观念，古代巫术和艺术的发展，伦理道德观念和价值观念，等等。如"舅""姑"在古代既可指舅舅、姑姑，又可指公公、岳父和婆婆、岳母，这与汉族的中表世代联姻制度密切相关。如秦姓与晋姓世代联姻，秦女都嫁给晋男，晋女都嫁给秦男。"舅"本指母之兄弟，"姑"本指父之姐妹。由于中表世代联姻，女儿成年后要嫁给舅舅的儿子，成为舅舅的媳妇，舅舅就又成了公公。而"姑"又是"舅"之妻，女儿出嫁后，"姑"又成了婆婆。所以"舅""姑"既可指舅舅、姑姑，又可指公公、婆婆，因为女子的舅舅和公公是同一个人，姑姑和婆婆也是同一个人。对于男子来说，舅舅和姑姑本为夫妻，男子娶舅姑之女后，舅姑就成了岳父岳母，即男子的舅舅与岳父同为一人，姑姑与岳母同为一人。

三是汉语方言与中国文化变迁的关系。这方面的研究重点主要包括地域方言的成因与文化的关系、方言与民俗的关系、方言语汇与地域文化差异、方言地名与历史文化变迁、方言与地方文学艺术等等。

地域方言形成的原因本身就是与文化相关的。方言形成的主要原因是交际的阻碍和异族语言的影响，而造成交际阻碍的因素又包括人口迁徙、社会割据和地理屏障。除了地理屏障之外，其他方面都显然属于文化因素。地理屏障似乎是自然因素，与文化无关。其实地理屏障只有在交通不发达的情况下才会造成交际阻碍，而交通状况属于文化因素，因此地理因素仍然与文化相关。

汉语方言的形成与移民有很大的关系。汉语六大南方方言——闽方言、粤方言、吴方言、湘方言、赣方言、客家方言，都是由于北方汉人南移，并与南方少数民族的语言融合形成的。如吴方言最早是由商代周人南移至苏州、无锡一带而形成的。湘方言源于古楚语，商末中原地区（今河南、河北、山东、山西一带）的人南迁至今湖北境内，创立楚国，形成古楚语。楚人在战国初期攻占今湖南一带，并通行古楚语。古楚语逐步演化为今天的湘方言。而今天湖北和湖南境内的西南官话则是后来北方人南迁而带入的北方话。粤方言是秦始皇统一中原以后，秦人攻占越人居住的岭南地区，留下50万士兵戍守而形成的。闽方言是汉末三国时期江浙一代吴方言区的汉人迁入福建，与当地的闽越族发生语言融合而形成的。赣方言和客家方言则是东晋南朝时期北方人南移至赣中、赣北地区而形成的。所以汉语方言形成和发展的历史与汉族文化发展变迁有非常密切的关系。

四是汉语的借词与民族文化交流的关系。汉语的几次大规模的借词,与几次大规模的民族文化交流密切相关。一是汉代张骞出使西域(今中亚一带)以后,开通丝绸之路,西域文化和西域借词大量传入,如"葡萄""石榴""槟榔""苹果""苜蓿""菠菜""茉莉""没药""狮子""八哥""玻璃""琉璃""祖母绿""琥珀""箜篌""唢呐"等等。二是从汉末到唐代佛教文化和借词的传入,如"佛""魔""塔""刹那""和尚""比丘尼""罗汉""夜叉""劫波""沙门""沙弥""涅槃""伽蓝""瑜伽""般若"等等。三是西方近现代文化和借词的传入。其中有直接从英语、法语等欧洲语言借入的音译词,还有大量经过日本转借的借形词。有些表示外来事物的词用意译的方式创造新词,或者用"胡""番""洋"等构成新词,如"热狗""蜜月""足球""胡琴""胡笳""胡椒""胡麻""胡瓜""胡葱""胡萝卜""番薯""番茄""洋油""洋火""洋线""洋布"等等。这些词不算借词,但是与民族文化交流密切相关。当然汉语借出去的词也不少,向汉语借词的主要是国内少数民族和与中国毗邻的国家,如日本、朝鲜、越南以及东南亚国家。有关这方面的内容,第七章第四节"语言接触"部分已经谈过,这里不再多说。

(二)从语言看文化

从语言看文化是站在文化学(或称文化人类学)的角度,通过语言来研究文化。有人把这方面的内容称为语言文化学,将其看作文化学的分支,以区别于作为语言学分支的文化语言学。

根据语言反映文化的内容,可以通过语言看文化的各种类型、文化的发展演变、文化的传播交流。根据语言反映文化的方式,则可以通过四个方面来看文化:一是通过言语作品来看文化,二是通过语言系统来看文化,三是通过语言变化来看文化,四是通过语言运用来看文化。

言语作品包括口语作品和书面语作品。口语作品主要是民间传说、神话故事、民间文艺作品等等。在没有文字的民族社会,这类口语材料是反映文化的主要方式。在有文字的民族社会,一些地域性文化也大多没有文字记载,要通过口语材料来研究。书面语作品主要就是各种历史文献,也包括一些族谱家谱、乡规民约、契约诉状、碑碣墓志等民间文字材料,以及考古发掘出来的文物上的文字材料。

利用言语作品研究文化,必须注意文化过滤现象。例如中国古代本来也经历过族外群婚的阶段,子女往往只知其母,不知其父。可是自从汉代儒家文化占统治地位以后,这些不符合儒家思想道德规范的历史文化记载便被逐步过滤,没能流传下来,或者经过后人的修改粉饰才得以流传。如《史记集解索隐正义》中就记载了很多这样的远古传说:"黄帝母曰附宝,之祁野,见大电绕北斗枢星,感而怀孕。""颛顼氏之裔孙曰女脩,吞鸟之卵而生大业。""神农氏,姜姓也,母曰任姒……游华阳,有神龙首,感生炎帝。""瑶光如蜺贯月,正白,感女枢於幽房之宫,生颛顼。""瞽叟姓妫,妻曰握登,见大虹意感而生舜于姚墟。""禹母修己吞薏苡而生禹。""契姓子氏者,亦以其母吞乙子而生。""姜嫄出野,见巨人迹,心忻然说,欲践之,践之而身动如孕者,居期而生子。""玄妙玉女梦流星入口而有娠,七十二年而生老子。"从黄帝、炎帝到老子,其出生都被神化粉饰。

通过语言系统来研究文化,往往可以弥补言语作品之不足。例如中国先秦时期"父"并不是专指父亲,而是指"诸父",常用甲乙丙丁等排序成"父甲""父乙""父丙""父丁"等,就是因为当时的婚姻制度是族外群婚制,人只知其母,不知其父。而与母亲有性关系的多个男人,都有责任照顾子女,所以都是子女之父,为了区别,就用甲乙丙丁等排序。通过这种语汇现象可以断定,黄帝、炎帝等的出生神话其实是曲折地反映了上古的群婚制。又如通过"婚""娶"的词源,可以断定中国古代曾经出现过抢婚制度。"婚"源于"昏",即黄昏;"娶"源于"取",本义指捕获野兽或战俘后割下耳朵记功,引申为捕获。抢婚是由母系社会向父系社会过渡的一种婚姻方式,男子在黄昏时分把女子抢回家成婚,就是抢婚。这就是"婚""娶"的由来。

通过语言变化来看文化,主要是通过语言的发展、分化和接触来研究文化。无论是语言系统结构要素的发展,还是语言的分化和接触,都是与社会文化的发展息息相关的,所以通过语言的发展变化,可以看出文化的发展变化。

如从上古表示婚姻关系的语汇的变化,可以看出上古婚姻制度由男从女居变为女从男居、一夫多妻的发展。如上古汉语中"出""姪"和"娣""媵"等称谓词的变化,就可以看出这种婚姻制度的发展。《尔雅·释亲》:"男子谓姊妹之子为出,女子谓昆弟之子为姪。"因为是男从女居式族外群婚,对于男子来说,其姊妹之子必然要出嫁到对方的氏族,所以称为"出";对于女子来说,其兄弟出嫁到对方氏族后所生之子,必然要"嫁"到自己氏族中来,所以称为"姪","姪"取义于"至"。这里的"出"和"姪"都专指男子,不指女子。后来出现了"娣""媵"二词,而且"出"和"姪"可以指女子。"娣"是指陪嫁的妹妹。《尔雅·释亲》:"女子同出,谓先生为姒,后生为娣。"郭璞注:"同出谓俱嫁事一夫。""媵"是指陪嫁的妹妹和侄女。《公羊传·庄公十九年》:"媵者何?诸侯娶一国,则二国往媵之,以侄娣从。"这里"侄(姪)"是指兄之女。《仪礼·士昏礼》:"媵御馂。"郑玄注:"古者嫁女必姪娣从,谓之媵。"妹妹和侄女陪嫁一个丈夫,是古代女从男居式族外群婚制的遗留。后来"娣""媵"泛指陪嫁的妾,反映了一夫多妻制的发展。如《诗·大雅·韩奕》:"诸娣从之,祁祁如云。"毛传:"诸娣,众妾也。"《韩非子·外储说左上》:"昔秦伯嫁其女于晋公子,令晋为之饰装,从文衣之媵七十人。至晋,晋人爱其妾而贱公女。"《史记·张仪列传》:"以美人聘楚,以宫中善歌讴者为媵。"

通过语言运用来看文化,主要是通过不同语言在语言运用方面的差异看不同民族的文化差异,通过不同时代、不同地区语言运用方面的差异看文化的发展和变异。如汉语的变称这种语用现象就与文化密切相关。所谓变称,是指把称对象甲的词语用来称对象乙,如媳妇称公公婆婆为爸爸妈妈,女婿也称岳父岳母为爸爸妈妈,就是变称现象。汉语使用变称的情况很普遍,常见的有以下三种类型:一是改变亲疏,如媳妇称公公婆婆为爸爸妈妈,女婿称岳父岳母为爸爸妈妈,弟妹称嫂嫂为姐姐;二是改变辈分,从下称,即跟自己的子女一样称呼,如一般在孩子面前称父母为爷爷奶奶,称兄弟为伯伯叔叔;三是改变性别,在汉语方言中有些地方用男性称谓词语称呼女性,如湖北咸宁方言称姐姐为哥,有些地方称姑姑为叔或姑伯。这些变称的共同特点就是抬高被称呼人的身份地位。类似的变称现象在社交称谓中也普遍存在。如称呼副主任、副教授等时一般去掉"副",称护士为医生,称不是老师的人为老师,等等。这类变称现象反映了人们对人际关系的亲疏、尊卑的看法和礼仪观念。

(三)从文化看语言

从文化看语言,是站在语言学的角度,通过文化研究语言,研究文化对语言的制约和影响,从文化的角度对语言现象和语言规律作出解释。有人把这方面的研究看作狭义文化语言学,作为语言学的分支,区别于作为文化学分支的语言文化学。

文化对语言的各个方面都有影响,包括文化对语言系统、语言运用和语言观念的影响,文化对语言的发展、分化、接触等方面的影响,文化对社会语言规划的影响,等等。

文化对语音系统的影响,主要体现在语言分化、语言接触和语言规划方面。地域方言的差异突出地表现为语音系统的差异,所以划分方言主要以语音差异为标准。而方言差异的成因,除了前面讲到的交际阻碍和异族语言的影响与文化因素密切相关之外,还与文化发展的不平衡有密切关系。汉语南北方言的差异,包括语音的差异,与中国古代南北文化发展的不平衡有密切联系。汉语南方方言比北方方言更接近于古代汉语。从语音系统上看,南方方言都保留着入声,吴方言、老湘方言保留着清辅音与浊辅音的对立,闽方言还保留着"古无轻唇音""古无舌上音"的上古汉语的特点,粤方言和客家方言保留着古代汉语的全套辅音韵尾[-p]、[-t]、[-k]、[-m]、[-n]、[-ŋ]。而中国北方历来是汉语和汉族文化的中心,北方的文化发展比南方快。南方的汉族人都是北方汉人不同时期的移民,文化发展比较慢。而语言是随着社会文化的发展而发展的,社会文化发展快,语言发展也快,因此,南北文化发展速度的差异导致南北方言的差异。关于语言分化、语言接触和语言规划等方面的内容,其他章节都有说明,这里不再多说。

文化对语汇系统及其发展的影响更大、更为直接。无论是新词的产生、旧词的消亡,还是词语的替换和词义的变化,都是直接受到社会文化因素的制约影响的。有关内容在语汇的发展部分已经谈到,这里也不再多说。

文化对语法系统的影响,相对来说比较小一些,比较隐蔽一些。因为语法系统是语言系统中最稳定的要素,无论是语言的发展还是分化和接触,语法都是最稳定的,不易变化的。但是文化对语法系统仍有不可忽视的影响。除了前面谈到的中西语法系统的差异与中西文化差异密切相关以外,这里再补充说明文化对语序的制约和影响。汉语中两个单音节词或语素直接组合成并列结构,其语序受到严格的限制。如"上下""高低""前后""古今""大小""多少""长短""远近""深浅""得失""买卖""来去""生死""进退""男女""老少""师生""夫妻""父子""母女""子女""姐妹""姐弟""兄妹""叔侄""叔嫂""姑嫂"等,这些并列结构的语序一般不能调换,"子女"虽然可以变成"女子",但改变语序后就不是并列结构了。这种语序上的限制反映了汉人"顺天理,重人伦"的文化观念。前面的例词中从"上下"到"进退"主要受"顺天理"观念的制约。如从上到下、从前到后、从古到今等被认为是"天理"。所谓天理,其实是人们对自然现象的看法,是一种文化观念。如水从高处往低处流,时间的流逝也像水流一样有方向(即时间是空间的隐喻)。数量和程度也有固定的顺序,大的东西比小的东西更显著,多比少更显著;得到意味着数量的增加,失去意味着数量的减少。正是这样一些文化观念制约着"上下……进退"的语序。前面的例词中从"男女"到"姑嫂"则是受"重人伦"观念的制约,其中包括男尊女卑、长幼有序、内外有别的伦理观念。虽然这些伦理观念中有的已不符合新时代的风气(如男尊女卑),但语序在长久的运用中被固定了下来。

文化对语言的影响,特别是对语法的影响,是很值得进一步深入探讨的领域,有许多问题还没有搞清楚,需要人们去深入研究,找出其中的规律,作出科学的解释。

**思考与练习**

一、社会语言学与文化语言学兴起的主要原因各是什么?

二、社会语言学与文化语言学有哪些异同?你认为二者应该合流还是分工?如果分工,应该怎样分工?

三、请你根据自己的观察,举例说明性别、年龄和文化程度的差异在语言运用方面的差异。

四、汉语中用于称谓的词语很多,但是有时却会遇到对有些人不好称呼的问题,请你举出一些例子,并分析其原因。

五、汉语中有一种并列共戴式缩略语,如"工农业""进出口""上下班""节假日""寒暑假"等等。请你再举出至少5个例子,说明这类缩略语的结构规则,并说明制约这些规则的文化因素。

## 第四节　应用语言学

应用语言学有广义和狭义之分。狭义应用语言学一般指语言教学,特别是外语教学。广义应用语言学指语言学知识及其研究成果所应用的一切领域,即语言学与其他学科相互交叉渗透所产生的一切边缘学科的应用部分,主要包括:第一,语言教学,包括本族语教学和外语教学等,还可包括语言测试、辞书编纂等;第二,语言规划,包括共同语的确立和规范、语言政策等;第三,语言信息处理,包括计算机语音、文字信息处理、自然语言理解,以及人机对话、情报检索、自动文摘、机器翻译等应用领域。应用语言学与其他综合性语言学科关系都很密切,如社会语言学、文化语言学、心理语言学等,有不少内容与应用语言学交叉。有人甚至把所有综合性语言学科都纳入应用语言学的范围。

广义应用语言学可以概括为两个主要分支:人际应用语言学和机器应用语言学。人际应用语言学研究语言在人与人交际中的实际应用问题,主要包括语言教学和语言规划;机器应用语言学主要包括语言信息处理。

### 一、应用语言学的兴起和发展

(一)应用语言学的兴起

"应用语言学"(applied linguistics)这个术语早在1870年就由波兰语言学家博杜恩·德·库尔特内提出来了,但是他并没有明确界定它的研究对象和范围,更没有系统地提出统一的理论和方法。这门学科直到20世纪40年代才开始初步建立起来。1946年,美国密执安大学建立了英语学院,研究如何对外国人教授英语的问题,并创办了著名的语言学杂志《语言学习》(Language Learning),该刊的副题就是"应用语言学杂志"(Journal of Applied Linguistics)。这是世界上第一本明确冠以"应用语言学"这个名称的杂志,在应用语言学发展史上具有重要意义。从此,应用语言学作为一门独立的语言学分支学科,开始为学术界承认和接受。

(二)应用语言学的发展

20世纪50年代,应用语言学在欧美各国得到了蓬勃发展。当时,由于政治、经济、科技、文化、军事等事业的需要,世界各国都大力发展外语教育,特别是美国和英国,大力发展对外英语教学。美国国会于1957年通过了国防教育法案,要求全国加强中学三门基础学科的教学,外语教学正是其中重要的一项,在政府的有力推动下,美国的外语教学得到了迅猛的发展。1959年,在语言学家弗格森(C. Ferguson)领导下,美国在华盛顿正式成立了"应用语言学中心",下设本族语与英语教学部、外语教学部等。1958年,英国爱丁堡大学研究生部首先建立了应用语言学院,开始成批地培养应用语言学方面的人才,随后,英国其他多所大学也开设了应用语言学专业。

20世纪60年代,欧美各国的应用语言学已经不限于语言教学了,逐步形成了广义的应用语言学,其研究范围涉及社会语言学、心理语言学、计算语言学等等。随着应用语言学的不断发展和壮大,它的影响也日益扩大,1964年在法国南锡(Nancy)召开了第一届国际应用语言学会议,成立了国际应用语言学协会(AILA),标志着广义应用语言学的正式形成。从此,应用语言学的发展一日千里,欧美各大学纷纷开设应用语言学课程,有关著作、论文也如雨后春笋般出现。国际应用语言学协会每三年举行一次国际应用语言学会议,至今已举办了18届(2017)。

**二、人际应用语言学**

人际应用语言学主要包括语言教学和语言规划,还包括语言调查、辞书编纂、翻译学、地名学、人名学和术语学等。这里只介绍语言教学和语言规划。

**(一)语言教学**

狭义的应用语言学专指语言教学(language teaching),特别是第二语言教学或外语教学,直到今天,语言教学在整个应用语言学中,仍然占有十分重要的位置。语言教学指关于语言的有目的、有计划、有特定方法的教学活动,以及研究语言教学活动的全过程和各个具体环节的理论、原则和方法。语言教学涉及的内容和问题较多,它与语言学、心理学、教育学、哲学等学科都有密切的关系。语言教学包括本族语的教学和非本族语的教学。本族语的教学即第一语言教学或母语教学,这是传统的语文教学;非本族语的教学即第二语言教学,包括外语教学和少数民族语言教学。对外汉语教学(现在一般改称"汉语国际教育")属于第二语言教学中的外语教学,这里主要介绍对外汉语教学。

对外汉语教学,顾名思义,这种教学以汉语言为内容,以外国人为对象。对外汉语教学作为第二语言教学尤其是外语教学,它具有第二语言教学和外语教学的一般性特点,同时由于汉语本身的特点,对外汉语教学又具有自己的特殊性。在语音上,汉语是有声调语言,对于大多数非汉藏语系的学生来说,掌握汉语的声调是一个难点;语法上,汉语缺乏严格意义上的形态变化,但汉语有自己特殊的表达方式,另外,汉语中的一些特殊的语法形式,如量词、补语等,对外国学生来说也比较困难;在文字上,汉字是方块文字,汉字的认和写也是对外汉语教学的重点和难点。

我国的对外汉语教学始于20世纪50年代,几乎与新中国同时诞生。1950年清华大学最早设立了"东欧交换生中国语文专修班",这是对外汉语教学在新中国的起步。以后又相继成立了桂林中国语文专修学校和非洲留学生办公室,分别负责东南亚和非洲的汉语教学。改革开放后的这一时期是我国对外汉语教学的大发展时期。这一时期,来华学生数量猛增,层次提高;教学规模不断扩大,教学结构逐渐完善;基本形成了多渠道、全方位的教学体制;汉语水平考试(HSK)已跻身世界上类似英语"托福"考试的最重要的第二语言或外语水平测试之一,并成为世界上最权威、影响最大的汉语水平测试。1987年7月成立了国家对外汉语教学领导小组(2006年改为国家汉语国际推广领导小组),负责统一领导和协调全国的对外汉语教学工作。从此,我国对外汉语教学事业走上了更加有计划、有组织的发展道路。1988年9月,国家教委和国家对外汉语教学领导小组召开了全国对外汉语教学工作会议。这是新中国成立以来第一次专门研究对外汉语教学工作的全国性会议。这次会议在我国对外汉语教学发展史上是一个里程碑,它标志着一个崭新局面的开始。1999年12月,时隔11年后由教育部和国家对外汉语教学领导小组联合召开了第二届全国对外汉语教学工作会议。2005年7月,国家对外汉语教学领导小组召开了首届世界汉语大会,这次会议围绕"世界多元文化架构下的汉语发展"的主题,共同探讨汉语教学的国际需求、发展趋势以及如何进一步加强合作等。国家采取多种措施,如在海外建设孔子学院和孔子课堂、推广汉语水平考试、培养对外汉语教师、派出汉语教师志愿者队伍、编写出版各类教材和音像资料、实施网络语言教学等,扶持和帮助国外汉语教学工作的开展。目前,对外汉语教学已被纳入国家整体外交战略规划,已成为中国与世界各国进行交流的重要工具,是向外推广中国优秀文化、增进国际理解与合作、加强海外华人、华侨认同感、维护祖国统一的一条有效路径,已成为名副其实的国家和民族的事业。

对外汉语教学很明确是"教汉语"和"对外教",但还需要研究"教什么"与"如何教"。前者指"教"的内容,后者指"教"的方法。这两方面是针对"教"而言的,如果加上学生"学"的话,还需要解决"如何学"的问题。这样,对外汉语教学界主要围绕"教什么""如何教"和"如何学"三个方面展开研究。

1. 教什么

"教什么"就是制定科学合理的教学大纲以及根据大纲编写教材。对外汉语教学中的汉语研究与汉语本体研究有所不同,对外汉语教学中的汉语研究是为了解决语言教学中的实际问题,更加侧重于实用,更具针对性。根据一定的培养目标选择语言的语音、语汇、语法、文字等项目,并根据教学对象和教学方法对这些项目进行组织和编排,形成教学大纲。20世纪90年代以来,对外汉语教学界注意把文化因素也纳入"教什么"的范围,不过,语言教学中应注入哪些文化内容,其内涵和外延都还有待进一步探讨。到目前为止,对外汉语教学已研制出适应本科教学、进修教学、水平考试等不同教学目的的大纲,并有相应的课程设计与之配套,且在各类大纲的指导下进行更为规范的教材编写。自1987年中国对外汉语教材规划会以来,对外汉语教材建设出现了空前繁荣的景象,编出了几百种不同类型、不同课型、不同阶段且具有不同特色的汉语教材。这些教材大都能较好地体现汉语内部的结构规则,并带有不同的教学法理论倾向,应该说各具特色和优势。

2. 如何教

"如何教"主要体现在语言教学法的研究上,不仅指具体的教学方式和方法,更指整个语言教学的方法体系。国际上第二语言教学的早期研究主要集中在语言教学法方面,到 20 世纪 80 年代时,已发展出若干流派,但都离不开"语法翻译法"和"听说法"的基调。前者更注重对语言结构的学习,强调对语法规则的掌握,注重学生智力的发展,能较好地培养阅读和翻译能力,主要不足是忽视口语教学,过分依赖母语和翻译,过分强调语法教学;后者更注重对语言能力的培养,特别强调在对目的语和学生母语进行对比的基础上编写教材与进行课堂教学,主要不足是过分强调听说而忽略读写,使学习者的阅读、写作能力较差,知识面较窄,缺乏后劲。我国对外汉语教学界最初采用以句型训练为主的直接法;20 世纪 80 年代出现"结构—情景—功能"相结合的教学方法,目的是培养学生的交际能力;80 年代末 90 年代初提出了"结构—功能—文化"相结合的教学法思想。没有一种教学法是全能的,也没有一种教学法是毫不足取的,根据不同的教学目的、不同的教学对象采用行之有效的教学方法,已成为大家的共识。

3. 如何学

语言教学的对象是人,对教学内容的安排必须根据学习主体——人对语言的学习与习得规律来进行。对外汉语教学既是一种第二语言教学又是一种成人教育,所以它必须关注第二语言的学习与习得规律,同时又要有别于国内对少数民族儿童进行的双语教学。目前这方面的研究主要集中在"偏误分析""中介语研究"等方面。

偏误(error)指学习者在习得目的语过程中所产生的规律性错误,说话者通常不能察觉、不能自行纠正偏误,偏误反映的是说话者的语言能力。偏误不同于失误(mistake),失误指在语言运用过程中的口误或笔误,这类失误不仅会出现在第二语言习得过程中,而且在运用母语时也偶尔会出现。失误能被说话者发觉并自行纠正,不能反映说话者的语言能力,因此不属于偏误分析的范畴。偏误分析(error analysis)指对学习者在第二语言习得过程中出现的偏误进行观察、分析和分类,从而了解学习者本身的语言习得障碍,揭示第二语言习得的过程和规律。偏误的原因很多,主要有以下几种:第一,语际迁移,即母语知识向目的语迁移;第二,语内迁移,即目的语内部规则的相互迁移,语内的负迁移也叫过渡泛化;第三,学习语境,即课堂、教材、教师等的不恰当解释和引导导致的偏误;第四,文化迁移,即由于学习者的母语和目的语的文化背景的差异而导致使用语言不得体。偏误分析可以使教师对学生的偏误有一个较为全面客观的认识,而且学生的偏误也为教学提供了宝贵的反馈。偏误分析也是编写教材的重要依据。

中介语(interlanguage)是由于学习外语的人在学习过程中,对目的语的规律进行不正确的归纳与推论而产生的一个语言系统,这个语言系统既不同于学习者的母语,又区别于所学的目的语。中介语既可以指学习者在语言发展阶段静态的共时的语言状况,也可以指学习者从零起点不断向目的语靠近的渐变过程,也就是学习者语言发展动态的历时的轨迹。中介语具有以下主要特点:第一,可渗透性。语言学习者的中介语系统是开放的,即每一个阶段学习者的知识不是固定的,而是可改正和增加的。这种开放性决定了它的可渗透性。中介语可以受到来自母语和目的语规则及形式的渗透,从母语来的渗透,就是正负迁移和干扰的结果;从目的语来的渗透,则是对已学过的目的语规则或形式过度泛化的结果。第二,"化石化"现象。中介语具有顽固性:一方面,中介语在总体上总也达不到与目的语完全一样的水平;另一方面,在语言的某些具体形式上(如在语音和某些语法项目等方面),有些学习者学到一定程度时便会停滞不前。第三,反复性。中介语在向目的语接近的过程中,并非直线前进的,它有反复、有曲折。它表现为某些已经得到纠正的偏误会有规律地反复出现。尽管中介语的表现形式千差万别,但在中介语发展的各个阶段大多表现出内部一致性和系统性。在同一文化背景下,处于同一发展阶段的语言学习者采用基本相同的手段构建中介语。正因如此,研究中介语对于对外汉语教学具有普遍的指导意义和现实意义。

(二)语言规划

语言规划(language planing),是国家或社会团体为了解决在语言交际中出现的问题,有计划、有组织地对语言文字应用进行各种干预的统称。"语言规划"是1957年由语言学家威因里希(Ureil Weinrich)首先提出来的。语言规划是政府或社会团体行为,一般不可能是个人行为,它体现的是政府或社会团体对社会语言的根本态度。语言规划的目的在于解决语言交际中出现的问题,从而更好地发挥语言的社会交际功能。不过,语言规划往往要持续很长时间,不可能一蹴而就,例如我国从20世纪50年代就开始推广普通话,一直到今天,还在推广普通话。语言规划主要包括三个方面的内容:第一,共同语的确立;第二,共同语的规范;第三,民族语言政策。其中共同语的确立和民族语言政策属于语言文字的地位规划,即决定某种语言或文字在社会交际中的地位;共同语的规范属于语言文字的本体规划,即对语言文字本身的改进和完善。

1. 共同语的确立

一定范围内的全体成员共同使用的语言叫共同语。共同语包括三个层次:民族共同语、国家共同语和国际共同语。民族共同语是同一民族的全体成员共同使用的语言,国家共同语是一个国家各族人民共同使用的语言,国际共同语是在国际交往中各国人民共同使用的语言。不过一般认为目前还没有国际共同语。

  民族共同语是在基础方言的基础上发展起来的较为规范的高级语言变体。现在仍有一些民族没有自己的共同语。民族共同语不可能采用人工语言,而必须建立在自然语言的基础上。作为民族共同语赖以建立的方言,称为基础方言。

  民族共同语一般都是选择某一地域方言为基础方言,如汉民族共同语选择以北京话为代表的北方方言为基础方言,法兰西民族共同语选择以巴黎话为代表的法兰西岛方言为基础方言,俄罗斯民族共同语选择以莫斯科话为代表的库尔斯克—奥勒尔方言为基础方言,乌克兰民族共同语选择以基辅话为代表的坡尔塔发—基辅方言为基础方言。

  基础方言的选择主要取决于方言在政治、经济、文化等方面的影响以及使用人口的数量。基础方言在诸方言中具有权威性,如汉语的北方方言。在历史上,我国的政治、经济、文化中心主要是在北方方言区。从文化上看,《水浒传》《西游记》《红楼梦》等许许多多的古典名著,都是用北方方言写成的。北方方言分布在从黑龙江到云贵高原、从玉门关到东海之滨的广袤地区,使用人口约占汉民族人口的四分之三。这些决定了北方方言在汉语诸方言中的权威地位。

  基础方言只能决定共同语的基本面貌,并不等于共同语。作为共同语,它要舍弃基础方言中过于土俗而难以为其他方言区学习和接受的语言现象,要科学地解决基础方言中分歧较大的问题,同时还要从其他方言、古代语言、外国外族语言中吸取有用的语言成分,并不断地吸收一些新的语言现象。

  在一个多民族的国家里,各民族的语言应该具有平等的地位,但是,民族之间的交际也需要有一种或多种共同语,以促进国家的统一、民族的团结。一个国家的共同语即国语(官方语言),有些是自然形成的,有些是用法律的形式规定下来的。例如我国的宪法在规定"各民族都有使用和发展自己的语言文字的自由"的同时,也规定"国家推广全国通用的普通话"。

  有些国家只选择一种民族语作为共同语。这种语言一般是这个国家里的文化和经济比较发达、人口较多的主体民族的语言,如俄罗斯的俄语、美国的英语等。有些刚摆脱殖民统治的多民族的新兴国家,由于本民族或主体民族的语言没有得到充分的发展,所以往往沿用原来殖民者的语言作为国语或族际语。例如非洲的利比利亚、尼日利亚等国以英语为国语,加蓬、多哥等国以法语为国语。

  有些国家则可能选择多种民族语作共同语。如加拿大选用英语和法语两种语言为国语,瑞士选用德语、法语、意大利语、罗曼斯语(Romansch)等为国语。当一个国家选用多种共同语时,这些共同语往往各有分工。例如,新加坡宪法规定马来语为国语,但同时承认英语、华语(汉语)、淡米尔语也为官方语言,英语为官方工作语言和教育语言,华语为主要的商业语言。

  一个多民族的国家选择多少种语言为共同语,多种语言如何分工,是有深刻的历史原因和政治原因的。选择共同语的总体原则是,既要考虑到国内外交际的便利,又要充分顾及本国民族的政治形象和民族间的和睦相处,还要处理好国家共同语与民族语言的关系。

2. 共同语的规范

共同语建立之后,还有一个长期进行规范和推广的问题。语言的发展有自己的规律,共同语的规范是指根据语言的发展规律,在语言的语音、语汇、语法等方面确立明确的、一致的标准,并加以推广,在书面语中,还包括文字规范等各种书写规范。

共同语的语音要以基础方言的代表方言点的语音作为规范的标准。以某一代表方言点的语音为标准,并不是完全照搬某一地点方言点的语音,而是要进行取舍,淘汰其中的一些特殊成分。比如,现代汉民族共同语普通话以北京语音为标准,但并不是北京话中的任何一个语音成分都是标准的。北京语音里的一些分歧之处,如为数不少的异读字,就需要加以审定,该淘汰的应予以淘汰。北京话的轻声和儿化特别多,带有明显的方言色彩,这些也应该加以审定,有所取舍。

共同语语汇的规范建立在基础方言的语汇之上。以某一代表方言的语汇为基础,也是就整体而言的,不是完全照搬某一地点方言的语汇,而是应该有所选择。一方面,汉语北方方言的分布地区很广,各个次方言使用的词语也有差异,有些地域性很强的词,使用面有限,就不应吸收到共同语中来;另一方面,共同语也经常从其他方言、古代汉语和外族语中吸收一些词语,来丰富共同语的语汇。在语汇规范化过程中,权威性词典起着举足轻重的作用。我国的《现代汉语词典》和《新华字典》,法国的《法兰西学院词典》等都是有名的具有权威性的规范词典。

共同语语法的规范以典范的现代白话文著作中的一般用例为标准。确定这样的书面语为标准而不选择口语为标准,是因为经过加工、提炼的规范化的民族共同语,其集中表现是文学语言,而文学语言的主要形式是书面形式。而且,典范的著作有其稳固性,可以把规范的标准巩固下来,便于遵循。这里的"一般用例"是相对于特殊用例而言的,因为即使在典范的现代白话文著作里,也会存在为追求修辞效果而有意打破常规的特殊用法,存在作者的方言印迹,存在某种原因造成的误用,等等,这些特殊用例是不能作为语法规范的标准的。

共同语规范化的目的是便于人们使用语言来交际,是使语言更健康地发展,而不是人为地武断地制订一套僵死的教条,也不是所谓的使语言"逻辑化""合理化"。例如不少语法书认为"您们"是不规范的,因为从语言史上看"您"就是"你们"的合音,"您"再加表复数的"们"岂不成了叠床架屋?而在人们的日常语言生活中,"您们"却被广泛应用,怕是难以"规范"掉的。过去有人也曾批评"贵宾所到之处,无不受到热烈欢迎""恢复疲劳""养病""鞠个躬"等是不规范的,而这些词语和句式时至今日还充满着旺盛的生命力。

此外,随着科学技术的迅速发展和国际交流的日益频繁,科技术语、人名、地名的翻译和用字规范问题也日益受到人们的重视。

3. 民族语言政策

在一个多民族的国家里,语言规划除了确定国家共同语的语言文字标准之外,还要注意民族语言政策问题,主要是要处理好不同民族之间的语言共用和语言转用问题。(参看第七章第四节"语言共用""语言融合"部分。)

在多民族国家,语言共用现象是非常普遍的,要特别重视并处理好主体民族语言、国家共同语与少数民族语言之间的关系。有些国家奉行民族压迫政策,不但政治上对少数民族进行歧视,经济上对其进行限制,而且强制推行一种大民族的语言为"国语",禁止或限制使用少数民族的语言。这往往引起少数民族的抗议和抵制,有的国家甚至因而产生分裂,导致暴乱和内战。例如,罗马帝国征服意大利半岛后,规定一切布告法令和一切诉讼必须使用拉丁文;沙皇政府曾经强令被征服的民族使用被称为"义务国语"的俄语;近代的一些资本主义国家的统治者,对国内的少数民族和殖民地人民也实行语言歧视政策,结果都遭到了被统治民族的强烈反抗。我国是一个多民族的社会主义国家,以平等的态度对待各个民族,充分尊重少数民族使用、发展自己的语言文字的权利。《中华人民共和国宪法》第四条明文规定"各民族都有使用和发展自己的语言文字的自由"。

在民族语言规划中还应该注意语言转用问题。世界上的很多民族在长期的历史发展过程中,都或多或少地出现过语言转用。不同民族以及居住在不同地区的同一民族,语言转用的情况各不相同,这就要求我们在进行语言规划时,应注意各民族语言转用的具体情况,根据语言转用的不同情况采取不同措施,而总的原则是要采取自愿的方式,而不能采取强迫的方式。

**三、机器应用语言学**

机器应用语言学研究语言在人与机器交际中的实际应用问题,一般称为计算语言学,也称为(自然)语言信息处理。计算语言学是语言学与计算机科学、数学、信息科学、认知科学等多学科结合形成的一门新兴学科,它主要利用计算机对自然语言进行信息处理,包括语言信息的输入、存储、加工与传输。语言信息处理的任务主要包括语音、文字、语汇、句法和语义信息处理。其中语音和文字信息处理主要涉及语言信息的输入、存储和传输,是语言信息处理的基础。语汇、句法、语义信息处理涉及自然语言的理解,是语言信息加工的核心。而计算机处理语言信息的前提是计算机必须先具备相应的语言系统的知识。

(一)语言信息处理的前提

1. 语言形式化

人与人之间用语言进行交际,前提是交际双方必须具备相应语言系统的各种知识:语音知识、语义知识、语汇知识、语法知识及语用知识等。同样,人与计算机进行语言交际,首先也要让计算机具备相应语言系统的各种知识。不同的是,计算机只能直接处理精确的、形式化的数学语言和逻辑语言,因此需要把人的各种语言知识形式化,表现为数学、逻辑语言形式,并最终建立实用的自然语言处理系统。具体来说,计算机对语言信息的处理,一般需经过如下四个流程:第一,语言的形式化,即把计算机信息处理需要的语言材料、语言系统和语言知识形式化,建立语言的形式化模型,使之能以一定的数学、逻辑形式被精确地描述。第二,描述的算法化,即把这种数学、逻辑形式描述表示为计算机的算法,也就是解决具体问题的一系列明确指令和具体步骤。第三,计算的程序化,即根据算法编写计算机程序,建立具体的语言处理系统。第四,系统的实用化,即对所建立的语言处理系统进行评测,不断地改进质量和性能,以满足实用的要求。而这些流程中首要的、最关键也最困难的任务就是语言的形式化。因为自然语言和人的语言知识都是相当模糊的,人脑处理语言信息的机制和过程也是十分复杂的,要将自然语言及其知识精确地形式化,让电脑模拟人脑处理语言信息,有很大的难度,是目前语言信息处理的瓶颈,也是今后需要努力突破的主要问题。

2. 语料库建设

人具有的语言知识不是天生就有的,是通过长期的言语交际实践、接触大量的语言材料而逐步获得的。同样,计算机的语言知识,也要通过对大量语料进行统计分析而获得。早期人们一般把个人的语言知识或人用的词典和语言学论著中记载的语言知识输入计算机。实践证明,这些语言知识往往是模糊的,不能满足计算机信息处理的需要。计算机需要的语言知识必须是精确的,要获取计算机需要的语言知识,必须对大量的语言材料进行统计分析。因此语料库建设是让计算机获取语言知识的前提,是语言信息处理的基础工程,受到信息处理界的高度重视。目前已经形成了一门新兴的计算语言学分支学科,即语料库语言学,它主要研究语料库的采集、输入、存储、加工和利用。

语料库是从一定范围内的实际文本或话语中采集的一定量的语言材料的电子文本的汇集,语言材料一般是成段成篇的话。语料库有两个主要作用:一是为语言信息处理服务,通过对语料库中的语料进行各种统计分析,获取有助于语言信息处理的各种数据和规则,如字频、词频、词类、义类、句型、结构规则等等;二是为一般语言研究、语言教学、辞书编纂等提供例句和各种统计数据。

语料库建成之后还必须对其中的语料进行加工。未经过加工的生语料的利用价值很有限,一般只能用来统计字频,或者根据特定的字来查找例句,不能用来统计词频、词类等等。把生语料加工成熟语料后,利用价值就比较大,加工得越深,语料库所包含的信息也就越多,对语言信息处理和语言研究等的作用也就越大。

语料的加工主要包括分词、标注词性和词义、句法分析和语义分析。少量的语料可以用人工进行加工，但是大规模的语料就需要让计算机自动加工。但目前计算机自动加工的水平还不够理想，还需要对计算机自动加工进行人工干预，对自动加工的结果进行审查和修正，并逐步提高自动加工的水平。经过分词、词性词义标注、句法语义分析之后的语料库可以为计算机建立语言知识库奠定坚实的基础，也可以为语言研究等提供更大的帮助。语料库自动加工的技术也可以用于自然语言理解、情报检索、机器翻译等应用领域。

3. 语言知识库

通过语料库的统计分析获得的语言知识，可以汇集为语言知识库，表现为机器词典和规则库。语言文字信息输入计算机之后，要对信息进行进一步加工处理，必须建立相应的机器词典和规则库，以及在此基础上编制计算机程序。

机器词典是以词项（词条）为单位，包含词项的词形（语音、文字形式）、义项、义类、用法等信息的语汇知识库，是以电子文本的形式存储在计算机中的，又称电子词典。机器词典中，词项包含的信息除了词项本身的词形和义项之外，还要包括该词项各义项所属的语义类别和语法类别，为句法语义分析提供依据。对名词、动词、形容词等实词，要根据意义和用法将其分成很多层次的大类、小类；对介词、连词、助词等虚词，也要详细描述其意义和用法并进行细致的分类。一般来说，分类描述越细，对句法语义的自动分析越有用。对于某些不能自由类推的特殊搭配关系，也要作为词项的搭配属性在机器词典中加以描述。例如动词"打"有一个义项是"买"，但其搭配的对象不能自由类推，只能跟有限的几个词搭配，如"油""酒""醋"等。这些不能类推的搭配关系要在机器词典中一一列举。

计算机对语句的自动理解，除了机器词典提供的信息之外，还需要建立规则库。规则库是对语句的结构进行自动分析的规则知识库，分词、词性词义标注、句法语义分析都有相应的处理规则。计算机要处理的语句，只是一系列字符串。计算机要将这些字符串分解为一个个词项，确定各词项的词性和义项，再进行句法语义的结构分析，才算实现了对语句的理解。例如处理字符串"提出生产计划"，先要依据机器词典和分词规则分词："提出/生产/计划"，然后根据机器词典和标注规则标注各词的词性和义项，最后根据句法语义分析规则分析各词之间的结构关系和层次。

无论是分词、标注还是结构分析，都存在如何排除歧义的问题。例如上述字符串分词时要排除将"出生"作为一个词的可能，标注词性时要排除将"生产""计划"作为谓语动词的可能，分析结构时要排除"提出生产"直接组合的可能，要排除"生产计划"作为并列结构的可能，等等。排除歧义除了可以依据规则以外，还可以依据频率，即在语料库中统计词项和搭配关系的出现频率，选择出现频率较高的可能，排除出现频率较低的可能。例如上述字符串中，"出生""提出生产"在语料库中出现的频率，"生产计划"作为并列结构的频率都比其他可能的频率要低，因此可以排除。基于规则的排歧方法和基于频率的排歧方法各有长短，需要根据处理对象的具体情况灵活运用，相互配合。而这些处理方式和过程最终都要通过编制计算机程序来实现。

### (二)语音处理

语音信息处理主要包括语音识别和语音合成两类。

语音识别是指机器收到语音信号之后，模仿人的听觉器官辨别出所听到的语音内容或发音人特征，进而模仿人脑理解该语音的含义或辨别发音人的过程。语音识别的关键是在各种语音信号条件下（如噪声环境、发音人的多少、字词量的大小、发音方式等），如何提高辨别、理解的正确率。语音识别可按不同的标准分类：第一，按发音人分类，可分为专人语音识别和通用语音识别。第二，按发音方式分类，可分为单呼语音识别和连读语音识别（参看第五章"语音输入"部分）。第三，按词汇量分类，可分为小词汇量语音识别、中词汇量语音识别和大词汇量语音识别。小词汇量指几十个字或词，中词汇量指几百个字或词，大词汇量指几千甚至上万个字或词。此外，还有使用环境优劣的区分，也就是指噪声轻重情况。从技术上的难易程度说，上述每小类语音识别，后者都比前者难。

语音合成是指机器接到要发音的字符串之后，如何模仿人脑在讲话之前的思维过程（如使用发音规则、选词、造句等）以及模仿人的发音器官发出声音的过程。语音合成的关键是提高机器所产生的语音质量，即整句的自然度和可懂度以及字词的清晰度。目前，语音合成技术已经比较成熟，合成的语音在某些情况下已经可以达到乱真的程度。

### (三)文字处理

文字信息处理主要包括文字的输入、存储、加工、传输（包括传递、显示、打印），而文字信息处理的核心问题是文字信息的编码问题。编码的实质就是将表示信息的某种符号体系转换成便于计算机或人识别和处理的另一种符号体系。第五章"文字信息处理"部分主要介绍了文字的输入，这里主要补充说明文字的存储、加工和传输中的编码问题。

由于计算机只能直接处理二进制数字信息，要处理文字信息就需要对字符进行各种编码，将文字信息转换成二进制数字信息，储存在储存器（内存、磁盘等）里，再进行数学、逻辑运算等加工处理。要输出文字信息（显示或打印），又要将经过运算处理的数字信息编码转换成字形信息编码。编码类型主要包括输入码、交换码、机内码、字形码等。

输入码就是将每个字符与计算机键盘上的键位对应编码，即一个字符（如英文字母或汉字等）用一个或一组键位表示。由于计算机通用键盘的键位与英文字符是直接对应的，所以英文字符除了区别大写、小写和全角、半角之外，不需要特殊的输入法编码。而汉字数量庞大，需要根据某种输入法对汉字进行特殊编码，也就是文字部分"键盘输入"中介绍过的各种汉字输入法的编码。

交换码是用于文字信息处理系统之间或者与通信系统之间进行信息交换的字符代码，它是为使系统、设备之间信息交换时采用统一的形式而编制的。英文交换码采用国际通用的"美国信息交换标准代码"（American Standard Code for Information Interchange，简称 ASCII 码）。标准 ASCII 码用 7 位二进制数字表示 128 个英文字符集，包括 26 个大小写字母、10 个阿拉伯数字、32 个标点符号、运算符号等，共 94 个可显示字符，另外 34 个是不可显示的控制字符和通信专用字符。汉字的交换码有多种编码：中国大陆简体中文系统使用《信息交换用汉字编码字符集——基本集》，代号"GB2312-80"，即国标码，以及后来增加的 GBK 字库（国标扩展字库）、GB18030 字库等；而台湾繁体中文系统则使用"大五码（Big5）"①。日本、韩国的汉字等及其他文字系统也都有各自的编码。各种文字系统的编码一般只能跟英文 ASCII 码兼容，相互之间一般都不兼容，繁简汉字编码也不兼容。后来为了解决多文种处理的兼容问题，国际 Unicode 组织和国际标准化组织（ISO）合作，将世界上各种文字系统进行统一编码，即 Unicode 码（统一码），最新版本为 Unicode 13.0（2020 年 3 月发布）。信息交换码也是用二进制数字编码的，但是二进制数字编码位数太多，不便于编程等，所以一般转换成十六进制或十进制数字编码形式表示。如国标码用十六进制数字表示，区位码用十进制数字表示。

机内码是为在计算机内部对文字进行存储、运算和传输而编制的统一文字代码，简称内码。每个字符的内码是用一组二进制数字表示的。汉字输入计算机后要转换为内码，才能在机器内处理。根据国标码的规定，每一个汉字都有确定的二进制代码，但是这个代码在计算机内部处理时会与 ASCII 码发生冲突，为解决这个问题，就把国标码的每一个字节（8 位二进制数字）的首位上加 1。由于 ASCII 码只用 7 位，每个字节的首位数字为 0，所以首位上的"1"就可以作为识别汉字代码的标志。经过这样处理后的国标码就是机内码。

字形码是为了显示或打印文字而编制的文字图形信息代码。经过计算机处理的文字信息，如果要显示或打印出来，必须将字符内码转换成字符图形。每个字符的字形信息都是预先存放在计算机内的字库中的。字符内码与字形一一对应。输出时，根据内码在字库中查到其字形描述信息，然后显示或打印输出。描述汉字字形的方法主要有点阵字形和轮廓字形两种。

---

① "大五码（Big5）"是台湾计算机界编制使用的汉字编码字符集。它包含 420 个图形符号和 13 070 个汉字（不包含简化汉字），是 1984 年台湾财团法人资讯工业策进会和五家资讯公司共同创制的，故称大五码。

(四) 词语处理

1. 自动分词

自动分词是汉语信息处理的特殊任务。英语等西方语言的词与词之间在书面上是用空格分开的,所以一般不存在分词的问题。汉语句子的词与词之间在书面上没有标志。而语言信息处理必须以词为基本单位,然后才能进行句法语义分析,所以理解汉语文本首先需要分词。为了让机器自动分词,一般是把文本中的字符串与机器词典中的词条相匹配,学者们提出了各种各样的匹配方法,但有两大难点至今还没有很好解决:歧义切分和生词切分。

歧义切分字段有两种基本类型:一是交集型歧义切分字段。在字段 AJB 中,AJ 是词并且 JB 也是词,则称 AJB 为交集型歧义切分字段。例如,"领导地位的确定"和"的确定不下来"中的"的确定"可能切分为"的/确定"或"的确/定"等。二是组合型歧义切分字段。在字段 AB 中,A 和 B 分开都是词,AB 组合起来也是词,则称 AB 为组合型歧义切分字段。如,"他将来有出息"中的"将来"不应该切分,而"他将来武汉"中的"将来"却应该切分为"将/来"。无论是交集型歧义切分字段,还是组合型歧义切分字段,都给自动分词带来了不小的困难,尽管学者们运用了各种处理技术,问题仍然没有很好地解决。

生词切分是另一个难点。生词是指机器词典中没有收录的词,又叫未登录词。无论词典规模多大,真实语料中总会存在一些词典中没有的词,主要是一些专有名词,如人名、地名、译名等,如"李国胜""肖湾""乔姆斯基"等等。查词典时查不到它们,切分时就无法匹配。为了解决未登录词的切分问题,学者们也运用了各种处理技术,但问题也没有很好地解决。

2. 词项标注

文本分词之后还要标明每个词项的词性和词义,才能进一步进行句法语义分析。自动词性标注的难点是排除兼类词的歧义,因为现代汉语词的兼类现象比较普遍,特别是名词、动词、形容词等常用词的兼类更为突出,如"工作""计划""困难"等等。在进行自动词性标注时,可以根据词典信息、句法、语义、上下文等规则来消除兼类词的歧义。自动语义标注的难点是解决词的多义问题。一词多义是语言的普遍现象,但在一定的语境中,一个词一般只能理解为一种语义。在进行自动语义标注时,也要根据词典信息、句法、语义、上下文等规则来消除词的歧义。

(五) 语句处理

1. 句法分析

句法分析就是要让计算机自动分析句子的句法结构关系和层次。英语等语言由于有较多的形态标志,句法分析的难度较小,而汉语缺乏形态标志,句法分析的难度要大得多。首先是核心动词分析上的困难。对于句法分析而言,抓住了谓语中心词就意味着这个句子有可能分析准确,如果连谓语中心词都找错了,那就意味着这个句子不可能分析准确。一般情况下,每个英语句子都有唯一的一个限定形式的谓语中心成分,这个限定形式就是句子的谓语中心词。计算机在分析英语的句子时,首先就可以准确地抓住限定形式的谓语中心成分,然后在此基础上分析句子的结构层次。而在分析汉语的句子时,首先就会遇到判定句子的谓语中心词的难题。在汉语句子中,作谓语的词可以是动词、形容词,以及少量的体词。例如"王先生邀请她一起开车出去玩",对这个句子进行分词、词性标注等预处理后可得到:王/n 先生/n 邀请/v 她/r 一起/d 开车/v 出去/v 玩/v。其中可能充当谓语中心词的有"邀请""开车""出去""玩"。在这些词中选出一个正确的谓语中心词,是一个非常复杂的问题。而汉语一个句子中包含几个动词的情况相当普遍,包括连动式、兼语式、动补式,以及动词作修饰语的句式等,往往没有形式标志帮助来确定谓语中心词。

英语的词类与句子成分基本上是对应的:名词一般作主语、宾语,动词一般作谓语,形容词一般作定语或表语,副词一般作状语。如果动词作谓语以外的句子成分,就要采取非限定形式。所以,英语的词类组合形式与结构关系基本上是一致的,如 N+V 就是主谓结构,V+N 就是动宾结构,等等。因此英语的词确定了词性后,确定结构关系就比较容易,甚至可以直接用 N+V 代表主谓结构,V+N 代表动宾结构,等等。汉语的词类与句子成分不是对应的,动词、形容词可以作任何句子成分,而且没有形态变化,所以汉语的词即使确定了词性,也难以断定其句法结构关系。例如:N+V(如"历史变化")可能是偏正结构也可能是主谓结构,V+N(如"学习文件")可能是动宾结构也可能是偏正结构。所以汉语的句法分析比英语要难得多。

2. 语义分析

语义分析就是要让计算机自动分析句子的语义结构关系。仅仅确定了句子的句法结构还不能算完成了对句子的理解,因为主语、宾语、定语、状语、补语等句法成分,实际上还包含着复杂的语义关系,尤其是在汉语中。以动宾结构为例,汉语动词与宾语的语义关系非常复杂,宾语可以是受事、施事、对象、工具、方式、时间、处所、原因、结果、目的等十几种不同的语义关系。仅以排球运动为例,可以说"打排球、打美国队、打第一场、打交叉、打拦网、打防守、打配合、打速度、打落点、打风格、打友谊、打主场、打头阵、打主力、打二传、打冠军……"不确定宾语与动词的具体语义关系,就不能算完成了对句子的理解。而不同语义类型的宾语又没有形式标志,让计算机自动识别宾语的语义角色就非常困难。英语的动宾结构之间的语义关系就没有这么复杂,汉语的动宾结构翻译成英语时,名词往往不能直接翻译成宾语,要在名词前面加上介词作状语,而介词一般能表明名词与动词之间的语义关系。所以汉语的语义分析比英语困难得多。

汉语的动补结构的语义关系也是一个相当复杂的问题,动补结构中的"补语"可以有不同的语义指向,例如"砍光了"的补语"光"在语义上指向"砍"的受事(杂草砍光了);"砍累了"的补语"累"在语义上指向"砍"的施事(他砍累了);"砍钝了"的补语"钝"在语义上指向"砍"的工具(斧头砍钝了);"砍慢了"的补语"慢"在语义上指向"砍"这一动作本身(他砍慢了,没能在规定时间内完成任务);"砍疼了"的补语"疼"在语义上既可指向"砍"的受事(不小心把腿砍疼了),也可指向"砍"的施事的领属部分(小心别把胳膊砍疼了);"砍坏了"的补语"坏"在语义上既可指向"砍"的受事(把家具砍坏了),也可指向"砍"的工具(那把斧头砍坏了)。要分析出动补结构中补语的所指,必须进行语义指向分析。而对汉语补语的语义指向进行自动分析,也是非常困难的。

理解语句除了要进行句法分析和语义分析之外,有时还必须进行语篇分析甚至语用分析。如代词的所指、成分的省略,以及歧义的消除等等,往往需要进行语篇、语用分析才能解决。由于语篇、语用分析涉及的因素太过复杂,很难形式化,所以目前尚处于初步摸索阶段。限于篇幅,这里就不多讲了。

(六)语言信息处理的应用

语言信息处理的应用可分为两大类:基于文本(text-based)的应用和基于会话(dialogue-based)的应用。

1. 基于文本的应用

基于文本的应用系统用来处理书面文本,例如书籍、报刊文章、使用手册、电子邮件、网页文本等等。具体的应用主要有:

(1)情报检索,指从大量的文本数据中检索出某一主题的文章或从文章中提取符合某一主题的信息。如从科技文献的文本数据中查找与人类基因组有关的文章,从新闻报道中提取有关股票交易的信息,等等。

(2)机器翻译,指将一种语言的文本自动翻译成另一种语言。如将英语药品说明书自动翻译成其他语言,将文章的中文提要自动翻译成英文提要,等等。

(3)自动文摘,指从一篇文章中自动生成内容摘要。如从一篇科技文章中自动生成内容提要,将某个100页的政府工作报告压缩成3页的主要内容,等等。

(4)言语统计,指对言语作品中的语言单位、语言结构、言语风格等进行各种统计,得出统计数据。如统计字频、词频,为语言教学、辞书编纂等提供依据,分析鉴定作家作品的言语风格,等等。

2. 基于会话的应用

基于会话的应用主要用于人机对话,它通常是针对口语的应用。具体的应用主要有:

(1)自动问答系统,指使用语音进行信息查询。如航空旅行信息服务系统(就是让顾客使用语音查询飞机航班信息的系统)、电话号码查询服务系统、电话邮购服务系统等等。

（2）自动教学系统，指通过人机对话，进行计算机自动教学。如自动外语教学系统、自动化学教学系统等等。

（3）语音控制系统，指用语音控制机器。如计算机语音输入和控制、声控录像机等，在驾驶汽车时用语音控制汽车上的卫星导航系统。

（4）通用问题解答系统，指用语音与某通用问题解答系统会话。如通过人机对话，让某通用问题解答系统协助安排货运规划。

**思考与练习**

一、什么是语言规划？语言规划包括哪些主要内容？

二、什么是共同语？共同语的基础方言应具备什么条件？

三、对外汉语教学研究包括哪些主要内容？

四、举例说明歧义切分字段的两种类型。

五、语言信息处理对语言研究有什么影响？

**参考资料**

1. ［澳］K. W. 沃尔什著，汤慈美、方俐洛、王新德译：《神经心理学》，科学出版社1984年版。

2. 陈原：《社会语言学》，学林出版社1983年版。

3. 戴庆厦：《社会语言学教程》，中央民族学院出版社1993年版。

4. 冯志伟：《应用语言学综论》，广东教育出版社1999年版。

5. 冯志伟：《中文信息处理与汉语研究》，商务印书馆1992年版。

6. 桂诗春：《实验心理语言学纲要》，湖南教育出版社1991年版。

7. 桂诗春：《心理语言学》，上海外语教育出版社1985年版。

8. 桂诗春：《应用语言学》，湖南教育出版社1988年版。

9. 郭熙：《中国社会语言学》，南京大学出版社1999年版。

10. 侯敏：《计算语言学与汉语自动分析》，北京广播学院出版社1999年版。

11. 刘丹青主编：《语言学前沿与汉语研究》，上海教育出版社2005年版。

12. 刘开瑛：《中文文本自动分词和标注》，商务印书馆2000年版。

13. 刘涌泉、乔毅：《应用语言学》，上海外语教育出版社1991年版。

14. 陆俭明、沈阳：《汉语和汉语研究十五讲》，北京大学出版社2003年版。

15. 罗常培：《语言与文化》，语文出版社1989年版。

16. 彭聃龄主编：《语言心理学》，北京师范大学出版社1991年版。

17. 齐沪扬、陈昌来：《应用语言学纲要》，复旦大学出版社2004年版。

18. 王德春、吴本虎、王德林：《神经语言学》，上海外语教育出版社1997年版。

19. 王寅：《认知语言学探索》，重庆出版社2005年版。

20. 翁富良、王野翊:《计算语言学导论》,中国社会科学出版社1998年版。
21. 邢福义主编:《文化语言学》,湖北教育出版社2000年版。
22. 于根元主编:《应用语言学概论》,商务印书馆2003年版。
23. 俞士汶主编:《计算语言学概论》,商务印书馆2003年版。
24. 赵艳芳:《认知语言学概论》,上海外语教育出版社2001年版。
25. 周振鹤、游汝杰:《方言与中国文化》,上海人民出版社1986年版。
26. 朱曼殊主编:《心理语言学》,华东师范大学出版社1990年版。
27. 祝畹瑾:《社会语言学概论》,湖南教育出版社1992年版。

# 附录一　世界语言谱系分类

## 一、印欧语系

该语系分布在欧洲、亚洲、美洲等地,使用人数约32亿,有440多种语言。印欧语系现存的语言分属9个语族:

(一)日耳曼语族:主要分布在北欧、北美、澳大利亚、新西兰等地。下分3个语支:

1. 东部语支:峨特语。峨特语1000多年前已经消亡,现存峨特语最古老的文献是4世纪所翻译的圣经。

2. 西部语支:英语、德语、荷兰语、佛来芒语、阿非利斯堪语、佛里西亚语、依地语等。

3. 北部语支(又称斯堪的那维亚语支):冰岛语、挪威语、丹麦语、瑞典语等。

(二)凯尔特语族:主要分布在爱尔兰岛、英国的苏格兰和法国的布列搭尼地区。下分2个语支:

1. 南部语支(又称不列颠语支):威尔士语、布列搭尼语等。

2. 北部语支(盖德尔语支):爱尔兰语、苏格兰盖德尔语等。

法国古代的语言高卢语也属于凯尔特语族,现已消亡。

(三)拉丁语族(又称罗曼语族):拉丁语族的语言都是从古罗马帝国使用的拉丁语分化而来,因此,拉丁语族又称罗曼语族。主要分布在西班牙、葡萄牙、法国、意大利、罗马尼亚以及拉丁美洲。下分2个语支:

1. 东部语支:意大利语、罗马尼亚语、摩尔达维亚语。

2. 西部语支:由两个语群组成。

(1)伊比利亚—罗曼语群:西班牙语、葡萄牙语、卡达伦语(也称加泰隆语)等。

(2)高卢—罗曼语群:法语、普罗旺斯语、罗曼斯语等。

另外,撒丁语也属于拉丁语族。

(四)波罗的语族:拉脱维亚语、立陶宛语。古普鲁士语也属于波罗的语族,现已消亡。

(五)斯拉夫语族:主要分布在苏联、东欧和巴尔干半岛。下分3个语支:

1. 东部语支:俄语、乌克兰语、白俄罗斯语等。
2. 南部语支:保加利亚语、斯洛文尼亚语、塞尔维亚—克罗地亚语、马其顿语等。
3. 西部语支:波兰语、捷克语、斯洛伐克语、索尔比亚语(又称鲁萨提亚语)等。

(六)印度—伊朗语族:主要分布在印度、巴基斯坦、孟加拉、斯里兰卡、尼泊尔、伊朗、阿富汗等国境内。下分2个语支:

1. 印度语支(又称东部语支):印地语、乌尔都语、马拉地语、孟加拉语、旁遮普语、尼泊尔语、吉卜赛语等。古代的梵语也属印度语支。
2. 伊朗语支(又称西部语支):普什图语、波斯语、库尔德语、塔吉克语等。

(七)希腊语族:通行于希腊和塞浦路斯的多种希腊语。

(八)阿尔巴尼亚语族(独立):阿尔巴尼亚语。

(九)亚美尼亚语族(独立):亚美尼亚语。

另外,原属印欧语系的安拉托利亚语族和吐火罗语族的语言均已消亡。

## 二、汉藏语系(又称印支语系)

该语系分布在亚洲东南部,使用人口在15亿以上,有两百多种语言。汉藏语系诸语言的系属划分至今还没有一致的意见,国内学者一般认为,汉藏语系包括藏缅、壮侗、苗瑶3个语族和直属语系的汉语。

(一)汉语族(独立):汉语。中国的汉族、回族、满族、畲族等都使用汉语,新加坡、泰国、马来西亚、越南、柬埔寨、印度尼西亚、美国、加拿大等地都有人使用。使用人口约15亿以上。

(二)藏缅语族:主要分布缅甸、尼泊尔境内以及我国西南、西北地区。下分4个语支:

1. 藏语支:藏语、嘉戎语、门巴语等。
2. 彝语支:彝语、傈僳语、纳西语、哈尼语、拉祜语等。
3. 景颇语支:景颇语、拿加语等。
4. 缅甸语支:缅甸语、载佤语、阿昌语等。

分布在国外属于藏缅语族的还有库基钦、那迦—博多等语支的语言。此外,我国境内的独龙语、怒语、普米语、土家语、白语、羌语、珞巴语等藏缅语族的语支还没有确定。

(三)壮侗语族:主要分布在我国的中南、西南地区和越南、老挝、缅甸、泰国境内。下分4个语支:

1. 壮傣语支:壮语、傣语、布衣语、泰语、老挝语、掸语等。
2. 黎语支:黎语(海南岛)。
3. 侗水语支:侗语、水语、毛南语、拉珈语。

4. 仡佬语支：仡佬语。

（四）苗瑶语族：主要分布在我国西南、中南地区和越南、老挝、泰国境内。下分2个语支：

1. 苗语支：苗语、布努语。

2. 瑶语支：瑶语（勉话）。

属于苗瑶语族的畲语语支未定。

### 三、乌拉尔语系

该语系分布在从斯堪的纳维亚往东直达亚洲西北部的广阔地带，包括38种语言，使用人口2 500多万。下分2个语族：

（一）芬兰—乌戈尔语族：主要分布在欧洲匈牙利、芬兰、爱沙尼亚和俄罗斯境内。下分2个语支：

1. 芬兰语支：芬兰语、科密语、爱沙尼亚语、莫尔多沃语、拉普兰语等。

2. 乌戈尔语支：匈牙利语、奥斯恰克语等。

（二）撒莫耶德语族：主要分布在乌拉尔山周围和西伯利亚地区。有涅涅茨语、塞尔库普语、牙纳桑语等。

### 四、阿尔泰语系

该语系分布在西起土耳其，经西伯利亚，直达蒙古及中国，东迄太平洋的广阔地带。使用人口约1.9亿。包含60多种语言。有的学者认为朝鲜语和日语属于这一语系，但也有不少的学者反对这种观点。阿尔泰语系到底包括哪些语族和哪些语言，至今仍有争议。一般认为它包括3个语族：

（一）突厥语族：突厥语族流行的区域，东自我国新疆维吾尔自治区，中经小亚细亚，西达土耳其和罗马尼亚的多布鲁查地区以及西伯利亚部分地区，所占面积很广。下分5个语支：

1. 布尔加语支：楚瓦什语等。

2. 奥古兹语支：土耳其语、土库曼语、阿塞拜疆语、撒拉语等。

3. 克普恰克语支：哈萨克语、塔塔尔语、吉尔吉斯语（柯尔克孜语）、巴什基尔语等。

4. 葛逻禄语支：维吾尔语、乌兹别克语。

5. 回鹘语支：西裕固语、图瓦语、雅库特语、哈卡斯语等。古代回鹘语属这个语支。

（二）蒙古语族：主要分布在蒙古人民共和国和我国境内。有蒙古语、布里亚等语、莫科勒语、达尔干语、东乡语、东裕固语、莫科勒语。古代语言契丹语也属这个语族。

（三）通古斯—满洲语族（又称通古斯语族）：主要分布在中西伯利亚、蒙古人民共和国以及我国东北、内蒙、新疆一带。下分2个语支：

1. 通古斯语支：涅埃文基语（鄂温克语）、鄂伦春、赫哲语、涅基达尔语等。
2. 满洲语支：满语、锡伯语等。古代女真语也属于这个语支。

**五、高加索语系（又称伊比利亚—高加索语系）**

该语系分布在高加索地区，使用人口 1 000 多万，高家索地区语言纷繁，差别很大，该地区语言系属还不很明确。高家索语系至少包括 2 个语族：

（一）南高加索语族（卡尔特维里）：格鲁吉亚语、斯万语、拉色语、美格雷尔语等。

（二）北高加索语族。下分 2 个语支：

1. 西北语支：卡巴尔达语、阿布哈兹语等。
2. 东北语支：车臣语、阿瓦尔语、列兹金语等。

**六、南印度语系（又称达罗毗荼语系、德拉维达语系）**

该语系分布在印度南部和中部，使用人口约 2.17 亿，共 75 种语言。包括 3 个语族：

（一）南部语族：泰米尔语、卡拉达语、拉雅拉姆语、图卢语等。

（二）中部语族：泰卢固语、贡迪语等。

（三）北部语族：马尔托语、泰罗古语等。

**七、南亚语系（又称澳斯特罗—亚细亚语系）**

该语系分布在亚洲东南部（越南、老挝、柬埔寨），使用人口约 1.17 亿，有 100 多种语言。包括 3 个语族：

（一）扪达语族：分布于印度中部和东北部一些沿海岛屿。有桑塔利语、扪达里语、霍语、库尔库语、喀里亚语等。

（二）孟—高语族：分布在越南、柬埔寨、缅甸以及我国的西南地区，是南亚语系最大的语族。有越南语、柬埔寨语（高棉语）、孟语、佤语、布朗语、德昂语等。

（三）尼科巴语族：分布在马来西亚以及印度的尼科巴群岛上。有卡尔语、乔拉语、特雷萨语等。

**八、南岛语系（又称马来—玻里尼西亚语系）**

该语系分布在从非洲的马达加斯加到南美的复活节岛，北起夏威夷，南至新西兰的广大地区，使用人口约 2.5 亿，约有 1 300 种不同的语言。一般分为 4 个语族：

（一）印度尼西亚语族：印度尼西亚语、马来语、爪哇语、他加禄语、马达加斯加语、高山语。

（二）美拉尼西亚语族：斐济语等。

（三）密克罗尼西亚语族：马绍尔语、昌莫罗语、吉尔伯特语等。

（四）玻里尼西亚语族：夏威夷语、汤加语、萨摩亚语、毛利语等。

**九、闪—含语系（又称阿非罗—亚细亚语系）**

该语系分布在从阿拉伯半岛经北非直到毛里塔里亚，北及高加索地区、南达

赤道的大片地区,使用人口 5 亿左右,约有 300 种语言。包括 5 个语族:

（一）闪语族:主要分布在马耳他、埃塞俄比亚和阿拉伯国家境内,是闪含语系中使用人口最多的语族。其中使用阿拉伯语的就有 1.15 亿。下分 3 个语支:

1. 东部语支:巴比伦语、亚西利亚语等(已消亡)。
2. 南部语支:阿拉伯语、马耳他语、埃塞俄比亚诸语言等。
3. 北部语支:希伯来语。

（二）柏柏尔语族:分布在非洲的阿尔及利亚、摩洛哥、尼日尔境内。有什卢赫语、图阿列格语、塔马齐格特语、卡布来语、瑞菲安语等。

（三）乍得语族:分布在乍得和尼日利亚。有耗萨语、科托科语等。

（四）库施特语族:分布在苏丹、埃塞俄比亚、肯尼亚和索马里境内。有索马里语、盖拉语、锡达莫语、阿法尔语等。

（五）埃及—科普特语族:科普特语。科普特语现在仅用于礼拜仪式。

**十、尼日尔—科尔多凡语系**

该语系分布在从塞内加尔到肯尼亚、往南直达好望角的大片非洲土地上,使用人口 2 亿多,有 900 多种语言。包括 2 个语族:

（一）科尔多凡语族:包括分布在苏丹努巴山区的几种使用人数很少的语言,如卡特拉语等。

（二）尼日尔—刚果语族。下分 6 个语支:

1. 西大西洋语支:弗拉尼语(塞内加尔)、沃洛夫语(几内亚)等。
2. 曼迪语支:班巴拉语、门得语、马林凯语、克培列语等。
3. 古尔(也称沃尔特)语支:莫西语、古尔马语、达戈姆巴语、塞努佛语等。
4. 库阿语支:埃维语(加纳和多哥)、特威语(加纳)、伊博语、努普语和约鲁巴语等。
5. 阿达马瓦—东部语支:分布于尼日利亚、扎伊尔和中非共和国的桑戈语等。
6. 贝努埃—刚果语支:是尼日尔—刚果语族最大的语支,该语支主要由班图语言组成,如斯瓦西里语(坦桑尼亚和肯尼亚)、祖鲁语(南非)、刚达语(乌干达)、肖纳语(津巴布韦)、刚果语(扎伊尔)等。

**十一、尼罗—撒哈拉语系**

该语系分布于非洲东部和中部偏东地区,使用人口约 3 000 万,有 200 多种语言。包括 6 个语族:

（一）沙里—尼罗语族:卢奥语和马萨依语(肯尼亚)等。

（二）撒哈拉语族:卡努里语(尼日利亚)等。

（三）马巴语族:包括一些使用人数很少的语言。

（四）科尔语族:包括一些使用人数很少的语言。

（五）桑海语族：桑海语（尼日尔和马里）。

（六）富尔语族：富尔语。

**十二、科依桑语系**

该语系分布于南部非洲，使用人口约 40 万，有 20 多种语言。包括 5 个语族：

（一）北部语族：奥恩语等。

（二）中部语族：霍屯督语等。

（三）南部语族：包括一些使用人数很少的语言。

（四）哈扎语族：哈扎语。

（五）桑达韦语族：桑达韦语。

除上面 12 大语系外，还有一些群体性的语言的系属没有定论，如北美、中美、南美诸语言，澳大利亚各部落的语言以及印度洋—太平洋岛上的诸语言。

# 附录二  术语索引

帮会用语(240)
被迫融合(251)
本义(109)
比喻义(109)
编插语(20)
标志功能(24)
表词文字(153)
表述(95)
表音文字(153)
不成词语素(128)
不定位语素(128)
不平衡律(235)
布拉格学派(47)
超句法(124)
成词语素(128)
成事行为(194)
重叠(120)
重新分析(295)
抽象思维(31)
词法(124)
词根语(19)
词类(129)
词义扩大(228)
词义缩小(228)
词义外延(228)
词义转移(229)

词缀(120)
从属述谓结构(113)
单纯词(129)
单句(134)
地域方言(240)
典型范畴(278)
调位(15)
定位语素(128)
动作思维(31)
短语(131)
多元义场(104)
二元义场(103)
发音语音学(67)
反义词(107)
范畴意义(122)
方位隐喻(276)
非音质音位(74)
分义词(105)
分支系列(201)
符号(2)
符号记事(158)
辅音(69)
辅音文字(155)
辅助词(119)
附加意义(92)
复辅音(79)

复合词(129)
复合述谓结构(113)
复句(135)
复元音(79)
副语言(11)
概念意义(90)
感叹论(219)
感知语音学(68)
哥本哈根学派(48)
格关系(54)
格语法(54)
个别语言学(35)
功能意义(122)
共时语言学(35)
共同语(296)
构词语素(128)
构形语素(128)
关联词语(144)
关联手段(144)
关系义场(103)
观念论(86)
规则库(301)
国际辅助语(12)
过渡音(78)
行业语(238)
合成词(129)
合作原则(185)
后天论(258)
话轮(200)
话轮对(200)
话题(201)
话题转换(201)
会话含意(191)
混合语(252)

机内码(303)
机器词典(301)
机器应用语言学(299)
基础方言(297)
甲骨文(163)
间接言语行为(196)
简单述谓结构(113)
渐变律(234)
降格述谓结构(113)
交换码(303)
交集型歧义切分字段(304)
交际功能(23)
焦点(211)
阶层语(237)
结构意义(122)
结构隐喻(276)
结构主义(45)
借词(248)
借形(248)
借音(248)
精神文化(27)
句法(124)
句法变换(137)
句类(138)
句型(134)
句子(14)
聚合关系(18)
克里奥尔语(254)
口语(11)
劳动叫喊论(219)
类推(8)
类义词(108)
礼貌原则(188)
理据性(3)

历时语言学(35)
历史比较语言学(40)
历史音变(225)
零形式(121)
领音(78)
逻辑意义(110)
美国描写语言学派(49)
民族性(7)
摹声论(219)
模糊性(8)
黏着语(19)
黏着语素(128)
内部屈折(19)
内部语言学(34)
派生词(129)
派生意义(109)
配价(59)
配价语法(59)
皮钦语(253)
偏误分析(295)
评价意义(92)
普通语言学(35)
谱系分类(244)
起首音(78)
亲属语言(243)
青年语法学派(41)
轻音(81)
情报检索(306)
情态意义(122)
屈折语(19)
人工语言(12)
人际应用语言学(292)
认知功能(2)
认知论(259)

认知语言学(267)
任意性(2)
弱化(82)
上义词(104)
社会方言(237)
社会契约论(220)
社会语言学(279)
神经语言学(266)
生成性(8)
生成语义学(54)
声学语音学(67)
圣书字(158)
时位(15)
实词(131)
实体隐喻(276)
实物记事(157)
实验语音学(68)
世界语(12)
饰词(131)
饰词性短语(133)
收尾音(78)
手势论(220)
书面语(11)
输入码(302)
述事行为(195)
述谓结构(111)
双语现象(247)
思维(30)
思维功能(30)
体词(131)
体词性短语(133)
条件变体(75)
通俗意义(90)
同化(82)

同现(146)
同义词(106)
同指(145)
图画记事(158)
脱落(81)
外部语言学(34)
谓词(111,131)
谓词性短语(133)
谓项(111)
文化(26)
文化功能(26)
文化过滤(288)
文化意义(93)
文化语言学(281)
文字(149)
文字改革(164)
文字规范(167)
文字学(156)
无序义场(104)
物质文化(26)
系统功能语言学(56)
系统性(5)
下义词(104)
先天论(258)
显性语法形式(119)
线条性(5)
相关律(236)
象似性(271)
楔形字(158)
心理语言学(256)
新信息(210)
行事行为(195)
形码(174)
形象思维(31)

形象意义(92)
性质义场(104)
虚词(131)
言语(9)
言语行为(193)
言语活动(9)
言语理解(264)
言语生成(264)
言语统计(306)
言语意义(90)
言语作品(9)
已知信息(210)
义丛(95)
义素(94)
义素分析(97)
义项(93)
异根式(121)
异化(82)
意音文字(151)
音节(77)
音节文字(154)
音码(173)
音素(69)
音素文字(155)
音位(72)
音位变体(75)
音位补偿(226)
音位分化(225)
音位合并(225)
音位文字(155)
音位转换(225)
音系学(68)
音质音位(74)
引申义(109)

隐性语法形式(119)
隐语(239)
隐喻(276)
应用语言学(292)
用法论(87)
有序义场(104)
语段(139)
语法(117)
语法范畴(125)
语法化(273)
语法形式(119)
语法学(117)
语法意义(110)
语汇意义(90)
语境(182)
语料库(300)
语流音变(82)
语码转换(284)
语素(127)
语素文字(154)
语体(11)
语体意义(93)
语调(81)
语系(245)
语序(119)
语言变体(283)
语言层级(13)
语言共用(249)
语言规划(296)
语言混合(252)
语言教学(293)
语言接触(246)
语言联盟(247)
语言能力(51)

语言融合(247)
语言习得(262)
语言系统(9)
语言意义(90)
语言应用(292)
语言运用(178)
语言知识库(301)
语言中枢(30)
语言转用(247)
语义(85)
语义场(101)
语义关联(141)
语义学(96)
语义指向(85)
语音(63)
语音合成(302)
语音识别(302)
语音特征(76)
语音学(67)
语用(178)
语用学(180)
语用意义(111)
语域(58)
预设(211)
预设触发语(213)
元音(69)
元音—辅音文字(155)
韵律(80)
韵律特征(80)
增音(83)
指称论(86)
指示语(215)
制度文化(26)
智能文化(26)

中介语(296)
重位(75)
重音(75)
专门意义(90)
转换生成语言学(51)
转喻(277)
自然语言(12)
自由变体(76)
自由语素(128)

自愿融合(251)
字符(149)
字母(149)
字频(172)
字形码(303)
宗教用语(239)
总义词(105)
组合关系(17)
组合型歧义切分字段(304)

# 附录三  外国人名索引

阿德隆(J. G. Adelung)(40)
阿尔诺(A. Arnauld)(37)
奥斯特霍夫(H. Osthoff)(45)
奥斯汀(J. L. Austin)(180)
巴尼尼(Panini)(37)
柏拉图(Plato)(35)
保罗(H. Paul)(41)
葆朴(F. Bopp)(40)
鲍阿斯(F. Boas)(49)
波斯塔(P. Postal)(54)
勃鲁格曼(K. Brugmann)(41)
博格兰德(de Beaugrende)(205)
布龙达尔(V. Brøndal)(48)
布龙菲尔德(L. Bloomfield)(49)
布洛克(B. Bloch)(50)
柴门霍夫(L. L. Zamenhof)(12)
戴伊克(van Dijk)(199)
德尔布吕克(B. Delbrück)(41)
德莱斯勒(W. Dressler)(205)
狄斯科勒斯(A. Dyscolus)(36)
笛卡尔(R. Decartes)(37)
多纳图斯(Donatus)(36)
菲尔墨(C. J. Fillmore)(54)
费希曼(J. A. Fishman)(284)
弗格森(C. Ferguson)(292)
弗里斯(C. C. Fries)(50)
弗斯(J. R. Firth)(56)

格赖斯(P. H. Grice)(180)
格里木(J. Grimm)。(40)
格里森(H. A. Gleason)(50)
格林伯格(J. H. Greenberg)(22)
哈里斯(Z. S. Harris)(50)
哈桑(R. Hasan)(199)
韩礼德(M. A. K. Halliday)(56)
赫尔伐士(L. Hervas)(40)
洪堡特(W. von Humboldt)(43)
华生(J. B. Watson)(50)
霍凯特(C. F. Hockett)(50)
卡西尔(Ernst Cassirer)(257)
库尔特内(J. B. de Courtenay)(47)
拉波夫(W. Labov)(283)
拉斯克(R. C. Rask)(40)
莱布尼茨(G. W. von Leibnitz)(9)
兰盖克(R. Langacker)(268)
兰斯洛(C. Lancelot)(37)
雷可夫(G. Lakoff)(54)
雷斯琴(A. Leskien)(41)
利奇(G. Leech)(188)
罗斯(J. R. Ross)(54)
罗素(B. A. W. Russell)(9)
洛克(J. Locke)(86)
马德修斯(V. Mathesius)(47)
马丁内(A. Martinet)(58)
麦考莱(J. D. McCawely)(54)

莫里斯(C. Morris)(180)
奈达(E. Nida)(50)
诺瓦雷(L. Noire)(219)
派克(K. L. Pike)(50)
皮亚杰(J. Piaget)(257)
普里西安(Priscian)(36)
乔姆斯基(N. Chomsky)(51)
切夫(W. Chafe)(59)
琼斯(W. Jones)(40)
日叶隆(J. Gillieron)(42)
萨丕尔(E. Sapir)(49)
塞尔(J. R. Searle)(197)
施莱歇尔(A. Schleicher)(41)
施勒格尔(F. von Schlegel、A. von Schlegel)(22)
施密特(J. Schmidt)(42)
舒哈特(H. Schuchardt)(42)
斯金纳(B. F. Skinner)(53)
索绪尔(F. de Saussure)(45)
特拉格(G. L. Trager)(50)
特拉克斯(D. Thrax)(36)
特里尔(J. Trier)(101)
特鲁别茨柯依(H. C. Trubetzkoy)(47)
特斯尼耶尔(L. Tesnière)(59)
瓦罗(M. T. Varro)(36)
威尔斯(J. C. Wells)(50)
威因里希(U. Weinrich)(296)
维戈茨基(L. S. Vygotsky)(257)
维纳(K. Verner)(41)
维特根斯坦(L. Wittgenstein)(87)
温克(G. Wenker)(42)
沃尔夫(B. L. Whorf)(49)
乌尔达尔(H. J. Uldall)(48)
雅可布逊(R. Jakobson)(47)
亚里士多德(Aristotle)(35)
叶尔姆斯列夫(L. Hjelmslev)(48)
叶斯泊森(O. Jespersen)(219)
约翰逊(M. Johnson)(268)

# 后 记

当今社会,科学技术的发展速度越来越快,语言学科的发展尤其令人瞩目。特别是语言学与计算机科学等多门学科相互结合、相互渗透以后,语言学科不断产生新的研究领域、理论方法、研究课题和研究成果。高等教育应该紧跟科技发展的步伐,尽量让学生站在学术前沿,因此高校教材应该不断更新以适应当今人才培养的需要。正是基于这样的想法,我们编写了这部教材。

本教材共分八章,第一章是关于语言和语言学的总论,其余七章比较系统地介绍了语言学各个主要分支学科的内容,特别注意介绍语言学及各分支学科的新进展。如综合性语言学科简要介绍了最新的认知语言学、计算语言学、语料库语言学等;本体语言学科也尽量介绍了最新进展,如语音学部分介绍了感知语音学,语义学部分介绍了述谓结构和语义指向,文字学部分介绍了文字信息处理。

我们的主要追求是:新而不难,全而不杂。我们一方面注意尽量吸收语言学的新成果,全面系统地反映语言学科的新面貌;另一方面又充分考虑到适合本科教学的要求,突出重点,控制难度,尽量减少各分支学科之间交叉重复的内容。同时,特别注意适应自学的需要,重要术语一般都有明确定义,每章前面有学习提示,后面有参考资料,每节后面有思考练习,书后还附有术语索引和外国人名索引。

本书主编为邢福义和吴振国。吴振国提出写作框架和拟定写作大纲;在邢福义和吴振国主持编写工作会议之后,各位编委分工编写初稿;最后,由吴振国统改全稿,并由邢福义作一般性审定。编委具体分工如下:

| | |
|---|---|
| 第一章第一、二节 | 王求是(孝感师范学院) |
| 第一章第三节 | 陈淑梅(黄冈师范学院) |
| 第一章第四节 | 张绍麒(烟台师范学院) |
| 第二章 | 王立(江汉大学) |
| 第三、四章 | 吴振国(华中师范大学) |
| 第五章第一、二节 | 冯学锋、潘田(武汉大学) |
| 第五章第三节 | 吴振国 |
| 第六章 | 李向农(华中师范大学) |

| | |
|---|---|
| 第七章第一节 | 白丁(中南民族大学) |
| 第七章第二节 | 刘云(华中师范大学) |
| 第七章第三节 | 唐善生(浙江师范大学) |
| 第七章第四节 | 屈哨兵(广州大学) |
| 第八章第一节 | 屈哨兵 |
| 第八章第二节 | 吴振国 |
| 第八章第三节 | 刘云 |

本书在编写过程中参考了大量现有研究成果,但是在教材中不便一一注明出处,各章后列出的也只是主要参考资料。这些参考资料既表示对文献作者的感谢,也可作为读者进一步学习的参考。对未列入注释和参考资料的作者,我们表示诚挚的歉意。

本书承蒙黄弗同、洪胜非、赵宏诸位先生指正,特致谢忱。

本书肯定存在一些不当之处,敬请读者和专家批评指正。

编者
2002年5月

# 第二版后记

本书第一版出版以后,颇受读者垂爱,至今已重印七次。本书先是获得中南地区大学出版协会2001—2002年度优秀图书奖一等奖,后又列入"普通高等教育'十一五'国家级规划教材"。这对我们是莫大的鼓励和鞭策。不少读者也给我们来信,或是鼓励,或是赐教,在此对他们表示衷心的感谢。

由于语言学发展日新月异,加之在教材使用过程中也发现了一些问题,为了紧跟学科发展的步伐,更好地适应读者的需要,我们这次对本书进行了较大幅度的修订。虽然总体章节框架没有太大的改动,但各章节都作了不同程度的修改和充实。尤其是第一章和第八章,增加了不少新内容,大幅调整、充实了细节,我们还专门延请北京师范大学李晋霞博士增写了"认知语言学"一节(第八章第二节,原第二、三节依次改为第三、四节);第六章的框架、内容也作了较大调整、充实。全书修改、充实的篇幅超过三分之一。

本次修订工作由第一主编邢福义把关,第二主编吴振国主持。主编汇集了编委和读者的意见与建议以后,召开编委会进行了充分的讨论,再由吴振国提出修订方案,并最后统改、审订全部书稿。

第二版的内容、篇幅增加不少,对于有些学校、专业来说,课时有限,可能难以讲授全部内容,建议教师根据教学实际,与相关课程如现代汉语、古代汉语等密切配合,部分章节的内容可以不讲或略讲,或指导学生自学。而对于自学者或考研者来说,本书丰富的内容可能是他们所需要的。

本书的修订工作,尤其是主编统稿的工作,花费了很多时间和精力。但是由于语言学本身的复杂性,学术界对很多问题都存在着不小的分歧,加上我们的水平、能力有限,本书肯定存在不少欠妥甚至错误之处,衷心期望专家、读者不吝赐教。

编者
2010年3月

# 第三版后记

本书第二版出版至今已超十年了,承蒙读者垂爱,本书差不多每年重印一次。这些年来,语言学又有了新发展,加上十多年的教学实践,以及一些读者的反馈,我们也发现了一些应该修改的问题。不过本书作为本科生必修课教材,难以也不宜过多反映语言学科的最新发展。因为一些最新的理论方法本科生理解起来比较困难,不适合在本科必修课教学中介绍。所以本次修订,总体上没有做大的修改,只是少数章节做了较多修改充实。

本次修订工作由主编之一吴振国全面负责及执行。修订前汇集并参考了本书编委、使用本教材的教师以及一些读者的意见。虽然本次修订工作也花了不少时间、精力,但仍然会存在一些问题。欢迎使用本教材的教师、学生及有关专家、广大读者继续不吝赐教。

编者
2021 年 3 月